Eickelberg | Didaktik für Juristen

# Didaktik für Juristen

Wissensvermittlung – Präsentationstechnik – Rhetorik

Von
Professor Dr. Jan M. Eickelberg,
LL.M. (University of Cambridge), MBA (Universität Lüneburg)
Hochschule für Wirtschaft und Recht Berlin

2017

Verlag Franz Vahlen | Helbing Lichtenhahn

Zitiervorschlag: *Eickelberg* Didaktik Rn. …

www.vahlen.de

ISBN 978 3 8006 5042 2

© 2017 Verlag Franz Vahlen GmbH
Wilhelmstraße 9, 80801 München
Druck: Druckhaus Nomos
In den Lissen 12, 76547 Sinzheim

Satz: R. John + W. John GbR, Köln
Umschlaggestaltung: Martina Busch Grafikdesign, Homburg Saar

Gedruckt auf säurefreiem, alterungsbeständigem Papier
(hergestellt aus chlorfrei gebleichtem Zellstoff)

*Für Moritz und Felix*

# Vorwort

> Ich lerne noch. – Michelangelo
> Poetae nascuntur, oratores fiunt.[1] – lateinisches Sprichwort

Die qualitativ hochwertige Vermittlung wissenschaftlicher Inhalte im Sinne des Postulates der »Guten Lehre« wird immer wichtiger. Dies gilt für die Rechtswissenschaften nicht weniger als für jede andere Disziplin. Die Studierenden – an der Universität und Hochschule ebenso wie an Berufsschulen und im Rechtskundeunterricht – sind anspruchsvoller geworden; genau wie im übrigen die Besucher von Fachvorträgen, Repetitorien und Fachseminaren in der kommerziellen Weiterbildung. Die nahezu lückenlose Evaluierung juristischer Veranstaltungen ist dabei nur einer der Gründe[2] für einen verstärkten Druck auf den Vortragenden. Das Publikum erwartet neben der reinen Darlegung des Stoffes (der inhaltlichen Ebene – das »Was« der Wissensvermittlung), heute auch eine effiziente und adressatengerechte »Verpackung« (die Frage des »Wie« der Wissensvermittlung). Dieser gewachsenen Bedeutung steht der Umstand gegenüber, dass den Lehrenden[3] die vielbeschworene »gute Lehre« häufig nicht systematisch vermittelt wird. Die Gründe dafür sind vielfältig: Sei es, dass die Hochschule/der Seminaranbieter keine derartigen Kurse anbietet, sei es, dass es an der Zeit und/oder der Muße fehlt, solche zu besuchen.[4] Es wird erwartet, dass die Lehrenden sich entsprechende Kompetenzen in der Praxis selbst aneignen.[5] Dies stellt gerade für die, die sich am Anfang ihrer Lehrtätigkeit befinden und sich noch mit vielen weiteren Fragen rund um das neue Betätigungsfeld beschäftigen müssen, eine besondere Herausforderung dar.

Hier setzt das vorliegende Werk an: Es soll der Frage nachgegangen werden, was eine gelungene juristische Wissensvermittlung ausmacht. Welche Kriterien hat sie zu erfüllen und wie kann der Lehrende den wachsenden Anforderungen gerecht werden? Dabei versteht sich der vorliegende Band ausdrücklich als Praxishandbuch, das sich an alle Lehrenden und Dozierenden in den juristischen Fächern richtet und diesen unmittelbar umsetzbare und konkrete Hilfestellungen und Handreichungen anbieten möchte.[6] Deshalb nimmt die auf die juristische Lehre fokussierte und möglichst verständlich formulierte Theorie (etwa zu den didaktischen Grundlagen und zur Neurowissenschaft) nur verhältnismäßig wenig Raum ein. Die relevanten Ergebnisse der

---
1 Als Dichter wird man geboren, zum Redner wird man gemacht.
2 Weitere Stichworte sind hier: Anforderungsprofil bei der Ausschreibung von Hochschullehrern, W-Besoldung, Programm- bzw. Systemakkreditierung, Modularisierung (Bologna-Prozess), Studierendenfixierung, *Shift from Teaching to Learning* etc.
3 Zum Zwecke der erleichterten Lesbarkeit wird gleichwohl im Folgenden regelmäßig von »Studierenden« und »Lehrenden« bzw. synonym »Dozenten« oder »Vortragenden« einerseits und der »Lehrveranstaltung« andererseits gesprochen. Die an einigen Stellen auftretende Nutzung der männlichen Form (der Lehrende, der Studierende etc) ist ebenfalls allein der besseren Lesbarkeit geschuldet.
4 Brockmann/Dietrich/Pilniok/*Pilniok/Brockmann/Dietrich* Exzellente Lehre S. 14.
5 *Böss-Ostendorf/Senft* S. 7.
6 Es wird dabei im Folgenden stets vorausgesetzt, dass Sie über das erforderliche Fachwissen verfügen, um die zu konzipierende (Lehr-) Veranstaltung durchzuführen. Gedanken über das »Wie« der Wissensvermittlung verbieten sich, wenn das »Was« von dem Lehrenden nicht in ausreichendem Maße beherrscht wird; vgl. *Hallet* S. 37: »Fachwissen als Wissensbasis«.

Forschung werden dabei stets in kondensierter Form präsentiert – und sodann in praktische Vorschläge umgesetzt. Außerdem wird nicht nur auf didaktische und juristische Fachliteratur zurückgegriffen, sondern auch und gerade nationale wie internationale Praxisratgeber – mit einem besonderen Fokus auf Deutschland und die USA – herangezogen. Bei der Auswertung der zahlreichen Quellen etwa zur Hirnforschung, Rhetorik, Empirie, Didaktik und Präsentationsdesign dominiert stets die Frage, ob hieraus für die Praxis hilfreiche Erkenntnis gezogen werden können. Es wird dargestellt, wie der juristisch Lehrende unter Berücksichtigung seiner rechtswissenschaftlichen Fachkultur[7] mit einfachen Mitteln ein stimmiges (Gesamt-) Konzept für seine Veranstaltung – sei es eine isolierte Lehrveranstaltung, ein Vortrag, oder eine Vorlesungsreihe – vorbereiten, durchführen und anschließend evaluieren kann.[8]

Das Buch richtet sich sowohl an »Neu-Lehrende« als auch an erfahrenere Kolleginnen und Kollegen, die sich neue Anregungen für ihre Lehre versprechen. Die Ausführungen beziehen sich dabei in erster Linie auf den didaktischen Vortrag, also die Wissensvermittlung im Rahmen einer Lehrveranstaltung in Präsenz[9] an Universität und Hochschule.[10] Anspruch des Autors ist es allerdings auch, dass Lehrende und Dozierende in anderen Kontexten dieses Buch mit Gewinn nutzen können. Es erfolgen daher am Ende des Buches spezielle Ausführungen für Dozierende, die sich Hilfestellungen für eine Informationsrede, also einen juristischen Fachvortrag vor einem Fachpublikum, erhoffen. Abgerundet werden die Ausführungen schließlich mit Erörterungen zu den Besonderheiten bei Veranstaltungen im Rahmen juristischer Weiterbildung für Berufsträger wie Rechtsanwälte, Richter etc.

In diesem Sinne hoffe ich, Ihnen für die vor Ihnen liegende Veranstaltung in der juristischen Lehre einen hilfreichen Begleiter an die Hand gegeben zu haben und wünsche Ihnen viel Erfolg und Freude bei der Umsetzung!

Dieses Buch ist im intensiven fachlichen Austausch mit zahllosen Kolleginnen und Kollegen und meinen Studierenden entstanden. Mein besonderer Dank gebührt dabei stellvertretend für die Studierenden Marcus Löben, für meinen Fachbereich Professor Roland Böttcher und für die Hochschulleitung der HWR Berlin Professor Andreas Zaby.

Neben den Inspirationen aus meiner Heimathochschule prägten dieses Buch auch meine Erfahrungen aus der Lehre an anderen Institutionen. Für die Humboldt Universität Berlin gedenke ich dem viel zu früh verstorbenen Professor Rainer Schröder, für das Hasso-Plattner-Institut der Universität Potsdam danke ich Dr. Timm Krohn,

---

7 Dies schlägt sich etwa in den angeführten Beispielsfällen und speziellen Ausführungen zur Vermittlung juristischer Fragestellungen nieder. Überdies bedeutet dieser Ansatz auch, dass hier nur solche Ausführungen, Methoden und Vorgehensweisen vorgestellt werden, die im rechtswissenschaftlichen Umfeld anwendbar sind oder bereits angewendet werden.
8 Vgl. zu dem Verständnis der »Lehre« als »Tätigkeit des Lehrens«: Thomas Fischer, ZEIT-ONLINE, 30.6.2015: »Rechtsprofessoren und Rechtsstudenten« (http://www.zeit.de/gesellschaft/zeitgeschehen/2015-06/justiz-karriere-rechtsprofessoren-rechtsstudenten).
9 Da dies die noch immer ganz vorherrschende Veranstaltungsform in der juristischen Lehre darstellt, wird im Folgenden hierauf fokussiert. Elemente des E- und Blended Learning werden dementsprechend nur vereinzelt an geeigneter Stelle erwähnt und erläutert.
10 Der hochkomplexen und weitreichenden Frage, wie das Wissen der Studierenden in den die Lehrveranstaltung abschließenden Prüfungen kompetenzorientiert abgefragt werden kann, wird dementsprechend in diesem Werk nur am Rande, insbesondere im Kontext des *Constructive Alignment*, nachgegangen.

für die Europa-Universität Viadrina Frankfurt (Oder) Dr. Felix Wendenburg und für die Deutsche Anwaltakademie Philipp Wendt und Jens Lorenz.

Für die kontinuierliche Erweiterung meines didaktischen Erfahrungsschatzes danke ich stellvertretend für das Berliner Zentrum für Hochschullehre Frau Martina Mörth und stellvertretend für das Hamburger Zentrum für Universitäres Lehren und Lernen Professorin Gabi Reinmann und Professorin Kerstin Mayrberger.

Schließlich gebührt mein Dank noch Bettina Miszler vom Vahlen-Verlag für ihr unermüdliches Engagement und ihre Geduld.

Dass dieses Buch ohne die Unterstützung meiner Familie niemals zustande gekommen wäre, versteht sich zwar von selbst, kann aber nicht häufig genug betont werden. Gewidmet ist es meinen beiden Jungs, die mich seit vier Jahren mit ihrer Neugier und ihrem Lerneifer begeistern – und mir gleichzeitig immer wieder unmissverständlich die Grenzen meiner pädagogischen und didaktischen Autorität aufzeigen.

Berlin, im Februar 2017                               *Jan Eickelberg*

# Inhaltsverzeichnis

Vorwort . . . . . . . . . . . . . . . . . . . . . . . . . . . . . . . . . . . . . . . . . . . . . . . . . . . . . . . . . . . . VII

Abkürzungsverzeichnis . . . . . . . . . . . . . . . . . . . . . . . . . . . . . . . . . . . . . . . . . . . . . . XV

Literaturverzeichnis . . . . . . . . . . . . . . . . . . . . . . . . . . . . . . . . . . . . . . . . . . . . . . . . XVII

Aufbau des Buches . . . . . . . . . . . . . . . . . . . . . . . . . . . . . . . . . . . . . . . . . . . . . . . . . 1

§ 1. Grundlagen . . . . . . . . . . . . . . . . . . . . . . . . . . . . . . . . . . . . . . . . . . . . . . . . . . . 3

 I. »Äußere« Rahmenbedingungen der juristischen Wissensvermittlung an
  Universität und Hochschule . . . . . . . . . . . . . . . . . . . . . . . . . . . . . . . . . 3
 II. Lerntheorien . . . . . . . . . . . . . . . . . . . . . . . . . . . . . . . . . . . . . . . . . . . . . . 7
  1. Behaviorismus . . . . . . . . . . . . . . . . . . . . . . . . . . . . . . . . . . . . . . . . . . 8
  2. Kognitivismus . . . . . . . . . . . . . . . . . . . . . . . . . . . . . . . . . . . . . . . . . . 10
  3. Konstruktivismus . . . . . . . . . . . . . . . . . . . . . . . . . . . . . . . . . . . . . . . 11
  4. Konnektivismus . . . . . . . . . . . . . . . . . . . . . . . . . . . . . . . . . . . . . . . . 13
 III. Empirische Lehr-Lernforschung, insbesondere die Hattie-Studie . . . . . . . . . . . 14
 IV. Ausgewählte Erkenntnisse der (Lehr- und) Lernforschung . . . . . . . . . . . . . . . . 23
  1. Der Erinnerungsprozess: Das Drei- bzw. Zwei-Speicher-Modell . . . . . . . . . . 23
  2. Die cognitive load Theorie . . . . . . . . . . . . . . . . . . . . . . . . . . . . . . . . 27
  3. The Magical Number Seven . . . . . . . . . . . . . . . . . . . . . . . . . . . . . . . 28
  4. Lerntypen . . . . . . . . . . . . . . . . . . . . . . . . . . . . . . . . . . . . . . . . . . . . . 28
  5. Der Bildüberlegenheitseffekt . . . . . . . . . . . . . . . . . . . . . . . . . . . . . . 29

§ 2. Ergebnis: Die sieben didaktischen Grundlagen einer gelungenen juristischen
Lehrveranstaltung . . . . . . . . . . . . . . . . . . . . . . . . . . . . . . . . . . . . . . . . . . . . . . . . 31

 I. Motivation der Studierenden . . . . . . . . . . . . . . . . . . . . . . . . . . . . . . . . . 31
 II. Regelmäßige Wiederholungen . . . . . . . . . . . . . . . . . . . . . . . . . . . . . . . . 34
 III. Visualisierung und Veranschaulichung . . . . . . . . . . . . . . . . . . . . . . . . . . 34
 IV. (Methoden-) Wechsel zwischen rezeptivem und expressivem Lernen . . . . . . . . 36
 V. Aktivierung von und Anknüpfung an das Leistungsniveau und das Vorwissen
  der Studierenden . . . . . . . . . . . . . . . . . . . . . . . . . . . . . . . . . . . . . . . . . . 37
 VI. Etablierung einer konstruktiven Lern- und Feedbackkultur . . . . . . . . . . . . . . 39
 VII. Struktur und Beschränkung . . . . . . . . . . . . . . . . . . . . . . . . . . . . . . . . . . 42

§ 3. Vorbereitung einer juristischen Lehrveranstaltung . . . . . . . . . . . . . . . . . . . . . . . . 47

 I. Äußere Rahmenbedingungen . . . . . . . . . . . . . . . . . . . . . . . . . . . . . . . . . 47
 II. Berücksichtigung des Vorwissens der Studierenden . . . . . . . . . . . . . . . . . . 48
 III. Lernziele (learning outcomes) . . . . . . . . . . . . . . . . . . . . . . . . . . . . . . . . 54
 IV. Stoffsammlung . . . . . . . . . . . . . . . . . . . . . . . . . . . . . . . . . . . . . . . . . . . . 58
 V. Stoffreduktion . . . . . . . . . . . . . . . . . . . . . . . . . . . . . . . . . . . . . . . . . . . . 60
 VI. Festlegung der »Kernbotschaften« . . . . . . . . . . . . . . . . . . . . . . . . . . . . . 64
 VII. Generelle Strukturierung und Grobgliederung des Stoffes . . . . . . . . . . . . . . 65
 VIII. (Zeitliche und inhaltliche) Endkontrolle/Constructive Alignment . . . . . . . . . . . 66
 IX. Aufbau und Detailstruktur der einzelnen Veranstaltung . . . . . . . . . . . . . . . . 67
  1. Einstieg . . . . . . . . . . . . . . . . . . . . . . . . . . . . . . . . . . . . . . . . . . . . . . . 67
   a) »Traditionell« . . . . . . . . . . . . . . . . . . . . . . . . . . . . . . . . . . . . . . . . . 68
    aa) Persönliche Vorstellung des Lehrenden . . . . . . . . . . . . . . . . . . . . 68
    bb) Empfehlenswert: gegenseitige Abfrage der Hoffnungen, Erwartungen
     und Befürchtungen und Erörterung der Lern- (und ggf. Fern-) ziele . . 69

|  |  |  |
|---|---|---|
| | cc) Abfrage des Vorwissens der Studierenden | 70 |
| | dd) Vorstellung der Veranstaltung: Lernziele, Gliederung, Arbeitsaufwand, gewählte Methoden etc. | 70 |
| | b) »Innovativ« | 73 |
| 2. | Hauptteil | 77 |
| | a) Grundsatz I: Einbeziehung aktivierender Lehrmethoden | 78 |
| | b) Grundsatz II: Methodenmix/Rhythmisierung | 86 |
| | c) Zusätzliche aktivierende Methoden bei kleineren Gruppengrößen | 91 |
| | aa) Referate | 91 |
| | bb) Komplexere und länger andauernde Gruppenarbeit | 92 |
| | cc) Problembasiertes Lernen | 94 |
| | dd) Plan-/Rollenspiele | 95 |
| | ee) E- bzw. Blended Learning Elemente, insbesondere Flipped Classroom | 96 |
| | ff) Sonstige aktivierende Lehrmethoden: Auswahl und Überblick | 97 |
| | d) Juraspezifische (veranstaltungsunabhängige) methodische Besonderheiten | 99 |
| | aa) Der Gesetzestext und das Erlernen der juristischen Methodik | 99 |
| | bb) (Juristisches) Storytelling als besonderes Visualisierungselement | 106 |
| | cc) Darstellung (bzw. Erarbeitung) von Meinungsstreitigkeiten | 108 |
| | dd) Visualisierung mittels Strukturbilder, insbesondere Baumdiagrammen | 108 |
| | ee) Vorbereitung auf die Prüfung | 113 |
| 3. | Ende | 114 |
| 4. | Übergänge | 116 |
| 5. | Optional (vom und für den Lehrenden): Anfertigung eines Ablaufplanes der Lehrveranstaltung(en) | 117 |
| 6. | Optional (vom Lehrenden für die Studierenden): Erarbeitung eines Seminarplans | 119 |
| X. Inhaltliche Ausarbeitung | | 122 |
| 1. | ... (nur) für »eigene« Zwecke des Lehrenden | 123 |
| 2. | ... für die Studierenden | 126 |
| XI. Medienplanung und -komposition | | 127 |
| 1. | »Klassische« Medien | 131 |
| | a) Flipchart | 132 |
| | b) Tafel/Whiteboard/Overhead-Folien | 135 |
| | c) Pinnwand | 136 |
| | d) (Papp-) Karten | 136 |
| 2. | Präsentationssoftware, insbesondere PowerPoint | 137 |
| | a) Grundsatz: Weniger ist Mehr | 138 |
| | b) Einzelne Gestaltungselemente | 142 |
| | c) Erstellung der Endfassung | 154 |
| 3. | Tipp: Medienmix | 155 |
| 4. | Zusammenfassung: Vor- und Nachteile ausgewählter Medien | 155 |
| | 1. Flipchart | 155 |
| | 2. Präsentationssoftware | 156 |
| | 3. Tafel/Whiteboard/Overhead | 156 |
| | 4. Pinnwand (mit Karten) | 156 |
| XII. Die letzten Vorbereitungsschritte | | 157 |

## § 4. Durchführung einer juristischen Lehrveranstaltung ... 159

|  |  |  |
|---|---|---|
| I. | Rhetorik | 159 |
| II. | Körpersprache (Gestik, Mimik, Habitus) | 167 |
| III. | Stimm(training) | 172 |
| IV. | Besonderheiten bei der Verwendung von Präsentationen | 175 |
| V. | Maßnahmen gegen Lampenfieber | 176 |
| VI. | Umgang mit schwierigen Situationen | 180 |
| | 1. Unangenehme Fragen/Zwischenfragen | 180 |
| | 2. Pannen mit der Technik | 181 |

   3. Störungen . . . . . . . . . . . . . . . . . . . . . . . . . . . . . . . . . . . . . . . . . . . 182
   4. Rollenkonflikte . . . . . . . . . . . . . . . . . . . . . . . . . . . . . . . . . . . . . . . 184
   5. Versprecher/Stockungen/Blackout . . . . . . . . . . . . . . . . . . . . . . . . . . . 184

**§ 5. Nachbereitung einer juristischen Lehrveranstaltung** . . . . . . . . . . . . . . . . . . . . . . . . 187

  I. Eigenfeedback . . . . . . . . . . . . . . . . . . . . . . . . . . . . . . . . . . . . . . . . . . 187
  II. Fremdfeedback . . . . . . . . . . . . . . . . . . . . . . . . . . . . . . . . . . . . . . . . . 188
   1. Supervision/Peer-Feedback . . . . . . . . . . . . . . . . . . . . . . . . . . . . . . 188
   2. Feedback der Studierenden: Über den Umgang mit Evaluationen . . . . . . . . . . 189

**§ 6. Besonderheiten bei juristischen Fachvorträgen** . . . . . . . . . . . . . . . . . . . . . . . . 193

  I. Vorbereitung/Planung . . . . . . . . . . . . . . . . . . . . . . . . . . . . . . . . . . . . 194
  II. Durchführung . . . . . . . . . . . . . . . . . . . . . . . . . . . . . . . . . . . . . . . . . 198
  III. Nachbereitung . . . . . . . . . . . . . . . . . . . . . . . . . . . . . . . . . . . . . . . . 199

**§ 7. Besonderheiten im Rahmen der juristischen Weiterbildung, insbesondere bei Seminaren für Berufsträger** . . . . . . . . . . . . . . . . . . . . . . . . . . . . . . . . . . 201

**Statt eines Nachwortes: Persönliche Schlussgedanken** . . . . . . . . . . . . . . . . . . . . . . . . 203

**Stichwortverzeichnis** . . . . . . . . . . . . . . . . . . . . . . . . . . . . . . . . . . . . . . . 205

# Abkürzungsverzeichnis

aA . . . . . . . . . . . . andere Ansicht
allg. . . . . . . . . . . . allgemein, allgemeine

Bearb. . . . . . . . . . . Bearbeitung
BGB . . . . . . . . . . . Bürgerliches Gesetzbuch
bzw. . . . . . . . . . . . beziehungsweise

dh . . . . . . . . . . . . das heißt
ders. . . . . . . . . . . . derselbe

ECTS . . . . . . . . . . European Credit Transfer System
et al. . . . . . . . . . . . et alii, et aliae bzw. et alia (und andere)
etc . . . . . . . . . . . . et cetera

FAZ . . . . . . . . . . . Frankfurter Allgemeine Zeitung
ff. . . . . . . . . . . . . . folgende
Fn. . . . . . . . . . . . . Fußnote

GG . . . . . . . . . . . . Grundgesetz
ggf. . . . . . . . . . . . . gegebenenfalls

hM . . . . . . . . . . . . herrschende Meinung
Hrsg. . . . . . . . . . . . der/die Herausgeber

iVm . . . . . . . . . . . . in Verbindung mit

lit. . . . . . . . . . . . . . Litera (Buchstabe)

mE . . . . . . . . . . . . meines Erachtens
mwN . . . . . . . . . . mit weiteren Nachweisen

ppi . . . . . . . . . . . . *pixel per inch*

Rn. . . . . . . . . . . . . Randnummer(n)

s. . . . . . . . . . . . . . siehe
S. . . . . . . . . . . . . . Seite(n)
sog. . . . . . . . . . . . . sogenannte(r)

Urt. . . . . . . . . . . . . Urteil
usw. . . . . . . . . . . . und so weiter

Verf. . . . . . . . . . . . Verfasser/in

TED . . . . . . . . . . . Konferenz für Technology, Entertainment, Design

v. . . . . . . . . . . . . . von, vom

zB . . . . . . . . . . . . . zum Beispiel
zT . . . . . . . . . . . . . zum Teil

Weitere Abkürzungen werden im laufenden Text erörtert.

# Literaturverzeichnis

Hier sind nur die Werke gelistet, die einen unmittelbaren Bezug zu der bearbeiteten Thematik besitzen. Die sonstige Literatur wird jeweils in den betreffenden Fußnoten ausgewiesen.

*Adamczyk, G.*, Storytelling, 2014
*Adesope, O. O./Nesbit, I. C.*, Verbal redundancy in multimedia learning environments: A meta-analysis, in: Journal of Educational Psychology 2012, 104(1), 250
*Aiken, E. G./Thomas, G. S./Shennum, W. A.*, Memory for a lecture: Effects of notes, lecture rate and informational density, in: Journal of Educational Psychology 1975, 67, 439
*Ainsworth, S./Loizou, A. T.*, The effects of self-explaining when learning with text or diagrams, in: Cognitive Science 2003, 27, 669
*Alley, M.*, The Craft of Scientific Presentations: Critical Steps to Succeed and Critical Errors to Avoid, 2003
*Anderson, C.*, TED Talks. Die Kunst der öffentlichen Rede, 2. Aufl. 2017
*Anholt, R. R. H.*, Dazzle 'em with style: The art of oral scientific presentation, 2. Aufl. 2006
*Apel, H.-J.*, Die Vorlesung, 1999
*Apperson, J. M./Laws, E. L./Scepansky, J. A.*, The impact of presentation graphics on students experiences in the classroom, in: Computers & Education 2004, 47(1), 116
*Arditi, A./Cho, J.*, Serifs and font legibility, in: Vision research 2005, 45, 2926
*Arnold, R.*, Ich lerne, also bin ich. Eine systematisch-konstruktivistische Dialektik, 2007
*Asterhan, C. S. C./Schwarz, B. B.*, Argumentation and explanation in conceptual change: Indications from protocol analyses of peer-to-peer dialog, in: Cognitive Science 2009, 33(3), 374

*Bachmann, H.* (Hrsg.), Hochschullehre variantenreich gestalten, 2013
*Baer, M./Fuchs, M./Füglister, P./Reusser, K./Wyss, H.* (Hrsg.), Didaktik auf psychologischer Grundlage: Von Hans Aeblis kognitionspsychologischer Didaktik zur modernen Lehr- und Lernforschung, 2006
*Bartsch, R. A./Cobern, K. M.*, Effectiveness of PowerPoint presentations in lectures, in: Computers & Education 2003, 41(1), 77
*Battaglia, S./Bihrer, A.*, Vom Frontalunterricht zum forschenden Lernen, in: Berendt/Voss/Wildt (Hrsg.), Neues Handbuch Hochschullehre, 2014, C 2.16
*Bauer, J.*, Warum ich fühle, was du fühlst, 6. Aufl. 2006
*Baumgartner, P./Reinmann, G.* (Hrsg.), Überwindung von Schranken durch E-Learning, 2007
*Beetham, H./Sharpe, R.* (Hrsg.), Rethinking Pedagogy for a Digital Age, 2nd ed. 2013
*Ben-Ari, R./Eliassy, L.*, The differential effects of the learning environment on student achievemnt motivation: a comparison between frontal and complex instruction strategies, in: Social Behavior and Personality: An international Journal 2003, 31(2), 143
*Berendt, B.*, Gut geplant ist halb gewonnen, Teilnehmerzentrierte Struktur- und Verlaufsplanung von Lehrveranstaltungen, in: Berendt/Voss/Wildt (Hrsg.), Neues Handbuch Hochschullehre, 2014, B 1.1
*Berendt, B.*, Hochschuldidaktischer Methoden-Fundus: Basiswissen, in: Berendt/Voss/Wildt (Hrsg.), Neues Handbuch Hochschullehre, 2014, C 3.1
*Berendt, B./Voss, H.-P./Wildt, J.* (Hrsg.), Neues Handbuch Hochschullehre, Loseblatt, 2014
*Bergmans, B.*, Visualisierung in Rechtslehre und Rechtswissenschaft, 2009
*Bischof, K./Bischof, A./Knoblauch, J./Wöltje, H.*, Selbstorganisation, 2012
*Bligh, D. A.*, What's the use of lectures?, 2000
*Blocher, W.*, »Mobiles Lernen« im Studiengang Wirtschaftsrecht an der Universität Kassel, in: ZDRW 2014, 44
*Bönders, T.* (Hrsg.), Kompetenz und Verantwortung in der Bundesverwaltung, in: Festschrift 30 Jahre Fachhochschule des Bundes für öffentliche Verwaltung, 2009
*Böss-Ostendorf, A./Senft, H.*, Einführung in die Hochschul-Lehre, 2010
*Bower, M. G./Moloney, R. A./Cavangah, M. S./Sweller, N.*, Assessing preservice teachers' presentation capabilities: Contrasting the modes of Communication with the constructed impression, in: Australian Journal of Teacher Education 2013, 38, 111

*Brauer, M.*, An der Hochschule lehren, 2014

*Brockmann, J./Dietrich, J.-H./Pilniok, A.* (Hrsg.), Exzellente Lehre im juristischen Studium, 2011 (zitiert: Brockmann/Dietrich/Pilniok/*Bearbeiter* Exzellente Lehre)

*Brockmann, J./Dietrich, J.-H./Pilniok, A,* (Hrsg.), Methoden des Lernens in der Rechtswissenschaft, 2012 (zitiert: Brockmann/Dietrich/Pilniok/*Bearbeiter* Methoden)

*Brockmann, J./Dietrich, J.-H./Pilniok, A.*, Von der Lehr- zur Lernorientierung: auf dem Weg zu einer rechtswissenschaftlichen Fachdidaktik, in: Jura 2009, 579

*Brühl, R.*, Die juristische Fallbearbeitung in Klausur, Hausarbeit und Vortrag, 3. Aufl. 1992

*Bruner, J.*, The Act of Discovery, in: Harvard Educational Review 1961, 21

*Bruno, T./Adamczyk, G.*, Körpersprache, 2. Aufl. 2012

*Butcher, K. R.*, Learning from text with diagrams: Promoting mental model development and inference generation, in: Journal of Educational Psychology 2006, 98(1), 182

*Campell, J./Mayer, R. E.*, Questioning as an instructional method: Does it affect learning from lectures?, in: Applied Cognitive Psychology 2009, 23(6), 747

*Canary, D. J./Stafford, L.*, Equity in the presentation of personal relationships, in: *Harvey/Wenzel* (Hrsg.), Close romantic relationships. Maintenance and enhancement, 2001

*Carney, R. N./Levin, J. R.*, Pictorial illustrations still improve students' learning from text. in: Educational Psychology Review 2002, 14(1), 5

*Carnine, D.*, Why education experts resist effective practices (and what it would take to make education more like medicine, 2000

*Caspary, R.* (Hrsg.), Lernen und Gehirn, 2009

*Cherney, I. D.*, The effects of active learning on students' memories for course content, in: Active Learning in Higher Education 2008, 9(2), 152

*Chi, M. T. H.*, Active – constructive – interactive: A conceptual framework for differentiating learning activities, in: Topics in Cognitive Science 2009, 1, 73

*Chung, S. T. L.*, Reading speed benefits from increased vertical word spacing in normal peripheral vision, in: Optometry and Vision Science 2004, 81(7), 525

*Clark, J.*, PowerPoint and pedagogy: Maintaining student interest in university lectures, in: College Teaching 2008, 81(7), 39

*Claus, E.-M./Licher, L.*, Praktische Rhetorik für Studierende, 1997

*Cohen, J.*, A power primer, in: Psychological Bulletin 1992, 112(1), 155

*Craig, R. J./Amernic, J. H.*, PowerPoint presentation technology and the dynamics of teaching, in: Innovative Higher Education 2006, 31, 147

*Craig, S. D./Sullins, J./Witherspoon, A./Gholson, B.*, The deep-level reasoning-question effect: the role of dialogue and deep-level-reasoning questions during vicarious learning, in: Cognition and Instruction 2006, 24(4), 565

*Credé, M./Roch, S. G./Kieszcynka, U. M.*, Class attendance in college: A meta-analytic review of the relationship of class attendance with grades and student characteristics, in: Review of Educational Research 2010, 80(2), 272

*Dale, E.*, The Cone of Learning, 1969

*Damasio, A.*, Ich fühle, also bin ich, 2002

*Dauner-Lieb, B.*, »Gute juristische Lehre« – Ist das überhaupt ein Thema?, in: ZDRW 2014, 1

*Day, C.*, A passion for teaching, 2004

*De Grez, L./Valcke, M./Roozen, I.*, The impact of an innovative instructional intervention on the acquisition of oral presentation skills in higher education, in: Computers & Education 2009, 53, 112

*Di Vesta, F. J./Smith, D. A.*, The pausing principle: Increasing the efficiency of memory for ongoing events, in: Contemporary Educational Psychology 1979, 4(3), 288

*Dittler, U.* (Hrsg.), E-Learning 2. Aufl. 2003

*Domnick, I./Schweikart, J./Ueberschär, N.*, Grundlagen wissenschaftlicher projektbezogener Arbeit, in: Berendt/Voss/Wildt (Hrsg.), Neues Handbuch Hochschullehre, 2014, E 3.10

*Doumont, J.-L.*, The cognitive style of PowerPoint: Slides are not all evil, in: Technical Communication 2005, 52(1), 64

*Drews, L.*, Rhetorik im Hochschulunterricht in: Berendt/Voss/Wildt (Hrsg.), Neues Handbuch Hochschullehre, 2014, G 2.1

*Duarte, N.,* Slide:ology, 3. Aufl. 2011

*Dubs, R.*, Gut strukturiert und zielgerichtet Tipps zur Vorbereitung und Durchführung von Vorlesungen in: Berendt/Voss/Wildt (Hrsg.), Neues Handbuch Hochschullehre, 2014, E 2.5
*Duncan, K.*, Das Buch der Diagramme, 4. Aufl. 2014
*Döring, K. W./Ritter-Mamczek, B.*, Medien in der Weiterbildung, 2. Aufl. 1998
*Dummann, K./Jung, K./Niekrenz, Y.*, Einsteigerhandbuch Hochschullehre, 2007
*Dyrchs, P.*, Didaktikkunde für Juristen, 2013
*Dyrchs, P.*, Tote Gesetze muss man in Leben verwandeln können, in: Rechtspflegerstudienhefte (RpflStud) 2016, 12

*Ebbinghaus, H.*, Über das Gedächtnis. Untersuchungen zur experimentellen Psychologie, 1971, Nachdruck von 1885
*Ebeling, P.*, Reden ohne Lampenfieber, 2011
*Edmüller, A./Wilhelm, T.*, Moderation, 5. Aufl. 2012
*Egger, R.*, Lebenslanges Lernen in der Universität, 2012
*Ehrmann, T.*, Der gefesselte Professor – Über die Folgen studentischer Lehrveranstaltungsevaluation, in: Forschung & Lehre 2015, 724 f.
*Engisch, K.*, Logische Studien zur Gesetzesanwendung 3. Aufl. 1963
*Erhardt, H.*, Die Gedichte – Mit Illustrationen von Jutta Bauer, 2015
*Erpenbeck, J./Sauter, W.*, So werden wir lernen!, 2013
*Euler, D./Hahn, A.*, Wirtschaftsdidaktik, 2004
*Euler, D./Seufert, S.* (Hrsg.), E-Learning in Hochschulen und Bildungszentren, 2005

*Feltes, T./Junge, H./Ruch, A.*, Großveranstaltungen im Jura-Studium erfolgreich mit Arbeitsgruppen begleiten, in: Berendt/Voss/Wildt (Hrsg.), Neues Handbuch Hochschullehre, 2014, E 2.9
*Fiore, S. M./Cuevas, H. M./Oser, R. L.*, A picture is worth a thousand connections: The facilitative effects of diagrams on mental model development and task performance, in: Computers in Human Behavior 2003, 19, 185
*Flume, P.*, Karrierefaktor Rhetorik, 2005
*Flume, P./ Mentzel, W.*, Rhetorik, 2. Aufl. 2012
*Forgas, J.-P.*, Soziale Interaktion und Kommunikation: Eine Einführung in die Sozialpsychologie, 1999
*Förster, J.*, Psychologie: Einführung in die Alltagspsychologie, 2011
*Förster, J.*, Psychologie: Einführung in die Alltagspsychologie, 2011
*Franck, N.*, Rhetorik für Wissenschaftler – Selbstbewusst auftreten, selbstsicher reden, 2001
*Frank, H.-J.*, Ideen zeichnen, 2004
*Frantzius, T. von*, Lernpsychologie und Hochschuldidaktik – Gedanken zur Lernfähigkeit in der Hochschullehre, in: Berendt/Voss/Wildt (Hrsg.), Neues Handbuch Hochschullehre, 2014, A 2.6
*Freimuth, J.*, Moderation in der Hochschule. Konzepte und Erfahrungen in der Hochschullehre und Hochschulentwicklung, 2000
*Fritzherbert, N.*, Die perfekte Präsentation, 2014
*Frommann, U.*, Jenseits des Spiegelstrichs – Ideen für lerngerechte PowerPoint-Präsentationen, in: Berendt/Voss/Wildt (Hrsg.), Neues Handbuch Hochschullehre, Loseblatt 2014, D 2.4

*Gadamer, H. G.*, Truth and method, 2. Aufl. 1993
*Gallo, C.*, Überzeugen wie Steve Jobs, 3. Aufl. 2010 (zitiert: *Gallo* Steve Jobs)
*Gallo, C.*, Talk like TED, 2014 (zitiert: *Gallo* TED)
*Gast, W.*, Juristische Rhetorik, 4. Aufl. 2006
*Ginns, P.*, Integrating information: A meta-analysis of the spatial contiguity and temporal contiguity effects, in: Learning and Instruction 2006, 16, 511
*Göcks, M.-S.*, Betriebswirtschaftliche eLearning Anwendungen in der universitären Ausbildung, 2006
*Gorn, G. J./Chattopadhyay, A./Yi, T.*, Effects of color as excecutional cue in advertising: They're in the shade, in: Management Science 1997, 43(10), 1387
*Görts, W./Marks, F./Stary, J.*, Visualisierung: Folien, Poster, Flipcharts, in: Berendt/Voss/Wildt (Hrsg.), Neues Handbuch Hochschullehre, 2014, A 1.1
*Griebel, J./Gröblinghoff, F.* (Hrsg.), Von der juristischen Lehre, 1. Aufl. 2012
*Große Boes, S./Kaeseric, T.*, Trainer-Kit, 4. Aufl. 2010
*Groth, C.*, Der Sprung ins kalte Wasser – praktische Tipps für Anfänger – Erfahrungsberichte eines »Neulings«, in: Berendt/Voss/Wildt (Hrsg.), Neues Handbuch Hochschullehre, 2014, B 2.1

*Güntürkün, O.,* Unser Gehirn: Wie wir denken, lernen und fühlen, 2016

*Haake, J./Schwabe, G./Wessner, M.* (Hrsg.), CSCL-Kompendium 2.0, 2. Aufl. 2012
*Haft, F.,* Einführung in das juristische Lernen – Unternehmen Jurastudium, 7. Aufl. 1997 (zitiert: *Haft* Lernen)
*Haft, F.,* Juristische Rhetorik, 8. Aufl. 2014 (zitiert: *Haft* Rhetorik)
*Hägg, G.,* Die Kunst, überzeugend zu reden, 2003
*Hallet, W.,* Didaktische Kompetenzen, 4. Aufl. 2009
*Hammond, J. S.,* Learning by the case method, 1976
*Harp, S. F./Mayer, R. E.,* How seducative details do their damage: A theory of cognitive interest in science learning, in: Journal of Educational Psychology 1998, 90(3), 414
*Hattie, J.,* Lernen sichtbar machen, 2013 (zitiert: *Hattie* Lernen)
*Hattie J.,* Lernen sichtbar machen für Lehrpersonen, 2014 (zitiert: *Hattie* Lehrpersonen)
*Hawelka, B./Hammerl, M./Gruber, H.* (Hrsg.), Förderung von Kompetenzen in der Hochschullehre, 2007
*Heiner, M./Wildt, J.* (Hrsg.), Professionalisierung der Lehre, 2013
*Helmke, A.,* Unterrichtsqualität und Lehrerprofessionalität: Diagnose, Evaluation und Verbesserung des Unterrichts, 4. Aufl. 2012
*Hentig, H. von,* Das allmähliche Verschwinden der Wirklichkeit, 1984
*Henze, R.,* Bildmedien im juristischen Unterricht, 2003
*Hierhold, E.,* Sicher präsentieren – wirksamer vortragen, 2005
*Hilgendorf, E.* (Hrsg.), Beiträge zur Rechtsvisualisierung, 2011
*Hines, C. V./Cruickshank, D. R./Kennedy, J. J.,* Teacher clarity and its relationship to student achievement and satisfaction, in: American Educational Research Journal 1985, 22(1), 87
*Hofmann, A. H.,* Scientific writing and communication. Papers, proposals, and presentations, 2010
*Höffler, T. N./Leutner, D.,* Instructional animation versus static pictures: A meta-analysis, in: Learning and Instruction 2007, 17, 722
*Hoffmann, S. G./Kiehne, B.,* Ideen für die Hochschullehre, Ein Methodenreader, 2016
*Huba, M. E./Freed, J. E.,* Learner-Centered Assessment on College Campuses: Shifting the Focus from Teaching to Learning, 2000
*Hufen, F.,* Perspektiven des rechtswissenschaftlichen Studiums, in: ZDRW 2013, 5
*Huxham, M.,* Learning in lectures: Do ‚interactive windows' help?, in: Active Learning im Higher Education 2005, 6(1), 17
*Issing, L./Klimsa, P.* (Hrsg.), Information und Lernen mit Multimedia und Internet, Lehrbuch für Studium und Praxis, 3. Aufl. 2002 (zitiert: Issing/Klimsa/*Bearbeiter* Multimedia)
*Issing, L./Klimsa, P.* (Hrsg.), Online-Lernen, Handbuch für Wissenschaft und Praxis, 2009 (zitiert: Issing/Klimsa/*Bearbeiter* Online-Lernen)
*Jank, W./Meyer, H.,* Didaktische Modelle, 9. Aufl. 2009
*Jessen, F./Heun, R./Erb, M./Granath, D.-O./Klose, U./Papassotiropoulos, A. et. al,* The concreteness effect: Evidence for dual coding and context availability, in: Brain and Language 2000, 74(1), 103
*Johannes, R.,* Learning by doing, in: Berendt/Voss/Wildt (Hrsg.), Neues Handbuch Hochschullehre, 2014, E 4.2

*Kang, S. H. K./McDermott, K. B./Roediger, H. L.,* Test format and corrective feedback modify the effect of testing on long-term retention, in: European Journal of Cognitive Psychology 2007, 19(4/5), 528
*Kartal, G.,* Does language matter in multimedia learning? Personalization principle revisited, in: Journal of Educational Psychology 2012, 102(3), 615
*Kaube, J.,* Was haben Lehrer von der Hirnforschung?, in: Müller-Jung (Hrsg.), Die Kraft des Geistes, 2015
*Kay, R. H./LeSage, A.,* Examining the benefits and challenges of using audience response systems: A review of the literature, in: Computers & Education 2009, 53(3), 819
*Kerres, M.,* Mediendidaktik, 3. Aufl. 2012
*Kessler, C. S./Dharmapuri, S./Marcolini, E. G.,* Qualitative analysis of effective lecture strategies in emergency medicine, in: Annals of Emergency Medicine 2011, 58, 481
*King, A.,* From Sage on the Stage to Guide on the Side, in: College Teaching 41, 1993
*Kintsch, W./Bates, E.,* Recognition memory for statements from a classroom lecture, in: Journal of Experimental Psychology: Human Learning and Memory 1977, 3(2), 150

*Kirschbaum, M./ Ninnemann, K.,* »Der Raum ist der dritte Pädagoge« – Die Bedeutung von Lernräumen für eine zeitgemäße Hochschullehre, in: Forschung & Lehre 2015, 738
*Klaner, A.,* Richtiges Lernen für Jurastudenten und Rechtsreferendare, 2011
*Klauer, K.-J./Leutner, D.,* Lehren und Lernen, 2. Aufl. 2012
*Klöhn, L.,* Bessere Noten mit kognitiver Psychologie, in: Jura 2007, 104
*Knoll, J.,* Kurs und Seminarmethoden, 1993
*Koedinger, K. R./Booth, J. L./Klahr, D.,* Instructional complexity and the science to constrain it, in: science 2013, 342, 935
*Kornacker, J./Venn, M.,* Einsatz aktivierender Methoden in der Hochschuldidaktik in: Berendt/Voss/Wildt (Hrsg.), Neues Handbuch Hochschullehre, 2014, C 2.24
*Kowalski, T,* True North: Navigating for the transfer of learning in legal education, in: Seattle University Law Review 2010, 51
*Krapp, A./Weidemann, B.* (Hrsg.), Pädagogische Psychologie, 4. Aufl. 2001
*Kuhlmann, A. M./Sauter, W.,* Innovative Lernsysteme Kompetenzentwicklung mit Blended Learning und Social Software, 2008
*Kulik, J.-A./Kulik, C.-L. C.,* The Concept of meta-analysis, in: International Journal of Educational Research 13 (1989), 221
*Kushner, M.,* Besser Präsentieren für Dummies, 2009

*Lachmayer, F.,* Graphische Darstellung im Rechtsunterricht, in: Zeitschrift für Verkehrsrecht (ZVR) 1976, Heft 8, 230
*Langer, T.,* Die Verbildlichung der juristischen Ausbildungsliteratur, 2005
*Larkin, J. H./Simon, H. A.,* Why a diagram is (sometimes) worth ten thousand words, in: Cognitive Science 1987, 11, 65
*Laske, S.* (Hrsg.), Personalentwicklung und universitärer Wandel, 2004
*Lefrancois, G. R.,* Psychologie des Lernens, 4. Aufl. 2006
*Legge, G. E./Pelli, D. G./Rubin, G. S./Schleske, M. M.,* Psychophysics of reading: I. Normal vision, in: Vision Research 1985, 25(2), 239
*Lehner, M./Fredersdorf, F.,* Fachtrainings erfolgreich gestalten, 2003
*Leitner, S.,* So lernt man lernen. Der Weg zum Erfolg, 1995
*Lemmermann, H.,* Lehrbuch der Rhetorik, 6. Aufl. 1997
*Levasseur, D. G./Sawyer, J. K.,* Pedagogy meets PowerPoint: A research review of the effects of computer-generated slides in the classroom, in: Review of Communication 2006, 6(1-2), 101
*Liebig, V.,* Die selektive Vorlesung, in: Berendt/Voss/Wildt (Hrsg.), Neues Handbuch Hochschullehre, 2014, E 2.6
*Litzinger, T. A./Lattuca, L. R./Hadgraft, R. G./Newstetter, W. C.,* Engineering education and the development of expertise, in: Journal of Engineering Education 2011, 123
*Lobin, H.,* Die wissenschaftliche Präsentation, 2012
*Locke, E. A./Latham, G. P.,* A theory of goal setting and task performance in: Englewood Cliffs, NJ: Prentice Hall, 1990
*Lou, Y./Abrami, P. C./d'Appollonia, S.,* Small group and individual learning with technology: A meta-analysis, in: Review of Educational Research 2001, 71(3), 449
*Lüdemann, J.,* Grundrechte anschaulich, in: ZDRW 2013, 80

*Macke, G./Hanke U./Viehmann, P.,* Hochschuldidaktik, 2. Aufl. 2012
*Madeja, M.,* Die Schule erzieht junge Menschen, keine Gehirne, in: Müller-Jung (Hrsg.), Die Kraft des Geistes, 2015
*Maldeghem, C. P. von/Till, Dietmar/Sentker A.* (Hrsg.), Die Kunst der guten Rede – von Aristoteles bis heute, ZEIT Akademie 2016
*Mansfield, J. S./Legge, G. E./Bane, M. C.,* Font effects in normal and low vision, in: Investigative Ophthalomology and Visual Science 1996, 37(8), 1482
*Mantione, R. D./Smeads, S.,* Weaving through words: Using the arts to teach reading comprehension strategies, 2003
*Marks, T.,* Motivierung von Studierenden im seminaristischen Unterricht, in: Berendt/Voss/Wildt (Hrsg.), Neues Handbuch Hochschullehre, 2014, E 3.1
*Marks, F./Thömen, D.,* Die Moderation des Problemorientierten Lernens (POL), in: Berendt/Voss/Wildt (Hrsg.), Neues Handbuch Hochschullehre, 2014, C 1.1
*Maughan, C./Webb, J.,* Lawyering Skills and the Legal Process, 2. Aufl. 2006

*Mayer, R. E.* (Hrsg.), The Cambridge handbook of multimedia learning, 2005
*ders.*/Moreno, R., Nine ways to reduce cognitive load in multmedia learning, in: Educational Psychologist 2003, 38(1), 43
*Medina, J.*, Gehirn und Erfolg – 12 Regeln für Schule, Beruf und Alltag, 2009
*Meier, R.*, Praxis E-Learning, 2006
*Mehrabian, A.*, Nonverbal Communications, 1972
*Merrill, M. D.*, First principles of instruction, in: *Reigeluth/Carr-Chelman* (Hrsg.), Instructional-design theories and models, Vol. III: Building a common knowledge base, 2009
*Meyer, H.*, Unterrichtsmethoden II: Praxisband, 11. Aufl. 2005
*Mette, N.* (Hrsg.),Lexikon der Religionspädagogik, 2006
*Michael, J.*, Faculty perceptions about barriers to active learning in: College Teaching 2007, 55(2), 42
*Mietzel, G.*, Pädagogische Psychologie des Lernens und Lehrens, 8. Aufl. 2007
*Miller, G. A.*, The Magical Number Seven, Plus Or Minus Two: Some Limits On Our Capacity For Processing Information, in: Psychological Review 63 (1956), 81
*Möllers, T. M. J.*, Juristische Arbeitstechnik und wissenschaftliches Arbeiten, 7. Aufl. 2014
*Moser, H.*, Einführung in die Netzdidaktik, 2008
*Moskovitz, M.*, Beyond the Case Method: It's Time to teach with problems, in: Journal of Legal Education 1992, 241
*Müller, H.*, Mind Mapping, 3. Aufl. 2011
*Müller, H.*, Mind Mapping – eine neue Kulturtechnik auch für die Hochschule, in: Berendt/Voss/Wildt (Hrsg.), Neues Handbuch Hochschullehre, 2014, D 2.6
*Müller-Jung* (Hrsg.), Die Kraft des Geistes, 2015

*Näsänen, R./Karlsson, J./Ojanpää, H.*, Display quality and the speed of visual letter search, in: Displays 2001, 22, 107
*Niegemann, H. M./Domagk, S./Hessel, S./Hein, A./Hupfer, M./Zobel, A.*, Kompendium multimediales Lernen, 2008
*Nilson, Linda B.*, Teaching at its best, 3. Aufl. 2015
*Nöllke, C./ Schmettkamp, M.*, Präsentieren, 2011

*Paivio, A.*, A dual coding theory: Retrospect and current status, in: Canadian Journal of Psychology 1991, 45(3), 255
*Paulson, D. R.*, Active learning and cooperative learning in the organic chemistry lecture class, in: Journal of Chemical Education 1999, 76(8), 1136
*Perry, R. P./Smart, J. C.* (Hrsg.),, The scholarship of teaching and learning in higher education: An evidence-based perspective, 2007
*Pfäffli, B. K.*, Lehren an Hochschulen. Eine Hochschuldidaktik für den Aufbau von Wissen und Kompetenzen, 2. Aufl. 2012
*Plett, H.* (Hrsg.), Die Aktualität der Rhetorik, 1996
*Prince, M.*, Does active learning work? A review of the research in: Journal of Engineering Education 2004, 93(3), 223

*Redfield, D. L./Rousseau, E. W.*, A meta-analysis of experimental research on teacher questioning behavior, in: Review of Educational Research 1981, 51(2), 237
*Rehder, W.*, Der deutsche Professor, 2. Aufl. 1998
*Reiner, G.*, Juristische Didaktik und E-Lernen: theoretische Konzeption und Anwendungsbeispiele, in: JurPC Web-Dok. 160/2007, Abs. 1-49
*Reiners, L.* Stilkunst, 1943
*Reinhaus, D.*, Lerntechniken, 2011
*Reinwein, J.*, Does the modality test exist? And if so, which modality effect?, in: Journal of Psycholinguistic Research 2012, 41, 1
*Reis, O.*, Hochschuldidaktische Herausforderungen an die Rechtswissenschaft, in: ZDRW 2013, 21
*Reumann, M./Mohr, M./Dössel, O./Diez, A.*, Grundlagenveranstaltung neu verpackt, in: Berendt/Voss/Wildt (Hrsg.), Neues Handbuch Hochschullehre, 2014, E 2.3
*Reynolds, G.*, Naked Presenter, 2011 (zitiert: *Reynolds* Naked)
*Reynolds, G.*, Zen oder die Kunst der Präsentation, 2. Aufl. 2012 (zitiert: *Reynolds* Zen)
*Reynolds, G.*, Zen oder die Kunst des Präsentationsdesigns, 2010 (zitiert: *Reynolds* Zen-Design)

*Richardson, M./Abraham, C./Bond, R.*, Psychological correlates of university students' academic performance: A systematic review and meta-analysis, in: Psychological Bulletin 2012, 38(2), 353
*Ritter-Mamczek, B.*, Stoff reduzieren, 2011
*Ritter-Mamczek/Lederer, A.*, 22 brillante Methoden, 2012
*Rizzolatti, G./Sinigaglia, C.*, Empathie und Spiegelneuronen, 2008
*Röhl, K. F./Ulbrich, S.*, Recht anschaulich, 2007
*Rotthoff, T.*, Schritt für Schritt – Ein Weg zur erfolgreichen Planung von Lehrveranstaltungen, in: Berendt/Voss/Wildt (Hrsg.), Neues Handbuch Hochschullehre, 2014, B 1.6
*Römermann, V./Paulus, C.*, Schlüsselqualifikationen für Jurastudium, Examen und Beruf, 2003
*Rufer, L./Tribelhorn, T.*, Lernen wirksam unterstützen, in: Forschung und Lehre 6/2012, 492
*Ruhl, K./Hughes C./Schloss, P.*, Using the pause procedure to enhance lecture recall, in: Teacher Education and Special Education 1987, 10, 14
*Ruiz-Primo, M. A./Briggs, D./Iverson, H./Talbot, R./Shepard, L. A.*, Impact of undergraduate science course innovations on learning, in: Science 2011, 331(6022), 1269
*Rummler, M.*, Crashkurs Hochschuldidaktik: Grundlagen und Methoden guter Lehre, 2011
*Rüschemeyer, G.*, Eben noch gewusst, in: Müller-Jung (Hrsg.), Die Kraft des Geistes, 2015
*Russel, I. J./Hendricson, W. D./Herbert, R. J.*, Effects of lecture information density on medical student achievement in: Journal of Medical Education 1984, 59(11), 881

*Sachs-Hombach, K.*, Das Bild als kommunikatives Medium, Elemente einer allgemeinen Bildwissenschaft, 2. Aufl. 2006
*Sanders, W.*, Gutes Deutsch – besseres Deutsch: Praktische Stillehre der deutschen Gegenwartssprache, 5. Aufl. 2009
*Sauter, A. M./ Sauter, W.*, Blended Learning, 2002 (zitiert: *Sauter/Sauter* Blended)
*Sauter, W./Sauter, S.*, Workplace Learning, 2013 (zitiert: *Sauter/Sauter* Workplace)
*Scheerer, H.*, Reden müsste man können, 1998
*Schlieffen, K. Gräfin von*, Bottom Up! Rechtskompetenz Lernen! Ein Konzept auf rhetorischer Grundlage, in: ZDRW 2013, 44
*Schmoll, H.*, Neurodidaktik, in: Müller-Jung (Hrsg.), Die Kraft des Geistes, 2015
*Schneider, M./Mustafic, M. (Hrsg.)*, Gute Hochschullehre: Eine evidenzbasierte Orientierungshilfe, 2015
*Schneider, M./Preckel, F.*, Variables With Achievement in Higher Education: A Systematic Review of Meta-Analyses, in: Psychological Bulletin 2017 (im Erscheinen), doi: 10.1037/bul0000098
*Schneider, V.*, Vorlesungsskripte als Lernhilfen, Prüfungshilfen und Nachschlagewerke, in: Berendt/Voss/Wildt (Hrsg.), Neues Handbuch Hochschullehre, 2014, A 1.1
*Schnettler, B./Knoblauch, H. (Hrsg.)*, PowerPoint-Präsentationen, 2007
*Scholkmann, A.*, Problembasiertes Lernen und (rechtswissenschaftliche) Fallmethode, in: ZDRW 2014, 28
*Schulmeister, R.*, eLearning: Einsichten und Aussichten, 2006
*Schulmeister R./Loviscach, J.*, Kritische Anmerkungen zur Studie »Lernen sichtbar machen« von John Hattie, in: SEMINAR 2/2014, 121
*Schumacher, E.-M.*, Schwierige Situationen in der Lehre, 2011
*Seel, N. M.*, Psychologie des Lernens, 2. Aufl. 2003
*Seifert, J. W.*, Visualisieren – Präsentieren – Moderieren, 30. Aufl. 2011
*Siebert, H.*, Didaktisches Handeln in der Erwachsenenbildung, 7. Aufl. 2012 (zitiert: *Siebert* Didaktisches Handeln)
*Siebert, H.*, Methoden für die Bildungsarbeit, 4. Aufl. 2010 (zitiert: *Siebert* Methoden)
*Sheedy, J. E./Subbaram, M. V./Zimmerman, A. B./Hayes, J. R.*, Text legibility and the letter superiority effect, in: Human Factors 2005, 47(4), 797
*Skorupinksi, C.*, Stimmtraining für Lehrende, in: Berendt/Voss/Wildt (Hrsg.), Neues Handbuch Hochschullehre, 2014, G 2.3
*Smith, C. V./Cardaciotto, L.*, Is active learning like broccoli? Student perceptions of active learning in large lecture classes, in: Journal of Scholarship of Teaching and Learning 2011, 11(1), 53
*Soudry, R. (Hrsg.)*, Rhetorik, 2. Aufl. 2006
*Spitzer, M.*, Geist im Netz. Modelle für Lernen, Denken und Handeln, 2000 (zitiert: *Spitzer* Geist im Netz)
*Spitzer, M.*, Lernen. Gehirnforschung und die Schule des Lebens, 2002 (zitiert: *Spitzer* Lernen)

*Stahr, I.*, Auf den Punkt gebracht…, in: Berendt/Voss/Wildt (Hrsg.), Neues Handbuch Hochschullehre, 2014, G 1.1

*Stary, J.*, Das didaktische Kernproblem, in: Berendt/Voss/Wildt (Hrsg.), Neues Handbuch Hochschullehre, 2014, A 1.2

*Stary, J.*, Die Jigsaw-Methode – Textarbeit in Seminaren verbessern, in: Berendt/Voss/Wildt (Hrsg.), Neues Handbuch Hochschullehre, 2014, C 2.8

*Stary, J./Unger, W.*, Concept Maps: Die Visualisierung juristischer Inhalte, in: Berendt/Voss/Wildt (Hrsg.), Neues Handbuch Hochschullehre, 2014, C 2.15

*Stern, E./Aprea, C./Ebner, H. G.*, Improving cross-content transfer in text processing by means of active graphical representation, in: Learning and Instruction 2003, 13, 191

*Stickel-Wolf, C./Wolf, J.*, Wissenschaftliches Arbeiten und Lerntechniken, 7. Aufl. 2013

*Sutter, C.*, Der Lehr-/Lernvertrag, in: ZDRW 2013, 85

*Symons, C. S./Johnson, B. T.*, The self-refernce effect in memory: A meta-analysis, in: Psychological Bulletin 1997, 121(3), 371

*Szczyrba, B.*, Von Fröschen, Wanderern und Leuchttürmen – Perspektiven auf Lehrexzellenz an Fachhochschulen in: Berendt/Voss/Wildt (Hrsg.), Neues Handbuch Hochschullehre, 2014, A 1.5

*Szczyrba, B./Wildt, J.*, Lehren aus der Perspektive des Lernens – Anregungen zur Perspektivenübernahme durch Zielgruppenimagination in: Berendt/Voss/Wildt (Hrsg.), Neues Handbuch Hochschullehre, 2014, A 3.2

*Taraba, E./Hellwig, M.*, Lernkompetenzförderung als strategischer Baustein hochschuldidaktischer Arbeit, in: Berendt/Voss/Wildt (Hrsg.), Neues Handbuch Hochschullehre, 2014, G 3.10

*Taylor, P.*, Improving graduate student seminar presentations through training, in: Teaching of Psychology 1992, 19(4), 236

*Thomas, E.-M.*, Der perfekte Auftritt, 2015

*Tomlinson, C. A.*, Differentiation in practice: a resource guide for differentiating Curriculum grades 9-12, 2005

*Thompson, E./Palacios, A./Varela, F. J.*, Ways of coloring: Comparative color vision as a case study for cognitive science, in: Behavioral and Brain Science 1992, 15(1), 1

*Tremp, P.*, Standardsituation – ein Zuspiel, in: Berendt/Voss/Wildt (Hrsg.), Neues Handbuch Hochschullehre, 2014, A 1.4

*Tucholski, K.*, Gesammelte Werke, Band 3, 1960

*Tufte, E. R.*, The cognitive style of PowerPoint: Pitching out corrupts within, 2003

*Van den Berg, L./Ros, A./Beijaard, D.*, Feedback van basisschoolleerkrachten tijdens actief leren: de huidige praktijk, 2010

*Vereinigung Deutscher Rechtslehrender* (Hrsg.), Jahrbuch der Rechtsdidaktik 2011, 2012

*Vester, F.*, Denken, Lernen, Vergessen, 33. Aufl. 2009

*Voss, H.-P.*, Die Vorlesung – Probleme einer traditionellen Veranstaltungsform und Hinweis zu ihrer Lösung, in: Berendt/Voss/Wildt (Hrsg.), Neues Handbuch Hochschullehre, 2014, E 2.1

*Voss, H.-P.*, Eigenanalyse – Weg zum Lehrerfolg, in: Berendt/Voss/Wildt (Hrsg.), Neues Handbuch Hochschullehre, 2014, I 1.1

*Voss, H.-P.*, Lernen im Studium – Grundlagen und Tipps für Lehrende, Lernende und Lernberater, in: Berendt/Voss/Wildt (Hrsg.), Neues Handbuch Hochschullehre, 2014, A 3.4

*Wagstaffe, J. M.*, Romacing the room, 2002

*Walter, T.*, Kleine Stilkunde für Juristen, 2. Aufl. 2009 (zitiert: *Walter* Stilkunde)

*Walter, T.*, Kleine Rhetorikschule für Juristen, 2009 (zitiert: *Walter* Rhetorikschule)

*Wangerin, P. T.*, Skills training in legal analysis: A systematic approach, in: University of Miami Law Review 1986, 409

*Watson, D. L./Kessler, D. A./Kalla, S./Kam, C. M./Ueki, K.*, Active learning exercises are more motivating than quizzes for underachieving college students, in: Psychological Reports 1996, 78, 131

*Watzin, K.*, PowerPoint und Beamer – Zum Umgang mit den neuen Medien, in: Berendt/Voss/Wildt (Hrsg.), Neues Handbuch Hochschullehre, 2014, D 2.1

*Walzik, S.*, Gruppenarbeit sinnvoll gestalten – Teil 1, in: Berendt/Voss/Wildt (Hrsg.), Neues Handbuch Hochschullehre, 2014, C 2.19

*Wecker, C.*, Slide presentations as speech suppressors: When and why learners miss oral information, in: Computers & Education 2012, 59(2), 260

*Weidenmann, B.*, 100 Tipps & Tricks für Pinnwand und Flipchart, 4. Aufl. 2008
*Weinert, F.*, Vergleichende Leistungsmessungen in Schulen, 2. Aufl. 2002
*Wellenreuther, M.*, Lehren und Lernen – aber wie?, 2010
*Widulle, W.*, Handlungsorientiert Lernen im Studium, 2009
*Wildt, J.*, Ein hochschuldidaktischer Blick auf Lehren und Lernen, in: Berendt/Voss/Wildt (Hrsg.), Neues Handbuch Hochschullehre, 2014, A 1.1
*Wildt, J.*, Vom Lehren zum Lernen – Vom Wandel der Lernkultur in modularisierten Studienstrukturen, in: Berendt/Voss/Wildt (Hrsg.), Neues Handbuch Hochschullehre, 2014, A 3.1
*Wild, E./Wild, K.-P.*, Jeder lernt auf seine Weise..., in: Berendt/Voss/Wildt (Hrsg.), Neues Handbuch Hochschullehre, 2014, A 2.1
*Winteler, A.*, Professionell lehren und lernen, 2004
*Witt, H.*, E-Learning für Hochschulen und öffentliche Verwaltungen, 2009
*Witt, C. de/Sieber, A.* (Hrsg.), Mobile Learning Potenziale, Einsatzszenarien und Perspektiven des Lernens mit mobilen Endgeräten, 2013
*Wolfson, S./Case, G.* The effects of sound and colour on responses to a computer game, in: Interacting with Computers 2000, 13(2), 183
*Wörner, A.*, Ungeliebt aber unverzichtbar – Arbeit mit Gruppen in der Hochschullehre, in: Berendt/Voss/Wildt (Hrsg.), Neues Handbuch Hochschullehre, 2014, C 2.12
*Williams, S. M.*, Putting Case-Based Instruction into Context, in: Journal of the Learning Sciences 1992, 367

*Yager, D./Aquilante, K./Plass, R.*, High and low luminance letters, acuity reserve and font effects on reading speed, in: Vision Research 1998, 38, 2527
*Yoder, J. D./Hochevar, C. M.*, Encouraging active learning can improve students' performance on examinations, in: Teaching of Psychology 2005, 32(2), 91
*Yue, C. L./Bjork, E.L./Bjork, R. A.*, Reducing verbal redundancy in multimedia learning: An undesired desirable difficulty?, in: Journal of Educational Psychology 2013, 105(2), 266

*Zehm, S. J./Kottler, J. A.*, On being a teacher: The human discussion, 1993
*Zumbach, J.*, Problembasiertes Lernen, 2003
*Zumbach, J./Astleitner, H.*, Effektives Lehren an der Hochschule, 2016

Die zitierten Internetadressen wurden zuletzt abgerufen am 23. April 2017.

# Aufbau des Buches

Der Aufbau des Buches orientiert sich an dem im Vorwort erwähnten Ansatz, die für die (juristische) Lehre relevanten Erkenntnisse unter anderem der Didaktik und der Neurowissenschaften unter Berücksichtigung der rechtswissenschaftlichen Fachkultur[11] aufzubereiten und in unmittelbar umsetzbare Praxistipps zu transformieren:

In § 1 werden zunächst die zum Verständnis des »Praxisteils« (§§ 3–5) erforderlichen **Grundlagen** gelegt. Neben den – zum Teil durch den Bologna-Prozess geänderten – äußeren (rechtlichen) Rahmenbedingungen (→ Rn. 12 ff.) wird zunächst entsprechend dem Grundsatz des »*Shift from Teaching to Learning*« auf die didaktischen Lerntheorien (→ Rn. 21 ff.) eingegangen.

Didaktik wird dabei basierend auf dem griechischen Wortstamm *didaxis* umfassend als Wissenschaft von Lehre und Unterricht – also konkret der Wissenschaft vom »Lehren und Lernen des Rechts und der Rechtswissenschaft[12] – verstanden.[13] Es geht hierbei um die »Vermittlung zwischen Sachlogik des Inhaltes und der Psychologie des/der Lernenden. Zur Sachlogik gehört eine Kenntnis der Strukturen und Zusammenhänge der Thematik, zur Psychologie die Berücksichtigung der Lern- und Motivationsstrukturen der Teilnehmer.«[14] Nach diesem »weiten« Verständnis umfasst die Didaktik damit zusammenfassend alle Elemente, die zu einer gelungenen Lehrveranstaltung im Sinne des Axioms der »Guten Lehre« beitragen – auch wenn die Grundlagen bisweilen anderen (wissenschaftlichen) Disziplinen wie etwa den Neurowissenschaften oder der Rhetorik entliehen werden.

Die Auswertung der Erkenntnisse der empirischen Lehr-Lern-Forschung, also der umfangreichen (Meta-)Studien zu guter Hochschullehre, und hierbei insbesondere der bekannten *Hattie*-Studie und der jüngst veröffentlichten Metaanalyse von *Schneider/Preckel*, verspricht spannende und hilfreiche Einsichten in die Frage, welche Faktoren für die Gestaltung »guter (juristischer) Lehre« von besonderer Relevanz sind – und welche nicht (→ Rn. 43 ff.). Auch ausgewählte Ergebnisse der neuen Lehr-/Lernforschung, insbesondere der Neurowissenschaften, werden ausgewertet (→ Rn. 62 ff.).

Die so gewonnenen Erkenntnisse werden in sieben grundlegenden didaktischen Regeln zusammengefasst, die die **Grundlagen und Voraussetzungen guter Lehre** und der folgenden Ausführungen bilden (**§ 2**).

Auf diesem theoretischen Fundament ruht dann der **praktische Schwerpunkt** des vorliegenden Bandes: die konkrete didaktische Konzeption juristischer Lehrveranstaltungen (**§§ 3–5**). Da sich dieser Teil unmittelbar an den Leser bzw. die Leserin als bereits praktizierende oder kommende Lehrende richtet, werden diese hier auch direkt angesprochen. Der Aufbau dieses Praxisteils orientiert sich dabei an dem üblichen Dreischritt »Vorbereitung – Durchführung – Nachbereitung« der juristischen Lehrveranstaltung.

---

11 Vgl. nur *Zumbach/Astleitner* S. 9: »Es gibt nicht ›die‹ Hochschullehre, sondern Hochschullehre ist durch viele Facetten geprägt, die einerseits aus den einzelnen Disziplinen heraus resultieren, andererseits durch formale Rahmenbedingungen und Curricula geprägt werden.«
12 Vgl. Griebel/Gröblinghoff/*Pilniok* S. 21; *Brockmann/Dietrich/Pilniok* Jura 2009, 579.
13 *Ritter-Mamczek* S. 21; Brockmann/Dietrich/Pilniok/*Röhl* Exzellente Lehre S. 81. Sehr knapp und zutreffend spricht *Walter* (Kleine Stilkunde) auch von der Didaktik als der »Kunst zu lehren«.
14 *Siebert* Didaktisches Handeln S. 2.

6 Eine wichtige Rolle im Rahmen der **Vorbereitung** (§ 3) spielt die Festlegung der Lernziele auf Grundlage der äußeren Rahmenbedingungen und des Vorwissens der Studierenden. All dies bestimmt die Stoffsammlung und -reduktion, die Festlegung der »Kernbotschaften« und die generelle Strukturierung und Gliederung der Lehrveranstaltung. Anschließend wird dann auf drei grundlegenden Elemente einer jeden Lehrveranstaltung, die Einleitung, den Hauptteil und den Schluss eingegangen. Wie immer geht der Blick auch hier zu juraspezifischen Fragestellungen und Herausforderungen. Ein wichtiger Aspekt der Planung von Lehrveranstaltungen gilt der Gestaltung des ansprechenden Einstiegs und dem Einsatz aktivierender Lehrmethoden. Überdies wird an dieser Stelle auch auf die angemessene Medienplanung und -gestaltung eingegangen. Dies reicht von der Frage, welche Medien zu welchem Zweck einzusetzen sind, bis zu konkreten Tipps zu einzelnen Visualisierungsmöglichkeiten. Da diesem Thema zunehmend praktische Bedeutung zukommt, erfolgen vertiefende Ausführungen zu der adressatengerechten Verwendung der gängigen Präsentationssoftware.

7 Nach der Planung wird dann die **Durchführung** der konkreten Lehrveranstaltung in den Blick genommen (§ 4). Ausführungen zur Rhetorik, Körpersprache, Mimik, Gestik und dem sachgerechten Einsatz der eigenen Stimme sind hierbei unerlässlich. Abschließend wird dem Lampenfieber der Kampf angesagt und es werden einige präventive Maßnahmen erläutert, um auch schwierigen Situationen in der Lehre (etwa: unangenehme Fragen, Pannen mit der Technik, Störungen) begegnen zu können.

8 Dieser Abschnitt schließt dann mit Ausführungen zur **Nachbereitung** (§ 5), wobei ein besonderer Fokus auf den Umgang mit Evaluationen gelegt wird.

9 Abgeschlossen wird der Praxisteil dann mit Ausführungen zu den **Besonderheiten**, die es bei **juristischen Fachvorträgen** (§ 6) und im Rahmen von **Veranstaltungen in der juristischen Weiterbildung für Berufsträger** (§ 7) zu beachten gilt; soweit keine Abweichungen bestehen, erfolgen an dieser Stelle auch Verweise in den Praxisteil in §§ 3–5.

# § 1. Grundlagen

Dieser Abschnitt beschäftigt sich mit den zum Verständnis des »Praxisteils« (§§ 3–5) erforderlichen allgemeinen theoretischen Grundlagen, die es bei der Planung und Gestaltung juristischer Lehrveranstaltungen zu berücksichtigen gilt. Hierbei werden zunächst »äußere Rahmenbedingungen« der juristischen Wissensvermittlung an Universität und Hochschule erörtert (→ Rn. 12 ff.), bevor kurz auf die maßgeblichen didaktischen Lerntheorien eingegangen wird (→ Rn. 21 ff.). Es folgen Ausführungen zur empirischen Lehr-/Lernforschung und hierbei insbesondere zu der prominenten und besonders einflussreichen sog. *Hattie*-Studie, die sich unter anderem damit beschäftigt, unter welchen Voraussetzungen »gute Lehre« möglich erscheint (→ Rn. 43 ff.). § 1 endet mit ausgewählten Erkenntnissen der Lehr-/Lernforschung (→ Rn. 62 ff.).  10

Auf der Grundlage der hier gewonnenen Erkenntnisse werden in § 2 sieben didaktische Grundregeln vorgestellt, die es im Rahmen der juristischen Wissensvermittlung zu beachten gilt.  11

## I. »Äußere« Rahmenbedingungen der juristischen Wissensvermittlung an Universität und Hochschule

> Lehren ist schwerer als Lernen, weil Lehren heißt: Lernen lassen. – Martin Heidegger
>
> Der Wurm muss nicht dem Angler schmecken, sondern dem Fisch. – Dale Carnegie

Die nachfolgend stetig verwendete Dichotomie von Lehren und Lernen erklärt sich daraus, dass sich der Schwerpunkt der Lehrveranstaltung von der bloß instruktiven Wissensvermittlung[15] hin zur Organisation und Steuerung individueller Lernprozesse beim Studierenden verlagert hat.[16] Mit anderen Worten: »Funktion der Lehre ist es, dass die Studierenden etwas lernen.«[17] bzw. eine »Lernmethode gilt als umso ›effizienter‹, je besser die Lehrinhalte behalten wurden (oder je besser sie angewandt wurden).«[18] Das didaktische Lernen wird damit betrachtet als **Lehren »unter dem Gesichtspunkt einer Förderung des Lernens.«**[19] Es geht darum, den Lernenden zu selbstständigem Lernen zu motivieren und zu befähigen. Hierfür ist es erforderlich, den Prozess des Lehrens nicht mehr nur von der Sache her – also dem zu vermittelnden Wissen –, sondern zugleich aus der Perspektive des Lernenden zu betrachten.[20]  12

---

15 Vgl. *Hallet* S. 15.
16 Vgl. Berendt/Voss/Wildt/*Wildt* A. 1.1 S. 3: »Lernen kann zwar durch geeignete Lernumgebungen stimuliert und unterstützt werden, bleibt aber letztlich ein individueller Akt (…).«
17 *Dauner-Lieb* ZDRW 2014, 1 (4); vgl. auch *Hattie* Lehrpersonen S. 1 und *Prenzel* DIE ZEIT v. 22.10.2015, 76: »Die Lehre hat (…) das Ziel, die Wahrscheinlichkeit, etwas zu lernen, deutlich zu erhöhen – im Vergleich zu jemandem, der allein vor sich hin lernt.«
18 *Brauer* S. 6.
19 Berendt/Voss/Wildt/*Wildt* A. 1.1 S. 2.
20 Berendt/Voss/Wildt/*Szcyrba*/Wildt A. 3.2 S. 3.

13   Dieser Perspektivwechsel in der universitären und hochschulweiten Lehre firmiert einprägsam unter dem von der UNESCO verwendeten Schlagwort des »*Shift from Teaching to Learning*«.[21] Dieser Ansatz wiederum ist eingebettet in die 1999 beschlossene transnationale Hochschulreform, den sog. »**Bologna-Prozess**«, also die europaweite Harmonisierung von Studiengängen und -abschlüssen.[22] Wesentliche Elemente dieses Konvergenzprozesses sind dabei neben dem zweistufigen System berufsqualifizierender Studienabschlüsse (konsekutive Studiengänge, typischerweise in der Form von Bachelor und Master) auch der im gesamten Universitäts- und Hochschulkontext zu beobachtende »*Shift*«:

> »Die Orientierung von Studiengängen, Modulen und Lehrveranstaltungen am Ergebnis ist ein durch den Bologna-Prozess unterstützter Paradigmenwechsel hin zu einer am Lernenden, an Kompetenzen und an Lernergebnissen ausgerichteten Lernkultur. Das heißt, dass es eine Verschiebung der Perspektive von den Lehrenden hin zu den Lernenden gibt.«[23]

14   Dieses geänderte Verständnis der Lehre mündet in einen weiteren wesentlichen Punkt der Bologna-Reform, die sog. **Kompetenzorientierung von Studium und Lehre**.[24] Diese gilt es, auch im Rahmen der »herkömmlichen« Juristenausbildung zu beachten. So hat der Ausschuss der Konferenz der Justizminister zur Koordinierung der Juristenausbildung bereits im Jahr 2011 festgestellt, dass auch rechtswissenschaftliche Studiengänge, die weiterhin mit dem Staatsexamen abschließen, einer kompetenzorientierten Ausrichtung und Gestaltung bedürfen, um die Einsatzflexibilität von Volljuristen zu gewährleisten und das rechtswissenschaftliche Studium berufsorientiert zu gestalten.[25]

15   Eine derartige Kompetenzorientierung bedeutet dabei eine Umorientierung von der reinen Wissensvermittlung (»*Input*«) zu der Fokussierung auf die zu erlernenden Kompetenzen (»*Output*«). Im ECTS Users' Guide[26] werden die Kompetenzen dabei unter Rekurs auf den Europäischen Qualifikationsrahmen für lebenslanges Lernen[27] wie folgt definiert: »Kompetenz bedeutet die nachgewiesene Fähigkeit, Wissen, Fertigkeiten sowie persönliche, soziale und methodische Fähigkeiten in Arbeits- oder Lernsituationen und für die berufliche und/oder persönliche Entwicklung zu nutzen.«[28] Der

---

21 Berendt/Voss/Wildt/*Wildt* A. 3.1 S. 2; Berendt/Voss/Wildt/*Johannes* E. 4.2 S. 2.
22 Kritisch hierzu etwa *Egger* S. 97 ff.
23 https://www.hrk-nexus.de/themen/studienqualitaet/erarbeiten-von-lernzielenlernergebnissen-auf-modul-veranstaltungsebene/.
24 Vgl. HRK, Fachgutachten zur Kompetenzorientierung in Studium und Lehre, 2012, S. 8 ff., abrufbar unter https://www.hrk-nexus.de/fileadmin/redaktion/hrk-nexus/07-Downloads/07-02-Publikationen/fachgutachten_kompetenzorientierung.pdf.
25 Vgl. HRK, Fachgutachten zur Kompetenzorientierung in Studium und Lehre, 2012, S. 37, aaO; vgl. auch https://www.justiz.nrw.de/JM/schwerpunkte/juristenausbildung/bologna_prozess/index.php; https://www.hrk-nexus.de/fileadmin/redaktion/hrk-nexus/07-Downloads/07-02-Publikationen/270626_HRK_Juristenausbildung_web_01.pdf; https://www.justiz.nrw.de/JM/schwerpunkte/juristenausbildung/evaluation/bericht2011.pdf.
26 http://ec.europa.eu/education/tools/docs/ects-guide_de.pdf.
27 http://ec.europa.eu/education/policies/educ/eqf/rec08_en.pdf.
28 Differenzierter HRK, Fachgutachten zur Kompetenzorientierung in Studium und Lehre, 2012, S. 92, aaO: »Die Analyse der verschiedenen Kompetenzauffassungen zeigte, dass es zwar keinen einheitlichen Kompetenzbegriff in der bildungswissenschaftlich orientierten Kompetenzforschung gibt, allerdings vor allem drei Ansätze besonders verbreitet und anerkannt sind:
   1. die Kompetenzauffassung der empirischen Bildungsforschung, bei der Kompetenzen in erster Linie als kontextspezifische Leistungsdispositionen für komplexere Anforderungsbereiche verstanden werden,

deutsche Qualifikationsrahmen[29] sieht vier Bereiche von Kompetenzen vor: Neben[30] der »altbekannten« Fachkompetenz,[31] zu der sowohl die Fachkenntnisse als auch die betreffenden Fachmethoden zählen, bedarf es auch der Aneignung und Entwicklung allgemeiner Methoden-, Sozial- und Selbstkompetenzen.[32] Die einzelnen Kompetenzen setzen sich dabei jeweils aus einer kognitiven und einer funktionalen Dimension zusammen. Es werden also nicht nur spezifische theoretische Kenntnisse, sondern auch deren praktische Umsetzung gefordert.[33]

Ein zentraler Vorteil kompetenzorientierter Lehre ist, 16

»dass diese insgesamt auf anspruchsvollere Niveaus der Wissensbeherrschung und Wissensnutzung ausgerichtet ist. Ziel des Kompetenzerwerbs ist somit nicht nur die Aneignung von Wissen und eines entsprechenden Wissensverständnisses, sondern die Vermittlung, Einübung und Entwicklung von Fähigkeiten, dieses Wissen bei anspruchsvollen Aufgaben und Problemstellungen zur Anwendung zu bringen.«[34] Zudem gilt, dass »durch die Ausrichtung des Lehrens und Lernens an entsprechenden Kompetenzzielen und kompetenzorientierten Gestaltungsgrundsätzen (…) das Lernen insgesamt effektiver und zielgerichteter gestaltet (…) wird. Gelingt die Umsetzung kompetenzorientierter Prinzipien der Lehr-/Lerngestaltung, dann zeigen verschiedene Studien, dass dies zu einer intensiveren und tieferen Auseinandersetzung mit den Aufgabenanforderungen sowie Handlungsbedingungen in einer Kompetenzdomäne führt und darüber Voraussetzungen und Bedingungen der Wissensnutzung effektiver erworben werden.«[35]

Es muss damit wesentlich auf den *(Learning) »Output« bzw. »Outcome«* abgestellt 17 werden, also das, was die Studierenden aus der Veranstaltung mitnehmen, und weniger

---

2. die handlungstheoretisch fundierte Kompetenzauffassung in der Berufspädagogik, bei der die Befähigungen zur Situationswahrnehmung und -modellierung sowie zur Situationstransformation im Fokus steht,
3. die Kompetenzauffassung der Berufsbildungsforschung, die Kompetenzen als multifunktionale und domänenübergreifende Kenntnisse, Fähigkeiten und Haltungen zu verstehen sind, die sich in Fach-, Methoden-, Sozial- und Selbstkompetenzen gliedern lassen.«; vgl. auch die Definition von *Weinert* S. 27 f.

29 Deutscher Qualifikationsrahmen für lebenslanges Lernen, verabschiedet vom Arbeitskreis Deutscher Qualifikationsrahmen (AK DQR) am 22.3.2011, abrufbar unter https://www.htwk-leipzig.de/fileadmin/hochschulrecht/hrk_kmk_AR_SMWK/2011-10-28_DQR_Gesamtdokument_110322.pdf.
30 Um bereits an dieser Stelle ein häufiges Missverständnis auszuräumen: natürlich bedarf auch eine kompetenzorientierte Lehre nach hiesigem Verständnis unverändert zunächst der Vermittlung von Lehrinhalten und (Fakten-) Kenntnis. »Kompetenz ohne Fachwissen ist wie Stricken ohne Wolle.« (*Stanat* DIE ZEIT v. 2.3.2017, 67: »Einsen für alle«). Es geht damit immer um die Vermittlung der jeweils relevanten Fachkenntnis; diese soll jedoch stets auch unter dem Aspekt etwa der eigenständigen Anwendung, der Transformation und kritischen Reflexion vermittelt werden.
31 Hiervon erfasst wird zumeist »das Wissen in einem speziellen Fach und Fertigkeiten zu dessen Anwendung«: *Zumbach/Astleitner* S. 159. So lassen sich etwa die folgenden juristischen Fachkompetenzen erarbeiten (orientiert an *Wangerin* University of Miami Law Review 1986, 409): Rechtsgrundlagen verwenden; Fakten nutzen; Synthesen erzeugen; Analogien erstellen; äußere (insbesondere politische) Einflüsse auf die Rechtsetzung wahrnehmen; Widersprüche bearbeiten. *Kowalski* (Seattle University Law Review 2010, 51) wiederum unterscheidet die folgenden (Teil-) Kompetenzen: professionelle und ethische Kompetenzen; kritisches Schlussfolgern; Analysieren; Verteidigen/Eintreten können.
32 Vgl. *Zumbach/Astleitner* S. 58.
33 Vgl. nur Berendt/Voss/Wildt/*Kornacker/Venn* C. 2.24 S. 8 f. Die Kompetenz umfasst damit die Bereiche »Wissen, Fertigkeiten, Einstellungen und Wertvorstellungen«: Berendt/Voss/Wildt/*Domnick/Schweikart/Ueberschär* E 3.10 S. 3. Allgemein hierzu DIE ZEIT v. 2.6.2016, 61: »Buch vorm Kopf«.
34 HRK, Fachgutachten zur Kompetenzorientierung in Studium und Lehre, 2012, S. 86, aaO.
35 HRK, Fachgutachten zur Kompetenzorientierung in Studium und Lehre, 2012, S. 86, aaO.

auf den *(teaching)* »*Input*«, was also der Lehrende zu vermitteln sucht.[36] Die Inhalte einer Lehrveranstaltung bestimmen sich damit vom Ende – was die Studierenden wissen oder können müssen, welche Kompetenzen sie beherrschen sollen – her[37] (sog. **Backward Design**[38]).

18 Diese Konzentration auf die zu erlernende Kompetenzen und die Lernprozesse der Studierenden[39] fordert von den Lehrenden, dass diese präzise »definieren (…), was Lernende nach dem Unterricht können sollen. Sie formulieren also kompetenzorientierte gute Learning Outcomes[40]/Lernergebnisse (auch: Qualifizierungs- oder **Lernziele**[41]) und leiten daraus Beurteilungskriterien ab.«[42] Die Lernergebnisse in diesem Sinne »beschreiben, was ein Lernender weiß, versteht oder in der Lage ist zu tun nach Abschluss einer Lerneinheit.«[43] Die Curricula, Module, Veranstaltungen und Lerneinheiten eines Studiengangs sind auf die Erreichung ebendieser *Learning Outcomes* auszurichten. Der **Lehr- und Lernprozess wird vom Ergebnis her strukturiert**.

19 **Die drei Kernaussagen:**[44]
- Gutes Lehren durch den Lehrenden bedeutet die Ermöglichung des »guten Lernens« durch die Studierenden (»*Shift from Teaching to Learning*«).
- Die Kompetenzorientierung des Studiums und der Lehre führt zu einer Umorientierung von der reinen Wissensvermittlung (»*Input*«) zu der Fokussierung auf die zu erlernenden Kompetenzen (»*Output*«).
- Die Formulierung realistischer, aber auch anspruchsvoller Kompetenzen bzw. Learning Outcomes (Lernziele) stellt eine wesentliche Voraussetzung für das Gelingen einer vom Ergebnis her strukturierten Lehrveranstaltung dar (»*Backward Design*«).

---

36 *Dummann/Jung/Lexa/Niekrenz* S. 11; Berendt/Voss/Wildt/*von Frantzius* A. 2.6 S. 2.
37 *Hallet* S. 21; Berendt/Voss/Wildt/*Szcyrba* A. 1.5 S. 7.
38 *Hattie* Lehrpersonen S. 120: »Einer der besten Wege, um das Lernen zu maximieren, ist die Verwendung der Vorstellung des »Rückwärtsgehens« und S. 128: »Dieses (*Backward Design*, der Verf.) beruht darauf, mit dem Verständnis des Endes zu beginnen und dann zu fragen, wie die Schülerin bzw. der Schüler von dort, wo sie oder er sich aktuell befindet, zu diesem Endpunkt gelangt.«
39 *Reis* ZDRW 2013, 21 (27); *Hallet* S. 53.
40 Zum Verhältnis zu dem unter → Rn. 14 ff. genannten Kompetenzbegriff vgl. zutreffend HRK, Fachgutachten zur Kompetenzorientierung in Studium und Lehre, 2012, S. 47, aaO: »Kompetenzbeschreibungen (sind) eher für umfassendere bzw. übergeordnete Beschreibungen bzw. Aussagen zu Qualifikationszielen (meist auf der Ebene des Studiengangs als Ganzes oder von Modulen) zu nutzen, während »Learning Outcomes« sich tendenziell eher auf Lernergebnisse von abgegrenzten Lerneinheiten beziehen. »Learning- Outcome«-Beschreibungen im Kontext von kompetenzorientierten Gestaltungsansätzen von Studium und Lehre können und sollten allerdings eng Bezug auf diese übergeordneten Kompetenzbeschreibungen nehmen und/oder selber als Kompetenzbeschreibungen bzw. als kompetenzorientierte »Learning Outcomes« formuliert werden.«
41 *Pfäffli* S. 138; HRK, Fachgutachten zur Kompetenzorientierung in Studium und Lehre, 2012, S. 47, aaO: »M.E. lassen sich beide Begriffe weitestgehend synonym verwenden.«
42 *Rufer/Tribelhorn* V & L 2012, 492.
43 HRK, Fachgutachten zur Kompetenzorientierung in Studium und Lehre, 2012, S. 46, aaO. In Abgrenzung dazu: »Kompetenzbeschreibungen hingegen beziehen sich per Definition auf komplexere Befähigungen zur Bewältigung bestimmter Aufgaben oder Anforderungssituationen«, HRK, aaO.
44 Derartige »Zwischenzusammenfassungen« erfolgen nach entsprechenden quantitativen wie qualitativen Sinneinheiten, ohne, dass dies stets den entsprechenden Gliederungspunkten entsprechen muss.

Dieser Ansatz erfordert dann jedoch nicht nur einen Perspektivwechsel von der dozierenden Lehr- zur problemlösenden[45] Lernorientierung,[46] sondern überdies auch eine Auseinandersetzung mit der Frage, wie Lernen grundsätzlich »funktioniert«.[47] Denn nur dann, wenn der Lehrende weiß, in welchem Umfeld das Lernen effektiv und nachhaltig gelingen kann, wird er dies bei der Planung seiner Lehrveranstaltung dergestalt berücksichtigen können,[48] dass er »*opportunities to learn*« schafft[49] und die Studierenden in der Veranstaltung den maximalen Lernerfolg erzielen.[50] Es gilt also, einen Blick zu werfen auf die heutigen Erkenntnisse der neuen (Lehr- und) Lernforschung und die herrschenden didaktischen Lerntheorien.[51]

## II. Lerntheorien

Bevor einzelne Lerntheorien vorgestellt werden, gilt es zunächst festzuhalten, dass per definitionem **keine »richtige« oder »falsche« Lerntheorie** existiert – es gibt vielmehr nur lernfördernde und nicht lernfördernde didaktische Entscheidungen des Lehrenden: »Die didaktischen Entscheidungen sind abhängig zu machen insbesondere von den Lernzielen (…) und nicht von der lerntheoretischen Position.«[52] Die konkreten Anforderungen ergeben sich demnach erst aus »der Spezifikation der angestrebten Ziele und der Analyse weiterer Parameter des didaktischen Feldes.«[53] Entscheidend für die didaktische Entscheidung ist dabei etwa, »auf welcher kognitiven Ebene Sachkompetenzen entwickelt werden sollen (zB Wissen verstehen, anwenden, kritisch

---

45 *Seel* S. 22, 247 ff.; *Lefrancois* S. 187 ff.
46 *Siebert* Methoden S. 94.
47 Um einem Missverständnis vorzubeugen: Lernen – als subjektiver Konstruktionsprozess – kann natürlich nur der einzelne Lernende für sich selbst, der Dozent kann ihn jedoch in unterschiedlicher Effizienz und Effektivität bei diesem Vorgang unterstützen. Vgl. auch *Dyrchs* S. 29, von dem auch der treffende Ausspruch stammt: »90 % der Juristerei werden auf dem Hintern erworben« (S. 39).
48 Vgl. *Dyrchs* S. 53; zutreffend *Zierer* DIE ZEIT v. 26.1.2017, 64: »Guten Morgen, Herr Lernbegleiter!«: Die Verantwortung des Lehrenden »Lernen so gut es geht zu ermöglichen.«.
49 Hawelka/Hammerl/Gruber/*Müller* S. 39. Insoweit nähert sich das hiesige Verständnis dem Micro-Teaching-Setting (*learning by teaching*) bzw. der Methode Lernen durch Lehren von Jean-Pol Martin (eingehend *Rummler* S. 21 ff. und *Hoffmann/Kiehne* S. 83 f.) an, da eine teilnehmerbezogene Lehr- und Lernumgebung nach hiesiger Überzeugung die effizienteste Art und Weise darstellt, Wissen nachhaltig zu vermitteln.
50 *Ritter-Mamczek* S. 24; *Dyrchs* S. 117 verlangt daher, jeder Dozent müsse sich zu Beginn die folgenden Fragen stellen: »Was muss von Jura ins Gedächtnis? Wie kommt Jura ins Gedächtnis meiner Studenten? Wie bleibt Jura in Gedächtnis meiner Studenten? Wie strukturiere ich Jura für das Gedächtnis meiner Studenten?«.
51 Der Begriff »Lerntheorie« bezeichnet in der »deutschsprachigen Psychologie vor allem den klassischen Ansatz der Verhaltenstheorien (…). Es handelt sich (…) um mehr oder minder allgemeine Verhaltenstheorien, welche lediglich von der einen gemeinsamen Voraussetzung ausgehen, dass Umwelteinflüsse, die in Lernprozessen ihren Niederschlag finden, für das Verständnis der Anpassung des Individuums an seine Umgebung von zentraler Bedeutung sind.«, Haake/Schwabe/Wessner/*Jannek* S. 31. Die Begriffe »Lerntheorie« und »Lernmodell« werden in der medienpädagogischen und -didaktischen Welt meist weitgehend synonym verwendet: *Göcks* S. 130.
52 *Kerres* S. 131, 140.
53 *Kerres* S. 141.

*§ 1. Grundlagen*

reflektieren) und in welchem Maße zugleich Selbstlern- und Sozialkompetenzen angestrebt werden«.[54]

## 1. Behaviorismus

22 Die Vertreter des Behaviorismus[55] gehen davon aus, dass das (menschliche) Verhalten primär **durch die Konsequenz gesteuert/trainiert/programmiert** wird, die auf ein Verhalten folgt, als durch Vorgänge im Inneren der Person (**Modell des »operanten Konditionieren«**,[56] des »Verhaltenstrainings«,[57] der »Zweck-Mittel-Prozesse,«[58] des »stimulus-respons«[59] bzw. der »Reiz-Reaktions-Prozess«[60] oder »Reiz-Reaktions-Kette«[61]).[62] Eine »befähigte, wissende Person (bringt) noch nicht befähigte(n), nicht wissende(n) Personen zu einem bestimmten Verhalten.«[63] Mit anderen Worten: Beobachtbare Verhaltensweisen[64] (Reaktionen) eines Organismus werden mit situativen Bedingungen (Hinweisreizen) in seiner Umgebung mit nachfolgenden Konsequenzen verknüpft, also »konditioniert«.[65]

23 Aufgrund dieses Verständnisses kommt dem **positiven Feedback** (»Erfolgskontrolle«[66]) als Stimulus[67] eine besondere Bedeutung zu:[68] Je positiver die Reaktion des Umfelds des Lernenden auf sein Verhalten ist, desto wahrscheinlicher ist es, dass er aufgrund der Bekräftigung und Verstärkung des Verhaltens ebendieses in der Zukunft häufiger zeigen wird.[69] Umgekehrt gilt: Wird ein bestimmtes Verhalten bestraft, folgt auf dieses also eine negative Reaktion, wird dieses zumindest kurz- und/oder mittelfristig[70]

---

54 Euler/Seufert/*Euler* S. 239
55 Insbesondere *Petrowitsch Pawlow, Burrhus Frederic Skinner* und *Robert G. Crowder*; *Meier* S. 82; *Kerres* S. 114 ff.
56 *Witt* S. 125; aus psychologischer Sicht *Förster* S. 13.
57 Vgl. *Sauter/Sauter* Workplace S. 57.
58 *Moser* S. 54.
59 Haake/Schwabe/Wessner/*Jannek* S. 31.
60 *Göcks* S. 132.
61 *Meier* S. 81; *Pfäffli* S. 24.
62 Vgl. *Kerres* S. 112.
63 *Kuhlmann/Sauter* S. 44.
64 Verhalten wird dabei definiert als ein »Agieren mit niedriger Komplexitätsstufe ohne direkte oder indirekte Intention und ohne Reflexivität«: *Sauter/Sauter* Workplace S. 57.
65 Issing/Klimsa/*Issing* Online-Lernen S. 20. Es ist erkennbar, dass die Theorie des Behaviorismus in engem Zusammenhang mit dem Theorieansatz des Objektivismus steht: *Göcks* S. 131. Beide Theorien beziehen sich auf die gleiche Grundposition, in der die Welt für alle Menschen objektiv, also weitgehend unabhängig von dem (Bewusst-) Sein des Einzelnen, in der gleichen Form als externe Fakten existiert; vgl. *Kerres* S. 115.
66 Dittler/*Dittler* S. 24.
67 Wobei dieser Begriff subjektiv aufgefasst wird, dh, positives Feedback/Lob wird dann als motivationsfördernd angesehen, wenn es von dem Betroffenen selbst als positiv eingeschätzt wird. Das »Lob« der »falschen« Person zeitigt dementsprechend nicht denselben Effekt wie ein solches von einer Person, deren Einschätzung mir wichtig ist – und deren Wohlwollen/Anerkennung ich mir dauerhaft sichern möchte.
68 Als Verstärker kommen dabei in Betracht: materielle, soziale, informative und Aktivitätsverstärker: Issing/Klimsa/*Issing* Online-Lernen S. 21.
69 Daher spricht man hier zum Teil auch vom sog. »Lernen am Erfolg«: *Witt* S. 126; Issing/Klimsa/*Issing* Online-Lernen S. 20.
70 Paradoxerweise haben Experimente nachgewiesen, dass ein solches Verhalten trotz entsprechender Sanktionierungsmaßnahmen häufig langfristig gleichwohl wiederauftauchen kann: *Kerres* S. 113.

seltener an den Tag gelegt.[71] Ein derartiges Modell betont dabei die externe Anpassung des Lernenden – und weniger die interne Steuerung.[72]

Der Behaviorismus geht davon aus, dass es keine Möglichkeit gibt, genauer zu beschreiben, was »beim Lernen in Menschen selbst geschieht«.[73] Das kognitive System des Menschen ist also eine intransparente »*Black Box*«[74] – es zählt das Lernergebnis, die »reine« Wissensvermittlung, nicht der aktive Lernprozess.[75]

24

Im Mittelpunkt behavioristischer Anwendungen im konkreten Lernkontext stehen etwa die sogenannten *Drill & Practice Tools*,[76] in denen das Üben und Trainieren von vorgegebenen Lerninhalten betont wird.[77] Hierbei wird der Lernende – entweder begleitet durch einen Lehrenden oder online mit entsprechender automatisierter Unterstützung – durch ein (einheitliches) lineares[78] (vor-) strukturiertes Programm geführt und mithilfe von positiven oder auch negativem Feedback im Lehrplan gehalten. Richtige Antworten schlagen sich dabei zB in Lob und/oder sonstigen Belohnungen durch den Lehrenden oder (online) zB in einem Scoring nieder.[79] Der Lernende wird dabei an einem »Nasenring«[80] durch ein hoch strukturiertes Programm gezogen und durch positive und negative Rückmeldungen geleitet.

25

Das behavioristische Modell eignet sich besonders für die Vermittlung relativ abstrakten **Faktenwissens** (»*Know That*«)[81] – zB bei Sprachlernprogrammen[82] – im Rahmen des **Wissensaufbaus**.[83] Zur möglichst effizienten und nachhaltigen Implementation behavioristischer Elemente ist es erforderlich, dass der Lerngegenstand zunächst in elementare, aufeinander aufbauende Informationseinheiten zerlegt werden muss, zu denen Fragen formuliert werden, die »mit hoher Wahrscheinlichkeit (> 80 %) von dem Lernenden richtig beantwortet werden können.«[84]

26

Stets gilt es bei der (isolierten) Verwendung behavioristischer Elemente zu beachten, dass das Lernen qua definitionem stets **oberflächlich** bleibt. »Eine individuelle Rekonstruktion und Auseinandersetzung mit dem Lernstoff findet nicht statt«.[85] Tief verankertes Wissen, insbesondere zu dem »*Know How*« oder gar des »*Know Why*«, kann mithilfe dieser Methode kaum aufgebaut werden.

27

---

71 Der »Mittelweg« schließlich, das Ignorieren eines bestimmten Verhaltens durch die Umwelt, führt nach dieser Theorie dazu, dass die Wahrscheinlichkeit, dass das Verhalten in Zukunft weiterhin gezeigt wird, abnimmt; es wird nicht aufrechterhalten, sondern gelöscht: *Kerres* S. 113.
72 Vgl. *Göcks* S. 134.
73 *Moser* S. 55.
74 *Witt* S. 126.
75 Haake/Schwabe/Wessner/*Jannek* S. 32: Dieses deterministische Menschenbild stellt den Menschen damit als scheinbar »willenlos und beliebig durch äußere Reize steuer- und kontrollierbar« dar.
76 Euler/Seufert/*Euler* S. 229.
77 *Göcks* S. 135.
78 «Lineare Programme bauen auf einem einfachen Zweischritt Information – Übung/Kontrolle auf. Sollte sich bei der Kontrolle herausstellen, dass der Nutzer einen Fehler gemacht hat, bietet ein lineares System allerdings keine zusätzlichen Lernhilfen an.«: *Meier* S. 155.
79 *Sauter/Sauter* Workplace S. 58.
80 Ausdruck von Euler/Seufert/*Euler* S. 229.
81 *Kuhlmann/Sauter* S. 44; *Erpenbeck/Sauter* S. 37.
82 Etwa in *learning on demand*-Konzepten mit Micro und Mobil Learning: *Seufert/Euler* S. 18.
83 *Sauter/Sauter* Workplace S. 58; eingehend Witt/Sieber/*Witt* S. 13.
84 *Kerres* S. 116.
85 *Kerres* S. 118.

*§ 1. Grundlagen*

## 2. Kognitivismus

28 Die kognitivistischen Modelle[86] konzentrieren sich demgegenüber auf die inneren Prozesse, also Vorgänge und Verarbeitungsprozesse, welche sich beim Lernen abspielen, und versuchen, diese zu beschreiben.[87] Die oben genannte *Black Box* des Behaviorismus wird also bildlich gesprochen »geöffnet und untersucht«.[88] **Lernen** wird dabei verstanden als ein **individueller Prozess des aktiven Wahrnehmens, Erfahrens und Erlebens**,[89] als von dem Lernenden gewonnene Einsicht.[90] Lernen wird also nicht nur durch die Konsequenzen beeinflusst, die eine Verhaltensweise zeitigt,[91] sondern auch die durch Beobachtung des Verhaltens und Nachahmung eines Modells (sog. »**Modelllernen**«[92]).[93] Das Handeln[94] des einzelnen Individuums steht dabei im Fokus; dieses baut sein Wissen und seine Kenntnisse in aktiver Auseinandersetzung mit der Umwelt und durch Einsicht auf.[95]

29 Von besonderer Bedeutung ist hierbei die Verknüpfung der neuen Lerninhalte mit bereits vorhandenem Wissen.[96] Die kognitionspsychologische Forschung liefert eine »Vielzahl anschaulicher Belege für die Wirkung von Erfahrungen und **Vorwissen** auf allen weiteren Stufen der Informationsverarbeitung«.[97] Verstehen – und damit Lernen – wird dadurch hervorgerufen, dass die zu lernenden Konzepte auf Erfahrungen und auf die zugrundeliegende Wissensbasis zurückgeführt werden.[98] »Neurowissenschaftlich gesprochen geht es darum, die neuronalen Netzwerke im Gehirn für die eingehenden Impulse zu öffnen, deren Anknüpfungen an vorhandenen Netzwerken zu unterstützen, bestehende Netzwerke zu aktivieren und zu differenzieren sowie neue Verbindungen zu stabilisieren.«[99]

30 Nach der kognitivistischen Theorie hat die Darstellung des Lernstoffes damit stets

»in einem für den Lernenden erkennbaren Zusammenhang (zu) erfolgen, um es ihm zu ermöglichen, die Zusammenhänge der einzelnen Lerninhalte zu verstehen und so eine Kompetenz zur Problemlösung aufzubauen.«[100]

---

86 Als Hauptvertreter seien hier *Jean Piaget* und *Jerome Bruner* genannt; näher *Meier* S. 83.
87 *Sauter/Sauter* Workplace S. 58. Da im Fokus dieser Theoriebetrachtung der Aufbau und die Ausgestaltung von kognitiven Strukturen bei dem Lernenden steht, wird dieser Ansatz auch als strukturgenetische Theorie bezeichnet: so zu Recht *Göcks* S. 135.
88 *Witt* S. 127.
89 *Kuhlmann/Sauter* S. 45.
90 *Göcks* S. 136.
91 Genauer betrachtet interessieren Veränderungen des Verhaltens am Ende bloß als Folgeerscheinungen interner Verarbeitungsprozesse: so pointiert *Kerres* S. 119.
92 *Meier* S. 83.
93 *Issing/Klimsa/Issing* Online-Lernen S. 23.
94 Definiert als »eine Form des Agierens, die zielgerichtet und bewusst ist«: *Sauter/Sauter* Workplace S. 58.
95 Vgl. *Issing/Klimsa/Issing* Online-Lernen S. 25.
96 *Kuhlmann/Sauter* S. 45.
97 *Kerres* S. 119; vgl. auch *Zumbach/Astleitner* S. 70.
98 *Moser* S. 57.
99 *Pfäffli* S. 162
100 *Dittler/Dittler* S. 24.

Besondere Bedeutung kommt hierbei der grundliegenden **Aktivität der Lernenden** 31
zu (etwa durch Lösung vorgefertigter Aufgaben).[101] Dies bedeutet umgekehrt, dass
der Lehrende die Lernprozesse (nur) »initiiert, steuert und flankiert« und »aufbereitetes Lernmaterial zur Verfügung« stellt, zu deren Lösung er »entsprechendes
Feedback« gibt.[102] *Reusser*[103] beschreibt das kognitivistische Konzept dabei anschaulich wie folgt:

»Je aktiver und selbstmotivierter, je problemlösender und dialogischer, aber auch je bewusster und reflexiver Wissen erworben resp. (ko-) konstruiert wird, desto besser wird es verstanden und behalten (Transparenz, Stabilität), desto beweglicher kann es beim Denken und Handeln genutzt werden (Transparenz, Mobilität) und als desto bedeutsamer werden die mit dessen Erwerb verbundenen Lernerträge erfahren (Motivationsgewinn, Zugewinn an Lernstrategien, Selbstwirksamkeit)«.

Die zu wählenden (Lern-) Medien müssen also nach kognitivistischer Lesart die 32
Neugier und das Interesse des Lernenden aktiv unterstützen

- »durch einen guten Praxisbezug,
- durch Verdeutlichung des **Nutzens** für den Anwender[104] und
- durch Situationen und Vorgänge, die die Alltagserfahrungen des Nutzers widerspiegeln.«[105]

Bedeutsam ist es dabei stets, dass das Lernen an den angestrebten Lernergebnissen 33
bzw. **Lernzielen** ausgerichtet wird,[106] das **Vorwissen** geprüft, Übungen und Lernkontrollen zu den einzelnen Lerneinheiten angeboten und Zusammenfassungen,
Wiederholungen, Übersichten und Checklisten als mentale Modelle, die altes und
neues Wissen vermitteln sollen,[107] am Ende einer Lerneinheit zur Verfügung gestellt
werden.[108] Zu Beginn eines Lernabschnitts sollte die Bedeutung des Themas und der
einzelnen Einheiten für den Lernenden deutlich gemacht werden und ein Überblick
über das zu Lernende gegeben werden.[109]

## 3. Konstruktivismus

Konstruktivistische[110] Ansätze zeichnen sich dadurch aus, dass sie noch deutlicher 34
die **individuelle Wahrnehmung und Verarbeitung** beim Lernen(den) in den Vordergrund stellen.[111] Sie betonen damit die »Subjektabhängigkeit des Erkennens und
Wissens als Konstruktion des menschlichen Geistes«.[112] Lernen wird dabei verstanden als eine »**aktive, selbständige Konstruktion von Wissen im sozialen Um-**

---

101 Vgl. hierzu auch *Zumbach/Astleitner* S. 29.
102 *Kuhlmann/Sauter* S. 45.
103 *Baer et al./Reusser* S. 159.
104 Vgl. auch → Rn. 80 ff.
105 *Meier* S. 83 (Hervorhebung durch den Verf.); vgl. auch *Mietzel* S. 59 und allgemein zu der kompetenzfördernden Wirkung der »Alltags- und Berufsorientierung« von Lehrveranstaltungen etwa *Zumbach/Astleitner* S. 164.
106 *Euler/Hahn* S. 111 f. Der positive Lerneffekt wurde in mehreren Metaanalysen festgestellt: *Kulik/Kulik* International Journal of Educational Research 1989, 221.
107 Vgl. *Zumbach/Astleitner* S. 134.
108 *Meier* S. 184.
109 *Meier* S. 184.
110 ZT auch »situierte« Lerntheorie genannt: *Kerres* S. 122.
111 *Meier* S. 84; eingehend *Krapp/Weidemann/Reinmann-Rothmeier/Mandl* S. 613 ff.
112 *Moser* S. 58.

feld«;[113] es handelt sich dabei um einen aktiven, konstruktiven, emotionalen, selbst organisierten und gesteuerten, sozialen und situativen Prozess.[114] Dies bedeutet aber auch:

> »Jeder Mensch lernt anders. Deshalb muss jedem Lernenden auch die Freiheit gegeben werden, nach seinen Wünschen zu lernen und sein Wissen individuell aufzubauen.«[115]

35 Zentrale Frage im Lernmodell des Konstruktivismus lautet damit, wie die Lernenden zu einer »eigenständigen Identifikation und Lösung von Problemen geführt werden können.«[116] Damit rückt endgültig der **Lernende in den Fokus** der Betrachtung:[117] *»constructivism is a theory of learning, not a theory about teaching«*.[118]

36 Von besonderer Bedeutung ist dabei das **Abhängigkeitsverhältnis** zwischen den unterschiedlichen **Lerngeschwindigkeiten** und dem bereits beim Lernenden vorhandenen und **strukturierten Wissen:**

> »Ein Anfänger in einem Themengebiet benötigt für die Konstruktion von neuem Wissen deutlich länger, da er nicht auf bereits vorhandenes zurückgreifen kann und dadurch erst zeitaufwendige Erstkonstruktionen vornehmen muss. Bei einem Fortgeschrittenen läuft dieser Prozess aufgrund von Rückgriffsmöglichkeiten und Rekonstruktionen von bereits vernetztem Wissen deutlich schneller ab. Für die Vermittlung von neuem Wissen ist es daher notwendig, dass der Lernende die Bedeutung dieser Information mit zuvor gemachten Erfahrungen koppeln kann.«[119]

37 Nach der konstruktivistischen Theorie ist damit »**selbst organisiertes Lernen** (...) möglich, wenn die Lernprozesse individuell, entsprechend den jeweiligen Problemstellungen, dem Wissensstand, der Lernerfahrung und Lerngeschwindigkeit sowie der Motivation«[120] jedes einzelnen Lernenden gestaltet werden und der Lernende zur aktiven Auseinandersetzung mit dem Lernstoff – etwa über Übungen, Checklisten und Fallbeispiele – animiert wird.[121]

38 Bei der Gestaltung des konkreten (medienbasierten) Lernszenarios[122] gilt es aus der Sicht des Konstruktivismus mehrere grundlegende Prinzipien zu berücksichtigen:
   1. »Schaffung von authentischen Lernumgebungen mit komplexen Problemstellungen,

---

113 *Göcks* S. 141.
114 *Kerres* S. 126 f.
115 *Meier* S. 84. In letzter Konsequenz kann – in evidenter Gegenposition insbes. zum Behaviorismus – »Wissen auch nicht einfach von einer Person auf eine andere übertragen werden« (*Göcks* S. 141), da »jede – mehr oder weniger bekannte – Situation Wissen produziert« (*Kerres* S. 124). eine Wissensvermittlung im herkömmlichen Sinne ist damit »unmöglich« (*Sauter/Sauter* Workplace S. 60).
116 Dies spiegelt sich anschaulich in dem Begriff der Ermöglichungsdidaktik wider, die das Ziel verfolgt, »den Lernenden alles an die Hand zu geben, damit sie ihre Lernprozesse problemorientiert und selbstorganisiert gestalten können.«: *Sauter/Sauter* Workplace S. 63.
117 *Dittler/Dittler* S. 25.
118 *Fosnot*, zitiert bei *Göcks* S. 144.
119 *Göcks* S. 141.
120 *Kuhlmann/Sauter* S. 46 (Hervorhebung durch den Verf.).
121 *Meier* S. 169.
122 Lernszenario wird dabei verstanden als eine »komplexe reale Situation (...), die aus einer institutionellen Organisationsform, einer Lernumgebung und einer Unterrichtssituation besteht, welche in der Regel mehrere Lehrmethoden umfasst.«: *Schulmeister* S. 200; ähnlich zum didaktischen Szenario Baumgartner/Reimann/*Baumgartner* S. 159: »Ein Didaktisches Szenario umfasst die Umschreibung des sozialen, räumlichen und zeitlichen Settings. Der konkrete Detaillierungsgrad wird dabei durch das Lernziel bestimmt.«

2. Förderung der **Eigentätigkeit** bei den Lernenden,
3. Bereitstellung von umfangreichen **Freiräumen** und Steuerungsmöglichkeiten,
4. Multiples Angebot von Anwendungskontexten/Perspektiven,
5. **Sozialer Kontext** durch Förderung der Kommunikation und Kooperation«.[123]

Idealiter wählt der Lernende dabei selbst »zwischen verschiedenen Zugängen zum Lernen denjenigen aus, der ihm am besten liegt«,[124] er entwickelt seinen **eigenen Lernplan und Lernrhythmus**. Er sollte dabei über den Lernpfad Vorschläge zur Bearbeitung einzelner Bausteine erhalten, aber auch in die Lage versetzt werden, frei zwischen den Bausteinen wählen zu können.[125] 39

## 4. Konnektivismus

Das Lernen in Zeiten des »*Information-Overkill*«[126] wird von der Theorie des Konnektivismus, der »**Lerntheorie für das digitale Zeitalter**«[127] nicht als Transfer von Wissen angesehen,[128] sondern als **Bilden von Zusammenhängen im Rahmen von Netzwerken**.[129] Lernende erweitern ihre Ermöglichungsrahmen danach erheblich, wenn sie sich in Netzwerke einbinden.[130] Es geht beim Lernen damit um die kollaborative Auseinandersetzung und – soweit möglich – Weiterentwicklung von kollektiven Wissensbeständen; diese werden im Netzwerk geteilt und dienen allen Mitgliedern als Lernquelle. Die Fähigkeit, an aktuelles Wissen zu gelangen, ist dabei bedeutsamer als das persönliche Wissen einer Person.[131] »Nur, wer bedarfsgerechte Netzwerke aufbaut, kann sein Wissen immer aktuell und problemgerecht steuern.«[132] Das »Know Where« ist also wichtiger als das »Know What«. 40

In einem konnektivistischen Lernsystem brauchen Lernende eine »**offene Lernumgebung**, in der zusätzlich effiziente Interaktionsmöglichkeiten mit Netzwerkpartnern geboten werden.«[133] Diese Möglichkeiten können vor allem im E-Learning-Kontext verwirklicht werden. Hier kann kollaboratives[134] und kooperatives[135] Lernen[136] 41

---

123 *Göcks* S. 144 (Hervorhebung durch den Verf.); ähnlich *Sauter/Sauter* Workplace S. 61 und *Kerres* S. 127.
124 *Meier* S. 84.
125 *Meier* S. 167.
126 *Kuhlmann/Sauter* S. 47.
127 *Siemens* nach *Moser* S. 63.
128 *Pfäffli* S. 24.
129 Netzwerke sind hierbei »die Verbindungen zwischen verschiedenen Elementen, wie zB Menschen, Gruppen oder Computer«: *Sauter/Sauter* Workplace S. 62.
130 *Kuhlmann/Sauter* S. 43.
131 *Sauter/Sauter* Workplace S. 61.
132 *Kuhlmann/Sauter* S. 48.
133 *Sauter/Sauter* Workplace S. 63.
134 Dies bedeutet eine Interaktion zwischen zwei oder mehreren Personen, in deren prozessualem Verlauf diese Personen gemeinsam und gleichsam wechselseitig neue mentale Strukturen aufbauen: *Euler/Seufert/Hasanbegovic* S. 249.
135 Dies entspricht einer arbeitsteiligen Lösung von Teilproblemen: *Euler/Seufert/Hasanbegovic* S. 249. Vgl. allgemein zum kooperativen Lernen im Hochschulbereich *Bachmann/Hild* S. 19 ff.
136 Das kooperative Lernen unterscheidet sich vom kollaborativen Lernen in seiner stärkeren Strukturierung und kann daher auch als strukturierte systematisierte Lernform bezeichnet werden: *Bachmann/Hild* S. 22.

mithilfe digitaler Kommunikationsinstrumente wie E-Mail, Internetforen, Lernplattformen, Chat- oder Videokonferenzsystemen unabhängig von der räumlichen und zeitlichen Distanz zwischen den Lernenden realisiert werden. Wichtig ist, die Lernenden durch solche Möglichkeiten nicht zu überfordern, sondern schrittweise auf die geänderte Lernumgebung vorzubereiten.[137] Sinnvoll ist es, gerade am Ende des Lernprogramms die Möglichkeit eines unmittelbaren und interaktiven Austauschs mit einem Tutor oder mit Kolleginnen und Kollegen (*Peers*), etwa durch entsprechende Foren, zu ermöglichen.[138]

42  **Die drei Kernaussagen:**
- Es existieren keine richtigen oder falschen Lerntheorien; es gilt vielmehr, deren Erkenntnisse »richtig« (also im Rahmen des jeweiligen Lernszenarios) einzusetzen.
- Während behavioristische Elemente vor allem bei der Lehre/dem Lernen des »Know What« eingesetzt werden können, eignen sich kognitivistische und konstruktivistische Ansätze vor allem für ein nachhaltiges Verständnis des »Know How« und »Know Why«.
- Die Erfordernisse der modernen Wissensgesellschaft stehen im Mittelpunkt der konnektivistischen Lerntheorie.

## III. Empirische Lehr-Lernforschung, insbesondere die Hattie-Studie

> Kleine Klassen bringen nichts, offener Unterricht auch nicht. Entscheidend ist: Der Lehrer, die Lehrerin. Das sagt John Hattie. Noch nie von ihm gehört? Das wird sich ändern. –
> Martin Spiewak[139]

43 Neben den theoretischen Grundlagen sollen vorliegend auch die umfangreichen Erkenntnisse der empirischen Lehr-Lern-Forschung Berücksichtigung finden.[140] In diesem Studiengebiet werden Kausalhypothesen über die Auswirkungen und Effekte unterschiedliche Methoden und Lehrformen auf den Lehr- und Lernerfolg mittels Testaufgaben quantifiziert. Durch die Integration der Ergebnisse vieler Studien werden dabei empirisch belegbare Gestaltungsprinzipien der effektiven und effizienten Lehre bestimmt.[141] Die Studienergebnisse wurden bei den konkreten Hinweisen im Praxisteil dieses Buches (§§ 3–5) herangezogen und berücksichtigt (§§ 3–5). Auf sie wird an den jeweils passenden Stellen gesondert hingewiesen.

44 Eine besonders prominente Untersuchung muss angesichts ihres erheblichen Einflusses auf die Lehr-/Lernforschung und ihrer über die Grenzen der »Fachcommunity« erstreckenden Bekanntheit indes bereits an dieser Stelle besondere Erwähnung und Erörterung finden: die aufsehenerregende *Hattie*-Studie »Visible Learning« aus dem

---

137 Vgl. zu Recht die warnenden Hinweise bei *Niegemann/Domagk/Hessel/Hein/Hupfer/Zobel* S. 75.
138 Vgl. *Meier* S. 171.
139 DIE ZEIT v. 3.1.2013, 55: »Ich bin superwichtig«.
140 Einen guten Überblick bieten etwa *Scheider/Mustafic*, Gute Hochschullehre: Eine evidenzbasierte Orientierungshilfe, 2015, die 250 einzelne empirische Studien sowie ca. 120 Reviews und ca. 53 Metaanalysen jeweils mehrerer empirischer Einzelstudien auswerten (ebenda S. 2).
141 *Koedinger/Booth/Klahr*, Science 2013, 342, 935 ff.

Jahr 2009.[142] Dieses »**epochale Werk**«[143] hat schließlich den Anspruch, nicht weniger als die »wichtigste Frage der Bildungsforschung umfassend zu beantworten: **Was ist guter (Schul-) Unterricht?**«.[144] Eine besondere Aktualität – und Bestätigung – erfuhr die Untersuchung jüngst durch eine ebenfalls in diesem Abschnitt besprochene **Metaanalyse von** *Schneider/Preckel*,[145] die ebendieser Frage auf Hochschul- und Universitätsebene nachging.

Auch wenn die *Hattie*-Studie in erster Linie das Lernen an (englischsprachigen) Schulen in den Blick nahm, können die gewonnenen Erkenntnisse angesichts des wissenschaftlichen Ansatzes gleichwohl auch (partiell, hierzu später mehr) für die (juristische) Hochschullehre fruchtbar gemacht werden. 45

In der genannten Studie untersuchte *Hattie* über das breite Spektrum von insgesamt 138 Einzelvariablen/Einflussfaktoren, welche Faktoren die größten Auswirkungen auf den Lernerfolg haben. Zugrunde gelegt wurde dabei eine Gesamtschau von rd. **50.000 englischsprachigen Studien** zu ebendiesen Variablen **mit insgesamt 240 Millionen Lernenden**.[146] Angesichts der schieren Datenmenge wandte *Hattie* hierbei ein statistisches Verfahren[147] an, mithilfe dessen zentrale Ergebnisse einzelner Studien zu einem Untersuchungsbereich miteinander in Beziehung gesetzt werden können.[148] 815 derartiger **Metaanalysen** werden von *Hattie* bei seiner Untersuchung verwendet.[149] 46

Für die verschiedenen Unterrichtsmethoden und Lernbedingungen errechnete *Hattie* dabei einen Erfolgsfaktor, »**Effektstärke**« oder »**Effektmaß**« genannt.[150] Dieser bestimmt die **praktische Wirksamkeit der einzelnen Einflussfaktoren**.[151] Der (positive) Effekt für den Lernerfolg steigt dabei mit dem Effektmaß. Dies bedeutet konkret: Bei einem Effektmaß zwischen 0.00 und 0.20 ist nur ein vernachlässigungswürdiger Effekt festzustellen. Zwischen 0.20 bis 0.40 besteht ein kleiner Effekt, zwischen 0.40 und 0.60 ein mittlerer und bei Werten von mehr als 0.60 von großen Effekten die Rede sein kann. Durch die hiermit erreichte Vergleichbarkeit ist es nun möglich, über zahlreiche Untersuchungen hinweg Variablen und deren Auswirkungen auf das Lernverhalten zu messen. 47

---

142 »(John Hattie fasst) den gesamten weltweit (in englischer Sprache) verfügbaren Wissensstand zu Bedingungen schulischer Leistung in einem epochalen Werk (zusammen). (…) An diesem Meilenstein muss sich jede künftige Darstellung des empirischen Forschungsstands orientieren« (*Helmke* S. 13). Die Bildungsbeilage der englischen *Times* nennt Hattie den »wohl einflussreichsten Bildungswissenschaftler der Welt«. Nach der Publikation seiner Forschungsergebnisse 2009 – von der *Times Educational Supplement* als »*the holy grail*« bezeichnet – erschien im Jahr 2012 »*Visible Learning for Teachers*«, in dem Hattie konkrete Handlungsempfehlungen für Lehrende aus den Ergebnissen seiner Untersuchung formuliert.
143 *Beywl/Zierer* in ihrem Vorwort zur deutschsprachigen Ausgabe von »Visible Learning«, S. XI.
144 *Spiewak* DIE ZEIT v. 3.1.2013, 55: »Ich bin superwichtig«.
145 *Schneider/Preckel* Psychological Bulletin 2017 (im Erscheinen).
146 *Hattie* Lehrpersonen S. 1.
147 Nähere Erörterung bei *Hattie* Lernen S. 9 ff.
148 *Steffens* Bildung bewegt 11/2011, 25.
149 In »Lernen sichtbar machen für Lehrpersonen« werden den ursprünglichen Metaanalysen weitere rd. 100 hinzugefügt, so dass *Hattie* in diesem Werk auf insgesamt rund 900 Metaanalysen zurückgreifen kann: *Hattie* Lehrpersonen S. 11.
150 Zu den relevanten Effektstärken/Effektmaßen, insbesondere der besonders (insbesondere von *Hattie*) verwendeten Effektstärke »d« nach *Cohen* (Psychological Bulletin 112(1), 155) vgl. eingehend Schneider/Mustafic/*Schneider/Mustafic* S. 4.
151 *Steffens* Bildung bewegt 11/2011, 25.

**48** Die insgesamt 138 Einflussfaktoren sind dabei in die folgenden Untersuchungsbereiche unterteilt:
- Schule (28 Variablen, 101 Metaanalyse),
- Curriculum (25 Variablen, 144 Metaanalysen),
- Lernende (7 Variablen,[152] 35 Metaanalysen),
- Elternhaus (19 Variablen, 139 Metaanalysen),
- Lehrende (10 Variablen,[153] 31 Metaanalysen),
- Unterricht (49 Variablen, 365 Metaanalysen).[154]

**49** Von diesen 138 Variablen besitzen **66 einen »großen Effekt«** im vorgenannten Sinne auf den Lernerfolg, haben also ein Effektmaß > 0.60. 31 Einflussgrößen liegen unterhalb des Schwellenwertes von 0.20, der anzeigt, dass praktisch keine (nachweisbaren) Effekte bestehen.

**50** Konzentriert man nun auf die für die Hochschullehre bedeutsamen Faktoren (»*What works best?*«), lässt sich aus den Ergebnissen *Hattie*s vor allem Folgendes schließen:
1. Die (Eigen-) Einschätzung des Lehrenden und der Lernenden, die **Evaluation** (des Lehrenden durch die Lernenden) und das **Feedback** (des Lehrenden an die Lernenden)[155] gehören zu den einflussreichsten Faktoren zur Steigerung des Lernerfolges.[156] Kein anderes Instrument kann in *Hattie*s Ranking eine höhere Effektstärke aufweisen als die **systematische Selbsteinschätzung** von Schülern.[157]

---

152 Das Vorwissen, die Erwartungen, das Ausmaß an Offenheit gegenüber Erfahrungen, die entwickelnden Überzeugungen über Wert und Nutzen von Investitionen in Lernprozesse, das Engagement und die Fähigkeit, aus dem Lernengagement heraus sowohl ein Selbstbild als auch Ansehen als eine Lernende bzw. ein Lernender aufzubauen: *Hattie* Lernen S. 38.

153 Die Qualität des Lehrens (wie sie von den Lernenden wahrgenommen wird); die Erwartungen der Lehrperson; die Auffassung der Lehrperson in Bezug auf Lehren, Lernen, Bewerten und die Lernenden – diese konzentriert sich auf die Ansichten der Lehrperson, ob alle Lernenden Fortschritte erzielen können, ob die Leistungen aller verändert werden können (oder festgelegt sind) und ob ein Lernfortschritt bei der Lehrperson wahrgenommen oder ausgesprochen wird; die Offenheit der Lehrperson – ob Lehrpersonen bereit sind, auch Überraschungen zu erleben; das Klima in der Klasse; der Schwerpunkt auf klare Artikulierung von Erfolgskriterien und Leistungserwartungen durch die Lehrperson; das Fördern von Anstrengungen; die Einbindung aller Lernenden (*Hattie* Lernen S. 41 f.).

154 Diese sog. Domänen lassen sich aus der Geschichte der Erziehungswissenschaften herleiten und werden auch in dem bekannten Modell des sog. didaktischen Dreiecks von Lehrperson, Lernendem und Stoff und seinem jeweiligen Kontext wiedergespiegelt: *Beywl/Zierer* in ihrem Vorwort zur deutschsprachigen Ausgabe von »Visible Learning«, S. XI; vgl. hierzu auch Berendt/Voss/Wildt/*Wildt* A. 1.1 S. 2.

155 Feedback ist dabei neutral zu verstehen, er erfolgt stets allein bezogen auf den Unterrichtsgegenstand; insgesamt hierzu *Hattie* Lernen S. 206 ff. Feedback besitzt eine Effektstärke von 0.73. Die wichtigsten Feedback-Fragen sind hiernach »Wohin gehe ich?« (Lernintentionen/Ziele/Erfolgskriterien), »Wie komme ich voran?« (Selbstbewertung und Selbsteinschätzung) und »Wohin geht es als nächstes?« (Fortschreiten, neue Ziele), wobei sowohl Lehrende wie Lernende Antworten auf diese Fragen suchen: *Hattie* Lernen S. 210. Vgl. allgemein Berendt/Voss/Wildt/*von Frantzius* A. 2.6 S. 14.

156 Formative Evaluation: 0.9 (übersetzt auf Hochschulebene: ein mehrfach, semesterbegleitetes Feedback, etwa zu Beginn, in der Mitte und am Ende einer Veranstaltungsreihe: Berendt/Voss/Wildt/*Kornacker/Venn* C. 2.24 S. 19); Feedback: 0.73 (*Hattie* Lehrpersonen S. 276 ff. und Lernen S. 215). Vgl. auch *Rufer/Tribelhorn* V & L 2012, 492.

157 *Spiewak* DIE ZEIT v. 3.1.2013, 55: »Ich bin superwichtig«.

2. Eine deutliche und transparente **Strukturierung**,[158] das Bestehen einer **Regelklarheit** und eine eindeutige und stringente **Klassen-/Kursführung** (direkte Instruktion)[159] wirken sich gleichfalls überdurchschnittlich positiv auf die Lernleistung aus;[160] dies gilt insbesondere für zu Beginn der Lerneinheit transparent gemachte eindeutige **Leistungserwartungen**.[161]
3. Die Anwendung von **aktivierenden Lernstrategien** bedeutet ebenfalls einen deutlichen Mehrwert für die Studierenden.[162]
4. Ein insgesamt **positives** und »fehlerfreundliches« **Unterrichts- und Lernklima** führt zu einer deutlichen Verbesserung der Interaktion zwischen Lehrendem und Studierenden – und erhöht so die Lernbereitschaft (und -fähigkeit).[163]

Solche auf (die Aktivitäten und Vorgehensweisen des) Lehrenden bezogenen personalen Faktoren zeigen insgesamt einen deutlich größeren Einfluss[164] als strukturbezogene Einflussgrößen (wie insbesondere die Kursgröße).[165] Zugespitzt besteht die zentrale Botschaft *Hatties* darin, dass es der einzelne Lehrende ist, der bestimmt, was die Schüler lernen.[166] **Was Lehrpersonen tun, ist wichtig** – ergo: auf den guten Lehrenden kommt es entscheidend an.[167] »Lehrerhandeln macht den Unterschied.«[168]

Demgegenüber besitzen etwa die (gänzlich) offenen Lernformen und ähnliche Konzepte insgesamt einen deutlich geringeren Einfluss auf die Lernleistung als vermutet wurde.[169] *Hattie* plädiert daher auch gegen die Rolle des Lehrenden als bloßer Lernbegleiter[170] (»*faciliator*«),[171] hin zu einer **aktiven Rolle als Gestalter** (»*activator*«[172] bzw. »Evaluator und Regisseur«;[173] insgesamt bekannt unter dem Begriff »*direct in-*

---

158 Vgl. hierzu auch den Frankfurter Schulforscher *Eckhard Klieme*, für den die Forschungsergebnisse Hatties vor allem die Bedeutung der Struktur für guten Unterricht unterstreichen: aus *Spiewak* DIE ZEIT v. 3.1.2013, 55: »Ich bin superwichtig«.
159 Vgl. *Carnine* S.12.
160 *Teacher clarity*: 0.75; *teaching strategies*: 0.60; Direkte Instruktion: 0.59 (*Hattie* Lehrpersonen S. 276 ff. und Lernen S. 242 ff.).
161 *Rufer/Tribelhorn* V & L 2012, 492; *Spiewak* DIE ZEIT v. 3.1.2013, 55: »Ich bin superwichtig«: »Ganze Stunden erweisen sich als wirkungslos, weil der Lehrer zu Beginn nicht klarmacht, worauf es in den nächsten 45 Minuten ankommt.« Hierzu auch *Fritzherbert* S. 12: »Die von Ihnen geweckten Vorstellungen und Erwartungen bilden den Rahmen jeder Kommunikation«.
162 *Reciprocal Teaching*: 0.75; *meta-cognitive Strategies*: 0.69; *self-verbalization/self-questioning*: 0.64; *problem-solved Teaching*: 0.61; *cooperative Learning*: 0.59; *study skill*: 0.59; *concept mapping*: 0.57 (*Hattie* Lehrpersonen S. 276 ff.).
163 Müller-Jung/*Schmoll* S. 93, 95 f.
164 Für die unterrichtsbezogenen Variablen wird das Effektmaß 0.45 ermittelt, während für die strukturell-organisatorischen Maßnahmen das Effektmaß 0.24 gilt.
165 (*High*) *school size*: 0.43; *homework*: 0.33 (*Hattie* Lehrpersonen S. 276 ff.).
166 Im Duktus ähnlich in seiner Kritik an der Neuropädagogik Müller-Jung/*Madeja* S. 75, 84: »Die Schule erzieht Menschen, keine Gehirne«.
167 Ausdruck aus *Spiewak* DIE ZEIT v. 3.1.2013, 55: »Ich bin superwichtig«; vgl. auch *Welfens* DIE ZEIT v. 26.1.2017, 29: »Lasst die Mädchen doch mit Mathe in Ruhe«: »Die größte Wirkung lässt sich über (…) gute Lehrer erzielen, die auf Bedürfnisse und Fähigkeiten der Schüler eingehen«.
168 *Hattie* Lernen S. 27.
169 0.01; *inductive teaching*: 0.06; *team teaching*: 0.19; *inquiry based teaching*: 0.31; *simulations*: 0.33 (*Hattie* Lehrpersonen S. 276 ff.).
170 Vgl. aber Berendt/Voss/Wildt/*Berendt* C. 3.1 S. 2
171 Vgl. hierzu aber auch Berendt/Voss/Wildt/*Kornacker/Venn* C. 2.24 S. 3.
172 Ähnlich auch *Wellenreuther* S. 331 ff.
173 *Hattie* Lehrpersonen S. 20.

*struction«*[174]) im Sinne einer lehrendenzentrierten[175] Lenkung des Unterrichtsgeschehens: »*only minimal guidance (...) does not work*«.[176] Am Ende macht bei aller Lernendenzentrierung noch immer der Lehrende den Unterschied; er gehört zu den wirkungsvollsten Einflüssen beim Lernen.[177] Insgesamt sollte damit – und das ist auch das Credo des vorliegenden Buches – eine **studierendenzentrierte und dozentengelenkte Lehre** erfolgen.[178]

53 Der Lehrende ist darin gefordert, »**bewusste Interventionen** zur Verbesserung des Lehrens und Lernens« vorzunehmen.[179] Dies bedeutet jedoch kein Votum für den Frontalunterricht, sondern vielmehr ein **führendes Lehren unter Einsatz eines breiten Spektrums aktivierender Lernstrategien**,[180] mit gut strukturierten Erklärungen und anschließenden Verdeutlichungen und Lösungsbeispielen sowie Übungen auf der Grundlage des Vorwissens[181] mit hohen Erwartungen und Zutrauen in die Fertigkeit und Fähigkeiten der Lernenden. Die »Resultate zeigen, dass (ein derartiger) aktiver und geführter Unterricht viel effektiver ist als ungeführter Unterricht«.[182]

54 Konkret bedeutet die von *Hattie* vertretene »direkte Instruktion«, dass der Lehrende bei seiner Lehrveranstaltung[183]

---

174 Umgangssprachlich also ein Lehrer, der »seine Klasse im Griff hat und jeden Einzelnen stets im Blick hat«: *Spiewak* DIE ZEIT v. 3.1.2013, 55: »Ich bin superwichtig«. Klarstellend: »D. H. nicht, dass sie (die Lehrveranstaltungen, der Verf.) als kleinschrittiger Frontalunterricht angelegt sind, täglich 80 % oder mehr mit Reden verbringen und das Ziel haben, das Curriculum oder die Unterrichtsstunde durchzupauken, komme, was wolle.«
175 Zum Teil auch bezeichnet als »Gegenstandszentrierung« (dh Unterrichten im Sinne von Anleiten, Darbieten, Erklären und Lernen als vorrangig rezeptive Position des Lernenden, vermittelt durch einen instruktiven Prozess; dieses Modell orientiert sich dabei stark an den Paradigmen des Behaviorismus und Kognitivismus) einerseits und »LernerInnenzentrierung« (dh Lernen als konstruktiver, situativer und sozialer Prozess und Unterrichten als Unterstützen, Handeln und Beraten, vermittelt durch einen konstruktiven Prozess; dieses Modell orientiert sich dabei vor allem an dem Modell des Konstruktivismus) andererseits, vgl. *Zumbach/Astleitner* S. 38.
176 *Hattie* Lernen S. 243. Vgl. Fachgutachten zur Kompetenzorientierung in Studium und Lehre (2012), 57, abrufbar unter https://www.hrk-nexus.de/fileadmin/redaktion/hrk-nexus/07-Downloads/07-02-Publikationen/fachgutachten_kompetenzorientierung.pdf.: »Eine kompetenzorientierte Lehr-/Lernkonzeption erfordert weiterhin eine veränderte Sicht auf die Rollen von Lehrenden und Lernenden im Lernprozess bzw. beim Kompetenzerwerb. (... Der) Lernende (muss) eine deutlich aktivere und selbstbestimmtere Rolle beim Lernen einnehmen, während der Lehrende sich stärker als Bereitsteller und Arrangeur von Lerngelegenheiten sowie Begleiter und Berater des Lernenden im Lernprozess verstehen sollte.«
177 *Hattie* Lernen S. 280.
178 Vgl. eingehend Berendt/Voss/Wildt/*Reumann/Mohr/Dössel/Diez* E. 2.3 S. 4 mwN.
179 *Hattie* Lehrpersonen S. 19.
180 *Rufer/Tribelhorn* V & L 2012, 492.
181 *Steffens* Bildung bewegt 11/2011, 25. Der positive Lerneffekt wurde in mehreren früheren Metaanalysen festgestellt: *Kulik/Kulik* International Journal of Educational Research 1989, 221. Interessante Ausführungen zu dem (allgemeinen) sog. »Matthäus-Effekt« (»Denn wer da hat, dem wird gegeben, dass er die Fülle habe; wer aber nicht hat, dem wird auch das genommen, was er hat.« – Matthäus 25, 29), in concreto: der Korrelation zwischen den Leistungen in der Schule und denselben auf der Hochschule/Universität vgl. eingehend *Hattie* Lernen S. 49 ff.
182 *Hattie* Lernen S. 286.
183 *Hattie* Lernen S. 205 ff. und Lehrpersonen S. 16 ff.

1. klare, erreichbare, aber auch anspruchsvolle/herausfordernde[184] **Ziele** und Erfolgskriterien setzt, die für die Studierenden transparent sind,[185]
2. die Studierenden aktiv in die Lernprozesse **einbezieht**,[186]
3. erkennt, wie die Lerninhalte zu vermitteln und zu erklären sind,
4. in seiner Veranstaltung permanent der Lernstand **überprüft** bzw. durch die Studierenden permanent überprüfen lässt,
5. den Lernstoff durch die Studierenden unter seiner Aufsicht durch Übungen vertiefen lässt,
6. die **Schlüsselbegriffe** und wesentlichen Inhalte in einen größeren Zusammenhang einbindet, und
7. die Lerninhalte in verschiedenen Kontexten **praktisch anwendet** und die Relevanz des Gelernten verdeutlicht.

Erfolgreich ist das Lernen insgesamt nach *Hattie* dann, wenn es dem Lernenden gelingt, die neuen Wissensinformationen über die Oberfläche (*surface*) hinaus in konkrete Zusammenhänge einzubinden (**Tiefenstruktur:** *deep*). Diese müssen dann in bereits vorhandene Theoriekonzepte (*concetual*) integriert werden können.

Aus alledem wird deutlich: Der Lehrende besitzt einen herausragenden Einfluss auf den Lernerfolg der Studierenden – sowohl hinsichtlich seiner personalen Merkmale (Einstellungen, Kursklima) wie auch hinsichtlich der Gestaltung der Lehrveranstaltung.[187] »Lehrpersonen gehören zu den wirkungsvollsten Einflüssen beim Lernen.«[188] Sie stehen im wahrsten Sinne im Zentrum des Geschehens. Die Lehrenden sorgen für eine störungsarme und effektive Kursführung, für ein anregungsreiches Lernklima und für kognitiv aktivierende Lernaufträge, Aufgabenstellungen und Erklärungen. Sie verfügen über ein breites Repertoire an Unterrichtsstilen, die je nach Klasse erprobt, überprüft und – wenn nötig – wieder verworfen werden können. Entscheidend ist der jeweilige Einzelfall, es gibt **keine pädagogischen Patentrezepte**: »*There are no magic bullets.*«[189]

Besonders bedeutsam ist es nach *Hattie*, dass der Lehrende die **Planung seiner Veranstaltung** »mit den Augen der Lernenden« vornimmt.[190] »*If the teacher's lens can be changed to seing learning through the eyes of students, this would be an excellent beginning*«.[191] Lehrende müssen dabei »wahrnehmen, was Lernende denken und wissen.« »Ein guter Lehrer sieht den eigenen Unterricht mit den Augen der Schüler.«[192] Schließlich sollte die Lehrperson »ein tiefes **Verständnis** dafür haben, **wie wir lernen.**«[193]

55

56

57

---

184 *Tomlinson*, S. 163: »... nur dann, wenn sie die Arbeit moderat herausfordert und eine Hilfe zur Verfügung steht, um das zu bewältigen, was zu Beginn unerreichbar scheint.«; zu der didaktischen Komponente *Pfäffli* S. 161; auch: *Rufer/Tribelhorn* V & L 2012, 492; ähnlich *Hattie* Lernen S. 39: »... Das Vorhandensein und das Teilen von anspruchsvollen Zielen mit Lernenden (ist) eine wichtige Grundvoraussetzung für erfolgreiches Lernen« und Lehrpersonen S. 196 f.
185 Vgl. hierzu auch Berendt/Voss/Wildt/*Berendt* B. 1.1 S. 12.
186 Vgl. Berendt/Voss/Wildt/*Berendt* C. 3.1 S. 5.
187 *Steffens* Bildung bewegt 11/2011, 25 (26).
188 *Hattie* Lehrpersonen S. 21.
189 *Hattie* nach *Spiewak* DIE ZEIT v. 3.1.2013, 55: »Ich bin superwichtig«.
190 *Hattie* Lehrpersonen S. 17; vgl. hierzu auch Berendt/Voss/Wildt/*Szcyrba/Wildt* A. 3.2 S. 5 ff.
191 *Hattie* Lernen S. 252.
192 *Hattie* nach *Spiewak* DIE ZEIT v. 3.1.2013, 55: »Ich bin superwichtig«.
193 *Hattie* Lehrpersonen S. 22.

**58** Das vorliegende Buch folgt diesem Ansatz: Durch die Kompetenz, sich in Lernprozesse hineinzuversetzen und diese aus der Perspektive der Studierenden erfassen zu können, soll der Lehrende in die Lage versetzt werden, seine Lehre (und das Lernen auf Seiten der Studierenden) aktiv und effizient zu gestalten.

**59** Die genannte Untersuchung ist indes nicht nur auf ungeteilte Begeisterung und Zustimmung gestoßen; es gibt auch zahlreiche **Kritiker**, die *Hattie* vor allem Folgendes vorwerfen:[194]

1. Die untersuchten Studien beschäftigen sich zwar schwerpunktmäßig mit dem schulischen Lernen, erfassen aber auch das gesamte übrige **Spektrum des Bildungswesens** – von der Vorschule über Schule und Hochschule bis zur Erwachsenenbildung –, obwohl zumindest diskutabel ist, ob diese tatsächlich so vergleichbar sind, wie von *Hattie* unterstellt wird.[195]
2. Die Studien berücksichtigen einen sehr breiten Erfassungszeitraum von **mehreren Jahrzehnten** (sie »ballen« sich in den 80er und 90er Jahren des letzten Jahrtausends); seitdem bzw. in diesem Zeitraum hat etwa die Didaktik(forschung) indes bemerkenswerte Fortschritte gemacht.[196]
3. Die aggregierten Metaanalysen stammen aus der englischsprachigen Forschung, die denknotwendig die **angelsächsischen Bildungssysteme** zum Gegenstand haben,[197] die sowohl auf Schul-, wie – trotz des Bologna-Prozesses[198] – auch auf Hochschulebene nicht unerheblich von dem deutschen Bildungssystem abweicht.
4. Die Ergebnisse sind zum Teil **differenziert** nach den betreffenden Fächern, Leistungsstufen und sonstigen Faktoren zu betrachten; es droht sonst die Gefahr einer »Überinterpretation«.[199]
5. Die Untersuchung enthält keine belastbaren Aussagen zu dem **Zusammenwirken verschiedener Variablen**; in der Praxis treten diese jedoch niemals isoliert auf.
6. Faktoren mit geringem Einfluss sind nicht (alle) per se vernachlässigbar; ggf. kann (auch) hier durch gezielte **Gestaltung im Einzelfall** tatsächlich eine Verbesserung der Lernleistung erreicht werden.[200]
7. Die **Qualität** der einbezogenen Studien – methodisch wie inhaltlich – differieren naturgemäß deutlich;[201] es besteht die Gefahr, Äpfel mit Birnen zu vergleichen.[202]

---

194 Vgl. insbesondere *Schulmeister/Lovisach* Seminar 2/2014, 121.
195 http://www.lehrerfreund.de/schule/1s/hattie-studie-kritik/4572.
196 Dies gilt etwa für die Aussagen der Effektstärken bei dem Einsatz von Computern (*Hattie* Lernen S. 259 ff.) und visuellen bzw. audiovisuellen Medien – hier ist eine derart rasante Entwicklung zu beachten, dass auf die Ergebnisse der (Meta-) Studien kaum mehr zurückgegriffen werden kann.
197 *Spiewak* DIE ZEIT v. 3.1.2013, 55: »Ich bin superwichtig«.
198 Vgl. hierzu etwa Berendt/Voss/Wildt/*Battaglia/Bihrer* C. 2.16 S. 2 ff.
199 So zu Recht kritisch *Beywl/Zierer* in ihrem Vorwort zur deutschsprachigen Ausgabe von »Visible Learning«, S. VIII, IX (illustriert an der Effektstärke für die Faktoren Hausaufgaben und Sommerferien).
200 So hat das *Team-Teaching* mit 0.19 zwar einen sehr geringen Wirkungsgrad erreicht, wenn man jedoch – statt denselben Stoff »nur« in doppelter Besetzung zu vermitteln – spezifische Formate entwickelt, die nur in dieser Konstellation durchführt, etwa eine Strafrechtsvorlesung mit einem Strafverteidiger und einem Staatsanwalt und/oder mit einem Praktiker und einem Theoretiker, so kann auch bei diesem Ansatz ein Mehrwert für die Studierenden generiert werden (vgl. *Beywl/Zierer* in ihrem Vorwort zur deutschsprachigen Ausgabe von »Visible Learning«, S. IX, X).
201 Vgl. *Steffens* Bildung bewegt 11/2011, 25.
202 http://visible-learning.org/de/kritik-an-der-hattie-studie-visible-learning/.

8. Wissenschaftstheoretisch liegt solchen Metaanalysen ein kumulatives Verständnis wissenschaftlicher Forschung zugrunde, wonach die bloße Anhäufung von Daten und Untersuchungen zu einzelnen Fragestellungen mehr Sicherheit und Eindeutigkeit generiere. Wissenschaft entwickelt sich jedoch nicht zwingend stets stetig und kumulativ, sondern häufig auch unvorhergesehen und sprunghaft (**revolutionäre Entwicklung**). Diese »einzufangen« bzw. abzubilden ist mittels Metaanalysen kaum möglich.[203] Die pro Phänomen angegebenen Effektstärken sind die Mittelwerte von sehr breiten Verteilungen; tatsächlich kommt es aber auf die Details der didaktischen Intervention an.[204]

Diese nachvollziehbaren Kritikpunkte schmälern fraglos die »Strahlkraft« der *Hattie*-Studie und führen zu einer begrüßenswerten **Nüchternheit** hinsichtlich der Interpretation der Untersuchungsergebnisse. Diese sollten stets mit Vorsicht verwendet und insbesondere nicht unreflektiert für die (Hochschul-)Lehre übernommen werden. **Gemeinsam mit anderen Erkenntnisquellen** – etwa den vorerwähnten Lerntheorien und/oder den nacherläuterten Erkenntnissen der Lern-/Lehrforschung – und den sonstigen Ergebnissen der empirischen Lehr-Lernforschung können die Untersuchungen von *Hattie* jedoch hilfreiche Ansatzpunkte bieten, um eine gelungene (juristische) Lehrveranstaltung zu konzipieren und durchzuführen.

In einem jüngst von *Michael Schneider* und *Franzis Preckel* (Universität Trier) veröffentlichten Literaturüberblick über alle **Metaanalysen zur effektiven Lehre an einer Hochschule und Universität** wird die Fragestellung, die der *Hattie*-Studie zugrunde liegt, auf den hier interessierenden Hochschul- und Universitätskontext bezogen.[205] Aus 38 Metaanalysen,[206] die die Ergebnisse von 3330 Einzelstudien mit rund zwei Millionen Studierenden zusammenfassen, wurden **105 Einflussfaktoren/Variablen** untersucht. Die Autoren arbeiteten wie *Hattie* mit **Effektstärken** (= d) und einem ähnlichen Auswertungsverfahren.[207] Die einzelnen Einflussfaktoren wurden dabei unterteilt in solche ohne Effekt (d < 0.11), mit kleinem (0.11 < d < 0.35), mittleren (0.35 > d > 0.66) und großem Effekt (d > 0.66).

60

60a

Die **größten (Einzel-)Effekte** bei den vom Lehrenden abhängigen Variablen besitzen hiernach

- die sorgfältige Vorbereitung und Organisation der Lehrveranstaltung (1.39),
- die Verständlichkeit und Klarheit der Ausführungen des Lehrenden (1.35),
- die Anregung des Interesses der Studierenden an dem Kurs(inhalt) (0.82),
- die Aktivierung der Studierenden mithilfe von Diskussionen und Fragen (0.79),
- die Verfügbarkeit und Hilfsbereitschaft des Lehrenden (0.77),
- seine rhetorischen Fähigkeiten (0.75),
- die Klarheit der Kurs- und Lernziele (0.75) und
- die Verwendung offener Fragen (0.73).

60b

---

203 Näher zu diesem Argument *Beywl/Zierer* in ihrem Vorwort zur deutschsprachigen Ausgabe von »Visible Learning«, S. XII (auch mit Hinweisen zu den methodologischen Kritikpunkten).
204 http://www.lehrerfreund.de/schule/1s/hattie-studie-kritik/4572.
205 *Schneider/Preckel* Psychological Bulletin 2017 (im Erscheinen).
206 Die 38 Metaanalysen stammen aus den Jahren 1980 bis 2014, wobei die Mehrzahl (23) zwischen 2005 und 2014 veröffentlicht wurden.
207 Zu den Unterschieden *Schneider/Preckel* Psychological Bulletin 2017 i. E.

60c *Schneider/Preckel* ziehen aus ihrer Untersuchung unter anderem die folgenden **Schlussfolgerungen**:
- Die Effektivität eines Kurses korreliert ganz maßgeblich mit den Handlungen und der Person des **Lehrenden**. Die Studie ergänzt[208] und bestätigt[209] damit an diesem wesentlichen Punkt die vorerörterte *Hattie*-Studie bzw. deren Ergebnisse.
- Insbesondere die gelungene Umsetzung effizienter Lehrmethoden[210] kann einen großen Effekt auf die Lehre und die Erreichung der Lernziele haben.
- Es reichen zum Teil bereits kleinere Stellschrauben und Maßnahmen (wie etwa die Integration von offenen Fragen in die Lehrveranstaltung[211] oder die Vereinbarung klarer Lernziele[212]) aus, um die Leistung Studierender zu steigern.
- Die Kombination von lehrenden- und lernendenzentrierter Lehre (**Methodenwechsel**) ist effizienter als der ausschließliche Rekurs auf nur eine der beiden Vorgehensweisen.[213]
- Die Lehrenden sollten besonderen Wert auf leistungsangemessene Prüfungen[214] und Feedback[215] geben.

60d Im Wesentlichen bestätigen die Erkenntnisse von *Schneider/Preckel* damit die o. g. Schlussfolgerungen der *Hattie*-Studie. Die Untersuchung liefert darüber hinaus aber auch noch wertvolle Erkenntnisse zu den **spezifisch an Hochschulen und Universitäten auftretenden Fragestellungen** und macht deutlich, welchen Maßnahmen des Lehrenden aus empirischer Sicht ein besonders positiver Effekt bei der Verbesserung seiner Lehre zukommt. Auf die einzelnen Effektstärken wird daher im Folgenden auch noch bei der betreffenden Erörterung einzelner Maßnahmen eingegangen.

61 **Die drei Kernaussagen:**
- Bei der Hattie-Studie handelt es sich um einen Analyse von insgesamt rund 50.000 Einzelstudien, um den Effekt von 138 Einzelvariablen/Einflussfaktoren auf den Lernerfolg von Schülern zu untersuchen.
- Als ein wesentliches Ergebnis der Untersuchung lässt sich festhalten, dass den (Aktivitäten und Vorgehensweisen des) Lehrenden ein besonders großer Einfluss auf den Lernerfolg zukommt; ähnliches gilt für die Anwendung aktivierender Lernmethoden und die Etablierung einer lernfördernden Feedback- und Evaluationskultur.

---

208 *Schneider/Preckel* Psychological Bulletin 2017 (im Erscheinen): »A review of the meta-analyses on achievement in higher education can complement the existing reviews with their focus on school learning«.
209 Vgl. *Schneider/Preckel* Psychological Bulletin 2017 (im Erscheinen): »Previous reviews of the meta-analyses on the correlates of achievement, which mainly focused on school learning, found that proximal variables, that describe what teachers and students do and think during a lesson, are more closely related to achievement than distal variables, such as school demographics or state policies. (…) Our results for higher education indirectly support this conclusion. Many variables in the categories social interaction, stimulating meaningful learning, and presentation relate to specific forms of teacher behavior, for example, asking open-ended questions instead of close-ended ones or writing a few keywords instead of half sentences on presentation slides.«
210 → Rn. 75 ff.
211 → Rn. 191.
212 → Rn. 118 ff.
213 → Rn. 205 ff.
214 → Rn. 75, 107, 120, 124, 152, 271 ff.
215 → Rn. 476 ff.

- Die jüngere Metaanalyse von *Schneider/Preckel* geht der Frage nach, was eine effektive Lehre an der Hochschule und Universität auszeichnet. Sie kommt dabei zu ähnlichen Ergebnissen wie die *Hattie*-Studie: es ist vor allem der Lehrende, der den größten Einfluss auf die studentische Leistung hat. Dies gilt etwa für die Vorbereitung und Kursorganisation oder die Klarheit und Verständlichkeit seines Vortrages. Förderlich sind überdies eine unterhaltsame Präsentation der Lehrinhalte und die Einbeziehung aktivierender Lehrformen.

## IV. Ausgewählte Erkenntnisse der (Lehr- und) Lernforschung

> Docendo discimus.[216] – Seneca
>
> Das Lernen ist in der Psychologie der am meisten untersuchte, gleichzeitig aber auch der umstrittenste Gegenstand. – Tanja von Frantzius[217]

An dieser Stelle soll schließlich noch überblickartig auf die Erkenntnisse der Lehr- und Lernforschung eingegangen werden. Einen Schwerpunkt bildet hierbei die sog. **Neurodidaktik**. Diese verhältnismäßig junge Wissenschaft hat sich zur Aufgabe gemacht, dem Zusammenhang zwischen den neurobiologischen Bedingungen des Menschen und seiner Lernfähigkeit nachzugehen und daraus Schlussfolgerungen für das Lernen und die Wissensvermittlung zu ziehen.[218]

62

Zugrunde gelegt werden hierbei der **pädagogische und der biologische Lernbegriff**. Hiernach beinhaltet Lernen einerseits die Fähigkeit eines Individuums, aus neuen Erfahrungen dauerhafte Konsequenzen abzuleiten (biologischer Lernbegriff). Andererseits bedeutet Lernen aber auch die Verbesserung oder den Neuerwerb von Verhaltens- und Leistungsformen und ihren Inhalten (pädagogischer Lernbegriff).[219]

63

### 1. Der Erinnerungsprozess: Das Drei- bzw. Zwei-Speicher-Modell

Die zentrale Frage lautet: Wie ist das »**neuronale Speichermodell**« im menschlichen Gehirn ausgestaltet, dh unter welchen Bedingungen werden Informationen im Gehirn dauerhaft abrufbar gespeichert? Dabei muss zunächst vor Augen geführt werden, dass das menschliche Gedächtnis **nicht alle Informationen**, mit denen es konfrontiert wird, auf einmal aufnehmen und dauerhaft verarbeiten kann.[220] Von der Vielzahl unterschiedlicher Informationen, die auf einen Menschen eindringen (etwa: Verkehrszeichen, Werbung, Geräusche, Bewegungen, Mitmenschen etc), können nur wenige bewusst aufgenommen und langfristig abspeichert werden.[221] Das menschliche Gehirn muss also unentwegt die Masse an ankommenden Informationen sortieren und zum Zwecke der langfristigen Speicherung **priorisieren**. Zur Erläuterung der zugrunde liegenden neuronalen Prozesse wurden verschiedene Theorien und Modelle

---

216 »Durch Lehren lernen wir.«: epistulae morales 7,8.
217 In: Berendt/Voss/Wildt A. 2.6 S. 5, mit einer Auflistung der einzelnen Lernbegriffe; allgemein zu der Hirnforschung mit der Absicht der Verbesserung der Pädagogik (auch: »educational neuroscience« bzw. »neuroeducation«) Müller-Jung/Madeja S. 75, 76.
218 Müller-Jung/Schmoll S. 93, 94.
219 Berendt/Voss/Wildt/von Frantzius A. 2.6 S. 5.
220 Niegemann/Domagk/Hessel/Hein/Hupfer/Zobel S. 42.
221 Vgl. Vester S. 66 ff.; Möllers S. 17.

*§ 1. Grundlagen*

entwickelt, von denen die beiden herrschenden[222] im Folgenden kurz dargestellt werden:

**64** Nach dem **Konzept multipler Gedächtnissysteme**, dem sog. **Drei-Speicher-Modell**, erfolgt die Speicherung von Informationen und Eindrücken nicht in »dem« einen Gedächtnis, sondern in drei getrennten »Gedächtnissen«.[223] Das erste, sog. **Ultrakurzzeitgedächtnis** (auch: sensorisches Gedächtnis oder sensorisches Register[224]) ist als Zwischenspeicher anzusehen. Hier verbleiben die Eindrücke für einen extrem kurzen Zeitraum.[225] Das Ultrakurzzeitgedächtnis bewirkt, dass bestimmte wahrgenommene Informationen schnelle und richtige Reaktionen auslösen (**Regel-Reaktions-Mechanismus**).

**65** Hintergrund der kurzzeitigen Speicherung ist, dass, wenn der Mensch einen Reiz verarbeitet, alle Nervenzellen, die an dessen Verarbeitung beteiligt sind, für diesen Zeitraum elektronisch erregt bleiben. Umgekehrt gilt: Setzt sich der Mensch nicht weiter mit dem Eindruck auseinander, wird er nach diesem Zeitraum auch wieder gelöscht.[226] Dies gilt etwa für wahrgenommene Verkehrszeichen während einer Autofahrt oder für Werbung, die während des Spazierengehens zwar aus dem Augenwinkel gesehen, jedoch nicht für interessant befunden wird.

**66** Während im sensorischen Gedächtnis grundsätzlich sämtliche Umgebungsinformationen aufgenommen werden, verbleiben im sog. **Kurzzeitgedächtnis** (auch: Arbeitsgedächtnis, hierzu später mehr) die gewonnenen Eindrücke nur dann, wenn sich der Mensch mit diesen intensiver auseinandersetzt. Das Kurzzeitgedächtnis benötigen wir vor allem für die Verarbeitung von Informationen, die in unserer verbalen Sprache – einem abstrakten Zeichensystem – ausgedrückt sind.[227] Auch das Kurzzeitgedächtnis dient als Zwischenspeicher, der zur Bewältigung einer Gesprächs- und Lesesituation genutzt wird, das Langzeitgedächtnis allerdings auch vor einem »*information overkill*« schützt. Dies bedeutet umgekehrt: Wird die Information nicht in eine dauerhafte, widerstandsfähige, langlebige Form überführt (sog. **Konsolidierung**), verschwindet sie wenig später aus dem Kurzzeitgedächtnis.[228] Das Kurzzeitgedächtnis besitzt überdies eine Kapazitätsgrenze: Nach den Erkenntnissen der Hirnforschung kann das Gehirn zur Verfügung gestellte Informationen ohne weiteres rund 18–20 Minuten aufnehmen.[229] Danach können die Informationen dann jedoch nur noch in einem deutlich geringeren Umfang gespeichert (und verstanden) werden,[230] die Aufmerksamkeits- und Aufnahmekurve der Zuhörer sinkt.[231] Mit zunehmendem Zeitablauf verringert sich die Informationsaufnahme immer deutlicher.[232] Konkret bedeutet dies etwa: Erfolgt nach der ersten Hälfte einer durchschnittlich

---

222 Tatsächlich erfolgt an dieser Stelle keine trennscharfe Unterscheidung zwischen den einzelnen Theorien/Modellen; es kommt immer wieder zu Überschneidungen und Modifikationen.
223 Vgl. *Reinhaus* S. 10 f.
224 Issing/Klimsa/*Issing* Multimedia S. 25; *Zumbach/Astleitner* S. 28.
225 Vgl. *Klaner* S. 101 f.
226 Vgl. *Möllers* S. 17.
227 *Haft* Lernen S. 121.
228 *Medina* S. 138.
229 Vgl. *Ritter-Mamczek* S. 25; *Medina* S. 98 ff., geht noch weiter und legt Abschnitte von 10 Minuten fest.
230 *Möllers* S. 184; *Rummler* S. 84 f.
231 *Apel* S. 129; vgl. Müller-Jung/*Schmoll* S. 93, 94 f.
232 *Schumacher* S. 65; *Reynolds* Zen S. 248; *Ritter-Mamczek* S. 25.

langen Vorlesung keine Unterbrechung oder Abwechslung,[233] können in der zweiten Hälfte durchschnittlich nur noch etwa zwölf Prozent der Studierenden aufmerksam folgen und den vermittelten Stoff verarbeiten.[234]

Neuere Stimmen in der Literatur verwenden an dieser Stelle eine abweichende Terminologie und setzen insoweit auch andere Schwerpunkte[235]: So ist dem Langzeitgedächtnis hiernach das sog. **Arbeitsgedächtnis** vorgeschaltet, das nur eine begrenzte Anzahl von Informationen zu verarbeiten im Stande ist.[236] Für das dauerhafte Behaltenkönnen ist es dabei besonders hilfreich, wenn die Informationen in Informationseinheiten (auch: Sinn-Einheiten,[237] englisch »*Chunks*«) zusammengefasst und strukturiert vermittelt werden. Derartige Einheiten können insbesondere durch sinnhafte Gruppierung von Informationen – etwa die Bildung von **Oberbegriffen** – gefördert werden.[238] Wichtig ist, dass deutlich wird, welches den Kern der Informationseinheit darstellt, um das sich dann die detaillierteren Einzelinformationen gruppieren können.[239] Aber auch diese könnten nur behalten werden, wenn die Informationseinheit permanent **wiederholt** oder aktiv verarbeitet,[240] dh mit bereits vorhandenem Wissen aus dem Langzeitgedächtnis verknüpft und damit decodiert wird.[241] Erfolgt weder eine Wiederholung noch eine aktive Verarbeitung, werden die gesammelten Informationen des Arbeitsgedächtnisses gelöscht.[242]

67

Unabhängig von den terminologischen Unterschieden bzw. den differierenden Schwerpunktsetzungen besteht hinsichtlich der Frage, unter welchen Bedingungen Eindrücke im Übrigen in das **Langzeitgedächtnis** gelangen, weitgehende Einigkeit. So erfolgt eine Übermittlung der genannten Informationen in das Langzeitgedächtnis mittels sog. **Schemata,** die aus dem Langzeitgedächtnis ins Arbeits- bzw. Kurzzeitgedächtnis übernommen werden. Diese kategorisieren kleinere Informationseinheiten zu einer großen Einheit, die dann im Ganzen ins Langzeitgedächtnis transportiert und gespeichert werden kann. Damit »repräsentieren Schemata typische Zusammenhänge zwischen Informationseinheiten in einer organisierten Wissensstruktur. Sie bilden einerseits Wissen ab, steuern andererseits aber auch den Erwerb neuer Informationen, indem sie helfen, diese zu ordnen und zu organisieren.«[243] Lernen bedeutet damit, derartige **Schemata zu konstruieren;** diese steuern den Erwerb von neuen Informationen und kategorisieren bzw. organisieren das vorhandene Wissen.[244] Es erfolgt ein sukzessiver Prozess von Wissensabruf aus dem Langzeitgedächtnis und

68

---

233 Vgl. zu den möglichen Gegenmaßnahmen → Rn. 88 ff.
234 *Brauer* S. 52 mwN.
235 So hat die Forschung herausgefunden, dass es sich beim Kurzzeitgedächtnis tatsächlich um eine Ansammlung verschiedener Fähigkeiten (zu dem Unterschied dieses Begriffes zur »Befähigung« siehe *Walter* Stilkunde S. 48) für die vorübergehende Erinnerung handelt. Jede dieser Fähigkeiten ist auf die Verarbeitung eines bestimmten Typs von Informationen spezialisiert und arbeitet parallel zu den anderen. Zur Beschreibung dieses vielschichtigen Vorgangs wird das Kurzzeitgedächtnis heute daher zunehmend auch als »Arbeitsgedächtnis« bezeichnet: *Medina* S. 138.
236 Vgl. *Förster* S. 14.
237 Issing/Klimsa/*Issing* Multimedia S. 27.
238 Issing/Klimsa/*Issing* Multimedia S. 27.
239 Vgl. *Medina* S. 110 ff.
240 Vgl. *Zumbach/Astleitner* S. 29.
241 Issing/Klimsa/*Issing* Multimedia S. 25.
242 *Niegemann/Domagk/Hessel/Hein/Hupfer/Zobel* S. 43.
243 *Niegemann/Domagk/Hessel/Hein/Hupfer/Zobel* S. 43.
244 Vgl. ähnlich *Zumbach/Astleitner* S. 26 f.

der Kombination und Organisation mit neuen Wissenselementen. Wissen zu erwerben bedeutet, Schemata zu konstruieren, zu erweitern oder umzustrukturieren.[245]

**69** Das Langzeitgedächtnis ist dabei kein Faktenspeicher, sondern ein **Regelspeicher,** der dazu führt, dass wir insbesondere in Gefahrensituationen die angemessene Reaktion – das »richtige Verhalten«[246] – wählen. Die Informationen werden konkret dann länger gespeichert, wenn der Betroffene sich für diese besonders interessiert, etwa weil sie der Erreichung eines Zieles dienen, sie ihm besonders wichtig und bedeutsam erscheint (**Anregung**)[247] oder wenn sich die Information mit einer bereits bekannten und gespeicherten Information in Zusammenhang gebracht wird (sog. **Assoziation**).[248] »Neue Signale und Informationen werden im Gehirn auf ihre Kompatibilität mit bestehenden kognitiven Ordnungen und Routinen (Schemata oder Begriffen) überprüft. Im Falle der Wiedererkennung werden sie problemlos in die existierenden Schemata und Begriffssysteme eingebaut.«[249] Dabei ist die »Verknüpfung des neuen Wissens mit **Vorwissen** besonders bedeutsam, denn nicht verknüpfte und bearbeitete Informationen werden zum großen Teil nach wenigen Sekunden wieder vergessen.«[250] Dieser »Kompartmentalisierung (Schubladisierung)«[251] gilt es vorzubeugen.

**70** Wie erläutert, speichert das Langzeitgedächtnis nur solche Informationen dauerhaft, die ihm als besonders **bedeutsam** (also wichtig bzw. »erinnerungs-wert«) erscheinen. Eine derartige besondere Bedeutung erhält eine Wissenseinheit (neben einem individuellen Interesse für die zu erlernende Materie) dabei vor allem durch die **Wiederholung.** Wissenschaftler haben, dem Pionier und Wissenschaftler *Ebbinghaus* folgend, festgestellt, dass man schon nach nur einer Stunde im Durchschnitt nur noch auf etwa 55 % des Gelernten zurückgreifen kann. Nach einem Tag hat man nur noch ungefähr 34 % des neuen Wissens parat, nach einer Woche sind es nur noch knapp 25 %. Nach 30 Tagen sind 90 % dessen, was gelernt wurde, endgültig vergessen.[252] Verbessert wurde die Erinnerungsleistung in erster Linie durch konstante Wiederholungen.[253] »Das regelmäßige Wiederholen (stellt) die Grundlage für alle Lernvorgänge«[254] dar. Hierdurch wird ein Rekonsilidierungsprozess im Gehirn angestoßen, der eine langfristige und nachhaltige Informationsspeicherung anstößt und die Erinnerung an das Gelernte fixiert.[255] Durch die Wiederholung erhält der Hippocampus die Möglichkeit, die noch nicht gefestigten Informationen nachhaltig zu verankern.[256] Besonders effizient gestalten sich Wiederholungen, wenn die Information durch unterschiedliche oder kombinierte (Mehrfach-) Reize geschieht – also etwa bei der ersten Wiederholung visuell, bei der zweiten akustisch etc.[257] Generell gilt: Je mehr solcher Wiederholungen man einer Erinnerung zuteil werden lässt, desto größer ist die Wahr-

---

245 *Niegemann/Domagk/Hessel/Hein/Hupfer/Zobel* S. 45.
246 *Haft* Lernen S. 119.
247 *Medina* S. 79.
248 *Klaner* S. 102.
249 *Hallet* S. 40.
250 *Pfäffli* S. 163.
251 *Pfäffli* S. 209.
252 Vgl. *Klaner* S. 141.
253 Vgl. *Dummann/Jung/Lexa/Nienkrenz* S. 31.
254 Müller-Jung/*Schmoll* S. 93, 95.
255 *Medina* S. 141.
256 *Böss-Ostendorf/Senft* S. 59.
257 *Medina* S. 244.

scheinlichkeit, dass sie im Kopf erhalten bleibt.[258] Wenn sich der Abruf zudem auf die Bedeutung der Information konzentriert, wird die Erinnerungsleistung noch einmal verstärkt.[259]

Die Speicherung von Wissen im Langzeitgedächtnis wird überdies durch **Visualisierung**[260] **und Veranschaulichung** enorm gesteigert:[261] Lesen allein führt schließlich nur zu 10 % Speicherung, Hören allein zu 20 % und Sehen allein zu 30 %.[262] Eine Kombination und Synchronisierung aus Hören und Sehen erhöht die Behaltensleistung bereits auf 70 %. Am höchsten ist die Behaltensleistung indes dann, wenn sich die Adressaten aktiv mit den Informationen auseinandersetzen,[263] diese anwenden oder kritisch hinterfragen.[264] Dies lässt sich wissenschaftlich dadurch begründen, dass durch die Evolution unsere Sinne derart ausgestaltet wurden, dass die einzelnen Sinne »zusammenarbeiten« und sich gegenseitig beeinflussen, was zu einer Kombination und besseren Rekonstruierbarkeit der gewonnenen Informationen führt.[265] Derartige multisensorische Eindrücke – also die Verwendung von Mehrfachreizen und gleichzeitige Stimulierung verschiedener Sinnesorgane – führen zu einer deutlich verbesserten Verarbeitung der zusätzlichen kognitiven Informationen. Dies bedeutet schließlich, dass Informationen, die aus Worten kombiniert mit passenden Bildern bestehen, am effektivsten gelernt werden können.[266]

71

## 2. Die cognitive load Theorie

Nach der sog. *Cognitive Load* Theorie besitzt das Arbeitsgedächtnis überdies **Kapazitätsbeschränkungen,** die aus der Menge der Informationen für die kognitiven Operationen bei der Verarbeitung bestimmter Lerninhalte und den Verarbeitungsprozessen selbst herrührt. Während Lernende Wissen erwerben, müssen sie (wie gesehen → Rn. 64 ff.) aus dem Langzeitgedächtnis bereits vorhandenes Wissen abrufen, ins Arbeits(Kurzzeit)gedächtnis transferieren und dort mit neuem Wissen ergänzen oder kombinieren. Mit anderen Worten: Informationen werden (getrennt nach visueller und auditiver Information) zunächst ins sensorische Gedächtnis übernommen. Ausgewählte relevante Informationen werden vom sensorischen Gedächtnis sodann ins Arbeitsgedächtnis transferiert. Dort werden die Informationen organisiert und zu einem mentalen Modell/Schema unter Zuhilfenahme von Vorwissen aus dem Langzeitgedächtnis integriert.[267] Um jegliche Informationen dauerhaft im Gehirn der Lernenden zu speichern, bedarf es überdies der, wie erörtert, alsbaldigen sog. erhaltenden

72

---

258 *Medina* S. 110.
259 *Medina* S. 149.
260 Visualisieren heißt, »Informationen dem Auge zugänglich zu machen, beispielsweise mit Bildern, Modellen, Filmen, Darstellungen an Wandtafeln, Pinnwänden, am Flipchart, mit einem Hellraumprojektor, Visualizer oder Beamer«: *Pfäffli* S. 239.
261 Vgl. Berendt/Voss/Wildt/*Voss* A. 3.4 S. 14.
262 Vgl. *Haft* Lernen S. 279; Berendt/Voss/Wildt/*Dubs* E. 2.5 S. 4; Berendt/Voss/Wildt/*von Frantzius* A. 2.6 S. 9 mwN.
263 Vgl. zu dem sog. »fallbasierten Wissen« *Zumbach/Astleitner* S. 27.
264 Vereinigung Deutscher Rechtslehrender/*Slapnicar* S. 135.
265 Vgl. *Medina* S. 250.
266 *Medina* S. 237; die lernfördernde Wirkung von Sprache und Abbildungen ist auch in zahlreichen Einzelstudien empirisch nachgewiesen, vgl. *Carney/Levin* Educational Psychology Review 2002, 14(1), 5; Mayer/*Fletcher/Tobias* S. 117.
267 *Niegemann/Domagk/Hessel/Hein/Hupfer/Zobel* S. 61.

Wiederholung (*maintenance rehersal*).²⁶⁸ Nach der Cognitive-Load-Theorie sind drei unterschiedliche Arten der Nutzung des Arbeitsgedächtnisses zu unterscheiden:²⁶⁹

- **Intrinsische Belastung (Intrinsic Cognitive Load):** Diese ergibt sich aus der Anzahl und der Interaktion der Elemente, die zur selben Zeit im Arbeitsgedächtnis gehalten werden müssen. Die Belastung ist dabei individuell abhängig vom Vorwissen wie dem Schwierigkeitsgrad, dem Umfang und der Komplexität des zu erlernenden Stoffes;
- **Lernirrelevante Belastung (Extraneous Cognitive Load):** Hierbei handelt es sich um Elemente, die in keinem Zusammenhang mit dem Lernprozess stehen und diesen durch die unnötige Ressourceninanspruchnahme konterkarieren;
- **Lernförderliche Belastung (Germane Cognitive Load):** Durch die Aktivierung relevanten Wissens aus dem Langzeitgedächtnis können neue Lerninhalte hiermit verknüpft und das Lernen insgesamt unterstützt werden.

73 Wesentliches Anliegen bei der Gestaltung von Lehrveranstaltungen ist es nun, die lernirrelevanten kognitiven Belastungen zu minimieren. Dies kann etwa dadurch erfolgen, dass der Lehrende im Rahmen seiner Lehrveranstaltung gezielt auf die an den betreffenden Stellen erörterten *Split Attention* (→ Rn. 87) und *Worked Example* Effekte (→ Rn. 208) eingeht und generell eine Reduktion des zu vermittelnden Stoffes auf das notwendige Maß vornimmt (zur Stoffreduktion → Rn. 133 ff.).

### 3. The Magical Number Seven

74 Der Psychologieforscher George Miller veröffentlichte bereits 1956 einen wissenschaftlichen Aufsatz, der zu einem Klassiker wurde: »The Magical Number Seven, plus or Minus Two«.²⁷⁰ Miller fasste hierbei zahlreiche wissenschaftliche Studien zusammen, aus denen im Ergebnis hervorging, dass es den Menschen schwer fällt, mehr als **sieben bis neun** Items (im Sinne **abgegrenzter Informationseinheiten**, also etwa Vokabeln, Stichworte, Personen – und eben auch juristische Begriffe wie »Eigentum«, »Zweikonditionentheorie« oder »Drittwirkung der Grundrechte«²⁷¹) zu behalten.²⁷² Wenn in einem solchen Zustand weitere Informationseinheiten einbezogen werden müssen, ist das Informationsverarbeitungssystem überfordert. In jüngerer Zeit haben Wissenschaftler die Anzahl der Informationseinheiten, die wir uns problemlos merken können, sogar auf 3–4 reduziert.²⁷³

### 4. Lerntypen

75 Die Wissenschaft hat generell vier bis fünf Arten von sog. **Lerntypen** ausgemacht.²⁷⁴ So lernen manche Menschen eher konkret, dh durch Beispiele, Aufgaben oder konkrete Umsetzungen. Analytisch Lernende brauchen vor allem eine klare Systematik

---

268 *Medina* S. 145.
269 Hierzu *Niegemann/Domagk/Hessel/Hein/Hupfer/Zobel* S. 45.
270 Vgl. *Haft* Lernen S. 113; *Walter* Stilkunde S. 6.
271 *Haft* Lernen S. 114.
272 *Miller* S. 81; *Röhl/Ulbrich* S. 83; vgl. *Gallo* Steve Jobs S. 99; *Medina* S. 145.
273 Nach *Gallo* Steve Jobs S. 99; vgl. auch *Zumbach/Astleitner* S. 29.
274 *Vester* S. 3 ff.; *Schumacher* S. 47; *Dummann/Jung/Lexa/Nienkrenz* S. 129.

und Struktur und stehen auch einem Selbststudium generell positiv gegenüber. Als dritte Gruppe gelten die kommunikativ Lernenden. Diese bevorzugen das soziale Lernen und das Verstehen von Zusammenhängen durch Diskussionen, Interaktion und Gruppenarbeit.[275] Manche Lernende wiederum orientieren sich in erster Linie an den äußeren Vorgaben bzw. dem Lehrenden selbst und fragen sich vor allem, was die Anforderungen sind, um die in Rede stehende Klausur/Prüfung (möglichst gut) zu bestehen. In der didaktischen Literatur wird dieses Phänomen auch als Kielwasser oder Rückstrom (*Backwash*) bezeichnet.[276]

Andere wiederum unterteilen die verschiedenen Lernenden in den **visuellen** bzw. **optischen** (das ist die Mehrheit), den **auditiven** (Zuhörer), den **haptischen**, den **verbal-abstrakten** und den **gesprächsorientierten** Lerntypen.[277] Klarstellend sei bemerkt: Diese Kategorisierung bedeutet nicht, dass es Studierende gibt, die »nur« auditiv oder visuell lernen. Vielmehr bestehen unterschiedliche Präferenzen. Es ist indes stets zu beobachten, dass die »lern- und kognitionspsychologischen Erkenntnisse (…) davon ausgehen, dass bei jedem Menschen grundsätzlich mehrere Sinne und Wahrnehmungskanäle am Lernen beteiligt sind und dass das Lernen sich durch das Zusammenspiel verschiedener Sinne intensiver und nachhaltiger gestaltet.«[278]

76

## 5. Der Bildüberlegenheitseffekt

Nach wissenschaftlichen Erkenntnissen werden verbale und visuelle Informationen auf unterschiedliche Weise im Gehirn verarbeitet.[279] Eine Information, die in Form von **Bildern** – in Kombination mit wenigen, aber prägnanten Worten – präsentiert wird, bleibt länger und nachhaltiger im Gedächtnis (sog. Bildüberlegenheitseffekt[280]).[281] Bilder werden »holistisch wahrgenommen, wecken Emotionen und sind leicht erinnerbar.«[282] Als optische Brücke fördern Bilder (wie allgemein Visualisierungen) den Informationsfluss.[283] Wird eine Information mündlich mitgeteilt, so haben Wissen-

77

---

275 Zu den nachgewiesen positiven Auswirkungen des Lernens mit Peers vgl. *Hattie* Lehrpersonen S. 88 f. und Lernen S. 126: Effektstärke 0.53.
276 *Scholkmann* ZDRW 2014, 28 (39).
277 *Gallo* Steve Jobs S. 45; *Ritter-Mamczek* S. 26; *Soudry/Wüst* S. 25; *Berendt/Voss/Wildt/von Frantzius* A. 2.6 S. 7; vgl. *Dyrchs* S. 117.
278 *Hallet* S. 142.
279 Wobei relativierend darauf hinzuweisen ist, dass das Lernen stets als individueller Prozess anzusehen ist, die Ergebnisse der Neurowissenschaften aber generell nur Aussagen zu Mittelwerten und Wahrscheinlichkeiten liefern: Müller-Jung/*Madeja* S. 75, 84.
280 Vgl. Issing/Klimsa/*Issing* Multimedia S. 28.
281 *Röhl/Ulbrich* S. 84; Vereinigung Deutscher Rechtslehrender/*Niedostadek* S. 142; *Höffler/Leutner* Learning and Instruction 2007, 17, 722; Hawelka/Hammerl/Gruber/*Hawelka/Wendorff* S. 140 mwN. Einschränkend sei an dieser Stelle hinzugefügt, dass (in der Juristerei allerdings selten verwendete) konkrete Bilder – wie Rose, Rutschauto oder Vogelspinne – in Texten zum Teil ähnlich gut und schnell erinnert werden können wie »echte« Bilder, da hier ebenfalls sowohl eine textuelle, propositionale wie eine bildhafte Speicherung erfolgen kann. Für abstrakte Begriffe – wie Trennungsprinzip, Zueignungsabsicht oder Kunstfreiheit – gilt demgegenüber das o.g. Multimedialprinzip mit dem Effekt der Bildüberlegenheit. Vgl. eingehend *Zumbach/Astleitner* S. 173.
282 *Pfäffli* S. 240.
283 Zu den empirischen Belegen der lernfördernden Effekte eines gezielten Einsatzes von Bildern auf der Grundlage einer Metaanalyse von 26 Einzelstudien *Höffler/Leutner* Learning and Instruction 2007, 17, 722.

schaftler festgestellt, dass sich 72 Stunden später die Zuhörer nur noch an etwa 10 % der Informationen erinnern. Wird die Information demgegenüber gemeinsam mit einem Bild übermittelt, steigt der Anteil auf bis zu 65 %.[284] Oder, um es mit einem bekannten Sprichwort auszudrücken: »Ein Bild sagt mehr als 1000 Worte.«[285] Dies ergibt sich nach der (auch empirisch gut belegten[286]) Doppelkodierungstheorie[287] daraus, dass Wörter und Texte in einem verbalen (begrifflichen) System verarbeitet und als Logogene gespeichert werden, während bildhafte Präsentationen[288] in einem nonverbalen, bildhaften System als Imagene gespeichert werden.[289] Die Überlegenheitseffekt der Bilder ergibt sich daraus, dass Bilder häufig spontan dual codiert werden, während die doppelte Codierung bei Wörtern in der Regel nur bei konkreten Inhalten (zB »Fahrrad«, »Tisch«) erfolgt.[290] Zu der Erinnerungs- tritt überdies die **Aufmerksamkeits- und Unterhaltungsfunktion** von Bildern.

78 **Die drei Kernaussagen:**
- Die Neurodidaktik erforscht den Zusammenhang zwischen den neurobiologischen Bedingungen des Menschen und seiner Lernfähigkeit; hieraus lassen sich wertvolle Schlussfolgerungen für das Lernen und die Gestaltung der juristischen Lehre ziehen.
- Dies gilt etwa hinsichtlich der Frage, wie Informationen im Gehirn verarbeitet und dauerhaft gespeichert werden und welche verschiedenen Lerntypen existieren.
- Die Ergebnisse verdeutlichen unter anderem die besondere Bedeutung von Wiederholungen, der Anknüpfung an Vorwissen, der Berücksichtigung des Bildüberlegenheitseffekts und der Verhinderung einer kognitiven Be- bzw. Überlastung.

---

284 *Medina* S. 266. Versuchen Sie an dieser Stelle vielleicht einmal selbst ein kleines Experiment (entweder allein oder mit den Studierenden). Stellen Sie sich vor bzw. erzählen Sie – beides möglichst farbenfroh, detailliert und phantasievoll – von einem Ladengeschäft mit einem großen Schaufenster, über dessen Eingang eine grüne Lampe brennt. Sobald man eintritt, trifft man auf eine überdimensionale Uhr, die auf einem Terminplan steht. Ihnen kommt ein Kleinkind entgegen, das erste Stehversuche unternimmt und gleichzeitig mit Geldscheinen wedelt, während hinter ihm in einem Zimmer mit einem Gitter ein Arzt, ein Rechtsanwalt und ein Künstler in einer Gefängniszelle sitzen. In dieser abstrus anmutenden Geschichte finden sich alle wesentlichen Elemente des gesetzlich nicht definierten Gewerbebegriffes nach § 1 HGB wider: nach außen (Ladengeschäft mit Schaufenster), erlaubt (grüne Lampe, streitig), auf Dauer (Uhr), planvoll (Terminplan), mit Gewinnerzielungsabsicht (Geldscheine), selbstständig (Stehversuche), außer wissenschaftliche, künstlerische und freiberufliche Tätigkeiten (Insassen des Gefängnisses). Repetieren Sie die Merkmale des Gewerbebegriffes anhand der Geschichte, ohne diese zu lernen; Sie werden überrascht sein über die Ergebnisse (inspiriert durch *Röhl/Ulbrich* S. 85). In meinen Vorlesungen konnten sich die Studierenden noch drei Monate nach der Geschichte – ohne dass diese zwischenzeitlich wiederholt oder auswendiggelernt wurde – an die Merkmale des Gewerbebegriffs erinnern.
285 Sog Situierungsfunktion von Bildern, *Röhl/Ulbrich* S. 91; vgl. auch *Reynolds* Zen-Design S. 97 und Issing/Klimsa/*Issing* Multimedia S. 28. Besonderer Betonung bedarf jedoch auch das Wort »ein«; nach dem sog. *Structure Mapping* Prinzip sollte in dem Fall, wenn mehrere inhaltlich adäquate Bilder eine Information visualisieren, nur das ausgewählt werden, das den Wissensinhalt am adäquatesten repräsentiert: *Niegemann/Domagk/Hessel/Hein/Hupfer/Zobel* S. 60; vgl. hierzu auch → Rn. 77 ff., 85 ff.
286 *Jessen/Heun/Erb/Granath/Klose/Papassotiropoulos et al.* Brain and Language 2000, 74(1), 103.
287 Zu der sog. *Dual Coding* Theorie eingehend *Paivio* Canadian Journal of Psychology 1991, 45(3), 255 und *Zumbach/Astleitner* S. 174.
288 Zu der Parallele beim sog. »bildhaften Lernen« instruktiv *Möllers* S. 22.
289 Vgl. *Pfäffli* S. 241.
290 Issing/Klimsa/*Issing* Multimedia S. 28, vgl. Fn. 268.

# § 2. Ergebnis: Die sieben didaktischen Grundlagen einer gelungenen juristischen Lehrveranstaltung

Mit Blick auf diese theoretische Basis lassen sich die folgenden allgemeinen didaktischen Schlussfolgerungen für die Gestaltung einer gelungenen juristischen Lehrveranstaltungen ziehen:[291]

## I. Motivation der Studierenden

> Leidenschaft ist der Ursprung des Genies. – Anthony Robbins
> In dir muss brennen, was du in anderen entzünden willst. – Augustinus von Hippo

Zunächst einmal ist klar geworden, dass die Bedeutung der **Motivation** der Studierenden beim Besuch der Lehrveranstaltung gar nicht hoch genug eingeschätzt werden kann.[292] Je höher die (vor allem intrinsische[293]) Motivation der Zuhörer, desto höher ist auch die Behaltensleistung.[294] Der eminente Einfluss dieses Umstandes auf die Lehr/Lernleistung lässt sich zuletzt auch empirisch nachweisen.[295]

Womit lässt sich die Motivation, die Begeisterung der Studierenden wecken? Zunächst gilt es, bereits zu Beginn stets die universelle (unterschwellige) Frage zu adressieren: »Was habe ich (als Zuhörer) davon, an dieser Veranstaltung teilzunehmen?« (hierzu eingehend → Rn. 159 ff.). Ein weiteres Hilfsmittel, insbesondere in Großgruppenveranstaltungen,[296] stellt fraglos die **eigene Begeisterung** (neudeutsch: *Commitment*)

---

291 Vgl. *Klöhn* Jura 2007, 104; vgl. auch *Huba/Freed* S. 33, die sieben generelle Merkmale für studierendenzentrierten Unterricht benennen: »Learners are actively involved and receive feedback; Learners apply knowledge to enduring and emerging issues and problems; Learners integrate discipline-based knowledge and general skills; Learners understand the characteristics of excellent work; Learners become increasingly sophisticated learners and knowers; Professors coach and facilitate intertwining teaching and assessing; Professors reveal that they are learners too.«.
292 → Rn. 21 ff., 43 ff.
293 Intrinsische Motivation steht für das Lernen aus eigenem, inneren Antrieb. Die Handlung, die aus dieser Motivation entsteht, dient der persönlichen Befriedigung. Extrinsische Motivation besteht demgegenüber aus Lernanreizen, die mit positiven Folgen verbunden sind oder negative Folgen vermeiden; der Lernwillen und die Lernbereitschaft bezieht sich dabei aus Faktoren außerhalb des Lernprozesses selbst. Die Folgen des Lernens sind damit wichtiger als der Handlungsvollzug selbst (*Große Boes/Kaseric* S. 150 f.; vgl. auch *Zumbach/Astleitner* S. 232 f.) Ein typisches Beispiel für eine extrinsische Motivation ist das (möglichst gute) Bestehen einer Prüfung/Klausur, für das das Erlernen des Stoffes erforderlich ist. Es sollte das Ziel aller Motivationsanstrengungen sein, extrinsische in intrinsische Motivation zu überführen (*Hallet* S. 79). Ein einfach umzusetzender Ansatz ist es etwa, den Studierenden an zulässigen Stellen – etwa bei der Auswahl von Seminarthemen – eine eigene Wahlfreiheit zuzubilligen: *Brauer* S. 116 f. Vgl. insgesamt zu diesem Komplex auch *Hattie* Lehrpersonen S. 46 ff.
294 Vgl. hierzu auch *Pfäffli* S. 151.
295 Vgl. die Metaanalyse über 315 einzelne Effektstärken von 115.698 Studierenden von *Richardson/Abraham/Bond* Psychological Bulletin 2012, 38(2), 353.
296 Bachmann/Breitschaft/Tuggener S. 210.

und Leidenschaft für das Thema dar[297] (didaktisches Prinzip der Neugierweckung und des Zeigens eigener Begeisterung[298]). Es gibt schließlich kaum eine wirksamere Anziehungskraft als diejenige, die von der Leidenschaft für ein Thema (und idealiter für die Folgen der Lehrveranstaltung auf die Studierenden[299]) ausgeht.[300] Wenn ein Vortragender – wie etwa *Steve Jobs* – immer voller Leidenschaft, Begeisterung und Energie strotzt,[301] werden die Zuhörer fast automatisch von seinem Enthusiasmus angesteckt.[302] Idealiter trägt der Lehrende daher zu einem Thema vor, das ihm selbst am Herzen liegt.[303] Studierende spüren schließlich, ob der Dozent den Gegenstand seiner Veranstaltung selbst spannend findet.[304] Sofern in der konkreten Situation angemessen und sinnvoll, bietet es sich dabei an, dass der Lehrende seine eigene Persönlichkeit aktiv einsetzt. So kann er etwa Sachverhalte werten, eigene Erfahrungen einbringen oder seine persönliche Einschätzung abgeben – eventuell auch, um gerade auf diesem Wege eine kritische Auseinandersetzung mit dem Thema und eine aktive Mitarbeit zu provozieren.[305] Umgekehrt haben mehrere empirische Studien nachgewiesen, dass auch die persönliche motivierende Ansprache der Studierenden durch den Lehrenden zu einer erheblichen Steigerung der Behaltensleistung führt.[306]

82 Wenn der Lehrende hierüber hinaus noch seine eigene leidenschaftliche **Neugier** zeigt, inspiriert und nährt er auch die natürliche Neugier in seinem Publikum.[307] Neugier ist dabei ein Antrieb, der sich zunächst auch nicht daran stört, wenn etwas komplizierter wird.[308] Er hilft dem Einzelnen, auch im Falle des Scheiterns weiterzumachen, bis das in Rede stehende Problem zufriedenstellend gelöst werden kann.

---

297 *Reynolds* Zen S. 37; *Dummann/Jung/Lexa/Nienkrenz* S. 81; *Lemmermann* S. 188; *Gallo* TED S. 17. Der positive Effekt ist nachgewiesen worden durch *Hattie* Lehrpersonen S. 18, 26. Auf S. 280 stellt er als einen der sechs Wegweiser für Exzellenz im Bildungsbereich vor: »Lehrpersonen müssen direkt, einflussreich, fürsorglich und aktiv in der Leidenschaft des Lehrens und des Lernens engagiert sein.«. Ähnlich auch *Schneider/Preckel* Psychological Bulletin 2017 (im Erscheinen): Effektstärke 0.56.
298 *Pfäffli* S. 141. Es kann schließlich nur derjenige begeistern und motivieren, der selbst begeistert ist: *Walter* Rhetorikschule S. 59, 115; ähnlich *Zehm/Kotler* S. 118. Berendt/Voss/Wildt/*Tremp* A. 1.4 S. 15 vergleicht den Lehrenden insoweit zutreffend mit einem Fußballtrainer.
299 Vgl. *Day* S. 12.
300 *Nöllke/Schmettkamp* S. 90; ein berühmtes Beispiel für eine überzeugende Motivationsrede bildet die Rede König Heinrich V. in dem gleichnamigen Stück von Shakespeare (4. Akt, 3. Szene); ähnlich auch die Rede Barack Obamas anlässlich seiner Inauguration als amerikanischer Präsident im Jahre 2009 (https://www.whitehouse.gov/blog/2009/01/21/president-barack-obamas-inaugural-address).
301 Besonders effektvoll ist es dann natürlich, wenn der Lehrende mit der Energie »spielen«, also etwa besonders energievolle Teile gezielt mit ruhigeren und nachdenklicheren Passagen kombinieren kann (sog. »up/downshifting«).
302 *Hawelka/Hammerl/Gruber/Müller* S. 37, der überdies betont, dass Lehrende insoweit auch als »interessante Rollenvorbilder für Studierende dienen« könnten; für die USA: *Nilson* S. 55.
303 Vgl. *Remmler* S. 46.
304 *Böss-Ostendorf/Senft* S. 44.
305 Soudry/*von Trotha* S. 158.
306 *Kartal* Journal of Educational Psychology 2010, 102(3), 615; *Ginns* Learning and Instruction 2006, 16, 511.
307 *Reynolds* Zen S. 259; *Hattie* Lernen S. 57: Wirkungsgrad 0.48. Allgemein Berendt/Voss/Wildt/*von Frantzius* A. 2.6 S. 12; Berendt/Voss/Wildt/*Taraba/Hellwig* G 3.10 S. 51.
308 *Böss-Ostendorf/Senft* S. 43.

Der Lehrende sollte die **Resilienz** der Studierenden stärken[309] und ihnen in solchen Fällen immer den berühmten Ausspruch von Samuel Beckett vor Augen führen: »Scheitern, wieder scheitern, besser scheitern.« oder mit den Worten des Basketballspielers Michael Jordan: »In meiner Karriere habe ich über 9.000 Würfe verfehlt. Ich habe fast 300 Spiele verloren. 26-mal wurde mir der spielentscheidende Wurf anvertraut und ich habe ihn nicht getroffen. Ich habe immer und immer wieder versagt in meinem Leben. Deshalb bin ich erfolgreich.«

Der Theorie des Konstruktivismus[310] zufolge lernt der Lernende außerdem nicht in erster Linie das, was ihm vorgegeben wird, sondern das, was er (aufgrund seiner bisherigen Lebens- und Lehrerfahrung) als bedeutungsvoll wahrnimmt.[311] Es sollte daher Ziel des Lehrenden sein, bei den Studierenden ein solches **Interesse** am vermittelten Stoff zu wecken[312] und stets die Bedeutung des Lernstoffes zu betonen.[313] Auch die Gedächtnisforschung zeigt, dass Menschen (für sie) bedeutungshaltige Informationen besser im Gedächtnis behalten.[314] Dabei gilt für den Lehrenden der spezielle Grundsatz: »Nicht die Bedürfnisdeckung, sondern die Bedürfnisweckung – das Interessantmachen eines Inhaltes« ist dann eines der ersten Ziele einer jeden Lehrveranstaltung.[315] Der Lehrende sollte also primär die individuelle **Bedeutung** »seiner« Information für den Lernenden vermitteln.[316] An dieser Stelle gilt es insbesondere, den **praktischen Nutzen** des vermittelten Stoffes – sei es für die kommende Klausur,[317] das tägliche Leben oder den späteren Arbeitsalltag – bereits zu Beginn, aber auch wiederholend während der Lehrveranstaltung herauszustellen.[318] Besonders eindrucksvoll geschieht dies dann, wenn die Relevanz durch konkrete (eigene) **Praxisbeispiele/Fälle** verdeutlicht werden kann.[319]

83

---

309 Zu dem Wert der Erfolgserwartung aus psychologischer Sicht *Förster* S. 22 f.
310 Vgl. Ausführungen bei *Hawelka/Hammerl/Gruber/Wendorff* S. 18.
311 Vgl. auch → Rn. 34 ff. Ähnlich auch die «Theorie des regulatorischen Fokus«, wonach der für die Motivation relevante Wert einer Handlung einerseits durch das Vergnügen bestimmt wird, das sie bereitet, und andererseits durch ihre Relevanz: *Förster* S. 21.
312 Der große Effekt dieser Vorgehensweise ist wissenschaftlich nachgewiesen: *Schneider/Preckel* Psychological Bulletin 2017 (im Erscheinen): Effektstärke 0.82.
313 Vgl. *Zumbach/Achleitner* S. 25, die als zweiten von drei (Kern-) Bereichen für das Gelingen erfolgreichen Lehrens und Lernens die Motivation der Studierenden ansehen, wobei hier vor allem das Interesse eine Rolle spiele.
314 *Hawelka/Hammerl/Gruber/Albertnst* S. 92.
315 Berendt/Voss/Wildt/*Marks* E 3.1 S. 6. Vgl. Auch das bekannte Zitat von Antoine de Saint-Exupery: »If you want to build a ship, don't drum up people to collect wood and don't assign them tasks and work, but rather teach them to long for the endless immensity of the sea.«
316 Vgl. *Hattie* Lernen S. 44: »Nötig sind Lehrpersonen, die (…) Bedeutung (schaffen)«. Vgl. auch zum problemorientierten Lernen Berendt/Voss/Wildt/*Marks/Thömen* C. 1.1 S. 6.
317 Wobei der Lehrende an der Hochschule insbesondere dann engen Grenzen in der (fachlichen) Konzeption der Veranstaltung unterliegt, wenn die Klausur von jemand anderem gestellt und/oder korrigiert wird; hierdurch erfährt dann auch die Lehrfreiheit gewisse Einschränkungen, vgl. Brockmann/Dietrich/Pilniok/*Basak* Exzellente Lehre S. 142.
318 Vgl. *Lipp* S. 16.
319 Vgl. *Litzinger/Lattuca/Hadgraft/Newstetter* Journal of Engineering Education 2011, 123, die dies als eines der affektiven Elemente einer kompetenzorientierten Lehre bezeichnen.

## II. Regelmäßige Wiederholungen

Repetitio est mater studiorum.[320] – römisches Sprichwort

84 Der größte Feind des Lernerfolges ist wie erörtert das schlichte Vergessen des Gelernten.[321] Die dargestellte Vergessenskurve verdeutlicht sehr drastisch, dass ohne Wiederholung ein Großteil des Wissens wieder verloren geht.[322] Es empfiehlt sich daher, vermehrt kurze aber wirkungsvolle Wiederholungen einzubauen: so etwa nach abgeschlossenen Sinnabschnitten innerhalb einer Lehrveranstaltung, an deren Ende wie schließlich zu Beginn einer Folgeveranstaltung.[323] Wichtige Informationen sollten auch während der ersten »Kontaktaufnahme« mehrmals wiederholt werden.[324] Dies gilt für den Prozess der Wissensvertiefung und -anwendung ebenso wie für die Wissensvermittlung: »Das Lernen wird unterstützt, wenn bei der Entwicklung des Themas an bedeutsamen Stellen eine Zusammenfassung gemacht wird.«[325] Die Wiederholung kann durchaus subtil und **abwechslungsreich** erfolgen: Wenn bestimmte Übungsfälle bearbeitet werden, wird implizit auch der Stoff wiederholt (*Law of Exercise*).[326] Auch bietet es sich dann, für gleichen Inhalte in unterschiedlichen Kontexten bearbeiten und/oder wiederholen zu lassen (**Didaktisches Prinzip der multiplen Perspektive und Wiederholung**[327]).

## III. Visualisierung und Veranschaulichung

85 Die praktischen Schlussfolgerungen aus dem Überlegenheitseffekt der Bilder[328] und der Ansprache der verschiedenen Lerntypen[329] sind offensichtlich: Es sollte vermehrt mit Visualisierungen[330] und Veranschaulichungen gearbeitet werden (didaktisches **Prinzip der Ansprache verschiedener Wahrnehmungsorgane**[331]). Nicht umsonst gilt seit dem Altertum die *Evidentia* (Anschaulichkeit) als eine der wesentlichen rhetorischen Tugenden.[332] Wie bereits erörtert, ist es von wesentlicher Bedeutung, alle Sinneskanäle bei der Lehre anzusprechen (sog. ganzheitliches Lernen).[333] Neben dem

---

320 In etwa: »Die Wiederholung ist die Mutter aller Studien.«; vgl. nur *Möllers* S. 17 ff.
321 → Rn. 63 ff.
322 *Böss-Ostendorf/Senft* S. 48; *Seifert* S. 11. Die Strategie »Memorieren/Wiederholen« besitzt ein Effektmaß von 0.57: *Hattie* Lernen S. 226.
323 *Böss-Ostendorf/Senft* S. 71.
324 Vgl. *Leitner* S. 56 ff.
325 Bachmann/Breitschaft/Tuggener S. 213.
326 Durch die Wiederholung braucht der Mensch übrigens weitaus weniger Zeit als beim Erstkontakt mit einem neuen Stoff. Ebbinghaus rechnet mit einer Ersparnis von rund einem Drittel: *Ebbinghaus* S. 49.
327 *Pfäffli* S. 141.
328 → Rn. 77 ff.
329 → Rn. 75 ff.
330 Das Visualisieren wird vorliegend verstanden als Umsetzung von Informationen in Bilder mit Hilfe von textlichen oder grafischen Mitteln (*Bingel* S. 6; vgl. *Lobin* S. 18; *Seifert* S. 11: »bildhaft darstellen«).
331 *Pfäffli* S. 141.
332 Maldeghem/Till/Sentker/*Maldeghem* S. 25.
333 *Rummler* S. 84; *Böss-Ostendorf/Senft* S. 88; zur neurowissenschaftlichen Herleitung *Medina* S. 224 ff.

reinen Vortrag sollten also stets auch Bilder angeboten werden, wobei hiervon **sowohl** »**tatsächliche**« (etwa Fotos, Comics,[334] Infografiken/Diagramme, Übersichten, Prüfungsschemata, historische Gemälde, Karikaturen[335]) **wie** »**rhetorische**« **Bilder** (bildhafte Vergleiche, Metaphern,[336] Allegorien[337]) erfasst sind, und weitere visuelle Orientierungen.[338] Interessanterweise kann der visuelle Kortex des Gehirns hierbei nicht unterscheiden zwischen »echten« Bildern und solchen, die durch eine besondere lebendige Darstellung im Kopf entstehen.[339] In beiden Fällen hat die Visualisierung einen positiven Effekt.[340] Hierdurch kann schließlich einerseits der Wissenserwerb unterstützt und gefördert werden (sog. kognitive Funktion, insbesondere dann, wenn das gesprochene Wort an seine natürliche Grenze gelangt (Konkretisierungs- und Interpretationsfunktion)), andererseits kann auch bestehendes Vorwissen aktiviert oder eine nachhaltigere Speicherung von Informationen erreicht werden.[341]

Wird die Visualisierung des gesprochenen Wortes noch durch eigenes Handeln der Studierenden ergänzt, also etwa durch **aktivierende Methoden** (hierzu später mehr[342]), erreicht die Aufnahmekapazität 90 %.[343] Studierende nehmen neue Informationen schließlich am effizientesten auf, wenn sie sie hören, ansehen, lesen, niederschreiben, umformulieren, aussprechen, diskutieren, hinterfragen etc.[344] Zur Klarstellung: Berechtigterweise wird darauf hingewiesen, dass die Studierenden der Rechtswissenschaften eine textuelle Kompetenz entwickeln sollen. Der (Gesetzes-) Text muss daher auch immer im Mittelpunkt jeder juristischen Wissensvermittlung stehen.[345] Es gilt aber, dass Bilder zum Erwerb der Kompetenz und zur Vermittlung des erforderlichen Wissens einen wesentlichen Beitrag leisten können.[346] Gerade beim Erwerb der primär textuellen juristischen Kompetenz können (tatsächliche wie rhetorische) Bilder eine tragende (unterstützende) Funktion besitzen. Sie stellen nicht nur die dauerhafte Speicherung der Information, sondern auch ein tieferes Verständnis der zugrundeliegenden Zusammenhänge und Systematiken sicher. Schließlich unterstützt die Visualisierung(sbefähigung) den Studierenden auch im Hinblick auf das spätere Berufsleben. Dort wird nämlich das Fehlen ebendieser Fähigkeit etwa zur Erläute-

---

334 Vgl. zu Comics im juristischen Bereich (zur Darstellung eines Lebenssachverhaltes): Hilgendorf/*Röhl* S. 67 ff. Allgemein *Brauer* S. 63.
335 Vgl. hierzu *Pfäffli* S. 177.
336 *Macke/Hanke/Viehmann* S. 21; Hawelka/Hammerl/Gruber/*Alberternst* S. 92. *Walter* Stilkunde S. 137, erläutert die Metapher wie folgt: »Die Metapher ist übersetzt eine Übertragung; übertragen wird eine Bezeichnung aus der gegenständlichen Welt in die des Geistes.«.
337 Wenn eine einzelne Sache oder Person an die Stelle des abstrakten Begriffes setzt: »Trennung von Tisch und Bett« statt »Auflösung der ehelichen Lebensgemeinschaft«; *Walter* Stilkunde S. 138.
338 *Hallet* S. 142. Bilder werden hierbei unterschieden nach realistischen Bildern, realen Objekten und Requisiten, logischen Bildern, Infografiken, konventionalisierten Bildzeichen (Symbole, Icons, Piktogramme) und bewegten Bildern (*Röhl/Ulbrich* S. 104 f.). Andere unterscheiden zwischen darstellenden Bildern/Abbildern (Videos, Fotos, Comics und piktogrammartige Darstellungen) und Strukturbildern: Brockmann/Dietrich/Pilniok/*Holzer* Exzellente Lehre S. 157; *Bergmans* S. 18; allgemein *Möllers* S. 23.
339 Nachweise bei *Gallo* TED S. 225 f.
340 Berendt/Voss/Wildt/*Berendt* B. 1.1 S. 39.
341 *Zumbach/Astleitner* S. 173.
342 → Rn. 88 ff., 186 ff.
343 *Freimuth* S. 43.
344 *Böss-Ostendorf/Senft* S. 50.
345 *Dyrchs* RpflStud 2016, 12; hierzu eingehend → Rn. 240 ff.
346 Vgl. Brockmann/Dietrich/Pilniok/*Holzer* Exzellente Lehre S. 168.

87 Um den Erkenntnissen der **Cognitive Load** Theorie zu genügen,[347] gilt es, den sog. *modality* Effekt zu berücksichtigen. So erfolgt die Wissensaufnahme grundsätzlich sowohl über den visuellen (Bilder, Grafiken) als auch den auditiven (Sprechtexte, Musik) Kanal; Informationen werden insoweit auch getrennt verarbeitet. Wenn einer dieser **Kanäle überfordert** wird, also etwa zu viele visuelle Informationen (auf Folien) zu verarbeiten sind, kann es zu einer Überlastung des visuellen Kanals – und damit des Arbeitsgedächtnisses – kommen[348] (auch: *Seductive Details* Effekt[349]). Sobald dem Lernenden zu viele Informationen gleichzeitig auf beiden Kanälen angeboten werden, ist das Arbeitsgedächtnis überlastet und der Wissenserwerb behindert.[350] Schließlich muss auch der *Split Attention* Effekt verhindert werden: So sollten visualisierte Wissensinhalte, die der Lernende gleichzeitig bearbeiten/behalten muss, nicht räumlich (etwa auf der Power-Point-Folie) oder zeitlich getrennt präsentiert werden (auch: Kongruitätsprinzip); Bildmedien und korrespondierende Texte sollen nicht zu weit räumlich voneinander getrennt werden, da dies gerade bei Lernenden mit geringem Vorwissen zu einer erhöhten lernirrelevanten kognitiven Belastung führt, was wiederum einen verminderten Lernerfolg zur Folge hat.[351]

## IV. (Methoden-) Wechsel zwischen rezeptivem und expressivem Lernen

88 Wie gesehen sollte die rein rezeptive Phase des Lernens (»einatmen«[352]), also der eigentliche **Informationsaufnahmeprozess,** nicht länger als 18 bis 20 Minuten andauern.[353] Es gilt damit: Zwar ist der rezeptiv angelegte Frontalunterricht die effektivste Form der quantitativen Darbietung von Informationen, nicht aber auch die effektivste Form der Wissensvermittlung.[354] »Nach etwa 15 bis 20 Minuten lässt die Aufmerksamkeit eines Durchschnittshörers so stark nach, dass ihm eine Informationsaufnahme kaum mehr möglich ist. Aus diesem Tief kann ihn auch seine langfristig hohe Motivation für das Studium nicht herausholen, sondern nur eine attraktive,

---

347 → Rn. 72 ff.
348 Vgl. auch *Yue/Bjork/Bjork* Journal of Educational Psychology 2013, 105(2), 266.
349 Ein solcher tritt dann auf, wenn zusätzliche Detailinformationen hinzugefügt werden und hierdurch die Lernleistung verringert wird: *Zumbach/Astleitner* S. 173. Die negative Wirkung dieses Effekts wurde auch empirisch nachgewiesen: *Schneider/Preckel* Psychological Bulletin 2017 (im Erscheinen). Aus diesem Grund sollten etwa auch Präsentationsfolien von allen überflüssigen Elementen befreit werden, vgl. → Rn. 337.
350 Vgl. → Rn. 63 ff.
351 *Zumbach/Astleitner* S. 175.
352 Berendt/Voss/Wildt/*von Frantzius* A. 2.6 S. 18.
353 → Rn. 62 ff.; vgl. auch *Ritter-Mamczek* S. 25; *Möllers* S. 184; *Rummler* S. 84 f. *Medina* S. 98 ff., geht noch weiter und legt Abschnitte von 10 Minuten fest.
354 *Dummann/Jung/Lexa/Nienkrenz* S. 68; Vgl. *Dyrchs* S. 100; *Lüdemann* ZDRW 2013, 80 spricht anschaulich von der Gefahr »gepflegter Methodenmonotonie und didaktischer Trostlosigkeit.« Vgl. auch *Bös* FAZ v. 4./5.6.2016, C1: »Danke für Ihre Aufmerksamkeit«: »Dabei gelte: 80 % dessen, was ein frontal Vortragender sagt, nimmt das Publikum gar nicht auf«.

mit belebenden Phasen- und **Methodenwechseln** durchsetzte Veranstaltung.«[355] Kurz: »Die aktive Einbringung der Lernenden in den Lehr- und Lernprozess erbringt bessere Lernergebnisse«.[356] Wie die obigen Erkenntnisse zeigen, ist eine effiziente Lehre insbesondere dann gegeben, wenn immer wieder Elemente des »aktiven Lernens« einbezogen werden[357] und damit insgesamt eine aktivierende Lehrveranstaltung erreicht werden kann.[358] »Je aktiver sich die Studierenden am Lerngeschehen beteiligen, desto mehr behalten sie.«[359]

## V. Aktivierung von und Anknüpfung an das Leistungsniveau und das Vorwissen der Studierenden

Der Lehrende sollte, wie gesehen,[360] das **Leistungsniveau**[361] und das **Vorwissen** der Studierenden[362] **kennen und aktivieren**.[363] Schließlich gilt es auch zu berücksichtigen, dass »viele Studien im Bereich der Hochschuldidaktik (…) belegen, dass Vorkenntnisse einen bedeutsamen Einfluss auf die Lernleistungen der Studierenden haben.«[364] Es ist dabei stets deutlich zu machen, wie sich das neu zu Erlernende in den bereits bekannten Lernzusammenhang **einfügt**.[365] Eine solche Verknüpfung des neuen mit dem bereits vorhandenen Wissen führt wie gesehen zu einer deutlichen Erleichterung des Lernprozesses für die Studierenden,[366] da sie die natürliche Neigung des Gehirns zur Wiedererkennung von Mustern ausnutzt.[367] Informationen werden wie gesehen deutlich leichter verarbeitet, wenn sie sich sofort mit anderen, im Gehirn

89

---

355 Berendt/Voss/Wildt/*Voss* A. 3.4 S. 9 (Hervorhebung durch den Verf.). Vgl. auch die altbekannte rhetorische Grundregel: »Du darfst über alles sprechen, nur nicht über 20 Minuten.« vgl. Berendt/Voss/Wildt/*Taraba*/*Voss* I 1.1 S. 23. Allgemein kritisch zu den Lehrplänen deutscher Hochschulen DIE ZEIT v. 2.6.2016, 61: »Buch vorm Kopf«.
356 Berendt/Voss/Wildt/*Berendt* B. 1.1 S. 9.
357 → Rn. 28 ff., 43 ff., 89 ff., 186 ff.
358 *Zumbach/Astleitner* S. 236.
359 *Brauer* S. 8 mwN.
360 → Rn. 33, 53, 69, 72, 85.
361 *Hattie* Lehrpersonen S. 41; Das vorherige Leistungsniveau bildet einen wesentlichen Faktor der Vorhersage des Leistungszuwachses in Lernprozessen (0.67). Die hiermit einhergehende Selbsteinschätzung und Erwartungen besitzt sogar ein Effektmaß von 1.44: *Hattie* Lehrpersonen S. 276 ff. Allgemein *Bingel* S. 18; *Apel* S. 127; *Fritzherbert* S. 12: »Kommunikation ist nur effektiv, wenn sie an die Vorkenntnisse des Publikums anknüpft.«
362 Als Vorwissen lassen sich »diejenigen kognitiven Strukturen auffassen, die verändert, erweitert oder neu strukturiert werden müssen und mit denen das neu zu Erlernende vernetzt werden muss.« (*Hallet* S. 48). Allgemein hierzu Berendt/Voss/Wildt/*Berendt* B. 1.1 S. 33 und Müller-Jung/*Rüschemeyer* S. 99, 103.
363 Die Bedeutung dieses Gesichtspunktes ist auch empirisch nachgewiesen: *Schneider/Preckel* Psychological Bulletin 2017 (im Erscheinen): Effektstärke 0.63.
364 *Zumbach/Astleitner* S. 70; *Klauer/Leutner* S. 47 (zu der kompetenzorientierten Gestaltung von Lernmaterialien).
365 → Rn. 12 ff., 28 ff., 63 ff.; Vgl. im Übrigen hierzu auch *Medina* S. 130; *Scholkmann* ZDRW 2014, 28 (35). Die kann etwa geschehen durch eine Erfahrungs- und Wissensabfrage (vgl. *Ritter-Mamczek* S. 65), bei dem die Studierenden ein Plakat oder eine Collage entwerfen zu ihrem bisherigen Wissensstand zu dem betroffenen Thema. Vgl. zu dem hiermit einhergehenden Ganzlernverfahren *Klaner* S. 145.
366 Vgl. *Lipp* S. 60; vgl. *Hattie* Lehrpersonen S. 41.
367 Berendt/Voss/Wildt/*von Frantzius* A. 2.6 S. 7.

*§ 2. Ergebnis: Die sieben didaktischen Grundlagen*

des Lernenden bereits vorhandenen Informationen in Verbindung bringen lassen.³⁶⁸ Das Gehirn sucht immer und automatisch nach Bekanntem (»**Wiedererkennungseffekt**«), Vertrautem und nach möglichen Ansatzpunkten, um neue Informationen mit vorhandenem Wissen zu vernetzen.³⁶⁹ Zudem kann so eine sinnvolle Anpassung des Anforderungsniveaus an das vorhandene Leistungsniveau vorgenommen und eine schädliche Unter- wie Überforderung verhindert werden.³⁷⁰ Im besten Fall sollte stets ein positiver Stresslevel (**Eustress**) bestehen, der sich an der Grenze zwischen Über- und Unterforderung bewegt.³⁷¹ Dabei halten sich bei den Adressaten Hoffnung auf Erfolg und Angst vor Misserfolg die Waage.³⁷²

90  Es ist daher besonders wichtig, Inhalte eines neuen Stoffgebietes in die bereits vorhandenen kognitiven Strukturen zu integrieren und diese zu erweitern;³⁷³ in concreto: Es gilt stets kenntlich zu machen, wie das gerade behandelte Thema mit dem vorherigen zusammenhängt, wo es **Unterschiede und Überschneidungen** gibt, wie also generell gesprochen das Verhältnis des (»alten«) Vorwissens zu dem (neuen) zu erlernenden Wissen ausgestaltet ist.³⁷⁴ So können etwa die Straftatbestände des Besonderen Teils des StGB in das bekannte Wissen zum Allgemeinen Strafrecht eingebunden werden.³⁷⁵ Die Unterschiede zwischen den (bereits bekannten) Personen- und den (neu zu erlernenden) Kapitalgesellschaften können tabellarisch illustriert werden. Daneben sollte der Lehrende während des gesamten Lernprozesses bestehende Bezüge zu verwandten Themen erstellen und bestätigen. Wenn also eine Information relevant für einen anderen Zusammenhang ist, lässt sich die für die Lernleistung relevante Bedeutungsverknüpfung herstellen.³⁷⁶

91  Um indes Anknüpfungsmöglichkeiten, Differenzen und Parallelen zulassen zu können, ist es zunächst erforderlich, das juristische System zu verstehen und die »groben« **Strukturelemente** zu erkennen. Der Lehrende muss also stets klare, präzise und verständliche Strukturen entwickeln und entsprechende **Ordnungen** implementieren; dies gilt im Besonderen für die Rechtswissenschaft, die sich besonders durch ihr Strukturdenken auszeichnet.³⁷⁷ Innerhalb dieses Systems kann dann das »neue« Wissen zu dem »alten« Wissen in Bezug gesetzt werden, Parallelen und Unterschiede zwischen verwandten Gebieten festgestellt und es können übergreifende Strukturen und Ordnungsgedanken verschiedener Elemente herausgearbeitet werden. Hier können etwa **Mindmaps**³⁷⁸ oder lineare oder hierarchische Strukturen

---

368 *Medina* S. 130.
369 *Böss-Ostendorf/Senft* S. 28.
370 Hawelka/Hammerl/Gruber/*Müller* S. 39.
371 Vgl. Berendt/Voss/Wildt/*Liebig* E. 2.6 S. 3.
372 Berendt/Voss/Wildt/*von Frantzius* A. 2.6 S. 13 mwN.
373 Rockmann/Dietrich/Pilniok/*Pilniok/Brockmann/Dietrich* Exzellente Lehre S. 15; *Hattie* Lehrpersonen S. 109: »Neues Wissen wird konstruiert auf der Grundlage dessen, was bereits verstanden und geglaubt wird.« und »Wenn Menschen neues Wissen erwerben, bauen sie auf ihrem vorhandenen Wissen und Verständnis auf und verbinden das neue Wissen mit diesem.«
374 Berendt/Voss/Wildt/*Wild/Wild* A. 2.1 S. 18 zu den positive Effekten auf die Förderung der Selbstlernkompetenz der Studierenden.
375 *Dyrchs* spricht hier von der Technik der »assoziativen Verbindung« (S. 126 ff.).
376 *Böss-Ostendorf/Senft* S. 47.
377 Vgl. *Möllers* S. 23.
378 Vgl. Hawelka/Hammerl/Gruber/*Wendorff* S. 23; detailliert erörtert unter → Rn. 262 ff. Ähnlich auch die sog. *Concept Maps*. Bei diesen werden Wissensbereiche in Form von Begriffsnetzen dargestellt. *Concept Maps* verstehen sich damit als (räumliche) Darstellung von Wissensinhalten

zur Visualisierung verwendet werden. Bei derartigen Strukturierungsbemühungen kommt dem *Chunking*[379] und den erwähnten **Schlüsselbegriffen**[380] (Kernbegriffe/ Oberpunkte) als »Anknüpfungspunkte« eine besondere Bedeutung zu. Systematik, Einfachheit und Verständnis sind entscheidend. Dies gilt im Besonderen für die Juristerei, bei der es eine der wesentlichen, wenn nicht die wichtigste Aufgabe des Lehrenden ist, Ordnung in die vielfach vernetzte juristische Komplexität zu bringen.[381] Um es mit Leonardo da Vinci sagen: »Einfachheit ist die höchste Stufe der Vollendung.«

Zur Klarstellung: »Vorwissen« ist hierbei nicht in einem ausschließlich juristischen Sinne zu verstehen. Sehr sinnvoll kann es schließlich auch sein, mögliche Berührungspunkt zwischen den zu vermittelnden Inhalten und der **Lebenswelt der Studierenden** zu schaffen.[382] So wird durch die Darstellung der den Studierenden noch nicht bekannten offenen Punkte ihre **Neugier** geweckt. »Studierende erachten Dozierende und deren Lehre als gut, wenn diese an ihre Erfahrungswelt anschließen und Wissen verständlich erklären.«[383]

92

## VI. Etablierung einer konstruktiven Lern- und Feedbackkultur

Wie gesehen, sollte der Lehrende überdies während der gesamten Veranstaltung ein **positives Lehr- und Lernumfeld** schaffen und bewahren, indem er etwa den Studierenden stets offen, aufgeschlossen und authentisch gegenübertritt.[384] Wie auch die Neurobiologie betont, ist die (positive) Beziehung zwischen Lehrendem und Lernendem von großer Bedeutung für das Gelingen des Lernerfolgs.[385] Dieses Ergebnis

93

---

und den zwischen ihnen bestehenden Zusammenhängen. Die Art der begrifflichen Beziehung (Über-, Unterordnung, Hierarchieebene) wird durch die Positionierung der Begriffe im Netz sichtbar gemacht, die Art ihrer semantischen Beziehungen wird an den Verbindungslinien zwischen den Begriffen markiert: *Macke/Hanke/Viehmann* S. 114; Speziell für die Frage der Einbeziehung von *Concept Maps* in die juristische Lehre vgl. Vereinigung Deutscher Rechtslehrender/*Unger* S. 175 ff., Berendt/Voss/Wildt/*Stary*/*Unger* C. 2.15 und *Bergmans* S. 57 ff. Die *Concept Maps* besitzen eine Effektstärke von 0.57: *Hattie* Lernen S. 200.

379 Als »Chunking« bezeichnet man das Zusammenfassen von Informationen in übergeordneten Informationseinheiten: *Zumbach/Astleitner* S. 29.
380 → Rn. 143 ff., 240 ff.
381 *Dyrch* S. 331; *Haft* Lernen S. 42.
382 Die hohe Korrelation dieses Aspekts mit dem Gelingen der Lehrveranstaltung wurde auch empirisch nachgewiesen: *Schneider/Preckel* Psychological Bulletin 2017 (im Erscheinen): Effektstärke 0.65.
383 *Pfäffli* S. 150; vgl. auch *Zumbach/Astleitner* S. 160.
384 → Rn. 23, 25, 50 ff. Vgl. zu der »Rolle« des Vortragenden *Walter* Rhetorikschule S. 134; vgl. allg. Berendt/Voss/Wildt/*Voss* E. 2.1 S. 10. *Voss* gibt dabei den Rat, als Person stets authentisch aufzutreten und »spürbar die drei grundlegenden Formen des Interesses zu kultivieren: Das Interesse am eigenen Fach und seinen aktuellen Fragestellungen, das Interesse an den Studierenden als menschlich gleichwertigen Partnern, das Interesse am gelingenden Vermittlungsprozess.« Noch prägnanter fasst das bedeutsame Erfordernis der Authentizität Walter Jens zusammen: »Dies bin ich und ich meine es so, wie ich es sage.«
385 *Bauer* S. 123; *Damasio* S. 353; Caspary/*Roth* S. 55; unterstützt auch durch *Hattie* Lernen S. 140: Die Lehrer-Schüler-Beziehung besitzt eine Effektstärke von 0.72.

wird auch von der empirischen Lehr/Lernforschung untermauert.[386] Für die Qualität der Beziehung wiederum ist das Verhalten der Lehrperson gegenüber den Studierenden ausschlaggebend;[387] dies bedeutet etwa auch, vor oder nach der Lehrveranstaltung und in den Pausen für Rückfragen ansprechbar zu sein.[388]

94 Ein lernförderndes Klima beinhaltet, wie auch die behavioristische Lerntheorie nahelegt, überdies eine positive **Feedbackkultur**.[389] Das Erfordernis der **konstruktiven Rückmeldung und steten Überprüfung des Wissens- und Verständnisstandes der Studierenden** bedeutet dabei zunächst ganz simpel, dass der Lehrende einen zutreffenden Beitrag, eine kenntnisreiche Frage, einen kritischen, aber gleichwohl interessierten Einwurf stets wertschätzend und aufgeschlossen-interessiert behandelt.[390] Menschen lernen schließlich besonders effizient, wenn sie hierfür belohnt werden und sich ernst genommen fühlen.[391] Da die Lehrenden den Studierenden keine monetären oder ähnliche extrinsisch wirkende Anreize geben können, müssen sie sie also durch positives und konstruktives Feedback belohnen und für weiteres Lernen motivieren.[392] Der Lehrende sollte dabei stets eine offene, zielbezogene[393] und konstante Feedbackkultur pflegen.[394] Es sollte – insbesondere bei der Bewertung von Gruppenarbeiten[395] – zB stets die Regel gelten: »Positives Feedback für den Einzelnen, negatives Feedback für die Gruppe.« Anstatt also etwa einen Studierenden herauszugreifen und dessen Beitrag zur Gesamtleistung vor allen zu kritisieren, sollte ein entsprechendes Feedback an die gesamte Gruppe (und erst in Einzelgesprächen ein Einzelfeedback) gegeben werden.

95 Das Feedback sollte überdies in erster Linie auf die Aufgabe, nicht auf die Lernenden fokussiert werden; es sollte stets konkret, einfach und eindeutig sein.[396] Die Rückmeldung ermöglicht sowohl dem Lehrenden als auch dem Lernenden, den Unterschied zwischen Selbst- und Fremdwahrnehmung sichtbar zu machen.[397] Sie ist dabei als **interaktiver Prozess** zu verstehen. Dies bedeutet, dass der Lehrende sowohl Rückmeldung an die Lernenden erteilt wie auch Rückmeldung von diesen erfolgt.

96 Ein altbekanntes aber deshalb nicht weniger relevantes Stilmittel bei der Vermittlung von Feedback oder Kritik ist die Nutzung sog. **Ich-Botschaften** (»Ich finde, dass…«

---

386 Eine Metaanalyse über 32 (allerdings ältere) Einzelstudien aus den USA ergab, dass ein freundlicher und ernstnehmender Umgang mit den Studierenden (Effektstärke 0.47), eine gute Atmosphäre im Hörsaal (0.47) sowie Offenheit für Fragen und abweichende Meinungen (0.77) einen substanziell positiven Einfluss auf den Lernerfolg der Studierenden zeitigen (Perry/Smart/Feldman S. 368). Vgl. auch die ausgewerteten Metaanalysen bei: Kulik/Kulik International Journal of Educational Research 1989, 221. Auch nach Schneider/Preckel Psychological Bulletin 2017 (im Erscheinen) besitzt etwa die Variable »Teacher's availability and helpfulness« die Effektstärke 0.77.
387 Brauer S. 1.
388 Bachmann/Breitschaft/Tuggener S. 221.
389 Vgl. insbesondere → Rn. 23, 25, 50 ff.
390 Zu der Wirkung von Lob (insbesondere in den MINT-Fächern) vgl. Dweck (Stanford University) DIE ZEIT v. 10.9.2015, 73: »Der Todeskuss für die Mädchen«.
391 Vgl. eingehend Klaner S. 136 ff.
392 Vgl. Brockmann/Dietrich/Pilniok/Winteler/Forster Methoden S. 34.
393 Pfäffli S. 161.
394 Brauer S. 84.
395 → Rn. 75, 94, 196 f., 221 ff.
396 Hattie Lehrpersonen S. 154.
397 Rummler S. 108.

statt »Sie müssen...«).³⁹⁸ Zudem sollte sich der Feedbackgeber weitestgehend auf die Beschreibung seiner Wahrnehmung beschränken und die Interpretation und Wertung dem Feedbacknehmer überlassen. Der Feedbacknehmer sollte sich wiederum jeden Kommentars oder gar Begründung/Verteidigung enthalten, sondern die fremde Einschätzung nur wahrnehmen und wertschätzend zur Kenntnis nehmen. Feedback sollte dabei nie aufgezwungen, verletzend und charakterbezogen sein.

Neben dem Feedback auf Fragen, Antworten und Diskussionsbeiträge gilt es außerdem, stets zu **prüfen**, ob die Studierenden dem Lehrenden **noch folgen (können)**.³⁹⁹ Der erfahrene Lehrende entwickelt ein Gespür dafür, was der von ihm präsentierte Lernstoff bei Studierenden auslöst. Es sollte insbesondere bei wichtigen Fragestellungen, durch entsprechende **Nachfragen**,⁴⁰⁰ Übungen oder Tests stets sichergestellt werden, dass der vermittelte **Stoff** bis zu diesem Zeitpunkt **auch verstanden wurde**. Das bloße (Nach-) Fragen stellt dabei die einfachste und effizienteste Form der vielbeschworenen aktivierenden Lehr-/Lernformen dar.⁴⁰¹ Positiver Nebeneffekt: Auch in Vorlesungen kann so »das Behalten der Lerninhalte«⁴⁰² verstärkt werden.⁴⁰³ Studierende wünschen dabei häufig eine wertschätzende Anerkennung ihrer Leistung/Antwort, die ihnen vom Lehrenden, sofern dies gerechtfertigt ist, als konstruktives Feedback gewährt werden sollte.⁴⁰⁴ Ein derartiges wertschätzendes Lern- und Arbeitsklima verbunden mit einer klaren⁴⁰⁵ und anerkennenden Lernprozesssteuerung und -begleitung führt schlussendlich zu einer deutlichen Verbesserung der Lernleistung der Studierenden.⁴⁰⁶ An dieser Stelle schließt sich auch der Kreis aus konstruktivem Feedback, aktivierenden Lehrmethoden und Motivation der Studierenden.⁴⁰⁷

97

---

398 Vgl. *Dyrchs* S. 40.
399 → Rn. 50 ff. Zu der Bedeutung der »systematischen Selbsteinschätzung« der Studierenden.
400 »Fragen stellen ist eine wirksame Strategie zur Schaffung von Verständnis«: *Mantione/Smead* S. 55; das Fragenstellen besitzt eine Effektstärke von 0.46: *Hattie* Lernen S. 216.
401 *Brauer* S. 65.
402 Berendt/Voss/Wildt/*Dubs* E. 2.5 S. 19.
403 Studien haben im Übrigen bewiesen, dass Vorlesungen ebenso gut wie oder sogar besser als Diskussionen, Einzelarbeit, Projekte und multimediabasierte Lernformen zur Vermittlung von Wissen geeignet sind, wie 217 von 298 empirischen paarweisen Vergleichen zwischen Lehrformen belegen (*Bligh* S. 5). Vgl. auch die Untersuchung von *Kessler/Dhammrapuri/Marcolini* Annals of Emergency Medicine 2011, 482, 487, die Vorlesungsteilnehmerinnen und -teilnehmer im Bereich der Medizin über die Wichtigkeit von lernrelevanten Merkmalen befragten und hierbei zu folgender Reihenfolge kamen (von sehr wichtig bis unwichtig): bewältigbare Menge an Lehrstoff, Übereinstimmung der Vortragsinhalte mit den Lern- bzw. Präsentationsunterlagen, Leidenschaft und Begeisterung des/der Vortragenden, klare Ziele, ausreichende Interaktion mit den Zuhörenden, fallbasiertes Arbeiten, Präsentationsunterlagen als Unterstützung des Vortrages.
404 Zu der motivierenden Wirkung etwa Berendt/Voss/Wildt/*Marks* E. 3.1 S. 9.
405 Die »Klarheit der Lehrperson« (definiert als Organisation, Erläuterung, Beispiel geben und angeleitete Übung sowie Bewertung des Lernverhaltens der Lernenden) besitzt eine Effektstärke von 0.75: *Hattie* Lernen S. 150 f. Dieses Erfordernis stellt sich insbesondere in Großgruppen: Bachmann/Breitschaft/Tuggener S. 210.
406 *Schumacher* S. 22.
407 *Dyrchs* S. 50 ff.

## VII. Struktur und Beschränkung

> Du musst die Zusammenhänge kennen, der Rest steht im Lexikon. – Karl Lagerfeld

**98** Der Blick auf den strukturellen Charakter der Rechtswissenschaft hat es schon gezeigt: Wichtig ist es, nicht bei den Einzelheiten zu beginnen, sondern vom **Kerngedanken** einer Information auszugehen, um die herum man die Einzelheiten hierarchisch anordnen kann.[408] Das Gehirn benötigt (vor allem zu Beginn eines Lehrabschnitts) eine klare Struktur, also einen Überblick über das zu Erlernende, bevor Einzelinformation verarbeitet werden können.[409] Es speichert schließlich nicht eine realitätsgetreue Aufzeichnung des Gehörten/Gesehenen, sondern nur das, was für Bedeutsam, für den »Kern der Sache«, gehalten wird. Wenn einige Zeit vergangen ist, können diese Kernpunkte stets besser und nachhaltiger abgerufen werden als die Einzelheiten.[410] Der Lehrende muss, um diese Eigenschaft des menschlichen Denkens und Erinnerns fruchtbar zu machen, also eine **Hierarchie des Wesentlichen** schaffen. In der Praxis heißt dies, mit dem Wesentlichen und dem Kern zu beginnen, bevor die Einzelheiten erörtert werden.[411] Den Studierenden darf nicht suggeriert werden, sie müssten verwirrendes Einzelwissen einspeichern; vielmehr sind idealerweise (gerade in der Juristerei) konkrete Regelwerke zu entwickeln und anzuwenden.[412] An Informationen, die in einer logisch organisierten, hierarchischen Struktur angeordnet sind, erinnert sich der Mensch schließlich um rund 40 % besser als an Begriffe in einer zufällig erscheinenden Anordnung.[413] Oder wie *Brandsford* es in seinem Standardwerk »How People Learn« formuliert:

> »Das Wissen der Experten ist nicht einfach eine Liste von relevanten Fakten und Formeln. Ihre Kenntnisse sind vielmehr rund um Kerngedanken oder «große Ideen» organisiert, an denen sie sich beim Nachdenken in ihrem Gebiet orientieren.«[414]

**99** Jede Lehrveranstaltung sollte ausgehend vom wesentlichen Kern einen klar erkennbaren **roten Faden** (und insgesamt eine nachvollziehbare klare **Gliederung,** hierzu → Rn. 146 ff.) aufweisen. An diesen sollte dann immer wieder angeknüpft werden. Er kann überdies zur Orientierung visuell festgehalten werden[415] (sog. Kriterium der Konsistenz[416]). Auf den klaren und in sich schlüssigen Aufbau sollte auch durch entsprechende klarstellende Formulierungen hingewiesen werden: »Nachdem wir am Anfang festgestellt haben, dass..., ergibt sich nun die Folgefrage...«; »Der Fall ist damit dargestellt. Es gilt nunmehr zu klären...«.[417] Eine sinnvolle und nachvollziehbare thematische Organisation der Veranstaltung hilft dabei, den sog. **Clustering- und Chunkingeffekt** zu nutzen.[418] Hier hat es sich in der Praxis etwa bewährt, die

---

408 → Rn. 67, 69, 74. Vgl. auch eingehend *Medina* S. 91.
409 Vgl. *Apel* S. 127.
410 *Medina* S. 89 mit den neurowissenschaftlichen Hintergründen.
411 *Medina* S. 99.
412 *Haft* Lernen S. 119.
413 *Medina* S. 90; vgl. auch Berendt/Voss/Wildt/*von Frantzius* A. 2.6 S. 13.
414 Gefunden bei *Medina* S. 91.
415 Vgl. *Dyrchs* S. 183. Mehr zu dem »Konzept des roten Fadens« unter → Rn. 99, 146 ff.
416 *Dummann/Jung/Lexa/Niekrenz* S. 17.
417 Bachmann/*Breitschaft/Tuggener* S. 214.
418 Vgl. *Dummann/Jung/Lexa/Nienkrenz* S. 34: Menschen bilden zum Lernen thematische Kategorien.

Schlüsselbegriffe und -worte, die in der Veranstaltung behandelt werden, für alle erkennbar an die Flipchart/den Overheadprojektor/die Tafel zu schreiben.

Aus alledem ergibt sich weiterhin, dass es sinnvoller erscheint, wenn Studierende der Rechtswissenschaft zunächst mit dem »**Regelfall**« bekannt gemacht werden und nicht mit dessen Ausnahme, auch wenn diese (für den Lehrenden) sehr viel interessanter, komplexer und »vermittelnswerter«[419] erscheint. Die Studierenden können die Ausnahme schließlich immer erst dann verstehen, wenn ihnen zunächst die Regel vollständig klar geworden ist (Normalfall).[420] Zunächst sollte sich der Lehrende also mit den Fällen auseinandersetzen, in denen niemand unerkannt geisteskrank ist oder in dem Moment, bevor er seiner Schussverletzung erlegen wäre, vom Blitz getroffen wird. Es gilt die einfache Regel: **vom Leichten zum Schweren, vom Einfachen zum Komplexen (sog. vertikale Strukturierung)**.[421] Sollen beispielsweise die verschiedenen Ausnahmen des § 326 BGB erlernt werden, bedarf es zunächst einer Klarstellung, dass bei Unmöglichkeit der Leistung nach § 326 Abs. 1 BGB im Regelfall auch die Pflicht zur Gegenleistung entfällt. Um dies anschaulich zu machen, bietet es sich an, einen alltäglichen »Normalfall«[422] zu bilden, von dem ausgehend die verschiedenen Ausnahmekonstellationen durchgespielt werden können.[423] Auf Sonderfälle und komplexe Sachverhalte empfiehlt es sich erst dann einzugehen, wenn sichergestellt ist, dass der »Normalfall« verstanden wurde.[424]

Aus dem Vorgenannten ergibt sich das Erfordernis der **Beschränkung**.[425] Eine Lerneinheit sollte nicht mit zuviel (Detail-) Stoff überlastet werden. Anderenfalls – wenn also zu viele Elemente in einer Lerneinheit angeboten werden, die gleichzeitig verarbeitet werden müssten, um das Verstehen zu gewährleisten – kommt es im Langzeitgedächtnis zu einer kognitiven Überlastung. Die Folge: Es können keine weiteren Informationen im Arbeits- oder Kurzzeitgedächtnis mehr verarbeitet werden.[426] Die Beschränkung auf das Wesentliche bedeutet für den Lehrenden überdies, **geduldig** zu sein (insbesondere am Anfang), schließlich geschieht Lernen zunächst in kleinen Schritten. Dies gilt besonders, wenn die Folgerungen im Fortgang der Lehrveranstaltung auf Erkenntnissen zu Beginn derselben aufbauen. Um es auf eine kurze Formel zu bringen: Wenn 100 % der Studierenden 70 % des Stoffes verstanden haben und anwenden können, ist dies ein größerer Erfolg, als wenn 100 % des Stoffes nur von 30 % der Studierenden verstanden werden.[427]

---

419 Vgl. auch Brockmann/Dietrich/Pilniok/*Karger* Exzellente Lehre S. 138: »besonders eingängiger und unkomplizierter Fälle«.
420 Zurückgehend auf *Haft* Lernen S. 181; so auch *Dyrchs* RpflStud 2016, 12.
421 *Dummann/Jung/Lexa/Niekrenz* S. 27; Berendt/Voss/Wildt/*Berendt* B. 1.1 S. 10; Berendt/Voss/Wildt/*Voss* E. 2.1 S. 8.
422 Ausdruck von *Dyrchs* S. 15.
423 Vgl. *Dummann/Jung/Lexa/Nienkrenz* S. 83.
424 Vgl. *Haft* Lernen S. 131, der den Hang zu Sensationen und Problemen als Problem der Eigentümlichkeiten unserer verbalen Sprache ansieht, da diese ihrem Ursprung nach eine Sprache der Sensationen ist.
425 Vgl. → Rn. 63 ff., 74, 133 ff.
426 *Niegemann/Domagk/Hessel/Hein/Hupfer/Zobel* S. 44; → Rn. 63 ff.
427 Ähnlich *Dyrchs* S. 210: »Lieber weniger, und das gut angebracht, als mehr, und das an den Studenten vorbei.«; vgl. *Maughan/Webb* S. 49.

**Tipp:** Informationen werden zusammenfassend dann dauerhaft im Gedächtnis verankert, wenn sie[428]
- für den Betroffenen besonders wichtig sind (weil sie der Erfüllung der Bedürfnisse bzw. der Erreichung der Ziele der Person dienen),
- sich mit Vorwissen verbinden lassen,[429]
- mit Emotionen verknüpft sind,[430]
- praktisch angewendet werden können,
- häufiger abgerufen (also wiederholt) werden,
- mit Bildern verknüpft werden,[431]
- sich vereinfachen lassen (etwa durch Untergliederungen[432] und Teilinformationen),[433]
- vom Generellen zum Speziellen vorgegangen wird und
- die Informationen strukturiert dargestellt werden.

Eine gelungene juristische Lehrveranstaltung sollte damit den folgenden vier Kriterien genügen:[434]
1. Einfachheit,
2. Gliederung und Ordnung,
3. Kürze, Verständlichkeit und Prägnanz[435] und
4. zusätzliche Stimulanz[436] (etwa durch Humor,[437] Anekdoten,[438] Rätsel,[439] eigene Erlebnisse[440] aber auch Visualisierungen, Bilder, Zitate, spontane Pausen etc).[441]

---

428 Nach *Reinhaus* S. 13.
429 »Verstehen ist nur auf dem Boden eines Vorverständnisses möglich (hermeneutischer Zirkel)«: *Walter* Rhetorikschule S. 137; oder, etwas plakativer: »Holen Sie Ihr Publikum dort ab, wo es steht«: Berendt/Voss/Wildt/*Drews* G. 2.1 S. 3. Kritisch zu den Erkenntnissen der Neuropädagogik Müller-Jung/*Kaube* S. 88, 91: »Dem guten Lehrer genügt es, das Gehirn vom Hörensagen zu kennen. Wichtiger ist es, eine Ahnung vom Vorwissen der Kinder im jeweiligen Sachbereich (…) zu besitzen.«
430 Berendt/Voss/Wildt/*Dubs* E. 2.5 S. 4; nicht umsonst lässt sich der Begriff ableiten vom lateinischen Verb »movere« = bewegen. »Emotionen bewegen uns, bestimmte Dinge zu tun, um unser Ziel zu erreichen«: *Förster* S. 17; vgl. auch *Zumbach/Achleitner* S. 25.
431 Vgl. Berendt/Voss/Wildt/*Voss* A. 3.4 S. 20: »Bilder entlasten den Arbeitsspeicher! Bilder stiften Zusammenhang! Bilder erleichtern die Einprägung!«
432 Berendt/Voss/Wildt/*Berendt* B. 1.1 S. 6.
433 Ähnlich Soudry/*von Trotha* S. 155: »Die sieben Grundregeln: Die gute Rede muss informativ und interessant sein. Ihre Gedanken sollen klar, verständlich und für den Zuhörer nachvollziehbar formuliert werden. Die Rede soll abwechslungsreich in Gedanken und Vortrag sein. Ihre Sprache soll anschaulich und bebildert sein – Anekdoten, Geschichten und Schilderungen von Erlebnissen beleben eine Rede. Weise dosierter Humor ist das Salz einer guten Rede. Eine Rede gilt zuhörenden Menschen, also spricht der gute Redner primär nicht »zur Sache«, sondern zu Menschen, urteilt und ist subjektiv. Die gute Rede muss wahrhaftig sein. Der Redner ist redlich.« Vgl. auch *Schumacher* S. 21.
434 Angelehnt an *Flume/Mentzel* S. 62 ff.
435 Die Klarheit und Verständlichkeit der Ausführungen des Lehrenden besitzt die sehr hohe Effektstärke 1.35, vgl. *Schneider/Preckel* Psychological Bulletin 2017 (im Erscheinen).
436 Vgl. Berendt/Voss/Wildt/*Voss*, E. 2.1, 9.
437 Vgl. *Reiners* S. 641: »Grabreden abgerechnet, gibt es kein Stück Prosa, das nicht durch ein wenig Heiterkeit gewinnen würde.« Dies gilt selbstverständlich auch für den gelungenen Vortrag. Vgl. auch *Franck* S. 93: »Die Gesellschaft (will) lieber unterhalten als unterrichtet werden.«
438 Vgl *Flume* S. 144 f.
439 *Brauer* S. 58 mwN.
440 Maldeghem/Till/Sentker/*Maldeghem* S. 53.
441 *Seifert* S. 25.

Ausgehend von den bisher gesammelten Erkenntnissen und den darauf aufbauenden **103**
Grundregeln werden nun die verschiedenen Stadien einer juristischen Lehrveranstaltung – die Planung (§ 3), die Durchführung (§ 4) und die Nachbereitung (§ 5) – dargestellt und erläutert. Wie beschrieben geht es in diesem Teil um konkrete und praxisrelevante Anleitungen. Aus diesem Grund werden die Leserinnen und Leser nun auch direkt angesprochen.

# § 3. Vorbereitung einer juristischen Lehrveranstaltung

> Tritt fest auf, mach's Maul auf, hör bald auf. – Martin Luther
> 
> Wir wissen nicht, woher unsere Einfälle kommen. Wir wissen aber, dass wir sie nicht aus unseren Laptops bekommen. – John Cleese[442]

104 Für das Gelingen Ihrer Lehrveranstaltung kann die Bedeutung einer sorgfältigen Vorbereitung kaum hoch genug eingeschätzt werden.[443] Metaanalysen zeigen, dass die Zeit, die der Lehrende für die Planung und Vorbereitung der Veranstaltung aufwendet, eine der wichtigsten Einflussgrößen für eine gelungene Lehrveranstaltung darstellt.[444]

105 Grundsätzlich rate ich Ihnen dabei dazu, den recht zeitaufwändigen Prozess der Vorbereitung einer juristischen Lehrveranstaltung möglichst **frühzeitig** zu beginnen. Es sollte vermieden werden, die Vorbereitungen auf die lange Bank zu schieben, sonst geraten Sie kurz vor der Lehrveranstaltung in Zeitnot.

106 Dies vorausgeschickt sollten Sie bei der Vorbereitung der Lehrveranstaltung folgende Punkte (aufgelistet nach der zeitlichen Abfolge) berücksichtigen:

## I. Äußere Rahmenbedingungen

107 Zunächst sollten Sie die **organisatorischen, zeitlichen, räumlichen und medialen Voraussetzungen Ihrer Lehrveranstaltung** klären[445] (nach dem Berliner Modell von *Heimann/Otto/Schulz* der lehr-/lerntheoretischen Didaktik einprägsam »Bedingungsfelder« genannt[446]). So gilt es etwa den Zeitpunkt und den Ort der Veranstaltung, die Anzahl der Studierenden etc herauszufinden. Zudem sollten Sie natürlich in Erfahrung bringen, welches **Format** für Ihre Lehrveranstaltung vorgegeben ist, etwa: Vorlesung,[447] Seminar[448] oder Tutorium (auch: Übung, Arbeitsgemeinschaft).[449] Darüber

---

442 Ähnlich auch *Walter* Stilkunde S. 253: »Bevor Sie etwas schreiben, überlegen Sie, ob Sie etwas wissen. Guter Stil bedingt Sachkunde.« Dies gilt selbstverständlich auch für das gesprochene Wort, die gelungene Rede.
443 Vgl. *Fritzherbert* S. 28.
444 Nach Perry/Smart/*Feldman* S. 368 ff. besitzt diese das Effektmaß 1.39. Die zweitwichtigste Größe ist die Klarheit und Verständlichkeit des Lehrenden in der Veranstaltung (1.35), die drittwichtigste die Formulierung und Verfolgung klarer Lehrziele (1.12). Zu ähnlichen Ergebnissen kommen auch *Schneider/Preckel* Psychological Bulletin 2017 (im Erscheinen). Dort besitzt dieser Gesichtspunkt die höchste Effektstärke (1.39) von allen vom Lehrenden zu beeinflussenden Variablen.
445 *Macke/Hanke/Viehmann* S. 95.
446 Hierzu zählen auch die curricularen Vorgaben und das Vorwissen, die Einstellung und Motivation der Studierenden: vgl. Brockmann/Dietrich/Pilniok/*Röhl* Exzellente Lehre S. 87 – im Gegensatz zu den Entscheidungsfeldern, die typischerweise im Unterrichtsgeschehen nicht zur Gänze festgelegt sind, aber planerisch und handelnd ausgestaltet werden müssen, wie die Ziele, Inhalte, Methoden und Medien. Auf diesen Aspekt wird daher in diesem Band auch in besonderem Maße eingegangen.
447 In einer Vorlesung steht vor allem die Wissensvermittlung im Vordergrund; hier stellen die Heterogenität der Zuhörerschaft und die geringe Interaktionsmöglichkeit eine besondere Herausfor-

hinaus ist es wichtig zu wissen, welche **curricularen Anforderungen bzw. universitären Vorgaben** Sie bei der Planung der Veranstaltung berücksichtigen müssen.[450] Hierzu gehören auch etwaige Vorschriften zu den ECTS-Punkten, die Einbettung der Veranstaltung in das Gesamtcurriculum (etwa die Frage, ob begleitend zu der Lehrveranstaltung noch Übungen und/oder Kolloquien angeboten werden) und die Prüfungsform(en).[451] All dies bildet den äußeren Rahmen, es sind quasi die »Leitplanken« der Gesamtveranstaltung und sie sind bei der Planung der einzelnen Lehrveranstaltung als »Mindestlernziele« (hierzu später mehr[452]) zu berücksichtigen.

## II. Berücksichtigung des Vorwissens der Studierenden

> Der wichtigste Einzelfaktor, der das Lernen beeinflusst, ist das, was der Lernende bereits weiß. Stelle dies fest und unterrichte ihn entsprechend. – D. P. Ausubel

108 Eine der ersten Rechercheaufgaben (nachdem Sie die »äußeren Rahmenbedingungen« geklärt haben) ist dann, möglichst viele Informationen über die Studierenden, die Ihre Lehrveranstaltung besuchen werden, in Erfahrung zu bringen.[453] So gilt es etwa zu klären, über welche **Vorkenntnisse** sie (insbesondere angesichts des Studienplanes)[454] verfügen sollten, welches **Leistungsniveau** herrscht und welche **Interessen bzw. Ziele** sie mit der Veranstaltung verfolgen.[455] Dies kann zB durch ein Mindmap (»Studierendenbedürfnisse«) auf kleinem Raum festgehalten werden.[456] Dieses denknotwendig abstrakte Vorwissen und das Leistungsniveau sind dann stets der Ausgangspunkt für die anschließende Erarbeitung der neuen Inhalte.[457] Hierfür bietet sich zunächst eine eingehende **Zielgruppenanalyse** an. Diese bedarf einer entspre-

---

derung dar. Es gilt hier für den Vortragenden, schwerpunktmäßig die Aufmerksamkeit für den Dozenten und das Thema zu schaffen und die Konzentration der Studierenden zu erhalten: Berendt/Voss/Wildt/*Kornacker/Venn* C. 2.24 S. 7; Berendt/Voss/Wildt/*Voss* E. 2.1 S. 6; Berendt/Voss/Wildt/*Dubs* E. 2.5 S. 3.

448 Im Seminar zielt die Aktion des Lehrenden auf das Zusammenwirken und den Austausch mit den Studierenden über ein Thema, *Böss-Ostendorf/Senft* S. 216. Zumeist werden Seminare zur Vertiefung der Inhalte einer Vorlesung (an der Universität: Berendt/Voss/Wildt/*Kornacker/Venn* C. 2.24 S. 7), an den Fachhochschulen aber im Wege des seminaristischen Unterrichts auch zur erstmaligen Stoffvermittlung verwendet.

449 In Tutorien und Übungen stellt der Lehrende Sachverhalte/Fälle zur Verfügung, die dann in der Lerngruppe unter seiner Aufsicht bearbeitet, besprochen und gelöst werden.

450 Als Curriculum bezeichnet man ein pädagogisch-didaktisches Konzept – also einen Lehrplan –, das einem Studiengang oder einer Weiterbildung zugrunde liegt: *Ritter-Mamczek* S. 21. Dieses beantwortet im Hochschulalltag bereits zu Beginn, (mindestens) »was« zu lehren/lernen ist. Auf die Bedeutung derartiger fachwissenschaftlicher Inhalte bei der Planung einer Lehrveranstaltung weisen etwa *Zumbach/Astleitner* S. 40 f. hin.

451 Bachmann/Breitschaft/*Tuggener* S. 211.

452 → Rn. 118 ff.

453 Vgl. *Lehner/Fredersdorf* S. 43 ff.; Maldeghem/Till/Sentker/*Maldeghem* S. 21; ähnlich *Böss-Ostendorf/Senft* S. 122.

454 Hier ist etwa zu fragen, an welcher Stelle im Curriculum eine bestimmte Lehrveranstaltung angesiedelt ist und auf welche bereits absolvierten Lehrveranstaltungen und deren Inhalte aufgebaut ist bzw. an welche Kenntnisse angeknüpft werden kann (vgl. *Zumbach/Astleitner* S. 45).

455 Vgl. *Reis* ZDRW 2013, 21 (31).

456 Vgl. auch *Duarte* S. 13.

457 Vgl. Brockmann/Dietrich/Pilniok/*Karger* Exzellente Lehre S. 135; *Dauner-Lieb* ZDRW 2014, 1 (6).

chenden diagnostischen Kompetenz des Lehrenden.[458] Beginnen Sie also unbedingt nicht bei Ihrem Wissensstand, sondern bei dem des Publikums.[459] Ihr Ziel muss es schließlich sein, das neue Wissen mit bereits vorhandenem zu verbinden,[460] Sie sollen dem Gehirn Ihrer Studierenden bildhaft dabei helfen, das neue Wissen in die vertrauten Strukturen einzubauen und dort dauerhaft zu verankern.[461] Behalten Sie stets die Gruppengröße und die Zusammensetzung in der konkreten Lehrveranstaltung im Auge. Die Vielfalt der Studierenden und ihre Heterogenität stellen dabei oft eine besondere Herausforderung für den Lehrenden dar.

109

> **Tipp:** Die folgenden Fragen können eine hilfreiche Checkliste anhand der »typischen« didaktischen Ausgangsfragen darstellen:
> - Wer sind die Studierenden?[462]
> - Welche Vorkenntnisse besitzen sie?
> - Welche Bedürfnisse/Interessen haben sie?
> - Wie können diese inhaltlich, didaktisch und visuell befriedigt werden?
> - Welche »Botschaft« will ich den Studierenden am Ende mitgeben?[463]

Unabhängig von diesen vorbereitenden abstrakten Gedanken sollten Sie zu Beginn der Veranstaltung eine **Abfrage des bestehenden konkreten Vorwissens** vornehmen.[464] Dies hilft dem Lehrenden, seine vorhergehenden »Rechercheergebnisse« zu überprüfen (und kann schlimmstenfalls auch dazu führen, dass ein bereits entworfenes Veranstaltungsdesign modifiziert werden muss – etwa auch, wenn Wissen, das Sie vermitteln wollten, bereits umfassend vorhanden ist[465]). Hier kann eine kurze »Zurufrunde«, Brainstorming, Mindmapping,[466] ein Fragebogen, ein Clicker- oder PINGO-Quiz (s. hierzu den Exkurs → Rn. 112) oder eine schlichte Umfrage in der ersten Sitzung hilfreiche Dienste leisten.[467] Diese Informationen können Sie verwenden, um das **neue Rechtsgebiet innerhalb des vorhandenen Wissens zu verorten, Unterschiede und Parallelen zu erarbeiten** und so lernfördernde **Anknüpfungen und**

110

---

458 *Hallet* S. 33.
459 *Waknell*, zitiert bei *Reynolds* Naked S. 15.
460 Vgl. Berendt/Voss/Wildt/*Taraba*/Voss I 1.1 S. 3 und *Zumbach/Astleitner* S. 125: »Die Aktivierung von Vorwissen ist deswegen zentral, weil dadurch bereits bekannte Inhalte des Langzeitgedächtnisses idealerweise aktiv werden und die Wahrscheinlichkeit steigt, dass neue Informationen hier integriert werden.«
461 Eingehend *Spitzer* Geist im Netz S. 147 ff.
462 Denken Sie in diesem Kontext auch an die wachsende Diversität der Studierenden und die ggf. unterschiedliche aktuelle Lebenssituation und Lernerfahrung: *Pfäffli* S. 142.
463 Maldeghem/Till/Sentker/*Maldeghem* S. 52.
464 Vgl. Berendt/Voss/Wildt/*Tremp* A. 1.4 S. 12.
465 Bevor es hier zu Frustration bei den Zuhörern kommt, gilt der Grundsatz: »Es ist wesentlich günstiger, fachlich eine offene Tür einzurennen, als eine verschlossene zu übersehen.« So zu Recht *Walter* Rhetorikschule S. 114.
466 *Zumbach/Astleitner* S. 125.
467 Ich verwende allgemein sehr gern Umfragen in den Vorlesungen – etwa auch um ein Stimmungsbild innerhalb des Auditoriums zu juristischen Fragestellungen aufzunehmen (»Wer meint, der Kläger sollte Recht bekommen?«). Dies eignet sich besonders, wenn Sie einen Fall darstellen und die Studierenden die Entscheidung des Gerichts (noch) nicht kennen.

*§ 3. Vorbereitung einer juristischen Lehrveranstaltung*

**Verbindungen** zu schaffen. So dient die Abfrage des Vorwissens auch dazu, bei den Studierenden das bereits vorhandene **Vorwissen zu aktivieren**.[468]

111   Überdies können Sie auf dieser Grundlage auch Ihre Lehrinhalte an den konkreten **Lernstand** und die **Leistungsfähigkeit** der Studierenden **anpassen**. Ziel Ihrer Lehrveranstaltung muss es sein, die Lernenden weder zu unter- noch zu überfordern.[469] Aufgaben sollten dabei mit Blick auf die gesamte Lerngruppe und deren »abstraktes Vorwissen« grundsätzlich einen mittleren Schwierigkeitsgrad aufweisen.[470]

112   **Exkurs:** Insbesondere bei Großgruppenveranstaltungen stellen sog. Classroom (bzw. Audience) Response Systems eine effizient und aktivitätsfördernde Maßnahme dar, um innerhalb kürzester Zeit ein Meinungsbild der teilnehmenden Studierenden zu erhalten.[471] Zudem können Lehrende so schnell und einfach in kurzer Zeit den Lernstand einer großen Anzahl von Studierenden erfassen, um dann hierauf einzugehen.[472] Die empirische Lehr-/Lernforschung hat denn auch nachgewiesen, dass die Anwendung solcher Systeme positive Auswirkungen auf Teilnahmequoten, Aufmerksamkeit, Mitarbeit und Lernleistung der Studierenden hat.[473] Diese werden hierbei konkret dazu aufgefordert, entweder auf einem portablen Gerät per Knopfdruck, dem sog. Clicker,[474] oder auf einer per Smartphone oder Laptop[475] erreichbaren Website[476] – wie insbesondere dem kostenlosen Abstimmungssystem PINGO[477] der Universität Paderborn (pingo.upb.de) – anonym vom Lehrenden gestellte Fragen zum Inhalt der Lehrveranstaltung zu beantworten. Der Lehrende kann sich auf diesem Wege schnell darüber informieren, inwieweit ein Thema von den teilnehmenden Studierenden (und nicht nur von den besonders engagierten Teilnehmenden) verstanden wurde[478] (ohne diese direkt anzusprechen) oder ein Meinungsbild einholen, das sich besonders als »Eingangstür« für eine Diskussion eignet. Die Classroom Response Systems können »Aufmerksamkeit fördern und erhalten, Denkprozesse anregen und einleiten (…), Lernergebnisse summativ oder formativ prüfen, (und) die Lehre auf Lernbedürfnisse der Studierenden ausrichten«.[479]

---

468   Zu der hiermit einhergehenden Notwendigkeit der Rekonstruktion des Rechtsunterrichts vgl. Brockmann/Dietrich/Pilniok/*Karger* Exzellente Lehre S. 135.
469   → Rn. 89.
470   *Hallet* S. 91.
471   Vgl. *Hoffmann/Kiehne* S. 29.
472   Schneider/Mustafic/*Gerhard et al.* S. 25.
473   *Kay/LeSage* Computers & Education 2009, 53(3), 819.
474   Die erhöhte Lernwirksamkeit derartiger Maßnahmen wurde mittlerweile nachgewiesen, vgl. Fundstellen bei *Zumbach/Astleitner* S. 111.
475   Studierende, die keine Möglichkeit haben, während der Veranstaltung online zu gehen, können sich mit anderen Studierenden zusammentun; dies fördert den Austausch in der Gruppe und führt häufig zu angeregten inhaltlichen Diskussionen während der Beantwortung der Frage.
476   Eine hilfreiche Auflistung von digitalen Unterstützungsmöglichkeiten für die Lehre, insbesondere in Großgruppen, findet sich bei Bachmann/*Breitschaft/Tuggener* S. 247 f.
477   Akronym für »peer instruction for very large groups«.
478   Hier eignen sich besonders Wiederholungsfragen mit mehreren Optionen (»Welche Antwort ist richtig?«) oder konzeptionelle Fragen (»Welche Antwort beschreibt die Leistungsstörung am treffendsten?«); vgl. *Pfäffli* S. 323 f.
479   *Pfäffli* S. 325.

### Folie 1: PINGO

Please vote!

**Ist Ihrer Ansicht nach § 14 Abs. 3 LuftSiG mit dem GG vereinbar?**

Mit anderen Worten: Dürfen in den besprochenen Konstellationen die im Flugzeug anwesenden (unschuldigen) Passagiere und Flugpersonal durch den Abschuss des Flugzeuges (neben den Terroristen) getötet werden?

a) Ja.
b) Nein.

pingo.upb.de

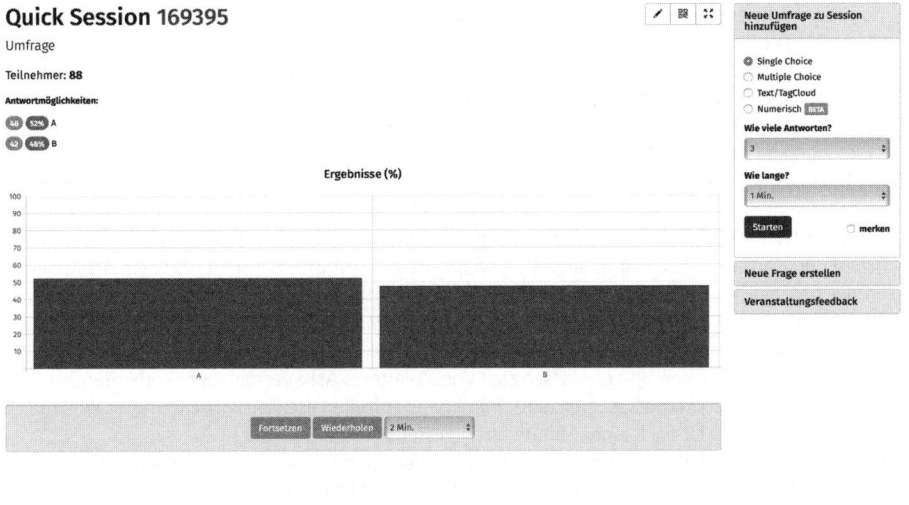

**Tipp:** Wenn Sie für Studierende erstmalig ein bestimmtes Thema vorbereiten, denken Sie auch einmal **kurz zurück an Ihr eigenes Studium**, planen Sie Ihre Veranstaltung also auch »mit den Augen der Studierenden«[480] – Auf welchem Wege hat sich für Sie damals der Stoff erschlossen? Welche Hindernisse bestanden? Wie könnten diese aus dem Weg geschafft werden? Eine solche »kritisch-historische« Selbstreflexion wird Ihnen wertvolle Anhaltspunkte für die Konzeption Ihrer Veranstaltung geben. Auch bei diesem Vorbereitungsschritt kann Ihnen die Anfertigung eines Mindmap gute Dienste leisten. Überdies hilft dieser Schritt dabei, dass sich der Lehrende insbesondere bei Grundlagenfächern (BGB-AT, StrafR-AT, Verwaltungsrecht-AT etc) des sog. **»Expertenproblems«** bewusst wird und die Fähigkeit erlangt, sich in die Studierenden und »ihren Zustand fachlicher Naivität«[481] hineinzuversetzen, wie dies in humoristischer Weise in der ›Feuerzangenbowle‹ von Heinrich Spoerl durch einen Lehrer bei der Erklärung der Dampfmaschine geschieht, der die Schüler und sich selbst auffordert, sich zu Beginn der Stunde mal »janz dumm« zu stellen.

---

480 → Rn. 18, 57.
481 Vgl. Berendt/Voss/Wildt/*Voss* E. 2.1 S. 7 f.

**115** **Exkurs:** Bei einem **Mindmap**[482] beginnen Sie in der Mitte des quer liegenden Blattes mit einem mehrfarbigen Zentralbild oder -begriff, das das Thema des Mindmaps illustriert. Von dieser »Zentrale« aus ziehen Sie Linien in Richtung der Blattecken, auf die oberhalb der Linien (einzelne!) Schlüsselworte – andere Informationen werden in Symbolen ausgedrückt, siehe unten – geschrieben werden. Diese Schlüsselworte repräsentieren hierbei einen zu dem Thema passenden Unterbegriff, also die einzelnen wichtigen (Unter-) Aspekte des in der Mitte aufgeführten Themas. Von diesen Hauptästen gehen dann weitere Linien mit weiteren Unterbegriffen/Einzelheiten ab, die sog. Unteräste. Wichtig ist, dass grundsätzlich immer nur ein Wort bzw. Bild etc pro Linie verwendet wird. Gegebenenfalls können unterhalb dieser Unteräste weitere Unteräste gebildet werden. Um Zusammenhänge deutlich zu machen, Wichtiges hervorzuheben etc können Symbole (auch: »+« und »–« für Zustimmung und Ablehnung, Smileys, Bilder oÄ) verwendet werden, Begriffe unterstrichen, umrandet, mit einer »Wolke« umgeben werden und Schlüsselbegriffe durch Pfeile etc miteinander verbunden werden.[483] Während des Erstellens des Mindmaps ist es erforderlich, das Thema immer weiter in Ober- und Unterbegriffe zu klassifizieren. An das bestehende »Wissensnetz« können dann weitere Informationen angehängt werden.[484]

Derartig erarbeitete Mindmaps fördern durch das Anlegen von »Gedächtnis-Karten« das freie Assoziieren.[485] Die Technik macht sich zugute, dass sich unser Gehirn Informationen nicht in Form von komplizierten Sätzen (oder langen Listen von Formeln, Sachverhalten oder ähnlichem), sondern in Form von Stichworten und Bildern merkt.[486] Mindmaps fördern überdies die Kreativität und bieten häufig innovative Lösungen und Modelle. Durch die polychromen Anordnungen können überdies Verbindungen, Überschneidungen und Redundanzen offengelegt und produktiv verwertet werden.

Als Nachteil des herkömmlichen Mindmap-Verfahrens wird häufig die natürliche Begrenztheit des zu beschreibenden Blattes genannt. Hier lassen sich zwar (theoretisch) weitere Papiere anheften, hierunter leidet jedoch in der Regel die Übersichtlichkeit – und irgendwann ist auch hier das »natürliche Ende« erreicht. Auch ist es ärgerlich, wenn später im Prozess auffällt, dass ein Schlüsselwort an der falschen Stelle verortet wird etc. Diese offensichtlichen Mängel des Verfahrens lassen sich indes dann aus der Welt schaffen, wenn Sie für das Verfassen des Mindmaps eines der im Internet angebotenen – zum Teil kostenfreien – Programme verwenden, die die Erstellung eines Mindmaps am Rechner ermöglichen.[487] Hier lassen sich ohne Weiteres Äste verschieben, Verbindungen zeichnen (und wieder rückstandslos streichen), Mindmaps aufteilen etc. Die Anwendung ist kinderleicht; ein erstes Mindmap ist nach einer Minute fertig gestellt.[488]

Das Mindmapping-Verfahren kann unter anderem verwendet werden zur Ideensammlung – inventio – und anschließenden Gliederung – dispositio – und Strukturierung der Lehrveranstaltung, zur Visualisierung (und Verdeutlichung) von Zusammenhängen, zum Zusammenfassen von Texten, zum Herausarbeiten von Hierarchien oder zur nachfolgend erörterten Formulierung der Lernziele.[489]

Ähnlich dem Mindmapping kann auch auf das sog. **Clustering** zurückgegriffen werden. Bei dieser Methode wird in der Mitte des Blattes in einem Kreis ein Zentralbegriff notiert. Darum herum werde jeweils weitere Begriff ergänzt und diese Kreise dann je nach Zusammenhang miteinander verbunden.[490] Hilfreich kann hier die Verwendung von Post-Its sein, auf die die einzelnen Begriffe geschrieben – und die dann ohne weiteres verschoben und neu sortiert – werden können.

---

482 Vgl. eingehend *Müller* S. 19 ff.
483 Berendt/Voss/Wildt/*Görts/Marks/Stary* D. 1.1 S. 20.
484 Vgl. *Bergmans* S. 55 f.
485 Vgl. eingehend zu Mindmaps in der Hochschullehre Berendt/Voss/Wildt/*Müller* D. 2.6. und *Hoffmann/Kiehne* S. 51.
486 *Reinhaus* S. 89; vgl. *Bingel* S. 49.
487 Eine Aufstellung findet sich etwa bei Berendt/Voss/Wildt/*Müller* D. 2.6. S. 12 f.
488 Der Verfasser arbeitet etwa mit dem kostenlosen Programm XMind und hat hierbei sehr positive Erfahrungen sammeln können. Umfangreiche Softwarelösungen, wie mindjet oder mindmapper, sind vor allem sinnvoll, wenn Sie anspruchsvollere Mindmaps erstellen wollen.
489 Vgl. *Weidenmann* S. 30; *Dauner-Lieb* ZDRW 2014, 1 (5); *Hallet* S. 21.
490 *Müller* S. 45.

## Folie 2: Mindmaps in juristischen Lehrveranstaltungen

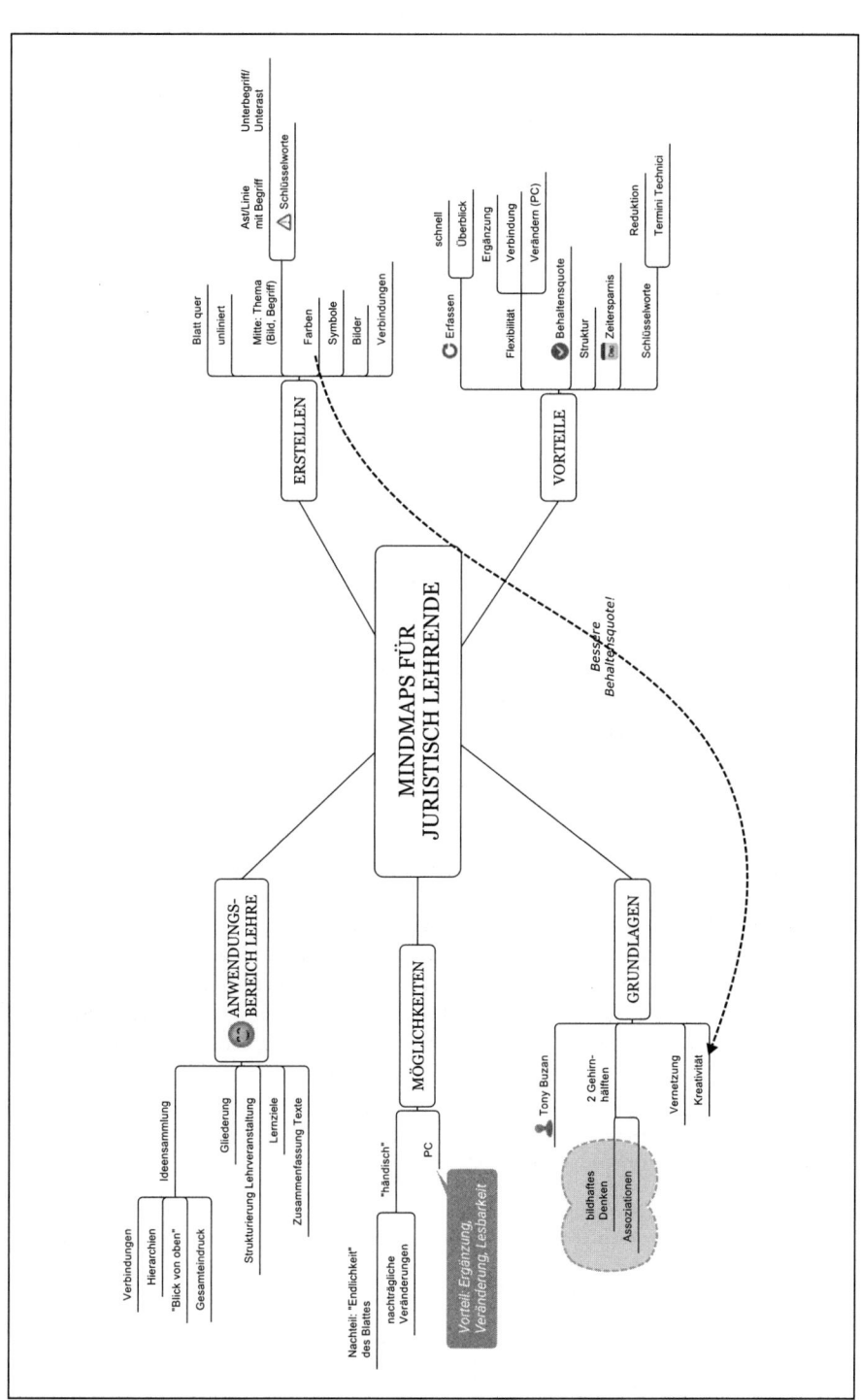

**117** **Die drei Kernaussagen:**
- Erstellen Sie im Vorfeld der Lehrveranstaltung eine abstrakte »Zielgruppenanalyse« hinsichtlich der Vorkenntnisse und des Leistungsstandes der Studierenden und bauen Sie hierauf Ihre Lehrveranstaltung auf.
- Kontrollieren Sie diese Ergebnisse mit den tatsächlich vorhandenen/konkreten Vorkenntnissen, die Sie zu Beginn der Lehrveranstaltung bei den Studierenden abfragen.
- Kontrollieren Sie Ihre Planung, indem Sie diese auch aus der Perspektive der Studierenden betrachten.

## III. Lernziele (learning outcomes)

*Es ist nicht genug zu wissen, man muss es auch anwenden. – Johann Wolfgang von Goethe*

**118** Sie haben nun also einen guten, wenn auch vorerst theoretischen, Überblick über Ihre Studierenden und deren Vorwissen (didaktisches Prinzip der Zielorientierung).[491] Bauen Sie darauf auf und machen Sie sich als nächstes daran, die Zielsetzung der Veranstaltung(sreihe), also die **Lernziele**[492] der Lehrveranstaltung **festzustellen** – sofern modular vorgegeben – **oder** eigenständig **festzulegen** – weil auf Lehrveranstaltungsebene keine externe Bestimmung erfolgt und/oder für die einzelnen Unterthemen.[493] Durch die Lernziele bzw. Qualifikationsziele/Lernergebnisse wird inhaltlich festgelegt, was (mithin: welches Anspruchsniveau) in der jeweiligen Lernveranstaltung erreicht werden soll. Konkret müssen Sie also beschreiben, welcher **Unterschied bei den Studierenden vor und nach der Veranstaltung** hinsichtlich des Wissens, der Fertig- und Fähigkeiten, Einstellungen und/oder Motive bestehen soll.[494] Die Festlegung nachvollziehbarer und klar kommunizierter und präziser Lernziele stellt schließlich, wie die empirische Lehr-/Lernforschung nachgewiesen hat,[495] einen der bedeutsamen Faktoren dar, der objektiv hoch mit den Leistungen der Studierenden korreliert.

**119** Dreh- und Angelpunkt bei der Festlegung der Lernziele sind damit die modular festgelegten Kompetenzen.[496] Es ist dabei besonders bedeutsam, dass Sie neben den Lernzielen »Ihrer« Veranstaltung auch die Lernziele des Moduls bzw. des gesamten Studienganges in den Blick nehmen und eine kohärente Passung erfolgt (*Backward Design*).[497] Es sollte daher vor der Planung der Lehrveranstaltung immer auch eine Kontaktaufnahme mit der bzw. dem Modul- und Studiengangsbeauftragten erfolgen, um eine möglichst widerspruchsfreie Formulierung der Lernziele zu erreichen.

---

491 *Pfäffli* S. 141. Umgekehrt adressiert das Lernziel die »Urfragen« des Studierenden zu Beginn der Veranstaltung: Warum soll ich teilnehmen? Was geht mich das Thema an?
492 Eingehend → Rn. 18 ff.
493 Die überragende Bedeutung dieses Aspekts für das Gelingen der Lehrveranstaltung wurde auch empirisch nachgewiesen (Effektstärke 0.75: *Schneider/Preckel* Psychological Bulletin 2017 (im Erscheinen)).
494 *Lipp* S. 90; *Rufer/Tribelhorn* V & L 2012, 492.
495 *Perry/Smart/Feldman* S. 368: Effektmaß 1.12; vgl. → Rn. 54.
496 Also die kontextspezifischen Leistungsdispositionen, die sich funktional auf Situationen und Anforderungen in bestimmten Domänen beziehen; vgl. HRK, Fachgutachten zur Kompetenzorientierung in Studium und Lehre, 2012), S. 47, aaO.
497 → Rn. 14 ff.

Das zu erreichende Lernziel genießt dabei stets Priorität **vor der Auswahl der Inhalte und Methoden,** die auf die Erreichung des Zieles abzustimmen sind.[498] »Die Lehrtätigkeit erfordert bewusste Eingriffe, um sicherzustellen, dass bei den Lernenden eine kognitive Veränderung eintritt. Daher sind die wichtigsten Bestandteile: die Kenntnis um die Lernziele (…).«[499] Das Lernziel ist die **Messlatte für die Lehre** (und die anschließende Prüfung): Wird es erreicht, kann die Lehre als gelungen bezeichnet werden.[500] Wenn das Ziel nicht klar ist, bleibt der (dann auch an keinem Gradmesser einschätzbare) Erfolg der Veranstaltung mangels Überprüfbarkeit a priori aus.[501] Haben Sie das Ziel festgelegt, besteht die vornehmste Aufgabe darin, herauszufinden, wie die Studierenden von dort, wo sie sich aktuell befinden (Stichwort: Vorwissen), zu diesem Endpunkt gelangen – und wie das Erreichen gemessen und das Vorgehen evaluiert werden kann.[502] Die Ziele sind dabei **angemessen anspruchsvoll**[503] **und erstrebenswert** zu formulieren. Auf diese Weise motivieren Sie die Studierenden dazu, sich entsprechend der Schwierigkeit oder den Anforderungen des Ziels einzusetzen.[504]

120

Der Ansatzpunkt ist dabei stets das **individuelle Lernen des jeweiligen Studierenden.** Folgerichtig sollten auch die Lernziele aus der Perspektive des Studierenden formuliert werden (»Sie können am Ende abschätzen…«).[505] Ein Lernziel drückt schließlich aus, was die Studierenden am Ende der Vorlesung bzw. des Abschnitts bzw. der Lehrveranstaltung erreichen sollten, und zwar sowohl hinsichtlich der juristischen Inhalte als auch der zu erlernenden Fähigkeiten und Kompetenzen (Wissen und Können).[506] Das Lern-/Lehrziel der (gesamten) juristischen Lehre wird dabei von *Dauner-Lieb*[507] prägnant wie folgt wiedergegeben:

121

> Entscheidend soll nicht umfangreiches Detailwissen über höchstrichterliche Rechtsprechung oder Literaturströmungen sein, der Examenskandidat soll sich also nicht dadurch auszeichnen, dass er bekannte Falllösungen reproduzieren kann. Seine Hauptqualität soll vielmehr darin bestehen, unbekannte Fälle unter Anwendung der einschlägigen Normen und mithilfe der juristischen Methodenlehre und des juristischen Handwerkszeugs tragfähig zu lösen, sich zügig und selbstständig in neue Rechtsgebiete einarbeiten zu können und in der Lage sein, den juristischen Stoff kritisch in seinen gesellschaftlichen Bezügen zu reflektieren.

**Tipp:** Bei der Formulierung der Lernziele sollten Sie vor allem aktive Verben verwenden,[508] die nur wenige unterschiedliche Interpretationen zulassen, wie zB[509] abschätzen, anwenden, auswerten, bedienen, berechnen, durchführen, erklären, gegenüberstellen, identifizieren, konstruieren, lösen, ordnen, organisieren, prüfen, übersetzen, zuordnen oder zusammenstellen. Weitergehende und (zu)

122

---

498 Vgl. *Reiner* JurPC Web-Dok. 160/2007, Abs. 9 f.; *Dauner-Lieb* ZDRW 2014, 1 (5).
499 *Hattie* Lernen S. 28.
500 *Dummann/Jung/Lexa/Niekrenz* S. 12.
501 *Dyrchs* S. 140.
502 *Locke/Latham* S. 23. Anschaulich Berendt/Voss/Wildt/*Tremp* A. 1.4 S. 11: »Eine sorgfältige Gestaltung einer Lehrveranstaltung gleicht so dem gepflegten Aufbau einer Spielkombination im Fußball. Eine gute Planung und Vorbereitung ist notwendige Voraussetzung und ein visiertes Können erleichtert die flexible Berücksichtigung situationsbezogener Faktoren.«
503 Vgl. auch → Rn. 14 ff., 19.
504 Die Setzung realistischer Ziele hat einen entscheidenden Einfluss auf die Leistungsverbesserung und besitzt das bedeutsame Effektmaß von 0.56: *Hattie* Lernen S. 195 f.
505 Vgl. Berendt/Voss/Wildt/*Voss* A. 3.4 S. 16.
506 Berendt/Voss/Wildt/*Dubs* E. 2.5 S. 7, 13.
507 Griebel/Gröblinghoff/*Dauner-Lieb* S. 43.
508 Berendt/Voss/Wildt/*Drews* G. 2.1 S. 15; allgemein *Fitzherbert* S. 109.
509 Liste entnommen aus Berendt/Voss/Wildt/*Rotthoff* B. 1.6 S. 10.

bedeutungsoffene Begriffe wie »wissen«, »verstehen«, »fähig sein«, »Bedeutung kennen« sind demgegenüber zumeist eher weniger geeignet, insbesondere, da ihr Erreichen durch die Studierenden nur begrenzt überprüft werden kann.[510]

Die Lernziele sollten Sie dabei stets erreichbar und positiv formulieren. Bei der Erstellung kann man sich insoweit an der bekannten SMART-Formel orientieren:[511] Das Lernziel muss also
- **S**-pezifisch sein,
- **M**-essbare Größen beschreiben,
- **A**-ktiv formuliert werden,
- **R**-ealistisch sein und
- **T**-erminiert (Ende der Lehrveranstaltung/Ende des Moduls etc) sein.[512]

Anzuraten ist eine Orientierung an dem Dreischritt »Wissen-Können-Wollen«, wobei zunächst das vermittelte Wissen erläutert wird (kognitiv-analytischer Bereich, also das Kennen/Wissen und Verstehen als erstes Lernziel).[513] Hiernach wird sodann als zweites Lernziel festgelegt, was mit dem gesammelten Wissen erreicht werden soll (also vor allem Anwenden und Übertragen/Umsetzen, sog. Verhaltensziele des affektiven Bereichs;[514] Can Do Statements[515]), bevor in einem dritten Schritt weitergehende Kompetenzen (kritisches Hinterfragen, eigenes Systematisieren, Analysieren und Beurteilen etc) aufgeführt werden. Alternativ können Sie sich auch an den bekannten Lernzieltaxonomien orientieren, etwa nach *Bloom* (Wissen – Verstehen – Anwendung - Analyse – Synthese – Evaluation) oder nach *Anderson & Krathewohl* (Erinnern –Verstehen – Anwenden – Analysieren – Evaluieren/Bewerten – Gestalten/Schaffen).[516]

An dieser Stelle sei es daher noch einmal besonders betont: Die juristische Lehre sollte neben der Vermittlung der erforderlichen Rechtskenntnisse stets auch das Erlernen der maßgeblichen Handlungs- und Methodenkompetenz zum Inhalt haben.

**123** Es hat sich bewährt, zu Beginn einer **Veranstaltungsreihe** zunächst die übergeordneten Lernziele vorzustellen (»Am Ende dieses gesamten Seminars können Sie…«), bevor der Stoff dann in kleinere Einheiten, also den einzelnen **Abschnitten** entsprechend der Gliederung der Gesamtveranstaltung – mit entsprechend näher ausdifferenzierten Lernzielen – unterteilt wird. **Erörtern** Sie Ihre Lernziele zu Beginn der (jeweiligen) Veranstaltung unbedingt gemeinsam mit den Studierenden und lassen Sie auch eine entsprechende **Diskussion** zu.[517] »Diese Lernziele, ihre Zusammenhänge und entsprechende Lernwege sollten auch für die Studierenden deutlich und transparent gemacht werden. Gelingt dies, werden mithilfe einer kompetenzorientierten Lehr-/Lerngestaltung der Wissenserwerb und die Kompetenzentwicklung auch in höherem Maße auf langfristige Ziele des Kompetenzerwerbs ausgerichtet.«[518] Die Lernziele verdeutlichen den Studierenden bereits zu Beginn, was Sie vermitteln wollen: Grundlagenwissen, Überblickskenntnisse oder vertiefte Kenntnisse einerseits und (welche) juristischen Handlungskompetenzen andererseits.[519] Um etwaige (unaus-

---

510 *Reis* ZDRW 2013, 21 (32).
511 Vgl. Hawelka/Hammerl/Gruber/*Weisweiler/Braumandl* S. 7; *Hattie* Lehrpersonen S. 54; ähnlich *Zumbach/Astleitner* S. 46.
512 *Ritter-Mamczek* S. 58.
513 *Lipp* S. 91.
514 *Dummann/Jung/Lexa/Niekrenz* S. 16; vgl. Berendt/Voss/Wildt/*Johannes* E. 4.2 S. 9.
515 *Rufer/Tribelhorn* V & L 2012, 492.
516 Vgl. *Zumbach/Astleitner* S. 27 mwN.
517 *Böss-Ostendorf/Senft* S. 175.
518 HRK, Fachgutachten zur Kompetenzorientierung in Studium und Lehre, 2012, S. 87, aaO.
519 Also die Fähigkeiten, die vorgenannten juristischen Kenntnisse über die bloße Wiedergabe hinaus im Rahmen von eigenen Gedankengängen anzuwenden; vgl. JurPC Web-Dok. 160/2007, Abs. 10. Zum Ganzen *Ritter-Mamczek* S. 39.

gesprochene) Sorgen und Vorbehalte gleich zu Beginn auszuräumen, kann es auch sinnvoll sein, kurz explizit aufzunehmen, welche Lernziele *nicht* Gegenstand der Lehrveranstaltung sind, insbesondere also welche Inhalte also nicht gelehrt (und nicht geprüft) werden. Von dem Lernziel ausgehend können Sie dann in einem nächsten Schritt die geeigneten Lehr-/Lernmethoden auswählen. Die wichtigste Frage, die Sie sich hierbei stellen sollten, lautet damit, welche Methode sicherstellen kann, dass die Studierenden von ihrem derzeitigen Vorwissen zu dem gewünschten Lernziel geführt werden.[520]

Am **Ende** der Lehrveranstaltung sollten Sie natürlich wieder auf die **Lernziele zurückkommen** und die **Zielerreichung** (und etwaige bestehende Fragen) mit den Studierenden **diskutieren**. Idealiter wird der Grad der Lernzielerreichung im Rahmen der abschließenden Prüfung im Sinne eines *Constructive Alignment* kontrolliert und überprüft.[521] Der Lehrende muss sich also bereits bei der Formulierung der Lernziele fragen, woran zu erkennen ist, dass die Studierenden das Geforderte am Ende beherrschen.[522] Dieses Element der Lernzielkontrolle ist integraler Bestandteil der hier vorgestellten lernzielorientierten Didaktik.[523] Sie gibt dem Dozenten Aufschluss über das Gelingen oder Misslingen der eigenen Lehre, dem Studierenden wiederum Aufschluss über seine Fähigkeiten und Lücken.[524]

**Folie 3: Lernziele einer Lehrveranstaltungsreihe**

**Vorbemerkung**

Was ist das Lernziel der gesamten Veranstaltungsreihe?
Sie sollen...

1  ... die formellen und materiellen Voraussetzungen einer konsularischen Beurkundung/Beglaubigung erklären können.

2  ... dieses Wissen anhand ausgewählter Praxisfälle anwenden und insbesondere Haftungsfälle vermeiden können.

3  ... die konsularische Beurkundung mit der notariellen Beurkundung im Inland vergleichen und (aus Ihrer Sicht) etwaigen Reformbedarf erarbeiten und begründen können.

---

4  ... **nicht** das materielle Recht (z. B. Erbrecht, Familienrecht) gelernt haben, das Sie benötigen, um Urkunden zu erstellen

= Inhalt der diesbezüglichen speziellen Vorlesungen

---

[520] Berendt/Voss/Wildt/*Rotthoff* B. 1.6 S. 13.
[521] *Macke/Hanke/Viehmann* S. 76; kritisch zum derzeitigen Status an deutschen Hochschulen DIE ZEIT v. 2.6.2016, 61: »Buch vorm Kopf«.
[522] *Rufer/Tribelhorn* V & L 2012, 492.
[523] *Dummann/Jung/Lexa/Nienkrenz* S. 65.
[524] *Dummann/Jung/Lexa/Niekrenz* S. 13.

**126**  Folie 4: Lernziele eines einzelnen Abschnitts

> # Lernziele
>
> Was ist das Lernziel am Ende dieses Abschnitts?
> Sie sollen...
>
> **1** ... erläutern können, aus welchen Gründen in welchen Fällen eine Übertragung zu Lebzeiten einer testamentarischen Verfügung vorzuziehen ist.
>
> **2** ... selbstständig Formulierungen erarbeiten können für den Fall einer lebzeitigen Übertragung einer Immobilie von den Eltern an das einzige Kind.
>
> **3** ... sich eine Meinung dazu bilden, ob bei den Regelungen zur Pflichtteilsergänzung und zum Erbschaftsteuerrecht weiterer Regelungsbedarf seitens des Gesetzgebers besteht.

**127**  **Die drei Kernaussagen:**
- Aufbauend auf dem Vorwissen der Studierenden gilt es, die Lernziele (der gesamten Veranstaltungsreihe wie der einzelnen Abschnitte) festzustellen bzw. festzulegen.
- Die Ziele sollten angemessen anspruchsvoll und erstrebenswert ausgestaltet sein und sich an der SMART-Formel orientieren.
- Die Lernziele sind stets zu Beginn der Veranstaltung/des Abschnitts transparent zu machen, sollten (sofern erforderlich) mit den Studierenden erörtert und der »Zielerreichungsgrad« am Ende der Veranstaltung/des Abschnitts kontrolliert werden.

## IV. Stoffsammlung

*Man kann nur aus dem Ärmel schütteln, was man vorher hineingetan hat. – Rudi Carrell*

**128**  Nach der Festlegung des Ist- und des Soll-Zustandes gilt es nun, mit der inhaltlichen Ausarbeitung der Lehrveranstaltung zu beginnen.[525] **Sammeln und selektieren** Sie zunächst den zu behandelnden Stoff entsprechend den Lernzielen der Lehrveranstaltung, bevor es an den schmerzhaften Prozess der Komprimierung geht, also der Reduktion der ausgewählten Informationen auf das Wesentliche (hierzu gleich mehr).[526]

---

525 Vgl. *Seifert* S. 53.
526 → Rn. 133 ff. Es gelten dabei die vorgenannten Grundsätze: Allgemeines vor Konkretem, neue Informationen vor Altbekanntem, besondere Betonung der Verbindungen zu bereits bekanntem Wissen, zielgruppenspezifisches Wissen, Beschränkung auf das Wesentliche; vgl. insoweit → Rn. 28 ff., 43 ff., 63 ff., 98 ff.

Zunächst gilt es, das Thema **ausgehend von den relevanten gesetzlichen Bestimmungen**[527] anhand der einschlägigen juristischen Literatur und Rechtsprechung zu sichten und möglichst umfangreiches Material anzusammeln. Um welches es sich dabei im konkreten Fall handelt und in welchem Umfang dies erforderlich ist, hängt ganz wesentlich vom jeweiligen Thema und der individuellen Veranstaltung ab, so dass an dieser Stelle keine seriösen inhaltlichen Vorgaben gemacht werden können und sollen. 129

Aus methodischer Hinsicht ist jedoch anzuraten, bereits in diesem Stadium einen möglichst **breiten Blickwinkel** zu verwenden. Dies gilt zunächst hinsichtlich etwaiger **interdisziplinärer Aspekte**. Aber auch Materialien, die auf den ersten Blick **ungewohnt erscheinen**, die jedoch insbesondere die Praxisnähe und -relevanz verdeutlichen und/oder eine Visualisierung des Themas ermöglichen sollten Sie beachten. Das bedeutet etwa, dass Sie etwa auch Anekdoten, Statistiken, Beispiele,[528] konkrete Fälle und Zitate (an-) sammeln sollten. Es hat sich bei umfangreicheren Themen bewährt, die Ober- und Unterthemen auf Post-Its festzuhalten und auf einer großen Fläche (etwa einer Flipchart) aufzuhängen, da sich diese hierdurch besser visualisieren und neu positionieren lassen.[529] Es sollte dabei möglichst nur eine Idee pro Haftnotiz verwendet und möglichst mit einem dicken Stift gearbeitet werden. Ersteres hilft Ihnen, die Idee bzw. den Gedanken bereits in diesem Stadium auf ein (später wiederzuverwendendes) Kennwort zu reduzieren; letzteres stellt sicher, dass Sie gezwungen werden auch tatsächlich nur einen Gedanken pro Post-It aufzunehmen.[530] 130

Wichtig ist es, im Rahmen der Planung der Veranstaltung (inventio[531]) **nicht** bereits mit der späteren **Präsentationssoftware** zu arbeiten[532] – oder in deren Kategorie zu denken (»Welche Inhalte kann ich besonders anschaulich auf einer PowerPoint-Folie platzieren?«). Sie sollten bei der Materialsammlung und Planung stattdessen am besten ganz »**analog**« mit einem Blatt Papier bzw. Post-It-Notizen[533] beginnen und zB mittels besagter Post-Its, Mindmaps, (Eigen- oder Fremd-) Brainstorming oder Clustering-Verfahren Gedanken sammeln.[534] Sie starten also ganz altmodisch, indem Sie Ihre Ideen auf Papier oder einem Board skizzieren und sortieren. Bevor man mit dem Design der Präsentation beginnt, ist es schließlich hilfreich, sich zunächst das »große Ganze« vorzustellen und sich auf die Kernaussagen der Veranstaltung festzulegen. Selbst ausgewiesene Experten des PowerPoint-Designs raten dazu, bei der Vorbereitung die meiste Zeit mit Nachdenken, Initiieren und dem Verfassen des Skripts bzw. der Gliederung zu verbringen.[535] Lassen Sie sich also nicht von dem Präsentationsprogramm einengen und beherrschen; denken Sie an den bekannten Ausspruch von Henry David Thoreau: »Men have become the tools of their tools.« Für 131

---

527 Vgl. insoweit die Ausführungen zu → Rn. 240 ff.
528 Sie sollten sich Beispiele suchen, die anschaulich das belegen, was Sie sagen wollen. »Frei nach dem Motto, die Statistik über 50 Tote ist traurig, der Tod des zweifachen Familienvaters aber eine Tragödie.« (*Kals* FAZ v. 17./18.1.2015, C1: »Reden ist Gold, Zutexten Blech«).
529 *Reynolds* Zen S. 52; vgl. *Duarte* S. 13.
530 *Duarte* S. 28 f.
531 Maldeghem/Till/Sentker/*Maldeghem* S. 22.
532 Vor diesem Hintergrund vgl. die Kritik an dem Einsatz von PowerPoint durch *Tufte* S. 17 ff.
533 Grundlegend *Reynolds* Zen S. 45; *Gallo* TED S. 138.
534 AA *Lobin* S. 45: »Die verfügbare Präsentationshard- und -software muss von vornherein in die Überlegungen zur Entwicklung der Präsentation einbezogen werden.«
535 *Reynolds* Zen S. 102.

die unmittelbare Erstellung der Folien sollte im Anschluss schließlich nur maximal ein Drittel der Zeit verwendet werden.[536] Achten Sie bei der Stoffsammlung zudem auf eine möglichst störungsfreie und ruhige Umgebung (»Oase der Stille«), also: keine Telefonanrufe, keine Internetrecherchen und nehmen Sie wenn möglich auch die Möglichkeit in Anspruch, Ihre Bürotür zu schließen.

132 **Die drei Kernaussagen:**
- Die Stoffsammlung sollte stets unter einem breiten Blickwinkel (insbesondere im Hinblick auf interdisziplinäre Aspekte, Praxisnähe und Visualisierungsmöglichkeiten) erfolgen.
- Die Stoffsammlung umfasst dabei neben der reinen Sichtung der einschlägigen gesetzlichen Bestimmungen, der betreffenden juristischen Literatur und Rechtsprechung auch die Gewichtung der betreffenden Informationen.
- Arbeiten Sie dabei stets »analog«, dh ohne Einbeziehung des später verwendeten Präsentationsprogramms.

## V. Stoffreduktion

133 Stoffreduktion[537] (auch: Rekonstruktion oder Wissenskondensierung[538]) ist im juristischen Bereich ein zu Recht **heikles Thema**.[539] Niemand wird gern Teile des Lehrstoffs streichen bzw. reduzieren. Aus diesem Grund gehen Lehrende häufig von der Stoffsammlung unmittelbar zur Konzeption der Lehrveranstaltung über. Auf diesem Wege tappen Sie dann jedoch häufig in die sog. **Vollständigkeitsfalle**[540] (auch: »ZWW« (Zeigen, was *ich* weiß)-Syndrom[541]). Es besteht angesichts der Überfülle an Inhalten die offensichtliche Gefahr, zu viel und zu komplexen Stoff mündlich vermitteln zu wollen.[542] »Zu große Stoffdichte verleitet zum monologischen Vortrag und zur Ausblendung der Lernendenperspektive.«[543] Es ist allerdings eine

»zentrale (und schmerzhafte) Botschaft der Didaktik, dass auch ein konzentrierter, motivierter und engagierter Studierender in einem bestimmten Zeitraum nur eine geradezu schockierend geringe Anzahl von neuen Informationen aufnehmen, verstehen und verarbeiten kann (…). Es ist offensichtlich, dass Lehre und Lernen nicht wie ein Kopiergerät funktionieren, der gelernte Stoff also nicht 1:1 im Kopfe des Studierenden abgebildet und gespeichert wird.«[544]

134 Hintergrund des Appells, den Stoff zu reduzieren ist also zunächst die schlichte Tatsache, dass die Studierenden, wie dargestellt,[545] nur in **begrenztem Umfang kognitive Ressourcen** zur Verarbeitung präsentierter Inhalte zur Verfügung haben.[546] Die

---

536 *Gallo* Steve Jobs S. 31.
537 Auch: »didaktische Vereinfachung«, »didaktische Reduktion«, »didaktische Transformation«: Macke/Hanke/Viehmann S. 112. Gemeint ist die Aufgabe der »Rückführung komplexer Sachverhalte auf ihre wesentlichen Elemente, um sie für Lernende überschaubar und begreifbar zu machen«: Berendt/Voss/Wildt/Stary A. 1.2.
538 *Zumbach/Astleitner* S. 177.
539 Vgl. aber auch *Hägg* S. 133: »Es ist fast unmöglich, das Auffassungsvermögen von Menschen zu unterschätzen.«; allgemein hierzu Berendt/Voss/Wildt/Stary A. 1.2.
540 Begriff von *Schumacher* S. 36.
541 Berendt/Voss/Wildt/*Görts/Marks/Stary* D. 1.1 S. 13.
542 Vgl. Berendt/Voss/Wildt/*Stary/Unger* C. 2.15 S. 10.
543 Bachmann/*Breitschaft/Tuggener* S. 212.
544 *Dauner-Lieb* ZDRW 2014, 1 (5).
545 → Rn. 62 ff., 74.
546 *Pfäffli* S. 163; Bachmann/*Breitschaft/Tuggener* S. 210.

Menge der Informationen, die sie aufnehmen können, ist begrenzt. Auch die empirische Lehr-/Lernforschung hat in zahlreichen Studien nachgewiesen, dass eine niedrige Informationsdichte insbesondere in Vorlesungen zu einer insgesamt besseren Behaltensleistung der Studierenden führt.[547] Die Wissenschaftler ziehen daraus den Schluss, dass man sich »in einer Vorlesung auf einige wenige Hauptpunkte beschränken sollte, die man dafür ausführlicher erklärt.«[548]

Achten Sie also darauf, dass die Studierenden ihre Ressourcen gezielt für die Verarbeitung der **relevanten** Lerninhalte und zur Entwicklung der zu erreichenden Kompetenzen einsetzen.[549] Es gilt daher, sich bereits bei der Vorbereitung zu beschränken und nur das aufzunehmen, was unbedingt vermittelt werden muss.[550] Wichtiger als die Menge des Stoffes ist es, die wesentlichen Inhalte anschließend in einen lern- und verständnisfördernden Zusammenhang darzustellen.[551] 135

136

**Tipp:** Es wird von den Studierenden sehr geschätzt, wenn Sie zur Vertiefung von in der Lehrveranstaltung nicht oder nicht umfassend erörterten Themen ergänzende Zusatzliteratur zur Verfügung stellen, die sie selbstständig weiter bearbeiten können.[552] Dann können Sie – in Ihrem Skript, in dem Veranstaltungsplan oder auch auf dem Handout – immer wieder auf die Zusatzliteratur verweisen und sich in der Lehrveranstaltung auf die wesentlichen Kerngedanken, -inhalte und -zusammenhänge beschränken (und damit das »Jura-Verstehen« fördern).

Ein weiteres Argument für die Reduktion des Stoffes ergibt sich auch aus den äußeren Rahmenbedingungen, konkret aus dem Erfordernis der kompetenzorientierten Lehr-/Lerngestaltung.[553] So sollten sich die Lehrenden 137

»in der Regel auch von einer inhaltlich umfassenden Behandlung von Lehrgegenständen bzw. Themen verabschieden und sich stärker fokussieren auf eine exemplarische Behandlung von Lerninhalten. Dies ist meist erforderlich, weil der Erwerb von Kompetenzen, die über das reine Wissen hinausgehen, meist besondere Lernzeiten erfordert (…), die zu Lasten einer umfassenderen inhaltlichen Behandlung gehen. Der Kompetenzerwerb für bestimmte Aufgabendomänen beinhaltet somit in der Regel nicht die umfassende wissensbezogene Beherrschung eines Themengebiets, sondern die Erprobung und den Erwerb zentraler Fähigkeitselemente anhand von ausgewählten Lerninhalten.«[554]

Die Konzentration auf das Wesentliche ist damit die herausragende »didaktische Tat«[555] und **Herausforderung** an den Lehrenden. Es gilt, die juristische Komplexität auf einfache und verständliche Elemente zu reduzieren.[556] Dafür müssen **Prioritäten** gesetzt und die **Strukturen**, »Leitgedanken« und verbindende Elemente herausgear- 138

---

547 *Russel/Hendricson/Herbert* Journal of Medical Education 1984, 59(11), 881; *Kintsch/Bates* Journal of Experimental Psychology: Human Learning and Memory 1977, 3(2), 150.
548 Schneider/Mustafic/*Gerhard et al.* S. 17.
549 Hawelka/Hammerl/Gruber/*Schworm/Neger* S. 127.
550 *Reynolds* Zen S. 7; *Medina* S. 238; zu der Stilregel I: »Überflüssiges streichen« vgl. auch *Walter* Stilkunde S. 22, 52 und Berendt/Voss/Wildt/*Stary* A. 1.2. S. 19.
551 Berendt/Voss/Wildt/*Stary* A. 1.2. S. 20. *Lämmermann* (in *Mette* S. 382) nennt diesen Vorgang der Stoffreduktion anschaulich »Elementarisieren« und führt aus, dass hierunter zu verstehen sei die »Vereinfachung von (Unterrichts-) Inhalten im Sinne einer Konzentration auf das Wesentliche (das Elementare), durch welche fundamentale Sachverhalte zugänglich werden.«
552 *Dummann/Jung/Lexa/Nienkrenz* S. 132.
553 Vgl. die Erwägungen zu → Rn. 12 ff.
554 HRK, Fachgutachten zur Kompetenzorientierung in Studium und Lehre, 2012, S. 55, aaO.
555 *Dyrchs* S. 135.
556 *Dyrchs* S. 108.

beitet werden.⁵⁵⁷ In concreto: Beschränken Sie sich darauf, die wesentliche gesetzliche Bestimmungen und deren ratio zu erarbeiten und den Studierenden das Rüstzeug an die Hand zu geben, eigenständig Aufgabenstellungen in diesem Bereich zu lösen. Denn wenn Sie stattdessen deskriptiv die 34. Unterausnahme der Ausnahme der Regel referieren und über deren Auslegung durch unterschiedliche Obergerichte berichten, wurde den Studierenden zwar das Thema erschöpfend dargestellt; sie werden aber in ihrer Aufnahmefähigkeit überfordert, der Lerneffekt ist gering und die Handlungskompetenz wird nicht gefördert – das Lernziel wird verfehlt. Arbeiten Sie also lieber den **Kern des Rechtsgebietes**, die »*Key Message*« und damit metaphorisch gesprochen die »große Straße von dem Problem zur Lösung« heraus.⁵⁵⁸ Für einzelne unwesentliche »Abbiegungen« und »Feldwege« können Sie ohne weiteres auf die Literatur und ihr Skript verweisen.

**139** Ein hilfreicher Weg, den zu vermittelnden Stoff vorab in dem unten genannten Sinne zu unterteilen, ist die »**Muss-Soll-Kann-«Regel**.⁵⁵⁹ Hiernach gilt es zunächst, die »Muss-Inhalte«⁵⁶⁰ des zu lehrenden Rechtsgebietes herauszuarbeiten. Hierbei handelt es sich um diejenigen Inhalte, auf die unter keinen Umständen verzichtet werden kann – also insbesondere das für das Bestehen der Klausur erforderliche Wissen und die Fertigkeiten, die in der Modulbeschreibung/Studienordnung vorgegeben sind⁵⁶¹ (Hauptaussagen).⁵⁶² Diese sollten sich dementsprechend auch bereits zuvor in Ihren Lernzielen widergespiegelt haben.⁵⁶³ Die »Soll-Inhalte« sind interessante und wissenswerte Nebeninformationen und Vertiefungen, die gelehrt werden sollten, jedoch notfalls entfallen können, wenn bei der Vermittlung der »Muss-Inhalte« Verständnisprobleme auftreten oder sich aus sonstigen Gründen die Vermittlung des Muss-Inhaltes verzögert.⁵⁶⁴ »Kann-Inhalte« schließlich können für besonders leistungsstarke Studierende vorbehalten werden bzw. als »Bonbon« präsentiert werden, wenn der Lernfortschritt dies hergibt. Sie stellen jedoch für das Erreichen der Lernziele keine conditio dar. Diese Dreiteilung können Sie sowohl hinsichtlich der gesamten Vortragsreihe wie in Bezug auf die einzelne Lehrveranstaltung vornehmen.

**140** Bei der Entscheidung, welcher bzw. wieviel Stoff in der Lehrveranstaltung zu behandeln ist, sollten Sie sich von folgenden Gesichtspunkten leiten lassen:
- **Anzahl der Lehrveranstaltungsstunden**
  Der erste Ausgangspunkt ist ebenso selbstverständlich wie bedeutsam: Kontrollieren Sie, wie viele Lehrveranstaltungsstunden Ihnen insgesamt zur Verfügung stehen und schätzen Sie sodann den Zeitbedarf für die einzelnen (Unter-) Themen realis-

---

557 Manche nennen dies auch »Ankerbegriffe«, so etwa *Ritter-Mamczek* S. 61, die hiermit solche Oberbegriffe meint, nach denen ein bestimmtes Thema oder Problem, ein Text oder eine Aussage gegliedert oder strukturiert werden kann.
558 Vgl. *Rummler* S. 84; vgl. allgemein *Walter* Stilkunde S. 52: Fragen Sie also: »Was ist der Aussagekern?«.
559 Angelehnt an *Ritter-Mamczek* S. 33, 80 f. Ähnlich auch *Zumbach/Astleitner* S. 75 f., die zwischen Fundamentumszielen und Additionszielen unterscheiden.
560 *Von Macke/Hanke/Viehmann* S. 112, anschaulich als »Kern« und »Skelett« bezeichnet.
561 Berendt/Voss/Wildt/*Berendt* B. 1.1 S. 13.
562 Bereits hier gilt es, nur die tatsächlich relevanten und unbedingt lehr- bzw. lernrelevanten Hauptpunkte zu erfassen.
563 *Rufer/Tribelhorn* V & L 2012, 492 (493).
564 Vgl. Berendt/Voss/Wildt/*Berendt* B. 1.1 S. 23.

- **Wiederholungen**
Berücksichtigen Sie die konkreten Zeitfenster für die Wiederholungen des Stoffes. Wie bereits erörtert[565] können Sie kaum zu häufig wiederholen.

141

**Tipp:** Es gibt verschiedene Methoden, den bisher behandelten Stoff effizient zu wiederholen. Herkömmlicherweise erfolgt die Wiederholung durch den Lehrenden: etwa indem das Erlernte noch einmal mit etwas anderen Worten wiedergegeben oder ein interessanter Beispielsfall erzählt wird.[566] Ein aussagekräftigeres Feedback über den Leistungs- bzw. Verständnisstand der Studierenden[567] erhalten Sie indes, wenn Sie die Studierenden in die Wiederholung einbeziehen, etwa, indem mündlich Fragen an das Podium gestellt werden, eine Online-Befragung via Clicker oder PINGO durchgeführt wird oder ein Fragekatalog zu den wichtigsten Aussagen ausgeteilt wird, der von den Studierenden ausgefüllt und sodann besprochen wird. Bei Veranstaltungsreihen, also etwa mehreren Lehrveranstaltungen, die aufeinander aufbauen, sollten Sie stets zu Beginn der jeweiligen Stunde das bisher Erarbeitete wiederholen.[568] Dieses Vorgehen hat den positiven Effekt, dass das neu zu erlernende Wissen in das bereits vorhandene (Vor-) Wissen eingearbeitet werden kann.[569] Ebendiese Wiederholung kann auch durch Studierende vorgenommen werden. So können etwa jeweils ein oder zwei Studierende beauftragt werden, eine Zusammenfassung der betreffenden Stunde für die nächste Stunde anzufertigen und vorzutragen. Auch eine Interaktion mit den Studierenden ist möglich: Lassen Sie die Studierenden die wesentlichen Ergebnisse am Ende der jeweiligen Stunde auf Karteikarten aufschreiben, einsammeln und dann zu Beginn der nächsten Stunde wiederholen und erörtern. Die Studierenden können auch aufgefordert werden, die wesentlichen Ergebnisse der Veranstaltung einem unbeteiligten Dritten (der 15 jährige Nachbarsjunge, die Frau am Kiosk, die Bundeskanzlerin etc) vorzutragen.[570] Eine besonders effektive Form der Wiederholung ist schließlich die schlichte Anwendung des gelernten Stoffes.[571] In jedem Fall bietet es sich an, am Ende eines Semesters bzw. der Vortragsreihe, noch einmal die thematischen Essentials der gesamten Veranstaltung (die »Kernaussagen«) in einem Rückblick zu wiederholen. Für welches Vorgehen Sie sich auch entscheiden: Die Wiederholungen kosten Zeit. Dies gilt es bereits im Planungsstadium bei der Stoffauswahl und -reduktion zu berücksichtigen.

- **Pufferzeiten**
Berücksichtigen Sie weiterhin bei der Planung der Veranstaltung auch ausreichende Pufferzeiten – auch, damit Sie **nicht in Zeitnot** geraten.[572] Jede Lehreinheit – insbesondere, wenn die interaktiv gestaltet wird – besitzt ihre eigene Dynamik und folgt anderen Gesetzmäßigkeiten. Es sind zwar »die Dozierenden, die planen – **konkretisiert** werden die Pläne aber zusammen mit den **Studierenden**.«[573] Für Sie bedeutet dies, dass Sie an manchen Stellen länger werden verweilen müssen als geplant und dafür ggf. bei anderen Themen ein schnelleres Vorgehen möglich erscheint als vorgesehen. Selbst bei bereits mehrfach wiederholten Veranstaltungen

---

565 → Rn. 33, 67, 70, 72, 78.
566 Vgl. *Dyrchs* S. 165.
567 Zu dessen Bedeutung → Rn. 23, 25, 31, 50, 93 ff.
568 Vgl. auch Berendt/Voss/Wildt/*Voss* E. 2.1 S. 8.
569 *Seel* S. 247.
570 Angelehnt an *Ritter-Mamczek/Lederer* S. 34 f.
571 *Klaner* S. 131; hierzu → Rn. 32, 38, 50, 54, 61, 84, 101.
572 *Macke/Hanke/Viehmann* S. 97 f.; *Ritter-Mamczek* S. 95.
573 *Pfäffli* S. 138.

ist es immer wieder verblüffend, dass jeder Kurs andere Probleme als besonders relevant ansieht und unterschiedlich interagiert (in der Gruppe wie mit dem Lehrenden). Um hierauf angemessen reagieren zu können, bedarf es eines ausreichenden Zeitpuffers, damit – insbesondere zu Ende kurz vor den Klausuren – keine unerwünschte Hektik auftaucht.[574] Wenn Sie dennoch in Zeitnot kommen sollten, lassen Sie (möglichst unauffällig) den Kann- (und notfalls den Soll-) Stoff[575] weg. Überziehen Sie jedoch nicht und ändern Sie auch nicht Ihren Schluss.[576] Auch wenn er vielleicht etwas kürzer ausfällt: Ein guter Schluss macht Ihre Lehrveranstaltung rund – und hilft über eine eventuell nicht ganz stimmige Zeiteinteilung hinweg.

142 **Die drei Kernaussagen:**
- Die Stoffreduktion bewahrt den Lehrenden vor den Gefahren der sog. Vollständigkeitsfalle und berücksichtigt die begrenzten kognitiven Ressourcen der Studierenden.
- Die Unterteilung des zu vermittelnden Stoffes in »Muss/Soll/Kann« Einheiten kann den Lehrenden bei dieser Aufgabe effizient unterstützen.
- Bei der Planung sind neben der Anzahl der Lehrveranstaltungsstunden auch Wiederholungseinheiten und Pufferzeiten zu berücksichtigen.

## VI. Festlegung der »Kernbotschaften«

*Eleganz, Harmonie, Anmut und guter Rhythmus beruhen auf Einfachheit. – Plato*

*Iss nie mehr, als du tragen kannst. – Miss Piggy*

143 Nachdem Sie den Stoff gesammelt und auf die wesentlichen Inhalte reduziert haben, ist anzuraten, noch einmal innezuhalten und sich noch einmal die bereits angesprochenen **wesentlichen Kernbotschaften** der gesamten Veranstaltung wie der Unterthemen vor Augen zu führen.[577] Dies führt zu einer klaren Fokussierung und erleichtert als übergeordnetes »Arbeitsprogramm« die anschließende Detailarbeit.

144 Hierbei sollte das (Unter-)Thema aufgrund der vorerläuterten natürlichen Kapazitätsbegrenzung[578] auf maximal **drei kurze, prägnante und griffige Kernaussagen**[579] reduziert werden. Legen Sie fest, was die Studierenden am Ende unbedingt mit nach Hause nehmen sollen[580] – und warum diese Kernaussagen so wichtig sind[581] (die gefürchtete »so what?« Frage[582]). Diese drei Kernaussagen sollten Sie sodann am Ende (zwingend) und ggf. zu Beginn der Veranstaltung (abhängig vom Spannungsbogen Ihrer Lehrveranstaltung) festhalten. Legen Sie diese den Studierenden als »*Take Home*

---

574 Dementsprechend empfiehlt *Lipp* S. 236, folgerichtig, nur 80 % der Zeit zu verplanen.
575 Von *Macke/Hanke/Viehmann* S. 112 als »Fleisch« bzw. »Beiwerk« bezeichnet.
576 Vgl. eingehend → Rn. 275 ff.
577 Vgl. *Fitzherbert* S. 80, der hier von einer einfachen Botschaft (EEB) spricht, die 3 Anforderungen erfüllt: »Sie ist einfach, sie ist unverwechselbar, sie führt weiter ins Detail.«.
578 → Rn. 66, 72 ff.
579 Vgl. *Thomas* S. 63.
580 Vgl. Berendt/Voss/Wildt/*Dubs* E. 2.5 S. 4: »Je mehr Einzelheiten präsentiert werden, desto geringer fallen das Behalten und der Lernerfolg aus.«
581 Vgl. *Reynolds* Zen S. 63, der sogar mit nur einer Kernaussage arbeitet; ähnlich Soudry/*von Trotha* S. 154 und Berendt/Voss/Wildt/*Görts/Watzin* D. 2.1 S. 8.
582 Berendt/Voss/Wildt/*Dubs* E. 2.5 S. 18.

*Message«* ans Herz (»Merken Sie sich also die drei folgenden Prinzipien...«).[583] Wie gesehen erleichtert es schließlich das Lernen ganz wesentlich, wenn den Lernenden immer auch das große Bild gezeigt wird, bevor die Details ausgeführt werden.[584]

Sinnvoll kann es auch sein, die Lehrveranstaltung selbst und, sollte diese Teil einer Mehrzahl von aufeinanderfolgenden Veranstaltungen sein, auch diese, unter eine »**Schlagzeile**«, eine Hauptidee zu stellen, an der sich die Veranstaltung/en »entlanghangeln« und die den Studierenden Orientierung verschafft.[585] Der Slogan sollte kurz und konkret sein und für den Zuhörer einen persönlichen Nutzen vermitteln.[586] Orientierung verschaffen hier die häufig sehr gelungenen Titel juristischer Vorträge.

145

## VII. Generelle Strukturierung und Grobgliederung des Stoffes

Das Gehirn sucht, wie erörtert,[587] stets nach Verknüpfungen des neuen Wissens mit bestehenden Wissensstrukturen. Es ist daher nicht möglich, etwas zu lernen, was nicht strukturiert wird.[588] »Die (...) sachlogische Abfolge der Lerninhalte in Form einer gut nachvollziehbaren Struktur und das Verhalten der Dozierenden haben Einfluss auf den Lernerfolg.«[589] Eine klare Struktur und (Grob-) Gliederung beruhigt den Lernapparat. Eine der Kernaufgaben des Lehrenden ist es daher, bereits im Vorfeld den Studierenden **klare und verständliche, möglichst selbsterklärende, Strukturen** anzubieten.[590] In dieser Phase der dispositio, der Planung, muss sich der Lehrende also für eine generelle Grobgliederung seiner Gedanken entscheiden.[591]

146

Finden oder konzipieren Sie also den sprichwörtlichen **roten Faden** in der Veranstaltung bzw. den Veranstaltungen – und orientieren Sie sich anschließend an ihm.[592] Ihre Grobgliederung sollte dabei – aufbauend auf den vorerläuterten drei Kernaussagen – einer Art **Fahrplan** der Gesamtveranstaltung gleichen, an dem Sie sich orientieren und (im positiven Sinne) entlanghangeln. Entsprechend den obigen Erwägungen hat es sich bewährt, sofern möglich und sinnvoll bei derartigen Gliederungen maximal sieben Punkte auf derselben Ebene vorzusehen.[593] Bei mehreren Veranstaltungsterminen müssen Sie darüber hinaus den zu vermittelnden Stoff in leicht »verdauliche« Lernportionen aufteilen.[594] Wichtig ist, dass Sie sich bei der Erstellung der Grobgliederung trotz der Komplexität des juristischen Themas nicht verzetteln. Denken Sie immer daran, dass es sich um einen mündlichen Vortrag handelt und keine schrift-

147

---

583 Bachmann/Breitschaft/Tuggener S. 210; aus der Sicht der empirischen Lehr-/Lernforschung auch Schneider/Mustafic/Gerhard et al. S. 17.
584 Gallo TED S. 132 mwN.
585 Wenn Sie an neuen Medien interessiert sind, bietet es sich an, die »Schlagzeile« hypothetisch zu tweeten, also an einer Twitter-Nachricht zu orientieren – die ja bekanntlich auch nur maximal 140 Zeichen umfassen darf.
586 Vgl. Berendt/Voss/Wildt/Rotthoff B. 1.6 S. 5.
587 → Rn. 22, 29, 67, 69, 73, 89.
588 Böss-Ostendorf/Senft S. 52.
589 Bachmann/Breitschaft/Tuggener S. 210.
590 Vgl. Kals FAZ v. 17./18.1. 2015, C1: »Reden ist Gold, Zutexten Blech«.
591 Maldeghem/Till/Sentker/Maldeghem S. 23.
592 Lipp S. 60.
593 Gallo Steve Jobs S. 99; vgl. Möllers S. 191.
594 Böss-Ostendorf/Senft S. 66.

liche Ausarbeitung. Ein wesentlicher Mehrwert, den sich die Studierenden von ihrer Veranstaltung versprechen, ist schließlich, dass Sie die häufig unübersichtlich scheinende Menge an juristischer Literatur und Rechtsprechung bündeln und klar **verständlich strukturieren, Zusammenhänge aufzeigen und Prioritäten** setzen.[595]

148 Die Gliederung sollte stets zu Beginn den **Studierenden vorgestellt und erörtert** werden. Rufen Sie den Studierenden diese Gliederung auch während der folgenden Lehrveranstaltung stets nach der Beendigung eines Sinnabschnitts (visuell) in Erinnerung, um ihnen eine Orientierung zu ermöglichen und Verbindungen mit früheren bzw. kommenden Lerneinheiten zu zeigen. Bei der Vorstellung neuer Sinnabschnitte bietet sich zur besseren Veranschaulichung insbesondere die Bündelung von Informationen anhand einer vorher erläuterten nummerierten Aufzählung an (»Nun spreche ich über die drei Ursachen von…«). Dieses Vorgehen lässt sich etwa an den – bei YouTube verfügbaren – Vorträgen von Steve Jobs illustrieren, der seine mittlerweile legendären Auftritte regelmäßig in drei Akte aufteilte.[596]

149
> **Tipp:** Beachten Sie bei der Planung des Aufbaus der Lerneinheit die bereits erläuterten[597] wesentlichen Punkte der inhaltlichen Logik:
> - vom Einfachen zum Komplexen,
> - vom Überblick zu den Einzelelementen,
> - von der Regel zur Ausnahme.[598]

150
> **Die drei Kernaussagen:**
> - Eine klare, stringente und verständliche Struktur/Gliederung der Lehrveranstaltung erhöht den Lernerfolg der Studierenden.
> - Dabei gilt es stets, den »roten Faden« der gesamten Veranstaltung im Auge zu behalten.
> - Die Struktur/Gliederung sollte zu Beginn der Veranstaltung eingehend erörtert werden. Sodann sollte am Ende einer jeweiligen Lerneinheit die Gliederung (visuell) noch einmal in Erinnerung gerufen werden (»Wo stehen wir? Was folgt nun?«).

## VIII. (Zeitliche und inhaltliche) Endkontrolle/Constructive Alignment

151 Nun stehen Sie am Ende des ersten Planungsprozesses. **Gleichen** Sie das gefundene Ergebnis – den zu vermittelnde Stoff – noch einmal kritisch mit dem **Vorwissen** der Studierenden einerseits und den **Lernzielen** andererseits **ab**. So sollten Sie sich fragen:
- Werden die Studierenden inhaltlich dort abgeholt, wo sie sich (juristisch) befinden (Vorwissen)?
- Wird der Mehrwert des Stoffes für die Studierenden deutlich (Motivation)?

---

595 *Kushner* S. 46; vgl. auch *Haft* ZDRW 2013, 5 (17), der das »auf den Punkt kommen« als besondere Fähigkeit von Juristen ansieht und die Rechtswissenschaft daher auch als »Strukturwissenschaft« einordnet. Wie so oft ist auch an dieser Stelle weniger mehr. Viele Fachleute schlagen daher etwa drei Hauptpunkte für einen halbstündigen Vortrag vor.
596 *Gallo* Steve Jobs S. 21. So etwa bei der Vorstellung des iPhones: »Heute stellen wir drei revolutionäre Produkte vor.«
597 → Rn. 100.
598 Vgl. *Pfäffli* S. 172.

- Wird die Einbindung des Stoffes in bestehende neuronale und juristische Netzwerke deutlich (Verknüpfung mit Bekanntem)?
- Werden die Lernziele durch die Stoffauswahl adressiert? Verneinendenfalls: Müssen die Lernziele oder die Stoffauswahl geändert werden?
- Kann aufgrund der Stoffauswahl eine Überprüfung des Zielerreichungsgrades gemessen werden?

Schließlich gilt es auch bereits zu diesem Zeitpunkt, auf die Prüfung (des Erreichens der Lernziele) vorzubereiten und besonderes Augenmerk auf die Kohärenz zwischen den Lernzielen, dem Veranstaltungsinhalt und dem Prüfungsdesign zu legen.[599]

## IX. Aufbau und Detailstruktur der einzelnen Veranstaltung

> Eine gute Rede hat einen guten Anfang und ein gutes Ende. Und dazwischen sollte nicht allzu viel Zeit vergehen. – Mark Twain

Bei der Erstellung der Detailgliederung und Struktur der einzelnen Lehrveranstaltung gilt der allgemeine Grundsatz: »Einfachheit ist die höchste Stufe der Vollendung.« (Leonardo da Vinci).[600] Orientieren Sie sich stets an einem einfachen Schema, das ihr Publikum leicht erkennen kann. Es bietet sich hier an, auch im Universitäts- und Hochschulkontext auf die bekannte und bewährte dreischrittige »Metastruktur«[601] »Einleitung, Hauptteil, Schluss« zurückzugreifen. Die wichtigsten Punkte bei jeder (Lehr-) Veranstaltung sind dabei stets der **Anfang** und das **Ende**.[602] Dies sind die Meilensteine, die die Studierenden am ehesten in Erinnerung behalten (sog. Primär- und Rezenzeffekt); hier können und sollten Sie reüssieren.[603] Im Hinblick auf die Aufmerksamkeit der Studierenden sind entsprechende »Wellenbewegungen«[604] zu beobachten, bei der die Aufmerksamkeit zu Beginn zunimmt, dann (etwas) nachlässt und zum Ende hin ihren (letzten) Höhepunkt erreicht.

### 1. Einstieg

Das Urteil des Publikums über den Redner/Dozenten/Lehrenden wird stets in den ersten 90 Sekunden nach der ersten Begegnung gefällt (sog. **Primäreffekt**).[605] Es ist daher für jeden öffentlichen Auftritt von besonderer Bedeutung, bereits zu Beginn (exordium) einen **souveränen**, kompetenten und vertrauensvollen Eindruck zu hinterlassen.[606] Starten Sie daher zB nicht mit einer Entschuldigung (für den Raum, die zeitliche Lage der Veranstaltung, das undankbare Thema oder ähnliches), das macht keinen souveränen Eindruck und führt beim Publikum statt zu Sympathie zumeist zu unangenehmen Fremdschämen. Auch wird eine gewollt falsche Bescheidenheit (»Man möge

---

599 *Pfäffli* S. 164.
600 Vgl. *Apel* S. 130.
601 *Hawelka/Hammerl/Gruber/Alberternst* S. 87.
602 Vgl. auch *Möllers* S. 184 ff.
603 *Kushner* S. 16; *Apel* S. 128. Professionelle Redenschreiber erklären, dass man den Kampf um die Aufmerksamkeit des Publikums in den ersten 30 Sekunden gewinnt oder verliert: *Medina* S. 131.
604 *Fitzherbert* S. 82.
605 *Gallo* Steve Jobs S. 287; zusammengefasst *Fritzherbert* S. 13: »Anfang und Ende bleiben in Erinnerung.«
606 *Nöllke/Schmettkamp* S. 86; vgl. *Macke/Hanke/Viehmann* S. 67.

mir nachsehen, dass...«) oder Selbstzweifel (»Liebe Studierende, ich hoffe, dass es mir heute gelingen wird...«) als unangebracht empfunden und führen schlimmstenfalls zu unbewussten Schlussfolgerungen auf Ihre fachliche (In-) Kompetenz.[607] Nichtssagenden Redewendungen wie »Ich erlaube mir heute...« schwächen die Botschaft Ihrer Lehrveranstaltung ebenfalls ohne Not ab.[608] Es ist aber gerade zu Beginn von besonderer Bedeutung, dass Sie **präsent** und **authentisch** wirken.[609] Der Beginn der Lehrveranstaltung hat auch eine bedeutsame »**Türöffnerfunktion**« für den Lernprozess. Er sollte den Studierenden ermöglichen, ihre Aufmerksamkeit auf das Neue auszurichten und das Interesse an dem Neuen wecken.[610] Nicht umsonst gilt auch im Theater die Grundregel, dass, um das Publikum für den Theaterabend einzunehmen, die Inszenierung gleich zu Beginn des Abends das Interesse des Publikums erregen (und dieses dann »nur« noch aufrechterhalten werden) muss.[611]

155 Den Anfang Ihrer Veranstaltung[612] sollten Sie dieser doppelten besonderen Bedeutung wegen möglichst **auswendig** beherrschen. Schon Aristoteles wusste: »Der Anfang ist die Hälfte des Ganzen«. Umgekehrt gilt: »Wenn der Start misslingt, gelingt es kaum, gute Voraussetzungen für die Aufmerksamkeit zu schaffen, selbst wenn spätere Teile der Veranstaltung ansprechend sein sollten.«[613]

156 Vorliegend werden zwei Varianten des geglückten Beginns einer Lehrveranstaltung vorgestellt, einmal die »traditionelle« Version, die sich insbesondere für die erste Stunde einer Lehrveranstaltungsreihe anbietet, und einmal die »innovative« Variante; beide Vorgehensweisen können auch miteinander kombiniert werden.

### a) »Traditionell«

157 Denken Sie stets daran: In der Einleitung wird der **Kontakt zu den Zuhörern** geknüpft, das Verhältnis zwischen Zuhörern und Redner definiert und – bestenfalls – die Aufmerksamkeit geweckt für das Thema der Lehrveranstaltung.[614] Grundsätzlich sollte diese erste Kontaktaufnahme daher ohne allzu effektvollen Medieneinsatz erfolgen, da dies zu sehr von Ihnen (und den Studierenden) ablenkt.[615] Ein gelungener traditioneller Einstieg in eine Lehrveranstaltung(sreihe) sollte dabei möglichst die folgenden Elemente enthalten:

#### aa) Persönliche Vorstellung des Lehrenden

158 Sofern die Studierenden Sie noch nicht kennen, ist es eine Frage der Höflichkeit, dass Sie sich dem Publikum kurz vorstellen. Erläutern Sie dabei kurz Ihre **Position** an der Hochschule bzw. (bei extern Lehrenden) Ihren **Werdegang** und Ihren **Bezug zum Thema**. Wenn Sie auch Privates kundtun wollen, können Sie dies tun, sollten die Zuhörer in der ersten Stunde des »Beschnupperns« jedoch nicht überfordern. Sofern

---

607 Vgl. zu dem sog. »Halo-Effekt«: *Forgas/Frey* S. 61 ff.
608 Maldeghem/Till/Sentker/*Till* S. 46.
609 *Fitzherbert* S. 133; *Lobin* S. 18; *Gallo* TED S. 76.
610 *Pfäffli* S. 167.
611 Maldeghem/Till/Sentker/*Maldeghem* S. 22.
612 Bei einer Veranstaltungsreihe gilt dies zumindest für die erste Veranstaltung.
613 Berendt/Voss/Wildt/*Dubs* E. 2.5 S. 18.
614 *Flume/Mentzel* S. 14.
615 Berendt/Voss/Wildt/*Görts/Watzin* D. 2.1 S. 15.

dem Anlass angemessen bzw. sinnvoll, können Sie zu Beginn neben der allgemeinen Vorstellung auch Ihre eigenen Kompetenzen im zu behandelnden Bereich ausführen. Wenn Sie einen nachvollziehbaren persönlichen Bezug zu dem Thema herstellen können und positive Erwartungen an die Lehrveranstaltung ausdrücken, weckt dies regelmäßig die Neugier (und damit die Motivation[616]) der Studierenden.[617] Als besonders positiv werden die Studierenden es empfinden, wenn Sie (an dieser Stelle, aber auch während der gesamten Lehrveranstaltung) ihnen die Faszination des Gebietes und Ihre eigene **Begeisterung** hierfür glaubhaft vermitteln.[618]

### bb) Empfehlenswert: gegenseitige Abfrage der Hoffnungen, Erwartungen und Befürchtungen und Erörterung der Lern- (und ggf. Fern-) ziele

Als besonders effizient hat es sich erwiesen, gleich zu Beginn der Veranstaltung(sreihe) eine Abfrage zu **Hoffnungen und Befürchtungen** im Hinblick auf die Veranstaltung vorzunehmen.[619] Es sollte insbesondere deutlich werden, was die Studierenden von der Lehrveranstaltung erwarten (und worauf sie bildlich gesprochen einen »Anspruch« besitzen),[620] sprich: Welchen Mehrwert eine Teilnahme für sie zeitigen soll.[621] An dieser Stelle gilt es also (spätestens) die Frage zu adressieren: »Was habe ich davon, an dieser Veranstaltung teilzunehmen?«. Dieses Transparenz schaffende und die Motivation der Studierenden fördernde Vorgehen besitzt nach *Hattie* eines der höchsten Effektmaße (1.44).[622] **159**

Umgekehrt sollten auch Sie als Lehrender bereits an dieser Stelle deutlich machen, welche Erwartungen (insbesondere hinsichtlich des Arbeitsaufwandes, der Mitarbeit etc) Sie an die Studierenden haben.[623] In diesem Kontext können Sie dann (entweder an dieser Stelle oder nach der Abfrage des Vorwissens) auch die angestrebten **Lernziele** vorstellen und erläutern;[624] die Aussicht auf das Erreichen dieses positiven Lernerfolges steigert die intrinsische Motivation der Studierenden und verdeutlicht den Mehrwert des Besuches der Veranstaltung. Als sehr motivierend kann es auch wirken, wenn Sie etwaige Fernziele bekanntgeben und praxisbetont begründen. Dies fördert nicht zuletzt die Ausrichtung der Wahrnehmung auf das Wesentliche.[625] **160**

Über das Lehr/Lernsynallagma der gegenseitigen Erwartungen und Ansprüche zwischen Studierenden und Lehrenden sollte grundsätzlich **Einverständnis** bestehen **161**

---

616 → Rn. 31, 37, 80 ff.
617 *Pfäffli* S. 168.
618 → Rn. 81.
619 *Remmler* S. 36.
620 Hohe Erwartungen der Lernenden an den Inhalt der Veranstaltung zu wecken besitzt eine Effektstärke von 0.53: *Hattie* Lernen S. 138; die Lehrererwartung besitzt demgegenüber eine Effektstärke von 0.43.
621 *Remmler* S. 39. Beachte: Eine umfangreiche Metaanalyse über 69 Einzelstudien hat gezeigt, dass die regelmäßige Teilnahme von Studierenden stark mit ihrer Veranstaltungsnote (Effektstärke 0.98) und ihren Studiennoten insgesamt (Effektstärke 0.90) assoziiert ist (*Credé/Roch/Kieszcynka* Review of Educational Research 2010, 80(2), 272). Insofern sollten Sie stets im Rahmen ihrer Möglichkeiten auf eine hohe Teilnahmequote wert legen.
622 *Hattie* Lehrpersonen S. 276 ff.
623 Vgl. *Rummler* S. 36.
624 Wenn Sie eine Reihe von Veranstaltungen bestreiten, kann es sinnvoll sein, den Studierenden zunächst die Fern- (»Am Ende des Semesters sind Sie in der Lage...«) und dann die Nahziele (»Nach der heutigen Stunde können Sie...«) zu erörtern.
625 *Pfäffli* S. 167.

bzw. hergestellt werden. Die klare Kommunikation der gegenseitigen Erwartungen und die Festlegung der beiderseitigen Ziele in einer Art »Vertrag« zwischen dem Lehrenden und den Studierenden stellt nach der Lehr-/Lernforschung ein bedeutsamen Einflussfaktor für eine effizienten Lehre dar.[626] All dies können Sie auf einem Flipchart oder der Tafel/dem Whiteboard festhalten und im Rahmen des Fotoprotokolls[627] (→ Rn. 322) den Studierenden dauerhaft zur Verfügung stellen. Auf diesem Wege wird bereits früh eine erste Aktivierung der Studierenden erreicht[628] und die Studierendenkonzentrierung der Lehre verdeutlicht.[629] Nicht zuletzt haben Sie so auch die Chance, gleich zu Beginn Fehlvorstellungen richtig zu stellen, ihr Veranstaltungsdesign ggf. umzustrukturieren und besitzen einen eigenen Fahrplan (»Auftrag«), an dem Sie sich messen lassen können.

162 Selbstverständlich sollte am **Ende** der Lehrveranstaltung(sreihe) ein **Abgleich** dieses Fahrplans mit dem Erreichten erfolgen. Konkret kann an dieser Stelle noch einmal besagtes Foto in die Präsentation eingebaut und mit den Studierenden diskutiert werden. Dies kann zudem als zwanglosen Einstieg in eine finale **Feedback-Runde** verwendet werden (»Sind Ihre Wünsche befriedigt worden? Haben sich Ihre Befürchtungen bewahrheitet? Sind die Erwartungen eingetreten?«).

### cc) Abfrage des Vorwissens der Studierenden

163 Fragen Sie mittels einer strukturierten Selbsteinschätzung[630] oder einer Kleingruppenarbeit[631] (eingehend zu den möglichen Methoden → Rn. 110) kurz und formalisiert das Vorwissen der Studierenden ab und verdeutlichen Sie so die Verbindung des zu vermittelnden mit dem bereits vorhandenen (Vor-) Wissen.[632] Zur Erinnerung: Sollte es sich um eine Folgeveranstaltung Ihrer Veranstaltungsreihe handeln, sollten Sie stets auch die wesentlichen Kernbotschaften der letzten Veranstaltung wiederholen um dergestalt an das »neu erworbene« und gemeinsam erarbeitete Vorwissen anzuknüpfen.[633]

### dd) Vorstellung der Veranstaltung: Lernziele, Gliederung, Arbeitsaufwand, gewählte Methoden etc

164 Einen Schwerpunkt des »klassischen« Einstieges bildet sodann die Darstellung und Erläuterung der Lernziele (sofern nicht bereits geschehen), des Inhaltes und der konzipierten Gliederung der Lehrveranstaltung(sreihe) dar.[634]

---

626 *Brauer* S. 8; vgl. auch *Pfäffli* S. 155.
627 In dem Fotoprotokoll werden diejenigen Inhalte festgehalten, die erst im Rahmen der Veranstaltung erarbeitet wurden (insbes. auf Flipcharts, Whiteboards, Tafeln). Dies geschieht, indem die betreffenden Medien (zB per Smartphone) abfotografiert werden; vgl. → Rn. 322.
628 «Fragen stellen eröffnet Möglichkeiten von Bedeutung«: *Gadamer* S. 375; ähnlich *Craig/Sullins/Witherspoon/Gholson* Cognition and Instruction 2006, 24(4), 565, 567.
629 Griebel/Gröblinghoff/*Dauner-Lieb* S. 43; *Dauner-Lieb* ZDRW 2014, 1 (6); Brockmann/Dietrich/Pilniok/*Wildt* Methoden S. 47.
630 Lernende haben ein sehr genaues Verständnis bezüglich ihres Leistungsniveaus und ihrer Erfolgschancen: Nachweis bei *Hattie* Lernen S. 52 f.
631 Vgl. Bachmann/*Breitschaft*/Tuggener S. 236.
632 Vgl. auch *Hattie* Lehrpersonen S. 18; *Merrill* S. 43.
633 → Rn. 89 ff., 108 ff.
634 Vgl. *Nöllke/Schmettkamp* S. 25.

> **Tipp:** Bei einer (Folge-) Veranstaltung einer Vortragsreihe kann an dieser Stelle auch die Agendafolie bzw. die Agendaflipchart für alle Studierende erkennbar präsentiert werden, um die Verortung der jeweiligen Stunde im gesamten Aufbau der Lehrveranstaltungsreihe zu ermöglichen.

**165**

Eine bessere Visualisierung des Vorgehens kann hierbei, sofern gewünscht, durch einen sog. *Advance Organizer* erreicht werden.[635] Dieser gleicht einer kognitiven Landkarte, die eine Struktur des neuen Wissens in Wort und Bild darstellt. Er kann als im Voraus (*in advance*) gegebenes »Lerngerüst« angesehen werden, das den Lernprozess strukturiert (*organizer*). Dabei stellt er für die Lernenden anschaulich auf einen Blick dar, welche Themenbereiche und inhaltlichen Schritte in einer Lerneinheit angegangen werden. Die Darstellung muss dabei einfach, die Begriffe sollten bekannt sein. Durch eine solche einseitige Zusammenführung – und Strukturierung – der wesentlichen Inhalte der Lehrveranstaltung wird das Wissen organisiert. Da zu Beginn der Lehrveranstaltung ein Überblick über den gesamten geplanten Stoff gegeben wird, wird dieser für die Studierenden überschaubar. Dies ermöglicht sowohl bei der ersten Lehrveranstaltung wie auch bei Folgeveranstaltungen einen effizienten Einstieg in die Materie bei gleichzeitiger Verortung des Themas und etwaiger Wiederholung bereits behandelter Stoffgebiete. Überdies kann der *Advance Organizer* zum Ende der (jeweiligen) Lehrveranstaltung herangezogen werden, um den behandelten Stoff noch einmal zu verorten, zu visualisieren und zu wiederholen und die nächste Lehrveranstaltung inhaltlich vorzubereiten; (auch) hier können dabei erkennbar Anknüpfungspunkte zu bekanntem Wissen dargestellt werden.[636]

**166**

> **Tipp:** Sie können die Studierenden auch dazu auffordern, selbst den Advance Organizer zu bilden. Zunächst wird dabei in Gruppen das Vorwissen der einzelnen Studierenden ermittelt und sodann dazu aufgerufen, die vorhandenen Informationen und die neu hinzukommenden zu strukturieren, zB mittels eines Baumdiagramms, Begriffshierachien, Flussdiagramme, Mindmaps, Clustering.[637]

**167**

Spätestens an dieser Stelle – alternativ auch bereits früher, wenn sich dies thematisch anbietet – sollten Sie auch explizit auf die Notwendigkeit des **Selbststudiums** hinweisen. Dessen Bedeutung hat durch die Bologna-Reform[638] noch einmal deutlich zugenommen.[639] Der konkrete Umfang in Bezug auf die jeweilige Lehrveranstaltung kann

**168**

---

635 Detaillierte Erläuterung etwa unter http://methodenpool.uni-koeln.de/download/organizer.pdf.und *Hoffmann/Kiehne* S. 6. Die – allerdings verhältnismäßig geringe – Effizienz dieses Instruments ist empirisch nachgewiesen (*Schneider/Preckel* Psychological Bulletin 2017 (im Erscheinen): Effektstärke 0.26 (*Advance Organizer*) bzw. 0.36 (*Concept Map*).
636 Zum Ganzen *Pfäffli* S. 168 f.
637 Vgl. Bachmann/*Breitschaft/Tuggener* S. 240.
638 Vgl. im Übrigen → Rn. 12 ff.
639 Vgl. die Definition der ECTS-Credit Points durch die HRK (Hervorhebung durch den Verf.): »Ein ECTS-Punkt entspricht einem durchschnittlichen studentischen Arbeitsaufwand (Workload) von 30 Stunden. In einem Jahr sollen 60 ECTS- Punkte erworben werden, das spricht einer Arbeitsbelastung von 1800 Stunden, was einem Vollzeitstudium mit ca. sechs Wochen Urlaub entspricht. (…) Der studentische Arbeitsaufwand beinhaltet neben dem Besuch der Lehrveranstaltungen auch die Zeiten für Vor- und Nachbereitung der Veranstaltungen, Prüfungen und die Zeit des **Selbststudiums**. Damit wird ein Paradigmenwechsel in der Lehre von einer Lehrzentrierung hin zu einer Lernzentrierung eingeführt. Der Umfang eines Studiums wird

zwar grundsätzlich auch den betreffenden Modulhandbüchern entnommen werden; Sie sollten den Studierenden die Wichtigkeit des Selbststudiums jedoch zu Beginn der Lehrveranstaltung noch einmal vor Augen führen und deutlich machen, dass Sie bestimmte Inhalte des Selbststudiums als bekannt voraussetzen. Vergessen Sie dabei nicht, den Studierenden auch **Hilfestellungen** für die Eigenarbeit zu geben. Ihre Lehre ist schließlich dann besonders effizient, wenn die Studierenden auch außerhalb der eigentlichen Lehrveranstaltung selbst effizient nach-, vor- und allgemein mitarbeiten.[640] Hierfür können etwa Seiten aus dem eigenen Skript zum (Nach- oder Vor-)Lesen genannt, Online-Fragen (*Multiple Choice*) zur Verfügung gestellt und/oder Urteile zum Heimstudium oder sonstige Lese- und Literaturtipps (Lehrbücher, Aufsätze) aufgegeben werden. Für eine derart **verpflichtende Heimlektüre** spricht, dass sie die Studierenden befähigt, (juristische) Texte in Eigenarbeit zu lesen und zu verstehen – eine der wesentlichen Kompetenzen für das spätere Berufsleben etwa als Rechtsanwalt, Richter, Staatsanwalt, Unternehmensjurist (**situiertes Lernen**).[641] Überdies unterstützt die Heimlektüre (richtig verwendet) auch das aktive Lernen,[642] da die Studierenden statt des bloßen Lesens den aufgegebenen Text als echtes »Arbeitsmittel« begreifen. Dies erreichen Sie, wenn Sie den Studierenden konkrete Fragen an die Hand geben, anhand derer die Texte durchzuarbeiten sind, und in der Folgestunde konkret auf die selbsterarbeiteten Antworten der Studierenden eingehen. Schließlich hilft die Pflichtlektüre auch dabei, dass Sie sich in Ihrer Lehrveranstaltung auf **wesentliche Inhalte konzentrieren** können und entlastet Sie damit von der Verantwortung, nichts vergessen zu dürfen – bzw. möglichst alles in der Lehrveranstaltung abdecken zu müssen.[643]

**169** Erläutern Sie den Studierenden auch, wie Sie die Zeit im **Selbststudium möglichst effizient** verwenden können.[644] Dies bedeutet etwa, dass Sie Ihnen die **PQRST-Methode** (für *Preview, Question, Read, Self-reciation* und *Test*) vorstellen können: Diese geht davon aus, dass man sich zunächst in einer ersten Phase des Überfliegens des Dokumentes einen Gesamtüberblick verschafft (etwa: Wie ist das Inhaltsverzeichnis strukturiert? Welche Titel/Überschriften, Bilder/Diagramm existieren? Was besagt die (hoffentlich vorhandene) Zusammenfassung am Ende?). Dann werden anhand des vorhandenen Vorwissens und der bisher gewonnenen Erkenntnisse Fragen formuliert, die durch das Studium des Lesestoffes beantwortet werden sollen. Ebendiese Fragen liegen dann der eigentlichen Lesephase zugrunde, die aktiv und kritisch – mit Unterstreichungen, Icons etc – erfolgen soll. Hiernach gilt es, die wichtigsten Aussagepunkt herauszuarbeiten und zusammenzufassen (sofern gewünscht schriftlich, etwa in einem Mindmap oder, sehr effizient, aber auch ebenso ungewohnt, in einem Selbstgespräch), zu wiederholen und erneut in den Kontext zum Vorwissen

---

nicht mehr in der Zahl der in der Präsenzlehre absolvierten Semesterwochenstunden gemessen, sondern im Umfang des tatsächlichen studentischen Arbeitsaufwandes.« Entnommen aus HRK Bologna-Zentrum, Bologna-Reader III, FAQs – Häufig gestellte Fragen zum Bologna-Prozess an deutschen Hochschulen, https://www.hrk.de/fileadmin/redaktion/hrk/02-Dokumente/02-10-Publikationsdatenbank/Beitr-2008-08_BolognaReader_III_FAQs.pdf.
640 *Brauer* S. 12.
641 *Pfäffli* S. 210.
642 Vgl. den häufig zitierten Ausspruch von Lao Tse: »Gib einem Mann einen Fisch und du ernährst ihn für einen Tag. Lehre ihn das Fischen und du ernährst ihn für sein ganzes Leben.«
643 Vgl. die Ausführungen → Rn. 133 ff.
644 Vgl. *Brauer* S. 156 f. und Berendt/Voss/Wildt/*Feltes/Junge/Ruch* E. 2.9 S. 4. Die Strategie »Selbstunterricht« besitzt eine Effektstärke von 0.62: *Hattie* Lernen S. 226.

und den selbst formulierten Fragen zu stellen. Am Ende sollte dann die Erinnerung über die wesentlichen Aussagen des Textes überprüft und ggf. nachgesteuert werden; hierzu sollte erneut das Inhaltsverzeichnis, die Zusammenfassung und die Notizen herangezogen werden.

Die Eigenarbeit sollte pro Stunde Präsenzlehre bei **mindestens 1:1** liegen, bei Masterstudiengängen sogar noch deutlich höher. Sie sollten Ihre Studierenden jedoch auch nicht durch überambitionierte Aufgaben überfordern; es gilt, die **Motivation** durch Eigenarbeit **hochzuhalten**.[645] Diese wird etwa dadurch geweckt, dass Sie, wie erläutert, in den Lehrveranstaltungen die Lektüre zu Beginn abfragen oder als derart selbstverständlich voraussetzen, dass derjenige, der diese unterlassen hat, selbst motiviert wird, zur nächsten Stunde die Pflichtlektüre durchzuarbeiten. Die Pflichtlektüre sollte dabei für das Selbststudium lernfördernde Hinweise, zum Beispiel »Fragen, Aufgaben und Lösungen, Kommentare, Gewichtungen, Denkanstöße«[646] bieten. Ein Hinweis, dass – neben den Inhalten der Lehrveranstaltung – (auch) die Pflichtlektüre klausurrelevant ist, sollte sicherlich sein Übriges tun. Im Rahmen des rechtlich Zulässigen hilft es überdies, die erforderlichen Quellen zum Download auf den betreffenden Hochschulseiten im Netz (etwa: Moodle) einzustellen. Die Lektüre sollte zuletzt dem Fortschritt der Veranstaltung entsprechend in »verzehrfähige Happen« unterteilt und einzelnen Themenbereichen zugeteilt werden. 170

Es ist erkennbar, dass insbesondere zu Beginn einer umfangreichen Veranstaltung(sreihe) ein **erhöhter Expositionsaufwand** erforderlich ist. Um hierbei alle wesentlichen Aspekte zu behandeln und nachhaltig eine transparente Struktur der Veranstaltung zu kommunizieren, hat sich in der Praxis die Verwendung sog. Seminarpläne bewährt (hierzu eingehend → Rn. 284 ff.). 171

**Die drei Kernaussagen:** 172
- Der Beginn der (ersten) Lehrveranstaltung ist für das Gelingen der gesamten Lehrveranstaltung(sreihe) von überragender Bedeutung.
- Sofern Sie einen »traditionellen« Einstieg wählen, sollten Sie vor allem die folgenden Punkte transparent machen bzw. mit den Studierenden diskutieren: persönliche Vorstellung des Lehrenden, Abfrage des Vorwissens der Studierenden, Vorstellung der Veranstaltung (Lernziele, Gliederung, Arbeitsaufwand, gewählte Methoden etc).
- Sie sollten bei der Vorstellung der Veranstaltung überdies explizit auf die Bedeutung, Art und Umfang des Selbststudiums hinweisen und den Studierenden Hilfeleistungen für ein effizientes Heimstudium anbieten.

## b) »Innovativ«

Eine besonders **nachhaltige und lernfördernde Wirkung** ruft jedoch gerade ein **erwartungswidriges Verhalten** zu Beginn der Lehrveranstaltung hervor, wenn sich also der Vortragende anders verhält, als dies von den Zuhörern erwartet wird.[647] Ein solches, in der Hirnforschung unter dem Begriff »Erwartungsverletzung« bekanntes Vorgehen führt dazu, dass das Gehirn besonders aktiv und gefordert wird: »Lernen 173

---

645 → Rn. 80 ff.
646 *Pfäffli* S. 165.
647 Vgl. *Walter* Rhetorikschule S. 130.

## § 3. Vorbereitung einer juristischen Lehrveranstaltung

findet (…) vor allem statt, wenn etwas Überraschendes passiert.«[648] Es gilt: »Schon ein zartes Abweichen von der üblichen Wahrnehmungsform überbrückt das Meer der Interesselosigkeit. (…) Entscheidend ist der Mut zu überraschen, um die Grundaufmerksamkeit zu gewinnen.«[649] Ein solches Vorgehen bietet sich insbesondere dann an, wenn die Studierenden Sie bereits kennen und/oder es sich um eine Folgeveranstaltung handelt und der »klassische Einstieg« in die gesamte Lehrveranstaltung mit den dortigen Informationen bereits in einer früheren Stunde erfolgte.

**174** Starten Sie doch einmal mit einem **Überraschungsmoment**. Wecken Sie Aufmerksamkeit, Spannung und Neugierde durch einen persönlichen, unerwarteten, originellen, herausfordernden[650] und/oder humorvollen Beginn, etwa mit einem Film, einem originellen Zitat, einem aktuellen Ereignis,[651] einer Nachricht oder Kontroverse, einer Geschichte,[652] einer provokanten These oder Frage,[653] einem Beispielsfall,[654] einer (scheinbar) widersprüchlichen Aussage, einer spontanen Handabfrage (»Wer von Ihnen hat…«, Wer kennt…«; zur Technik s. die Ausführungen unter → Rn. 195), der Darstellung eines Gerichtsverfahrens – beginnen Sie hier mit der Schilderung des Sachverhaltes – oder eine Allegorie.[655] Je origineller Ihr Einstieg ist, umso größer ist die Chance, die Studierenden (wieder) für Ihr Thema zu gewinnen.[656] Bei Zitaten bietet es sich an, dieses im Rahmen der Präsentation (als erstes Blatt) mit einem Foto des Zitierenden zu verbinden oder das Zitat mit einem aussagekräftigen Foto zu verknüpfen, das den aufgeführten Gedanken veranschaulicht. Es gilt hier aus neurowissenschaftlicher Sicht zum einen der Bildüberlegenheitseffekt und zum anderen das vorgenannte Prinzip der räumlichen Nähe,[657] das auch durch empirische Untersuchungen unterstützt werden kann.[658] Dies bedeutet, dass Studierende besser lernen, wenn ihnen zusammengehörige Worte und Bilder (hier das Foto des Zitierten und dessen Ausspruch) dicht nebeneinander und nicht in großer Entfernung präsentiert werden – also möglichst auf einer Seite/Folie.[659]

---

648 *Güntürkün* S. 35; dies lässt sich vor allem darauf zurückführen, dass Erwartungsverletzungen durch den Botenstoff Dopamin kodiert werden, der wiederum die Arbeit von vielen benachbarten Synapsen beeinflusst.
649 *Maldeghem/Till/Sentker/Till* S. 46.
650 Ganz allgemein gilt: Lehrende, die Lernende herausfordern, besitzen mit 0.64 eine erhebliche Effektstärke: *Hattie* Lernen S. 138. Eine Herausforderung ist dann motivierend, wenn »die Aufgabe lösbar ist, aber auch einen kognitiven Konflikt (ein solcher wird ausgelöst durch eine Konfrontation mit Unerwartetem, wen Studierende eine Aufgabe nicht mit bekanntem Wissen und gewohnten Strategien lösen können) auslöst, der eine Denkanstrengung und Kreativität erfordert«: *Pfäffli* S. 210.
651 Empfohlen etwa von *Thomas* S. 64.
652 *Dummann/Jung/Lexa/Nienkrenz* S. 81; *Bischof/Bischof/Knoblauch/Wöltje* S. 93.
653 Vgl. *Adamczyk* S. 3.; *Reynolds* Naked S. 64 ff., 151; vgl. auch *Nöllke/Schmettkamp* S. 26.
654 *Bachmann/Breitschaft/Tuggener* S. 214.
655 Vgl. Soudry/*von Trotha* S. 155. Aktuelles können Sie über verschiedene Kanäle erreichen: Gespräche im Kollegenkreis, Artikelsammlungen, Zeitungsberichte, Fachzeitschriften, Newsletter, soziale Netzwerke, Fernsehen, Fortbildungsveranstaltungen etc: *Dummann/Jung/Lexa/Niekrenz* S. 25.
656 *Flume/Mentzel* S. 28.
657 → Rn. 87, 310.
658 *Ginns* Learning and Instruction 2006, 16, 511. Hier wurde in einer Metaanalyse über 31 Einzelstudien nachgewiesen, dass die räumliche (Effektstärke 0.72) wie zeitliche (0.78) Nähe von inhaltlich zusammengehörigen Informationen den Lernerfolg in erheblichem Umfang positiv beeinflussen kann.
659 *Medina* S. 238.

## Folie 5: Zitat und Person[660]

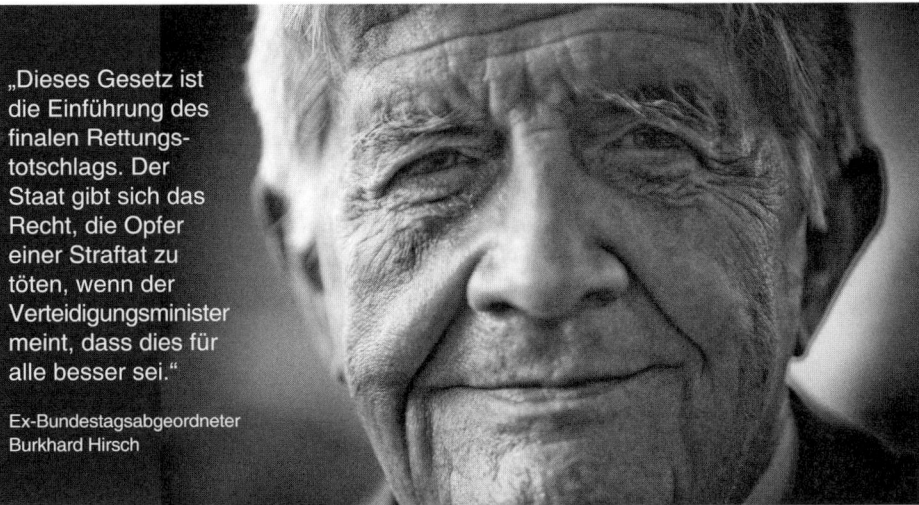

„Dieses Gesetz ist die Einführung des finalen Rettungstotschlags. Der Staat gibt sich das Recht, die Opfer einer Straftat zu töten, wenn der Verteidigungsminister meint, dass dies für alle besser sei."

Ex-Bundestagsabgeordneter
Burkhard Hirsch

## Folie 6: Zitat und Bild[661]

**Grundregel 1:**

Die Präsentation soll den mündlichen Vortrag nur unterstützen, nicht ersetzen.

---

[660] Die Verwendung des Bildes erfolgt mit freundlicher Genehmigung von Frau Irene Zandel.
[661] Die Verwendung des unveränderten Bildes von Tamaki Sono (https://www.flickr.com/photos/tamakisono/14903068219/in/photolist-oGW7Y4-eknpVz-sBCu2g-75cdwB-HUpBWC-Fppfbm-8uxcGT-8kq7Au-8kq7KQ-8kmVUr-qiB794-fFc8fL-92g3A3-beoW3D-hYu5pq-zh6Vq-jBb8eQ-66Kef6-7tHbtF-m3jLcV-4qzyMr-5Ctoc5-95vXWV-p9WqJk-9dvq8D-9vcUhU-6txwLb-4c3r4G-4Xaab8-3Pwhe-6zLQXL-cUh26w-aBJbGa-5bqm3G-aSeFEc-kmNw8-8nnLgs-6QKasK-4v Nv68-D8xiD-5ypUR1-d6M9Rf-9KQ2ST-udnK1N-6C9RK3-7phryf-ddWbnt-B52MXw-bBem KE-965m6H) erfolgt aufgrund einer Creative Common Lizenz: https://creativecommons.org/licenses/by/2.0/ (zuletzt abgerufen am 8.3.2017).

177 Wenn Sie mit einem derartigen Paukenschlag arbeiten möchten, reicht es aus, zunächst zu warten, bis sich die Aufregung im Raum gelegt hat (der stumme Blick ins Publikum ist wirkungs- und machtvoller als eine ironische Bemerkung oder autoritäre Aufforderungen), die Studierenden anzusehen, dann kurz lächelnd zu begrüßen »Guten Morgen...« und **unvermittelt** zu beginnen.

178 **Tipp:** Durch einen gelungenen Redebeginn sollte nach Cicero das Wohlwollen des Publikums gewonnen werden (*captatio benevolentiae*), Aufmerksamkeit erregt werden (*attentum parare*) und das Interesse bzw. der Lernwille geweckt werden (*docilem parare*).[662] Dies können Sie, wie gesehen, zu Beginn (wie auch im weiteren Verlauf der Veranstaltung) unterstützen, indem Sie etwa
- an Erfahrungen der Studierenden anknüpfen,
- historische oder aktuelle Ereignisse anführen,
- persönliche Interessen am Thema verdeutlichen,
- fachliche Zusammenhänge darstellen bzw. Verbindungen zu anderen Themen aufzeigen,
- einen berufspraktischen Bezug herstellen,
- theoretische Erkenntnisse an exemplarischen Fällen verdeutlichen.[663]

Eine didaktische Motivierung kann dann erfolgen durch eine ausreichende Strukturierung der Veranstaltung, einen gezielten Medieneinsatz und einen effizienten Methodenwechsel (hierzu → Rn. 146 ff., 205 ff., 301 ff.).[664]

179 Bevor Sie nun mit der »eigentlichen« Lehrveranstaltung beginnen, sollten Sie, wenn es sich um eine Folgeveranstaltung handelt, sodann wieder in das »herkömmliche Fahrwasser« zurückkehren: Schaffen Sie im Anschluss an den innovativen Beginn zunächst den Bezug zum behandelten Thema,[665] nehmen Sie dann eine kurze **Wiederholung** des bisher Erarbeiteten vor[666] und schließen Sie die Einleitung mit einem Ausblick auf das nun Kommende.[667]

180 **Die drei Kernaussagen:**
- Der »innovative« Beginn bietet sich vor allem bei den Folgeveranstaltungen innerhalb einer Lehrveranstaltungsreihe an, wenn also die erforderlichen »Basisinformationen« bereits ausgetauscht wurden.
- Der überraschende (und möglichst unvermittelte) Beginn kann etwa erfolgen mithilfe eines Films, eines originellen Zitats, eines aktuellen Ereignisses/Nachricht/Kontroverse, einer Geschichte, einer provokanten These oder Frage, eines Beispielsfalls, einer (scheinbar) widersprüchlichen Aussage, eines Gerichtsverfahrens oder einer Allegorie.
- Nach einer Erörterung des Zusammenhanges des erwartungswidrigen Beginns mit dem Thema der konkreten Lehrveranstaltung sollte der übliche Überblick über den zu vermittelnden Stoff der kommenden Lehrveranstaltung erfolgen, bevor mit der eigentlichen Stoffvermittlung, also dem Hauptteil, begonnen wird. Sofern es sich um eine Folgeveranstaltung handelt, gilt es auch, zu Beginn eine Wiederholung des bereits Erarbeiteten und die inhaltliche Einbettung des Neuen in das Bekannten vorzunehmen.

---

662 Nachweis bei *Walter* Stilkunde S. 124.
663 Berendt/Voss/Wildt/*Marks* E. 3.1 S. 7; vgl. auch *Zumbach/Astleitner* S. 121.
664 Berendt/Voss/Wildt/*Marks* E. 3.1 S. 7 f.
665 Vgl. anschaulich *Haft* Rhetorik S. 123: »Mein Thema – der Sinn der Strafe – hat drei Aspekte, nämlich...«
666 Vgl. die Ausführungen → Rn. 33, 67, 70, 72, 78.
667 *Fitzherbert* S. 127.

## 2. Hauptteil

*Ist es auch Wahnsinn, so hat es doch Methode. – Shakespeare*

Im **Hauptteil** vermitteln Sie die eigentlichen Lehrinhalte. Dieser Abschnitt sollte entsprechend der vorerläuterten Sieben-Regel[668] inhaltlich möglichst nur sieben, idealerweise sogar nur drei[669] Unterpunkte umfassen (die dann ohne weiteres erneut untergliedert werden können).[670] Da Sie den Umfang und Inhalt des zu vermittelnden Stoffes und den inhaltlichen Aufbau der Veranstaltung bereits zuvor in groben Zügen festgelegt haben,[671] geht es nun darum, das »Wie« der Wissens- bzw. Kompetenzvermittlung zu planen, konkret:   181

(Spätestens) für den Hauptteil sollten Sie entscheiden, welche **Methoden** Sie zur Wissensvermittlung anwenden möchten, wie Sie also das Lernen der Studierenden ermöglichen wollen. Dieser Schritt ist nicht profan. Bedenken Sie: Sie können – in Anlehnung an den berühmten Ausspruch »Man kann nicht nicht kommunizieren« von Paul Watzlawick – nicht ohne Methode lehren. Dies gilt auch dann, wenn Sie sich für keine »besondere« Methode entschieden zu haben glauben, denn schließlich bedeutet auch das Abhalten eines klassischen »Frontalvortrages« eine (konkludente) Entscheidung für eine bestimmte (und gegen andere) Methoden.   182

Ihre Auswahl der anzuwendenden Methode sollte sich dabei vor allem an der Frage orientieren, **zu welchem Zweck** die Methoden einzusetzen sind (etwa: Vermittlung neuen Wissens? Anwendung bekannten Wissens? Kritische Beurteilung vorhandenen (Vor-) Wissens?) und welche Rahmenbedingungen bestehen (hierzu später mehr). Die Methoden haben schließlich am Ende nur eine **dienende Funktion,** nämlich die Erreichung der mit dem Lehr/Lernprozess verbundenen Lernziele unter den gegebenen Bedingungen (**Zielorientierung**).[672] Dabei müssen die gewählten Methoden auch effizient sein, insbesondere im Hinblick auf die investierten Ressourcen und den resultierenden Lernerfolg.[673] Die Auswahl der »richtigen« Methode bedarf daher einer hinreichenden **Methodenkompetenz** des Lehrenden.[674] Ein Patentrezept existiert nicht, es muss stets eine individuelle Lösung anhand des konkreten Einzelfalles gesucht werden. Hierbei kann etwa wie folgt vorgegangen werden:   183

Bevor mit der (Aus-) Wahl der einzelnen Methoden begonnen wird, gilt es zunächst, die **äußeren »Rahmenbedingungen«** zu bestimmen, dh zum einen der wenig originellen, aber äußerst praxisrelevanten Frage nachzugehen, welchen Raum Sie vorfinden und wie viele Studierende (voraussichtlich) an Ihrer Lehrveranstaltung teilnehmen werden. Zum anderen sollten Sie prüfen, welches Veranstaltungsformat (in der Modul-   184

---

668 Vgl. die Ausführungen → Rn. 74 f.
669 Um es mit *Thomas* S. 67 zu sagen: »Beeindrucken Sie mit der Dreier-Regel.«; ähnlich *Fitzherbert* S. 95: »Das Leben wird von Dreiergruppen beherrscht.« Beispiele: »Ich kam, sah und siegte.« »Life, Liberty and the Pursuit of Happiness.« Beispiele aus den TED-Vorträgen etwa bei *Gallo* TED S. 194 f.
670 Hawelka/Hammerl/Gruber/*Schworm*/Neger S. 129.
671 → Rn. 146 ff.
672 HRK, Fachgutachten zur Kompetenzorientierung in Studium und Lehre, 2012, S. 87, aaO.
673 Vgl. *Hallet* S. 71; ähnlich *Rufer/Tribelhorn* V & L 2012, 492.
674 *Hallet* S. 34; diese betrifft die Fähigkeit des Lehrenden, »Lehrveranstaltungen so planen und durchführen zu können, dass damit rechtliche, fachwissenschaftliche, didaktische und andere Vorgaben (Ziele und Standards) erreicht werden können.«: *Zumbach/Astleitner* S. 159.

beschreibung) für Ihre Lehrveranstaltung vorgesehen ist. In der Praxis existieren im Bereich der juristischen Lehrveranstaltung vor allem der klassische Lehrvortrag/ Vorlesung (auch: große Frontal-Lehrveranstaltung), die Übung (auch: kleinere Frontal-Lehrveranstaltung. Gemeint sind nicht nur Übungen im engeren Sinn, sondern auch kleine Frontalveranstaltungen, Vertiefungsvorlesungen und der »seminaristische Unterricht«) und das Seminar (kleine Lehrveranstaltung mit signifikantem, aber unterschiedlich aktivem Anteil der Teilnehmer). Der **klassische Lehrvortrag** stellt den Lehrenden als »*input*-Geber« in den Mittelpunkt, die Studierenden werden vor allem rezipierend tätig.[675] Bei den **Übungen** ist der Dozent ebenfalls der überwiegend aktive Part, die Studierenden werden indes in größerem Umfang als bei dem klassischen Lehrvortrag, aber noch immer nur in begrenztem Umfang beteiligt. Fragen und/oder Dialoge sind erwünscht, aber nicht sehr intensiv möglich.[676] Es wechseln sich Lehrvortrag und Gespräch in didaktisch sinnvoller Folge ab. Diese beiden Formate eignen sich generell besonders dann, wenn (juristische) Fachgebiete strukturiert vermittelt werden sollen.[677] Im **Seminar** schließlich übernehmen die Studierenden einen deutlich aktiveren Part bei der Gestaltung der Veranstaltung. Der Lehrende leitet, steuert, verteilt Aufgaben und bewertet diese. Die Studierenden präsentieren Lösungen zu vom Lehrenden gestellten Aufgaben oder referieren über eigene oder fremde Arbeiten. Es herrscht eine intensive Interaktion zwischen Lehrendem und Studierenden. Diese Veranstaltungsform ist aufgrund ihres hohen kommunikativen Austauschs zwischen Studierenden und Lehrenden für eine geringere Teilnehmerzahl ausgelegt.

185 Im Folgenden wird unter → Rn. 186 ff. und 205 ff. auf Grundsätze und aktivierende Lehrmethoden eingegangen, die in allen Lehrveranstaltungstypen, und damit auch und vor allem im Rahmen der Wissensvermittlung in Lehrvortrag und Übung, angewandt werden können, während unter → Rn. 216 ff. spezifische Methoden vorgestellt werden, die für Formate mit einer geringeren Studierendenzahl, also insbesondere Seminare, zu empfehlen sind. Die Ausführungen schließen sodann mit einigen Überlegungen zu Sonderfragen der juristischen Lehrveranstaltung (hierzu → Rn. 239 ff.).

### a) Grundsatz I: Einbeziehung aktivierender Lehrmethoden

> Man wird im Allgemeinen durch die Gründe, welche man selbst gefunden hat, besser überzeugt als durch die, welche im Geiste anderer entstanden sind. – Blaise Pascal

186 Achten Sie bei Übungen, aber auch in klassischen Lehrvorträgen stets besonders auf die Aktivierung der Studierenden und die hiermit einhergehende Entwicklung der maßgeblichen Kompetenzen.[678] Es ist schließlich wie gesehen aufgrund der »äußeren

---

675 Vgl. Definition der HRK: »Vorlesung (dh große Frontal-Lehrveranstaltung)
 Klassische »Frontal-Vorlesung« vor größerem Auditorium ebenso der Lehrvortrag an Fachhochschulen
 Dozent ist aktiver Part, Teilnehmer überwiegend rezipierend
 Interaktionen beschränken sich auf Rückfragen, u.U. kurze Übungsteile eingestreut.«
 (https://www.hrk.de/positionen/beschluesse-nach-thema/convention/empfehlung-zur-sicherung-der-qualitaet-von-studium-und-lehre-in-bachelor-und-masterstudiengaengen/).
676 https://www.hrk.de/positionen/beschluesse-nach-thema/convention/empfehlung-zur-sicherung-der-qualitaet-von-studium-und-lehre-in-bachelor-und-masterstudiengaengen/.
677 Demgegenüber lassen sich etwa »Schlüsselqualifikationen« grundsätzlich nur im konkreten Anwendungsfall vermitteln, nicht in Vorträgen oder bloßen »Trockenübungen«. Hierzu bedarf es damit deutlich aktivierender Lehrmethoden.
678 Vgl. Ausführungen → Rn. 31 ff., 37, 50, 54, 67, 71, 73.

Rahmenbedingungen«[679] maßgeblich auf den **Outcome**, und nicht auf den *Input* zu zielen.[680] Gute Lehre versteht sich vor diesem Hintergrund[681] als Lehre, die Lernen bewirkt.[682] Nicht zuletzt haben auch zahlreiche Studien der empirischen Lehr-/Lernforschung die positiven Effekte interaktiver Elemente auf die Motivation,[683] die Behaltensleistung,[684] die Veranstaltungsnoten[685] und die Bestehensquote bei Prüfungen[686] nachgewiesen.[687]

**Beziehen** Sie also die Studierenden möglichst weitgehend in den **Vermittlungs- und Verständnisprozess ein** und befreien Sie sie so aus der klassischen, primär rezeptiven Rolle.[688] Die Lehr-Lern-Forschung hat deutlich gemacht, dass Lernen kein passiv-rezipierender Vorgang ist, in dem die Studierenden das ihnen angebotene Wissen annehmen,[689] vielmehr muss das Lernen als **aktiver Prozess** begriffen werden, in dessen Verlauf **Wissenskonstruktion** stattfindet.[690] Die Etablierung einer derart mitdenkenden und -wirkenden Rolle der Studierenden ist eine der bedeutsamsten Vorgehensweisen zur Gewährleistung effizienter Lehre.[691] Hierdurch wird sichergestellt, dass das **Interesse** der Studierenden immer wieder neu geweckt wird und die **Aufmerksamkeit** während der gesamten Veranstaltung auf hohem Niveau gehalten wird.

187

Der angestrebte Kompetenzerwerb gelingt damit

188

»nicht durch rezeptives Lernen, sondern erfordert die **aktive, handelnde und problemorientierte Auseinandersetzung mit den Lehrgegenständen** (…). Damit die angestrebten Kompetenzen für eine Aufgabendomäne wirkungsvoll angeeignet und erworben werden, müssen daher entsprechende Lerngelegenheiten für eine aktive und handlungsbezogene Beschäftigung damit geschaffen werden. Grundsätzlich sind damit alle aktivierenden Lehr-/Lernformen angesprochen, die die Beschäftigung mit den Lerninhalten situieren in Aufgaben- und Anforderungskontexten, in denen das anzueignende Wissen zur Anwendung kommen kann.«[692]

---

679 → Rn. 12 ff.
680 «Es bedarf einer fähigen Lehrperson, die eine Reihe von Lernstrategien kennt (…)«, *Hattie* Lernen S. 46. Vgl. auch Berendt/Voss/Wildt/*von Frantzius* A. 2.6 S. 9: »Wenn die Lernenden aktiv involviert werden, den Stoff erleben und sich zu eigen machen, wird er mit Emotionen und persönlichen Bedeutungen versehen (kodiert) und so besser verankert.«
681 → Rn. 18 ff.
682 Brockmann/Dietrich/Pilniok/*Pilniok/Brockmann/Dietrich* Exzellente Lehre S. 15, beschrieben dies mit der didaktischen Leitfrage »Wer soll was von wem wann mit wem wo auf welche Weise womit und wozu lernen?«.
683 *Watson/Kessler/Kalla/Kam/Ueki* Psychological Reports 1996, 78, 131.
684 *Ruhl/Hughes/Schloss* Teacher Education and Special Education 1987, 10, 14; *Huxham* Active Learning in Higher Education 2005, 6(1), 17.
685 *Yoder/Hochevar* Teaching of Psychology 2005, 32(2), 91.
686 *Paulson* Journal of Chemical Education 1999, 76(8), 1136.
687 Vgl. Überblick bei *Chi* Topics in Cognitive Science 2009, 1, 73; *Ruiz-Primo/Briggs/Iverson/Talbot/Shepard* Science 2011, 331(6022), 1269; *Prince* Journal of Engineering Education 2004, 93(3), 223 und *Cherney* Active Learning in Higher Education 2008, 9(2), 152; die Variable »Teacher's encouragement of question and discussion« besitzt nach *Schneider/Preckel* Psychological Bulletin 2017 (im Erscheinen) eine Effektstärke von 0.77.
688 *Böss-Ostendorf/Senft* S. 50; Hawelka/Hammerl/Gruber/*Müller* S. 38.
689 *Jank/Meyer* S. 48.
690 → Rn. 31 ff., 37, 50, 54, 67, 71, 73; hierzu auch Bönders/Albrecht/*Gropengießer* S. 34.
691 *Brauer* S. 8 f. mwN.
692 HRK, Fachgutachten zur Kompetenzorientierung in Studium und Lehre, 2012, S. 56, aaO.

**189** Trotz der offensichtlichen Vorteile aktivierender Lehrmethoden gilt es aber stets, auch deren **Restriktionen und Beschränkungen** in der Praxis zu beachten.[693] Zunächst sollten diese – insbesondere bei komplexeren Methoden – nicht ohne entsprechenden Vorlauf verwendet werden; es bedarf einer zT zeitlich intensiven Einarbeitungs- und Vorbereitungszeit. Offensichtlich ergeben sich auch aus den vorerläuterten äußeren Rahmenbedingungen[694] Beschränkungen: In einem juristischen Lehrvortrag an einer Universität vor mehreren Hundert Studierenden wird der Lehrende in seiner Methodenauswahl und folgerichtig auch dem -design stärker beschnitten als in einem seminaristischen Vortrag an einer Fachhochschule vor 25 Studierenden. Schließlich führt die rechtswissenschaftliche, eher vortrags- und textlastige Fachkultur dazu, dass Studierende (wie Lehrende) allzu »innovativen« aktivierenden Lehrmethoden oft nicht besonders aufgeschlossen gegenüberstehen.

**190** Vor diesem Hintergrund wird an dieser Stelle vor allem auf einige **niedrigschwellige und »unaufwändige« aktivierende Maßnahmen** eingegangen. Tatsächlich hat schon der Einsatz kleiner methodischer Kunstgriffe einen deutlichen positiven Effekt auf die Lernleistung der Studierenden.[695] Dies gilt insbesondere für eine der effizientesten Methoden zur Studierendenaktivierung, die überdies weitestgehend unabhängig von der Studierendenzahl angewendet werden kann und deren positive Effekte auf die Lernleistung der Studierenden auch empirisch nachgewiesen wurden.[696] Es handelt sich um die ganz profane und ohne größeren Vorbereitungsaufwand durchzuführende Involvierung der Studierenden durch **Fragen und Diskussionen**[697] (auch: Lehrgespräch). Lassen Sie sich vom größeren Zeitbedarf nicht abschrecken: Der (Lern-)Gewinn für die Studierenden ist erheblich.[698] Dieses Vorgehen ermöglicht schließlich »vertiefte Lernprozesse über anspruchsvolle Inhalte und Fragen, bei einer beliebigen Zahl von Teilnehmenden«.[699] Da Sie im Rahmen der Planung der Lehrveranstaltung den zu vermittelnden Stoff um alle nicht zwingend erforderlichen Inhalte erleichtert haben (und den Studierenden im Übrigen Übungen zum Selbststudium auferlegt haben),[700] haben Sie überdies die Zeit und den Raum, die wesentlichen Inhalte, also die »Kernbotschaften«[701] auf diesem Wege derart zu vermitteln, dass der Stoff tatsächlich verstanden (und angewandt bzw. kritisch hinterfragt) werden kann.[702]

**191** Sie sollten daher stets, auch bei Vorlesungen und dem klassischen »Frontalunterricht«, zumindest Gelegenheit geben, **Rückfragen** zu stellen sowie **selbst Fragen** zu

---

693 Zu den Schwierigkeiten bei der Umsetzung von aktivierenden Lehrmethoden speziell in Vorlesungen aus Studierendensicht vgl. eingehend *Smith/Cardaciotto* Journal of the Scholarship of Teaching and Learning 2011, 11(1), 53; aus Lehrendensicht *Michael* College Teaching 2007, 55(2), 42.
694 Eine äußerst aufschlussreiche und inspirierende Aufzählung und detaillierte Erläuterung von (auch recht innovativen) Methoden insbesondere in Großgruppenkontexten findet sich bei Bachmann/*Breitschaft/Tuggener* S. 223 ff.
695 Vgl. → Rn. 31 ff., 37, 50, 54, 67, 71, 73.
696 *Campell/Mayer* Applied Cognitive Psychology 2009, 23(6), 747; zu den positiven Effekten von Plenumsdiskussionen im Speziellen bereits *Di Vesta/Smith* Contemporary Educational Psychology 1979, 4(3), 288.
697 Diese kann etwa durch gezielte Fragen oder provozierende Thesen eröffnet werden: Bachmann/*Breitschaft/Tuggener* S. 217.
698 Vgl. die Ausführungen und Nachweise → Rn. 31 ff., 37, 50, 54, 67, 71, 73.
699 *Pfäffli* S. 179.
700 → Rn. 133 ff.
701 → Rn. 146 ff.
702 *Pfäffli* S. 179.

bestimmten Zusammenhängen **an die Studierenden richten** und diese zur Teilnahme bewegen.[703] Besonders eignen sich hierbei naturgemäß solche Fragen, die einen Denkanstoß für relevante, intensive und komplexe Diskussionen unter den Studierenden bieten.[704] Es ist (wenig überraschend) auch empirisch nachgewiesen, dass derartige offene Fragen erheblich lernfördernder sind als geschlossene Fragen.[705] Sie können die Studierenden auch dazu ermutigen, während des Lehrvortrages bestimmte vorab verteilte Fragen zu bearbeiten (deren Lösung sich aus dem von Ihnen Gesagten ergibt) oder einzelne Studierende darum bitten, dass sie nach einem bestimmten Zeitraum eine Zusammenfassung des bis dahin Gesagten fertigen oder hierzu drei (Folge-) Fragen beantworten sollen.

192

> **Tipp:** Sollte sich auf Ihre Frage niemand melden, ist es wichtig, diese nicht zu schnell selbst zu beantworten (sog. **Geduldsfalle**[706]). Sie sollten vielmehr ganz in Ruhe bis zehn zählen – auch wenn Ihnen dies quälend lang vorkommt – und dann mit einer aktivierenden Frage starten (»Ich stelle die Frage anders...«; »Versuchen Sie es einfach einmal...«).[707] Allgemein gilt: Lassen Sie Fragen ruhig längere Zeit »im Raum stehen«, die Angesprochenen müssen schließlich erst überlegen, welche Antwort sie geben wollen. Erliegen Sie dabei auch nicht der Versuchung, (stets) den Ersten heranzunehmen, der sich meldet, sondern geben Sie dem gesamten Auditorium genügend Zeit, damit sich jeder »seine« Antwort zurechtlegen kann.

Wenn Studierende in ihren Antworten Fehler machen, lassen Sie die Diskussion laufen und den Studierenden den Fehler selbst erkennen.[708] Seien Sie entsprechend den obigen Erörterungen[709] zu der lernunterstützenden **Feedbackkultur** mit Tadel sehr viel zurückhaltender als mit Lob. Schließlich gehört bereits sehr viel Mut dazu, sich auf Ihre Frage vor den anderen Zuhörern zu melden und das Risiko eines Fehlers auf sich zu nehmen. Fassen Sie etwaige Fehler in den Antworten vielmehr als (weitere) Lerngelegenheit auf. *Hattie* hat schließlich nachgewiesen, dass die Schaffung eines »fehlerfreundlichen« Umfeldes einen überaus positiven Effekt auf die Lernerfolge der Studierenden zeitigt.[710] Kurz: Die Studierenden sollten sich bei Ihnen und in Ihrer Veranstaltung sicher und schlicht wohl fühlen. Das hieraus resultierende angenehme Lernklima schafft insgesamt einen erheblichen Mehrwert für beide Seiten.[711]

193

---

703 Vgl. *Ebeling* S. 110.
704 *Hattie* Lehrpersonen S. 75. Eine aufwändige Videostudie belegt darüber hinaus, dass Diskussionen der Studierenden zu einem insgesamt vertieften und nachhaltigen Verständnis des Lerninhaltes führen, wenn und soweit die Studierenden selbst über das Für und Wider einer Position diskutieren (*Asterhan/Schwarz* Cognitive Science 2009, 33(3), 374).
705 Effektivitätsunterschied von 0.73: *Redfield/Rousseau* Review of Educational Research 1981, 51(2), 237; vgl. auch *Kang/McDermott/Roediger* European Journal of Cognitive Psychology 2007, 19(4/5), 528 und *Schneider/Preckel* Psychological Bulletin 2017 (im Erscheinen).
706 *Dummann/Jung/Lexa/Nienkrenz* S. 69.
707 *Berendt/Voss/Wildt/Voss* I. 1.1 S. 24 geht demgegenüber davon aus, (mindestens) 3 Sekunden müsste gewartet werden.
708 *Dummann/Jung/Lexa/Nienkrenz* S. 69.
709 → Rn. 23, 31, 50, 93 ff.
710 *Hattie* Lehrpersonen S. 18.
711 *Hattie* Lehrpersonen S. 28.

194 Achten Sie bei Ihren Fragen zudem darauf, nicht in die **Dominanzfalle** zu geraten,[712] indem Sie zu stark auf besonders leistungsstarke Studierende eingehen (und diese als Maßstab für das Tempo der Gesamtveranstaltung nehmen).[713] Sie sollten vielmehr das Tempo der Lehrveranstaltung an das Lerntempo der Studierenden anpassen (»**Langsamkeitstoleranz**«[714]). Es ist also von besonderer Bedeutung, eine realistische Einschätzung des Lernstandes des gesamten Auditoriums zu erhalten. Sie sollten daher versuchen, auch ruhigere Zuhörer zu einer Antwort zu motivieren – ob Sie hierzu auch ungefragt Studierende herannehmen wollen, sei ganz Ihnen überlassen und hängt ganz maßgeblich von dem Gesamtumfeld (etwa: Anzahl und Wissensstand der Studierenden, Natur der Frage) ab. Wenn Sie sich hierfür entscheiden, achten Sie besonders darauf, dass eine falsche Antwort für die Studierenden keine negativen Folgen hat.

195 Hilfreich zur Aktivierung in kleineren wie größeren Gruppen hat sich etwa die **Handzeichenabfrage** erwiesen, bei der der Lehrende eine Umfrage/Abstimmung als geschlossene Frage formuliert und so das Meinungsbild im Plenum erfragt.[715] Wenn Sie mit dem klassischen »Handheben« arbeiten, sollten Sie nach der Frage auch stets selbst die Hand heben; dies erleichtert es den Studierenden, ebenfalls tätig zu werden (Nachahmungseffekt; vgl. die Forschung zu den sog. Spiegelneuronen[716]). Gleiches lässt sich über sog. Clicker oder hierfür entwickelte Software auch digital bzw. online durchführen.[717] Diese Methode kann zum Beispiel nach der Vorstellung und Diskussion eines kontroversen Falles durchgeführt werden. Fordern Sie die Studierenden auf, durch Handzeichen kenntlich zu machen, wie sie den Fall entschieden hätten oder (ersatzweise) wie Sie meinen, dass der BGH entschieden hat. Nach einer derartigen Positionsbestimmung wird die tatsächliche Entscheidung (und Begründung) des Gerichts von den Studierenden deutlich interessierter (weil mittelbar involviert) wahrgenommen und, sofern gewünscht, diskutiert. Ebenfalls bewährt haben sich die Integration von **Schätz- und Zuruffragen**.[718]

196 Auch in größeren Gruppen können Sie zudem **Gruppenarbeitsphasen**[719] (auch: »Tuschelgruppe«[720] bzw. »Murmelgruppe«[721] oder »**Buzz Group**«[722]) einführen (didaktisches Prinzip der Peer-Interaktion[723]),[724] die nachgewiesenermaßen (richtig angewandt) nicht nur positive Effekte auf den Lernerfolg, sondern auch auf den Lernprozess zei-

---

712 Ausdruck von *Dummann/Jung/Lexa/Nienkrenz* S. 70.
713 Vgl. *Hofmann* S. 516 ff.
714 *Bachmann/Breitschaft/Tuggener* S. 221.
715 Berendt/Voss/Wildt/*Kornacker/Venn* C. 2.24 S. 14.
716 Vgl. nur *Rizzolatti/Sinigaglia* S. 155; Grundlagen etwa bei *Bauer* S. 18.
717 Vgl. eingehend die Ausführungen → Rn. 110, 112, 141, insbesondere zu dem Abstimmungstool PINGO.
718 Diese Methode kann insbesondere in Großveranstaltungen angewandt werden, wie Prof. Dr. *Lutz Jäncke*, Gewinner des Credit Suisse Awards for Best Teaching 2007, in seiner Vorlesung zu Emotionen veranschaulicht (abrufbar unter https://cast.switch.ch/vod/clips/1fybydxj1b/flash.html).
719 Die Effizienz von kürzeren (Klein-) Gruppenarbeiten wurde empirisch nachgewiesen: *Schneider/Preckel* Psychological Bulletin 2017 (im Erscheinen).
720 *Lüdemann* ZDRW 2013, 80 (81).
721 *Dauner-Lieb* ZDRW 2013, 1 (1); *Blocher* ZDRW 2014, 44 (47).
722 *Rufer/Tribelhorn* V & L 2012, 492 (493); Berendt/Voss/Wildt/*Berendt* C. 3.1 S. 14 zu der verwandten Methode des »Nachbarschaftsgesprächs«.
723 Vgl. *Pfäffli* S. 141.
724 *Bachmann/Breitschaft/Tuggener* S. 217.

tigen.[725] Der Austausch unter den Studierenden stellt ein bedeutendes Element einer Outcome-bezogenen juristischen Lehre dar.[726] Wie *Sibbet* ausführt, sind Menschen viel eher bereit, Ideen anzunehmen und umzusetzen, wenn diese aus ihrer eigenen Gruppe stammen und nicht von außerhalb – selbst wenn es sich bei dem Außenstehenden um einen Experten handelt.[727] »Studierende erhalten im Rahmen interaktiver Prozesse vielfältige inhaltliche Anregungen und befassen sich mit neuen Sichtweisen. Sie lernen, mit Unterschieden umzugehen und üben ihre Argumentationsfähigkeit. Studierende können in Gruppen gute Ergebnisse erzielen und Spaß am Lernen haben.«[728] Die geistige Verarbeitung und das Verstehen können schließlich immer nur bei den Studierenden selbst geschehen. Die Gruppen-[729] bzw. Teamarbeit[730] – ebenso wie Partnerarbeit (also die 1:1 Arbeitssituation) – bedient ebendieses Erfordernis. Die Studierenden erarbeiten selbst – gegebenenfalls im mäeutischen Dialog – die Lösung eines Problems und erleben das für das effektive Lernen bedeutsame Gefühl der eigenen Kompetenz und Autonomie.[731] Zusammenfassend begünstigt die Gruppenarbeit in besonderem Maße das aktive Lernen, führt zu einer insgesamt tieferen Auseinandersetzung mit den zu vermittelnden Inhalten, intensiviert die Aktivierung von Vorwissen und führt zu einer Reflexion und der Entwicklung einer kooperativen Grundhaltung.[732]

Sofern Sie daher planen, zur Vertiefung und/oder Anwendung des Stoffes (hierzu gleich mehr) diese Methode einzusetzen, ist es wichtig, dies bereits in der **Modulbeschreibung bzw. der Lehrveranstaltungsankündigung und/oder dem Seminarplan anzukündigen** (etwa durch den Satz: »Die Bereitschaft zur aktiven Mitarbeit wird vorausgesetzt« oder »Bereitschaft zur Arbeit in Teams wird vorausgesetzt.«).[733] So wird bereits zu Beginn der Lehrveranstaltung verdeutlicht, dass der Rollenwechsel vom Zuhörer zum »aktiv Mitmachenden« gefordert und erwartet wird. Sicherlich bietet es sich auch noch an, das gewählte Vorgehen zu Beginn der ersten Lehrveranstaltung (zB bei der Besprechung des Seminarplans) zu erörtern und auf die positiven Lernprozesse und -erfolge hinzuweisen.[734]

197

---

725 *Lou/Abrami/d'Appolonia* Review of Educational Research 2001, 71(3), 449. Die kooperativen Arbeiten erhöhen die Häufigkeit produktiver Lernstrategien (Effektstärke 0.50) und die Ausdauer (0.48) und die Erfolgsrate (0.28) der Studierenden bei der Problemlösung. Als besonders bedeutsam für den Erfolg der Gruppenarbeit wurde dabei die intensive Vorbereitung, Betreuung und Strukturierung der Gruppenarbeit durch den Lehrenden ausgemacht.
726 Vgl. die Ausführungen → Rn. 17 ff.
727 Bei *Reynolds* Naked S. 144.
728 *Pfäffli* S. 156.
729 Zu den Voraussetzungen einer gelungenen Gruppenarbeit allgemein *Winteler* S. 138 f.
730 Gruppenarbeit wird von Jurastudierenden indes häufig als ineffektiv angesehen, weswegen sich eine Teamarbeit eher anbieten dürfte. Ironisch können Sie die Abkürzung TEAM entweder auflösen als »Toll! Ein anderer macht's« oder seriöser als »*together everybody achieves more*«.
731 Vgl. *Krapp* bei *Lipp* S. 20.
732 *Brauer* S. 80. Vgl. auch die Erwägungen bei Berendt/Voss/Wildt/*Walzik* C. 2.19 S. 2 ff. und Berendt/Voss/Wildt/*Dubs* E. 2.5 S. 20: »Die Lernwirksamkeit der (…) Kleingruppenarbeit ist nachgewiesen.«
733 Berendt/Voss/Wildt/*Wörner* C. 2.12 S. 5.
734 Sofern Sie hierfür etwas Überzeugungsarbeit benötigen, sollten Sie etwa auf die zunehmend geforderten *social skills* hinweisen, zu denen insbesondere Teamfähigkeit zählt, und den Umstand erwähnen, dass Juristen im Berufsleben zunehmend auch in Teams auftreten müssen, nicht zuletzt aufgrund der Komplexität der juristischen wie wirtschaftlichen Zusammenhänge (etwa bei großen M & A-Deals, innerbetrieblichen Umstrukturierungen etc). Außerdem wird Teamarbeit in anderen Rechtskreisen, insbesondere in den angelsächsischen Ländern, bereits wie selbstverständlich in die juristische Ausbildung eingebunden: vgl. zutreffend Soudry/*Wüst* S. 26.

198 Sie können konzentrierte Phasen der Gruppenarbeit zur Auflockerung eines zusammenhängenden Lehrvortrags und zur **(kurzzeitigen) Aktivierung der Studierenden** verwenden. Geben Sie dazu kurz zuvor eine kurze, aber eindeutige Handlungsanweisung – idealerweise schriftlich und möglichst klar visualisiert (zB: »Diskutieren Sie in den nächsten drei Minuten in einer Kleingruppe mit Ihrem linken Nachbarn, welche Voraussetzungen erfüllt sein müssen, damit ein Anspruch gegen XY bejaht werden kann.«).[735] Stellen Sie Auftrag und Ziel der Gruppenarbeit, den Zeitansatz und die Arbeitsprinzipien dar und beantworten Sie ggf. auch die Frage, wie und wann Lernzielkontrollen und Vorträge geplant sind.[736]

199 Gruppenarbeiten sollten insbesondere bei größeren Gruppen **verhältnismäßig kurz** gehalten werden, um eine **Konzentrationsdiffusion** zu verhindern; so ist bei kleineren Aufgaben etwa ein Zeitraum von maximal fünf Minuten angemessen.[737] Der Lehrende sollte in diesem Zeitraum keine weitere Intervention vornehmen, sondern stattdessen eine passive Position einnehmen (die sich auch deutlich dadurch zeigen kann, dass er sich zB hinsetzt, wenn der sonstige Vortrag im Stehen gehalten wird).

200 Folie 7: Instruktion Gruppenarbeit

---

# Teamarbeit!

**These:**

„Die Unterschiede zwischen den beiden Rechtssystemen haben sich in jüngerer Zeit immer weiter verringert."

**Bitte diskutieren Sie mit Ihrem Nachbarn, ob und inwieweit sich**
– das deutsche dem englischen und
– das englische dem deutschen System angenähert haben.

(2er) Teamarbeit, 5 Minuten; hiernach Diskussion der Ergebnisse im Plenum

---

201 Derartige Gruppenaufgaben können Sie nicht nur bei den oben genannten allgemeinen Fragestellungen verwenden, sondern auch zur **Rahmung des Fachvortrages** nutzen (Sandwich-Vortrag mit Fragestellungen).[738] Dies bedeutet zB, dass die Studie-

---

735 Berendt/Voss/Wildt/*Wörner* C. 2.12 S. 7.
736 Vgl. *Schumacher* S. 40.
737 *Ritter-Mamczek/Lederer* S. 53; vgl. *Reynolds* Naked S. 156, der allgemein dazu rät, Zeitlimits einzuführen, um »ein Moment der Dringlichkeit einzubringen«.
738 Bachmann/*Breitschaft/Tuggener* S. 233.

renden vor dem Vortrag eine oder mehrere vom Lehrenden vorbereitete Frage(n) erhalten, die sich mit dem Thema des anschließenden Vortrages befassen. Die betreffende(n) Frage(n) diskutieren die Studierenden sodann in Kleingruppen und halten ihre wesentlichen Ergebnisse fest. Hieran anschließend erfolgt übergangslos die Phase der Wissensvermittlung. Anschließend diskutieren die Studierenden in derselben Gruppenkonstellation ihre und die vom Lehrenden gegebenen Antworten auf die Fragen. Offene (Folge-) Fragen werden abschließend im Podium diskutiert. In ähnlicher Form können Sie zu Beginn des Vortrages auch einige Thesen zum Lehrinhalt verteilen, die zentrale Aussagen knapp wiedergeben. Nun stellen Sie ein bis zwei Thesen vor und erläutert diese. Anschließend diskutieren die Studierenden über die getroffenen Aussagen und stellen noch offene Verständnisfragen, bevor mit der nächsten These fortgefahren wird.

Sie können die Studierenden auch dadurch aktivieren, dass Sie neben den vorerläuterten Fragen und Diskussionen auch eine (erneut: möglichst kurze) **Einzelarbeit** (auch: »Stummarbeit«[739]) einplanen, indem sich der Studierende selbst und unabhängig von seinem Umfeld intensiv mit dem Stoff – etwa zur Auseinandersetzung mit einem vorgestellten Fall, einer offenen Streitfrage oder einem ausgeteilten Text – befasst[740] und die Lösungen im Plenum diskutiert werden.[741]

202

> **Exkurs:** Weitere (didaktische) Besonderheiten im Falle der Lehre in großen Gruppen (ab 40 Studierende):[742]
> Die Lehre in großen Gruppen stellt den Lehrenden vor besondere Herausforderungen. So besteht bei dieser Veranstaltungsform stets zunächst eine größere Distanz zwischen den Studierenden und dem Lehrenden. Dies hat zumeist eine erhöhte Anonymität und oft auch eine Verringerung der Aktivierungsbereitschaft der Studierenden zur Folge. Ein weiterer Nebeneffekt: Engagierte Studierende lassen sich meist rasch identifizieren, was zu einer (ungewollten) Zementierung der Wahrnehmung bestimmter Rollen auf beiden Seiten führt. Konkret: Die übrigen Studierenden lehnen sich angesichts des Aktivitätsniveaus einiger weniger zurück und werden auch vom Lehrenden als eher träge Gruppe wahrgenommen. Weiterhin besteht eine hohe Wahrscheinlichkeit, dass eine große Gruppe auch eine besonders starke Heterogenität hinsichtlich der Studierenden, deren Vorwissen, Erwartungen und Lernbereitschaft aufweist. In multikulturellen Gruppen ist die Komplexität dabei noch einmal erhöht. Durch diese besondere Gemengelage fällt es dem Lehrenden regelmäßig schwer, individuelle Lernbedürfnisse zu befriedigen und auf den einzelnen Studierenden einzugehen.
> In größeren Gruppen ist es daher von besonders großer Bedeutung, dass der Lehrende in fachlicher Hinsicht seine eigene Begeisterung am Inhalt zeigt,[743] möglichst detailliert und eingehend das Vorwissen und die Erwartungen der Studierenden abfragt,[744] die Lernziele der Lehrveranstaltung(sreihe) klar

203

---

739 Bachmann/*Breitschaft/Tuggener* S. 237. Die Studierenden bewältigen für sich einen Arbeitsprozess ohne eingreifende Lenkung des Lehrenden oder der Gruppe.
740 Bachmann/*Breitschaft/Tuggener* S. 217.
741 Hierzu eingehend *Brauer* S. 12 ff.
742 Eine Unterteilung wird häufig wie folgt vorgenommen: 3–5 Studierende: Minigruppe (zB Projektgruppe); 6–8 Studierende: Kleinstgruppe (zB Intervisionsgruppe); 9–15 Studierende: Kleingruppe (zB Übungsgruppe); 16–24 Studierende: Mittelgroße Gruppe (zB Seminargruppe); 25–40 Studierende: Großgruppe (zB kleinere Vorlesungen); ab 40 Studierende: Maxigruppe (zB mittlere bis große Vorlesungen); vgl. *Pfäffli* S. 313 f. Andere sprechen davon, dass es sich bei der in Rede stehenden Lehrveranstaltung um eine Großgruppe handelt, wenn eine direkte Kommunikation von jedem mit allen nicht mehr möglich ist; dies sei in der Regel ab 40 Personen der Fall: Bachmann/*Breitschaft/Tuggener* S. 207.
743 Bachmann/*Breitschaft/Tuggener* S. 209.
744 Dies kann auch in einer kurzen Gruppendiskussion vorgenommen werden; anschließend kann sich der Lehrende einige Rückmeldungen abholen.

kommuniziert, diese sodann verständlich und visuell anschaulich präsentiert und die gewonnenen Erkenntnisse durch Zusammenfassungen/Wiederholungen und ein gelungenes Fazit sichert.[745] Zudem muss der Lehrende, um störende Ablenkungen zu verhindern, visuell und stimmlich präsent sein und »den Raum einnehmen.«[746]

Die Lehre in großen Gruppen erfordert überdies eine sorgfältige zielbezogene Planung und eine klare Führung und Moderation in allen Phasen,[747] insbesondere bei Gruppenprozessen.[748] Besonderes Augenmerk ist dabei auf eine wertschätzende und sensible Feedbackkultur zu legen, schließlich bedeutet es für die Studierenden stets eine besondere Überwindung, vor einer großen Gruppe Fragen zu stellen bzw. zu beantworten. Stellen Sie durch entsprechende Rückfragen, Tests etc sicher, dass Sie den Lern- und »Verstehensstand« der Gruppe richtig einschätzen und nicht der Gefahr erliegen, Ihr Vorgehen an den besonders engagierten und leistungsstarken Studierenden auszurichten. In der Großgruppe wird es zwar zumeist kaum möglich sein, vertieft an konkreten Handlungskompetenzen zu arbeiten; streuen Sie dennoch in den Fachvortrag kurze und einfache Anwendungsfälle und Übungsaufgaben ein (hierzu sogleich). Schließlich gilt es, auch in dieser Veranstaltungsform besonders durch die vorgenannten aktivierenden Lehrmethoden (insbesondere durch solche, die alle Studierenden, also auch die »träge Masse« anspricht, etwa kurze Gruppenarbeitsphasen, Plenumsdiskussionen, »Hand-Hoch-Abfragen« oder Onlineabfragen[749]) einen steten Methodenwechsel vorzunehmen. So begegnen Sie auch der Großgruppen immanenten Gefahr einer raschen Ermüdung und Ablenkung der Studierenden.[750]

**204** **Die drei Kernaussagen:**
- Die Wahl der »richtigen« Methode hängt ganz wesentlich von den Lernzielen der konkreten Veranstaltung, den äußeren Rahmenbedingungen und partiell der besonderen juristischen Fachkultur ab.
- Aktivierende Lehrmethoden sollten aufgrund ihrer positiven Auswirkungen auf das Lernen und Verständnis der Studierenden in allen Veranstaltungsformaten angewandt werden; dies kann bereits niedrigschwellig durch Fragen und Diskussionen, aber auch (kurze) Gruppen-, Partner- oder Einzelarbeitsphasen erfolgen.
- Von besonderer Bedeutung (auch und insbesondere bei größeren Gruppen) sind dabei die Etablierung einer wertschätzenden und konstruktiven Feedbackkultur, eine klare Führung und Instruktion durch den Lehrenden und die Vermeidung der Dominanzfalle.

### b) Grundsatz II: Methodenmix/Rhythmisierung

> Was Du mir sagst, das vergesse ich. Was Du mir zeigst, daran erinnere ich mich. Was Du mich tun lässt, das verstehe ich. – Konfuzius

**205** Wie bereits angedeutet[751] unterscheidet man beim didaktischen Planungskreislauf generell zwischen dem **Wissen, dem Verstehen und dem Anwenden des erlernten Stoffes**.[752] Dementsprechend sollten Sie in Ihrer Wissensvermittlung in juristischen Lehrveranstaltungen nach dem sog. **Sandwichprinzip**[753] methodisch **wechseln zwischen**

---

745 Vgl. *Pfäffli* S. 319.
746 Bachmann/*Breitschaft/Tuggener* S. 214.
747 »Eine Großgruppe ist auf klare Führung angewiesen«: Bachmann/*Breitschaft/Tuggener* S. 222.
748 *Pfäffli* S. 311.
749 Vgl. die Ausführungen zu der Onlinefragemethode PINGO → Rn. 112.
750 Bachmann/*Breitschaft/Tuggener* S. 210.
751 → Rn. 14 f., 122.
752 *Schumacher* S. 35.
753 Berendt/Voss/Wildt/*Voss* E. 2.1 S. 6.

passiven (rezeptiv-aufnehmenden) und aktiven (anwendenden[754]) **Phasen des Lernens**.[755] Eine derartige Rhythmisierung[756] qua Methodenwechsel fördert das Lernen nachhaltig.[757] Sie verringert außerdem die Kluft zwischen Wissen und Handeln und verhindert die Entstehung trägen und oberflächlichen Wissens.[758] Am besten prägt sich schließlich das ein, was man selbst verstanden und transferiert hat.[759]

Die »reine« Wissensvermittlung findet dabei vor allem in den bekannten »*Input* **Phasen**« der Lehrveranstaltung statt, in der ein klassischer Wissenstransfer vom Lehrenden zu den Studierenden vorgenommen wird.[760] In diesem Zeitraum gilt es, den Stoff adressatengerecht und angereichert durch Beispiele[761] (möglichst aus der Lebenswelt der Studierenden)[762] und unter besonderer Betonung des Praxisbezuges[763] (sog. Didaktisches Prinzip der **Praxisorientierung**[764]) darzustellen. Hierbei können, wie gesehen, insbesondere durch Fragen und Diskussionen niederschwellig aktivierende Elemente implementiert werden. Die Phase der reinen Wissensvermittlung sollte indes den obigen Erwägungen zur Aufnahmefähigkeit des Gehirns folgend möglichst 18–25 Minuten nicht übersteigen.[765] Am Ende dieses Zeitraumes bietet es sich an, eine kurze, die Wissensvermittlung abschließende und vertiefende Wiederholung folgen zu lassen – sofern diese nicht ohnehin in die anschließende expressive Phase verlagert wird.[766]

206

Achten Sie anschließend darauf, dass die Studierenden das erlernte Expertenwissen vertiefen und (sofern nicht bereits erfolgt) mit bekannten Inhalten verbinden.[767] Diese **expressive Phase** des Lernens sollte stets die Erinnerungsarbeit und die »eigene« Wiedergabe des Gelernten durch die Studierenden beinhalten. Soweit dies das Curriculum und der (entsprechend reduzierte) Stoffumfang ermöglichen, kann an dieser Stelle auch bereits die Transferarbeit bzw. die Anwendung des Erlernten erfolgen;[768]

207

---

754 Berendt/Voss/Wildt/*Voss* I. 1.1 S. 3.
755 Berendt/Voss/Wildt/*Voss* I. 1.1 S. 23.
756 *Pfäffli* S. 171.
757 Vgl. *Lipp* S. 15; *Dyrchs* S. 97 unterscheidet zwischen Frontallehre, Gruppen-, Partner- und Einzelarbeit und E-Learning.
758 Bachmann/*Bachmann* S. 11.
759 *Böss-Ostendorf/Senft* S. 19; vgl. *Sauter/Sauter* Blended S. 23.
760 Berendt/Voss/Wildt/*Voss* E. 2.1 S. 5.
761 Bachmann/*Breitschaft/Tuggener* S. 215.
762 *Medina* S. 130; Geschichten und Beispiele werden besser erinnert als Fakten und abstrakte Prinzipien: *Hattie* Lehrpersonen S. 114.
763 Vgl. allgemein Brockmann/Dietrich/Pilniok/Zumbach/*Moser* Exzellente Lehre S. 175 ff. und die Ausführungen → Rn. 32, 83, 130.
764 *Pfäffli* S. 139.
765 → Rn. 66, 88.
766 → Rn. 88 f.
767 *Macke/Hanke/Viehmann* S. 99; vgl. *Lüdemann* ZDRW 2013, 80 (81).
768 Berendt/Voss/Wildt/*Drews* G. 2.1 S. 18; diese Handlungskompetenzen, also die Anwendung abstrakten Wissens in der Praxis stellt eine der ganz wesentlichen Fertigkeiten dar, die von den Studierenden zu erlernen ist. Eine Befragung des Deutschen Industrie- und Handelskammertages zeigte indes jüngst, dass nur knapp die Hälfte der Unternehmen generell zufrieden sind mit einzelnen Fähigkeiten der Bachelorstudierenden, wobei als größter Kritikpunkt die fehlenden Handlungskompetenzen und die nicht ausreichenden methodischen Kompetenzen genannt wurden. Näher hierzu *Agarwala* DIE ZEIT v. 2.6.2016, 61: »Buch vorm Kopf«. Hierzu im juristischen Kontext auch → Rn. 240 ff.

zumeist wird dies allerdings in den anschließenden Übungen/Arbeitsgemeinschaften erfolgen.

**208** Es bietet sich an, diese expressive Phase durch einen **Methodenwechsel** einzuleiten, insbesondere hin zu einer der vorgenannten bzw. nacherläuterten **aktivierenden Lehrmethoden** in individuellen oder kollektiven Lern- und Arbeitsphasen.[769] Zur Klarstellung: Dieser Grundsatz gilt nicht nur für Übungen und Seminare; »auch in so genannten Massenveranstaltungen (...) empfiehlt sich ein Wechsel der Methoden, vor allem verbunden mit einem Wechsel von Plenum und Gruppenarbeit.«[770] So stellen Sie sicher, dass die Studierenden das Gelernte nicht nur anwenden können, sondern es führt auch zu einer Verankerung des Gelernten und damit zur **Ergebnissicherung**.[771] Es besteht insbesondere die Möglichkeit, das Verstandene aktiv zu gebrauchen und etwaige Lücken festzustellen (und zu stopfen). »Es kommt darauf an, was die Lernenden tun. Allzu oft werden die Lernenden zu bloß passiven Empfängern der Lehrveranstaltung der Lehrpersonen. Dagegen sollte, wie die Meta-Analysen (...) zeigen, das Ziel sein, die Lernenden im Lernprozess aktiv werden zu lassen.«[772] Dem etwaigen Mehrbedarf an Zeit, die solche integrierenden Lehrformen erfordern, steht ein höheres *Output/Outcome* gegenüber.[773] Studierende erfahren eigene »Denkerlebnisse«, die nachhaltiges Lernen und Behalten zur Folge haben.[774] Das dauerhafte und langfristige Verständnis des Gehörten können Sie dabei durch ganz **unterschiedliche Vorgehensweisen** sicherstellen: Halten Sie die Studenten in Einzel-, Team- oder Gruppenarbeit dazu an, Informationen aus einem ausgeteilten Texten zu extrahieren (etwa: »Welche Informationen benötigen wir (aus einem umfangreichen Text) für die Falllösung?«), Argumente zu kategorisieren (etwa: »Analysieren Sie den Meinungsstreit um den Erlaubnistatbestandsirrtum und sortieren Sie die einzelnen Argumente nach den folgenden Kategorien...«) oder Ideen zu formulieren und sie anderen zu vermitteln (»Wie würden Sie diesen Fall lösen, wenn Sie Richter wären? Versuchen Sie Ihr Urteil Ihrem Nachbarn zu erläutern.«). Sie können auch eine Grafik oder Abbildung austeilen, bei der die Studierenden selbst die korrekten Verbindungswege zwischen den einzelnen Elementen herstellen sollen.[775] Noch weitergehender und effizienter ist es, den Studierenden in Einzel-, Partner- oder Gruppenarbeit aufzugeben, selbst aufgrund des bisher Vorgetragenen Hierarchien zu erstellen (etwa: »Erläutern Sie das Verhältnis zwischen Mord und Totschlag/zwischen den Normen zur OHG und zur GBR«). Zudem können Sie die Studierenden auch auffordern, eine Prüfungsaufgabe für andere Studierende zu formulieren.[776] Weiterhin können die vorgenannten Übungen zur Wiederholung des erlernten Stoffes durch die Studierenden verwendet werden (vgl. die Ausführungen → Rn. 190 ff.). Schließlich können Sie an dieser Stelle auch – sofern dies die zeitlichen Vorgaben zulassen und dies nicht einem anderen Lernkontext (Übung, Arbeitsgemeinschaft) vorbehalten ist – kleinere Fälle zur Vertiefung und praktischen Anwendung des Erlernten verwenden. Achten Sie hierbei jedoch auf den **Worked Example Effekt**. So haben verschiedene Studien

---

769 *Rufer/Tribelhorn* V & L 2012, 492.
770 Berendt/Voss/Wildt/*Berendt* B. 1.1 S. 28.
771 *Macke/Hanke/Viehmann* S. 99.
772 *Hattie* Lernen S. 45.
773 → Rn. 17 ff., 118 ff., 183.
774 Laske/*Pörksen* S. 97, 101 ff.
775 *Brauer* S. 74.
776 Vgl. *Rummler* S. 33.

belegt, dass beim Bearbeiten von Problemlöseaufgaben das reine »unbedarfte« Ausprobieren insbesondere Lernende mit geringem Vorwissen kognitiv überfordern kann (vgl. die *Cognitive Load Theorie*, → Rn. 72). Dieser Gefahr kann durch das Lernen mit sog. *Worked Example*, also Lösungsbeispielen, hier also ausformulierten Musterfalllösungen, begegnet werden.[777]

**Tipp:** Sie können erkennen, dass der zu vermittelnde Stoff »wirklich« verstanden wurde, wenn die Studierenden diesen mit eigenen Worten wiedergeben und auf einen konkreten Lebenssachverhalt anwenden können.

209

Bei derartigen aktivierenden Lehrmethoden tritt die **Lehrendendominanz in den Hintergrund,** der Lehrende ist nicht mehr »*sage on the stage but guide on the side.*«[778] und wird (allerdings nur in dieser Phase) als bloßer Lernbegleiter[779] tätig.[780] Ziel ist es, die Studierenden in dieser Phase weitestgehend in das »Lehr/Lerngeschehen« einzubinden und das Lernengagement (und damit das autonome Lernen selbst) zu fördern.[781] Je mehr kognitive, emotionale, motorische und sensorische Organe in das Lernen einbezogen werden, desto intensiver findet der Lernprozess statt.[782] Die Rolle des Lehrenden beschränkt sich darauf, einen klaren und unmissverständlichen Arbeitsauftrag zu geben und ggf. während der Arbeitsphasen für Rückfragen zur Verfügung zu stehen.

210

Besonders sollten Sie berücksichtigen, dass Sie durch einen Methodenmix zwar die Aufmerksamkeit und Lernbereitschaft der Studierenden erhöhen und den didaktischen Anforderungen an eine gelungene Lehrveranstaltung Rechnung tragen.[783] Sie dürfen diese jedoch auch **nicht mit zu vielen verschiedenen Lehrformen und Methoden** verunsichern und verwirren; auch sollten Sie die Wahl der konkreten Methode wie erörtert an die Begebenheiten der konkreten Veranstaltung anpassen. Generell gilt, dass nur maximal zwei bis drei verschiedene Methoden pro Lehrveranstaltung zur Anwendung kommen sollten.

211

Idealerweise schaffen Sie es, am Ende der Selbstlerneinheit einen echten »**Aha-Effekt**« einzuarbeiten – etwa, indem sich hierdurch einzelne Puzzleteile Ihres Vortrages zu einem großen Ganzen zusammenfügen oder eine Schlussfolgerung aus dem Erlernten selbst erarbeitet wird. Wenn es Ihnen gelingt, ein derartiges Heureka-Moment bei Ihren Studierenden auszulösen, erhöht dies die Aktivität und Motivation der Gruppe im Ganzen.[784] Besonders eindrucksvoll: **Die Dialektik von scheinbaren bzw. tatsächlichen Widersprüchen und Paradoxien.**[785]

212

---

777 Vgl. *Zumbach/Astleitner* S. 31.
778 *King* CT 1993, 30.
779 Zu Recht kritisch zu diesem Begriff *Zierer* DIE ZEIT v. 26.1.2017, 64: »Guten Morgen, Herr Lernbegleiter!«.
780 → Rn. 223, 235, 12 ff.
781 Berendt/Voss/Wildt/*Berendt* B. 1.1 S. 5.
782 *Siebert* Didaktisches Handeln S. 13.
783 Vgl. Vereinigung Deutscher Rechtslehrender/*Slapnicar* S. 134 und Berendt/Voss/Wildt/*Berendt* C. 3.1 S. 5.
784 Vgl. *Hallet* S. 78.
785 Etwa das Verhältnis zwischen der Ewigkeitsklausel des Art. 79 Abs. 3 GG und dem Demokratieverständnis in Art. 20 GG.

213 Berücksichtigen Sie im Rahmen des Methodenwechsels möglichst auch die **vorgenannten unterschiedlichen Lerntypen** der anwesenden Studierenden.[786] »Wir brauchen Abwechslung und wollen auf verschiedenen Ebenen unserer Wahrnehmung und Persönlichkeit angesprochen werden. Da es unter den Studierenden zudem unterschiedliche Lerntypen mit ihren jeweiligen Wahrnehmungs- und Handlungspräferenzen gibt, muss die Vermittlung stets über mehrere Kanäle erfolgen.«[787] Dies kann etwa geschehen, indem mit einem analytischen Vortrag begonnen, sodann in das kommunikative Lehr-/Lerngespräch[788] übergeleitet, bevor mit einem konkreten Fall oder einer Aufgabe, die allein oder in Gruppenarbeit zu lösen ist, konkret und kommunikativ gearbeitet wird.[789] Wünschenswert und entsprechend effektvoll ist es schließlich stets, die Veranstaltung derart zu gestalten, dass multiple Arten des Lehrens verwendet werden und alle verschiedenen Lerntypen angesprochen werden.[790]

214 **Exkurs:** Es kann sich auch anbieten, bei längeren Lehrveranstaltungen eine **kurze Pause** (max. fünf Minuten) zwischen größeren Lehr-/Lernblöcken vorzusehen, in der etwa die im Übrigen verpönten Smartphones[791] kontaktiert werden dürfen oder die Unterlagen sortiert und vervollständigt werden.[792] Eine solche knappe Pause kann zB bei einer 90-minütigen Lehrveranstaltung nach ca. 45 Minuten erfolgen. Manche Lehrende bedienen sich dabei eines besonderen Kniffes und machen die noch verbleibende Zeit der Veranstaltung (bis zur nächsten Pause) mit einer Uhr (digital am Rechner oder analog) für die Studierenden sichtbar. Diese kann dann auch für die exakte Einhaltung der Pausenzeit verwendet werden. Sollten Sie sich für ein solches Vorgehen entscheiden, ist es wichtig, dass Sie zu Beginn deutlich machen, dass es sich tatsächlich nur um eine fünfminütige Pause handelt, die wieder obsolet wird, wenn die Studierenden diese nicht einhalten. Konsequent sollte dann auch nach fünf Minuten Pause unmittelbar mit dem Stoff fortgefahren werden.[793]

215 **Die drei Kernaussagen:**
- Das Prinzip des Methodenmix zwischen passiven und aktiven Phasen des Lernens (auch: Rhythmisierung, Sandwichprinzip) besagt, dass auf eine Phase der Wissensvermittlung (»Einatmen«) eine expressive Phase der Wissensvertiefung, -wiederholung und ggf. -anwendung (»Ausatmen«) folgen sollte.
- In der expressiven Phase gilt es, die Studierenden durch die Anwendung entsprechender Lehrmethoden zur eigenen Aktivität anzuhalten. Die konkrete Auswahl der verschiedenen denkbaren Vorgehensweisen erfolgt dabei anhand der Besonderheiten der jeweiligen Lehrveranstaltung; Bestenfalls schafft der Lehrende durch die Aufgabe(nlösung) einen echten »Aha-Effekt« und berücksichtigt bei der Auswahl die besonderen Anforderungen der verschiedenen Lerntypen.
- Der Lehrende tritt in der expressiven Phase generell in den Hintergrund und wird vor allem als »Lernbegleiter« tätig.

---

786 → Rn. 75 f.
787 Berendt/Voss/Wildt/*Voss* A. 3.4 S. 9.
788 *Hallet* S. 134.
789 Vgl. zu den Methoden der »*lecture based cases*«, »*case based lectures*« und »*case method*« Brockmann/Dietrich/Pilniok/*Zumbach*/Moser Exzellente Lehre S. 197 f.
790 Vgl. *Hattie* Lehrpersonen S. 92.
791 Zu den mit Smartphones verursachten Störungen etwa → Rn. 462.
792 *Dummann/Jung/Lexa/Nienkrenz* S. 82.
793 Vgl. *Brauer* S. 53.

## c) Zusätzliche aktivierende Methoden bei kleineren Gruppengrößen

Insbesondere in **Seminaren/Übungen/Arbeitsgemeinschaften mit einer überschaubaren Teilnehmerzahl** können auch anspruchsvollere und aufwändigere aktivierende Methoden[794] eingesetzt werden. Generell gilt hierbei: Der konkrete Effekt und der Zielerreichungsgrad einer erstmalig Methode sollte stets durch entsprechendes Feedback **evaluiert** werden; nicht jede Methode eignet sich schließlich für jeden (Stoff-)Bereich und jeden Adressatenkreis.[795] Zudem bedarf es zur erfolgreichen Implementation insbesondere neuer und innovativer Lehr- und Lernformen einer eingehenden Vorbereitung und tatsächlichen »Beherrschung« von deren (ungewohnten) methodischen Besonderheiten durch den Lehrenden.[796] Es wird vorliegend wie erläutert nur auf solche Methoden eingegangen, deren Anwendbarkeit im **rechtswissenschaftlichen Kontext** bereits erfolgt ist oder zumindest wahrscheinlich und sinnvoll erscheint. Einen umfassenden Überblick über weitere aktivierende Methoden bietet etwa der online-verfügbare Methodenpool der Universität Köln[797] oder der Methodenreader von *Hoffmann/Kiehne*.

### aa) Referate

Als naheliegende, den Studierenden aus der Schulzeit ohne weiteres bekannte aktivierende Lehrmethode kommen Referate in Betracht, die einzelne Studierende oder Studierendengruppen zu zuvor festgelegten Themenstellungen halten. Wie stets bei Lehrmethoden, die eine verstärkte Involvierung der Studierenden beinhaltet, ist es besonders wichtig, dass Sie im Vorfeld **klare Vorgaben und Regeln** kommunizieren.[798] Lassen Sie hinsichtlich des Zeitrahmens der jeweiligen Präsentation, der (empfehlenswerten) vorherigen Zusendung der Präsentation an Sie, der zusätzlich erforderlichen Unterlagen, der (freiwilligen/zwingenden) Verwendung neuer Medien etc keine Zweifel aufkommen[799] Erhöhen Sie die **Motivation** für ein solches Referat bei den Studierenden, indem Sie darauf hinweisen, dass auch im juristischen Staatsexamen ein Vortrag verlangt wird, den es sinnvollerweise zuvor zu üben gilt.[800] Außerdem wird es unter den Studierenden kaum jemanden geben, der oder die nicht im späteren Berufsleben – sei es im Unternehmen oder der Verwaltung, sei es vor Gericht oder in Verhandlungen – regelmäßig referatsähnliche Vorträge halten muss. Die Fähigkeit, (juristische) Präsentationen vorzubereiten und zu halten, ist daher eine der *soft skills*, die sinnvollerweise bereits im Studium erlernt werden.

Zur Vorbereitung der Referate können Sie, wenn die betreffenden Studierenden damit einverstanden sind, auch **Referate aus früheren Jahren** per Video als Beispiele

---

794 Wenn Sie derartige aktivierende Lehrmethoden einführen wollen, müssen Sie im Vorfeld besonders berücksichtigen, dass Sie ggf. zusätzliches (ergänzend zu dem herkömmlichen Beamer, der Leinwand und der Tafel) Material benötigen wie eine Flipchart, Stifte, Karteikarten etc. Sinnvoll ist generell die Verwendung eines gut bestückten Moderatorenkoffers. Vgl. *Dummann/Jung/Lexa/Nienkrenz* S. 161.
795 Vgl. *Hattie* Lehrpersonen S. 95; *Van den Bergh/Ros/Beijaard* S. 3.
796 Vgl. *Hallet* S. 34.
797 http://methodenpool.uni-koeln.de.
798 Vgl. *Hines/Cruickshank/Kennedy* American Educational Research Journal 1985, 22(1), 87.
799 Vgl. allgemein *Hallet* S. 156.
800 *Dyrchs* S. 105.

vorführen (und deren Stärken und Schwächen in Gruppenarbeit feststellen (lassen)).[801] Insbesondere bei unerfahrenen Studierenden hat es sich zudem bewährt, dass der Lehrende in der »Vorbereitungsstunde« die **wesentlichen (inhaltlichen, formalen, rhetorischen) Kriterien** erörtert, die ein gelungenes Referat ausmachen; ein solches »Training der Präsentationsfähigkeit« führt nicht nur auf Seiten des Vortragenden zu einem Mehrwert, auch steigert es (sofern befolgt) nachgewiesenermaßen den Lernerfolg für die zuhörenden Studierenden.[802] Machen Sie hier auch **Beurteilungskriterien und Beurteilungsraster** zur späteren Bewertung des Vortrages transparent.[803]

219 Am Ende eines jeden Referates sollte sich zwischen dem/den Vortragenden und den Zuhörern ein **Diskurs** über das Thema entfachen. Der Lehrende sollte hier möglichst wenig in Erscheinung treten; allenfalls kommt eine neutrale Gesprächsleitung und Moderation in Betracht. Sehr hilfreich ist es auch, wenn Sie sich vorab überlegen, wie (und wann) Sie die anschließende Diskussion beenden wollen.

220 > **Exkurs:** Ähnliche Erwägungen gelten auch bei der Methode **»Lernen durch Lehren«**. Bei dieser gibt der Lehrende einer Gruppe von Studierenden im Vorfeld der in Rede stehenden Veranstaltung den Auftrag, ein überschaubares Gebiet anhand einer klaren Arbeitsanweisung (mit Lernzielen, Inhalten, Beispiele etc) selbstständig vorzubereiten und während der Präsenzveranstaltung eigenständig unter zuvor festgelegten Regeln (insbesondere hinsichtlich der zeitlichen Vorgaben) die Funktion eines Lehrenden zu übernehmen.[804]

#### bb) Komplexere und länger andauernde Gruppenarbeit

221 Die Methode »Gruppenarbeit« kann natürlich nicht nur zur kurzfristigen Aktivierung, sondern (insbesondere bei kleineren Gruppen) auch zur Erarbeitung **komplexerer und anspruchsvollerer Aufgaben** verwendet werden. Passen Sie in diesem Fall die Bearbeitungszeit entsprechend an. Es sollte pro Gruppe mit einer Richtgröße von maximal fünf Teilnehmern gearbeitet werden.[805] Es bedarf zudem eindeutigerer und detaillierterer **Instruktionen**,[806] etwa neben den oben erläuterten Angaben auch Informationen hinsichtlich der Frage, »welche Ergebnisform erwartet wird (zB mündlicher Kurzbericht, Abgabe eines Ergebnisberichts, Visualisierung) und in welcher Form diese Ergebnisse zu präsentieren sind.«[807] Aber Vorsicht: Bei mehr als drei Gruppen wird die Ergebnispräsentation recht viel Zeit in Anspruch nehmen. Sollte dies nicht möglich oder erwünscht sein, können Sie mit exemplarischen Präsentationen arbeiten. Machen Sie nur im Vorhinein klar, dass eine solche Stichproben-Präsentation für alle Studierenden verpflichtend ist. Dies erreichen Sie zB dadurch, dass Sie nicht von vornherein festlegen, welche Gruppe tatsächlich ihre Ergebnisse zeigen soll und damit für die Studierenden nicht erkennbar ist, wer bzw. welche Gruppe nach der Gruppenarbeit die Ergebnisse im Plenum zusammenfassen soll.[808]

---

801 *Brauer* S. 96.
802 Nachweise bei *Taylor* Teaching of Psychology 1992, 19(4), 236; ein konkretes Beispiel beschreiben *De Grez/Valcke/Roozen* Computers & Education 2009, 53, 112.
803 Vgl. *Zumbach/Astleitner* S. 129.
804 Vgl. Bachmann/*Breitschaft/Tuggener* S. 240.
805 Berendt/Voss/Wildt/*Wörner* C. 2.12 S. 11.
806 Vgl. *Zumbach/Astleitner* S. 100 f.
807 Berendt/Voss/Wildt/*Wörner* C. 2.12 S. 9.
808 *Brauer* S. 80.

In der Praxis besteht in diesem Kontext übrigens häufig das profan anmutende Problem, festzulegen, nach welchen Kriterien die einzelnen **Gruppen gebildet** werden. Insbesondere, wenn Sie häufiger Gruppenarbeiten durchführen, sollten Sie auf jeweils neu gemischte Gruppen achten. Hierfür bietet es sich an, die jeweiligen Gruppen **per Zufall** zu bilden. Sie können Gruppen zusammenstellen, indem Sie schlicht abzählen oder die Studierenden nach bestimmten Kriterien aufstellen lassen (Herkunft, Wohnort, Semesteranzahl etc).[809] Es existieren überdies Websites, die es erleichtern, Gruppen »zufällig« zusammenzustellen.[810]

222

Es reicht bei derart eingesetzter Gruppenarbeit jedoch nicht, die Gruppen zu bilden, die Spielregeln festzulegen und dann etwa den Raum zu verlassen.[811] Nehmen Sie vielmehr während der Gruppenarbeit eine **aktive, lernbegleitende Rolle** ein und gehen Sie zwischen den einzelne Gruppen hin und her,[812] wobei Sie stets Ihre Mithilfe bei Fragen und Unklarheiten anbieten. Es gilt schließlich:

223

»Das Lernen in Kleingruppen (zeigt) signifikant positivere Effekte auf die Leistung der Studierenden, auf die Bearbeitungsqualität der Gruppenaufgabe und auf verschiedenen Verfahrens- und affektive Outcomes. (aber:) Es reicht nicht, Lernende einfach in kleine oder homogenere Gruppen zu setzen. Damit eine Gruppenbildung maximal effektiv sein kann, müssen der Stoff und der Lehrstil vielfältig und in angemessenem Maß **anspruchsvoll** sein, um den Bedarfen der Lernenden mit ihren unterschiedlichen Fähigkeitsniveaus gerecht zu werden.«[813]

Beachten Sie aber immer: Didaktisch unsorgfältig vorbereitete Gruppenarbeit hat bei den Studierenden eher negative als positive Auswirkungen auf den Lernerfolg.[814] Es gilt dabei vor allem, die folgenden vier Effekte zu vermeiden:[815]

224

- *Sucker Effect*: Die besonders motivierten, engagierten und leistungsstarken Studierenden ziehen sich zurück, da sie das Gefühl haben, allein einen zu großen Beitrag zur Gruppenlösung zu leisten und/oder sich unterfordert fühlen. Ähnlich ist der
- *Gimpel Effect*: Bei zu großen Leistungsunterschieden innerhalb der Gruppe ziehen sich die leistungsstarken Studierenden zurück, da sie die Gruppe nicht dominieren möchten oder Rücksicht auf leistungsschwächere Kommilitonen nehmen wollen.
- *Social Loafing* (soziales Trittbrettfahren): Sofern die Gruppe zu groß ist, agieren einzelne Studierende zu passiv.
- **Auftreten von Spannungen und Konflikten**: Die Studierenden können (etwa aufgrund verschiedener Ansprüche, Werte bzw. eines unterschiedlichen Leistungsstandes oder Engagements) nicht effizient zusammenarbeiten, was zu Spannungen und Konflikten führt, die die fachliche Arbeit überlagern.

Um derartige negative Effekte zu vermeiden, klären Sie bei der Gruppenarbeit wie erläutert vorab das Ziel, die »Spielregeln« und die Erwartungen an das »Endprodukt«. Geben Sie klare Hinweise zur Erreichung einer zielorientierten Zusammenarbeit in der Gruppe und der Aufgabenstellung, einer ausgewogenen Besetzung und

225

---

809 Näheres bei *Ritter-Mamczek/Lederer* S. 75.
810 Etwa: www.jigsaw.org/german/index-g.html.
811 Vgl. *Hattie* Lehrpersonen S. 111.
812 ... was (als positiver Nebeneffekt) die Studierenden auch davon abhalten sollte, über andere Themen als die Gruppenaufgabe zu diskutieren.
813 *Hattie* Lernen S. 113 unter Hinwies auf eine Meta-Analyse im Bereich der Hochschulen (Hervorhebung durch den Verf.); die Effektstärke beträgt 0.49.
814 *Pfäffli* S. 156.
815 Nach *Widulle* S. 212; vgl. auch *Zumbach/Astleitner* S. 101 ff.

einer stets ansprechbaren Begleitung durch den Lehrenden. Sorgen Sie darüber hinaus auch für die notwendigen Räume, Hilfsmittel und Medien.

### cc) Problembasiertes Lernen

226 Das problembasierte Lernen (*Problem-Based Learning*, POL)[816] stellt eine interessante Alternative zur herkömmlichen juristischen Fallmethode dar.[817] Problembasiertes Lernen ist ein didaktisches Format, das in den 1960–1980er Jahren an der McMaster-Universität im kanadischen Ontario entwickelt wurde. Es handelt sich um eine pädagogische Strategie, bei der Studierende gemeinsam, unterstützt von einer Tutorin oder einem Tutor anhand von (konkreten) Problemen (didaktisches Prinzip der Problemorientierung[818]), von Beginn an **anhand einer authentischen Fall- bzw. Problemstellung eigenständig Fachwissen und berufsrelevante Fähigkeiten** erwerben, wobei sie einen in bestimmten Phasen gegliederten Arbeitsprozess[819] durchlaufen und eine Vielzahl von Lernressourcen nutzen (entdeckendes Lernen).[820] Noch weitergehender als der (zumeist zuvor gefilterte) Lebenssachverhalt herkömmlicher juristischer Aufgabenstellungen wird hier mit umfassenden und weitreichenden Problem- und Aufgabenstellungen gearbeitet, die ein realistisches Abbild der juristischen Praxis(probleme) darstellen (und daher etwa auch Informationen enthalten, die für die Problemlösung ohne oder nur von geringerer Relevanz sind). Auch müssen die Studierenden – ein wesentlicher Unterschied etwa zu der verwandten Form der Fallösung in der juristischen Lehrveranstaltung anschließenden Arbeitsgemeinschaften und Übungen – das Problem nicht mit Anwendung bereits vermittelten Wissens lösen; vielmehr erarbeiten sie sich bei solchen problemorientierten Lernumgebungen das nötige Wissen und Können im Prozess der Problembearbeitung selbst (generatives Problemlösen).[821]

227 Der Ansatz setzt dabei maßgeblich auf die Neugier der Studierenden und ihre intrinsische Motivation. Die Studierenden sind aktiv gefordert, das ihnen auferlegte Problem zu lösen.[822] Ziel des POL ist es dabei, »**die Teilnehmenden zur selbstständigen Bearbeitung von spezifischen Sachverhalten anhand bestimmter Arbeitsschritte**

---

816 Vgl. grundlegend *Hammond* S. 6 ff. und *Zumbach/Astleitner* S. 84 ff.; *Mietzel* S. 61 ff.; zur Übertragung auf juristische Lehre: *Moskovitz* JoLE 1992, 241 und Berendt/Voss/Wildt/*Marks/Thömen* C. 1.1; eingehend für den deutschen Rechtsraum Brockmann/Dietrich/Pilniok/*Zumbach/Moser* Methoden S. 125 ff. und *Scholkmann* ZDRW 2014, 28. Anschaulich anhand eines Beispiels für kompetenzorientierte Lehre dargestellt bei HRK, Fachgutachten zur Kompetenzorientierung in Studium und Lehre, 2012, S. 117, aaO.
817 Aus Platzgründen kann auf die hiermit einhergehenden Chancen und Herausforderungen indes nur knapp eingegangen werden. Es wird daher zur Vertiefung auf die diesbezügliche Spezialliteratur verwiesen: Brockmann/Dietrich/Pilniok/*Zumbach/Moser* Methoden S. 125 ff.; Brockmann/Dietrich/Pilniok/*Winter* Methoden S. 137 ff., Bachmann/*Werder* S. 50 ff. und Brockmann/Dietrich/Pilniok/*Kiiver* Methoden S. 160 ff.; *Scholkmann* ZDRW 2014, 28, jeweils mwN. Insgesamt sollte eine solche Methode in jedem Fall nur nach ausreichender Vorarbeit und intensiver Einarbeitung in die konzeptionellen und didaktischen Grundlagen eingesetzt werden.
818 *Pfäffli* S. 141.
819 In dieser stärkeren Formalisierung des Prozesses und der zu übernehmenden Aufgabe liegt ein (weiterer) wesentlicher Unterschied zu der (juristischen) Fallstudienarbeit: *Scholkmann* ZDRW 2014, 28 (32). Der Arbeitsprozess ist gegliedert in die Schritte: Begriffe klären, Problem definieren, Ideen ordnen, Recherchefrage formulieren, Recherchephase, Synthese.
820 Brockmann/Dietrich/Pilniok/*Winter* Methoden S. 143.
821 Bachmann/*Werder* S. 51.
822 Vgl. *Zumbach* S. 36; grundlegend *Bruner* HERev 1961, 21 (22).

anzuregen.«[823] Solch ein Vorgehen bietet sich insbesondere – soweit die in Rede stehenden Curricula dies vorsehen – für Arbeitsgemeinschaften bzw. Seminare an.[824] Hattie bescheinigt dieser Lehr-/Lernmethode zwar nur eine geringe Effektstärke (0.15); dies bezieht sich jedoch in erster Linie auf ihre Effekte auf das sog. Oberflächenwissen.[825] Bei näherer Betrachtung kann Problembasiertes Lernen jedoch positive Effekte haben insbesondere im Hinblick auf das (tiefere) Verständnis der zugrunde liegenden Zusammenhänge und der Bedeutung des Lernstoffes.[826]

### dd) Plan-/Rollenspiele

Das Planspiel wird allgemein verstanden als die Simulation der 228

»Folgen von Entscheidungen hinsichtlich des Eingreifens in Systemdynamiken und Systemressourcen von Personen, die als Mitspielende Rollen von Akteuren übernehmen und Interessen vertreten, wobei die Handlungsspielräume zum Austarieren dieser Rollen wiederum spezifischen Spielregeln unterliegen. Planspiele beinhalten Akteure, Regeln und Ressourcen. Sie sind der Realität angenäherte Modelle, in denen aber immer Menschen als Mitspielende Rollen übernehmen und konkrete Entscheidungen treffen müssen, deren Wirklichkeitsrelevante Aus- und Folgewirkungen dann wiederum geprüft werden.«[827]

Neuere Metastudien haben ergeben, dass Planspiele eine besonders effektive Lernmethode darstellen.[828] Im juristischen Kontext bieten sich für derartige Planspiele zahlreiche Simulationen aus der Praxis an: Von der klassischen Gerichtsverhandlung über Vertragsverhandlungen – sei es im öffentlichen, sei es im privaten Sektor – bis zu außergerichtlicher Konfliktlösung (Mediation, Schlichtung etc). Ausgangspunkt ist dabei stets eine bestimmte **Konstellation von sozialen Rollen und eine Situations- und Problembeschreibung.** Die Rollen werden dabei in vom Lehrenden vorbereiteten Rollenanweisungen schriftlich umrissen. Dazu kommen je nach Planspiel ggf. noch allgemein zugängliche Informationsblätter, die den teilnehmenden Studierenden die sachlichen Grundlagen ihres Rollenverhaltens verdeutlichen und den Einstieg erleichtern. Generell ist das Planspiel dabei unterteilt in die vier Phasen der Vorbereitung, Ausarbeitung, Spiel und Reflexion des Spiels. 229

Sollten Sie sich für die Nutzung eines Planspiels entscheiden, achten Sie darauf, ausreichend Zeit in die Vorbereitung und das Design des Spiels zu investieren und insbesondere die einzelnen, im Rahmen des Briefings (partiell) transparent zu machenden 230

---

823 Berendt/Voss/Wildt/*Marks/Thömen* C. 1.1 S. 2. Hierdurch kann etwa der häufig beklagte »Bruch zwischen Theorie und Praxis« bekämpft werden: Berendt/Voss/Wildt/*Marks/Thömen* C. 1.1 S. 6.
824 Vgl. Brockmann/Dietrich/Pilniok/*Winter* Methoden S. 144 ff., zum Einsatz innerhalb juristischer Arbeitsgemeinschaften; vgl. Brockmann/Dietrich/Pilniok/*Zumbach/Moser* Methoden S. 125 ff. zu einem Fallstudienprojekt des Studiengangs Wirtschaftsrecht an der Hochschule Wismar; vgl. schließlich Brockmann/Dietrich/Pilniok/*Nord* Methoden S. 160 ff. zu den Erfahrungen beim problembasierten Jurastudium in Maastricht. Zu der naturwissenschaftlichen Herleitung *Medina* S. 317 ff.
825 Vgl. *Zumbach/Astleitner* S. 184 zu der grundsätzlichen Unterscheidung zwischen Oberflächen- und Tiefenlernen: »Beim prinzipiell leistungsfördernden Tiefenlernen sind Studierende an dem zu erlernenden Bereich interessiert und versuchen intensiv den Lehrstoff auch zu verstehen. Oberflächen-Lernen mit eingeschränkter Lerneffektivität ist hingegen auf die Angst vor Misserfolg gegründet und besteht verstärkt im Auswendiglernen.«
826 Vgl. *Hattie* Lernen S. 250.
827 Bachmann/*Werder* S. 113.
828 Bachmann/*Werder* S. 124.

Rollenvorgaben[829] und Spielregeln sorgfältig zu formulieren. Den **zeitlichen Aufwand** der Vorbereitungsphase – wie des gesamten Planspiels – realistisch einzuschätzen ist angesichts der Eigendynamik dieser Methode diffizil; ggf. bedarf es hier auch einer wertschätzenden Intervention, wenn die zeitlichen Vorgaben überschritten werden. In jedem Fall verlangt Ihnen dieses Vorgehen auch in der Durchführung eine **aufmerksame und sensible Begleitung** ab, da im Laufe des Spiels immer wieder Fragen zu beantworten sind und Konfliktlagen zu klären sind. Führen Sie unbedingt mit den beteiligten Studierenden am Ende des Planspiels im Wege eines Debriefing und einer Evaluation eine inhaltliche wie persönliche **Selbst- und Fremdreflexion** durch.

231 Herausforderungen beinhaltet diese Methode vor allem im Hinblick auf die etwaige **Benotung** der Spielleistung, den Umgang mit »unwilligen« Studierenden und die Einpassung in das konkrete Curriculum.

232 Weitgehende Parallelen und Überschneidungen besitzt das Planspiel zum klassischen **Rollenspiel**; die Grenzen sind fließend. Auch bei letzterem sollen die Studierenden »möglichst realitätsgerecht in Aktion nachvollziehen, reflektieren und nach Lösungsmöglichkeiten suchen.«[830] Es stehen hier aber weniger die Person als vielmehr bestimmte Positionen im Mittelpunkt; dementsprechend sind die zu übernehmenden Rollen stärker formalisiert und lassen kaum Spielraum für Rolleninterpretationen. Es gelten im Übrigen die obigen Erwägungen entsprechend.

233 **Exkurs:** Den Bereich der »klassischen« juristischen Lehrveranstaltung (und damit auch den Inhalt dieses Buches) verlassen Sie, wenn Sie mit Studierenden an inner- und/oder interuniversitären **Moot Courts** teilnehmen wollen bzw. diese für die Studierenden organisieren.[831]

**ee) E- bzw. Blended Learning Elemente, insbesondere Flipped Classroom**

234 Ebenfalls nur angerissen werden können an dieser Stelle die Möglichkeiten, E- bzw. Blended Learning Elemente in die Lehre einzubauen. Neben den professionellen und aufwändigen MOOCs (*Massive Open Online Courses*)[832] können auch niedrigschwellige Angebote in die Lehre integriert werden, etwa, indem Sie auf der hierfür vorgesehenen Website Ihrer Hochschule *Multiple Choice Tests* für die Studierenden anbieten, mit Wikis[833]

---

829 Eine Gefahr besteht dabei darin, dass der Lehrende, um das Planspiel möglichst realistisch erscheinen zu lassen, immer mehr Faktoren, Zielsetzungen und Daten mit einbeziehen will, um das Spiel realistischer und umfassender zu machen. Mit zunehmender Komplexität wird das Spiel aber auch immer schwerer spielbar. Es gilt daher, der Stoffreduktion ähnlich, die Schlüsselakteure und die wesentlichen Botschaften im Hinblick auf die Erreichung der Lernziele zu identifizieren und realitätsnah abzubilden.
830 Bachmann/*Breitschaft*/*Tuggener* S. 242 mwN.
831 Vgl. Brockmann/Dietrich/Pilniok/*Griebel* Methoden S. 220 ff.
832 Es handelt sich hierbei um einen internetbasierten Kurs, der sich an viele Teilnehmende richtet und grundsätzlich offen für alle ist. Vgl. »Automatische Lösungsskizzen statt abgefilmter Präsenzvorlesungen«, Legal Tribune Online v. 4.6.2013, http://www.lto.de/recht/studium-referendariat/s/online-studium-jura-wirtschaftsrecht-fernstudium-lernplattform/. Empfehlenswert sind etwa die von Stephan Lorenz (Juraprofessor an der LMU) zur Verfügung gestellten Podcasts im Rahmen des Programms »LMU on iTunes«, abrufbar unter http://www.stephan-lorenz.de.
833 Hierbei handelt es sich um ein Hypertextsystem für Webseiten, deren Inhalte von den Benutzern nicht nur gelesen, sondern auch online direkt im Webbrowser geändert werden können. Vgl. http://www.jurawiki.de/FreieJuristischeInternetProjekte.

arbeiten und/oder Webinare⁸³⁴ abhalten. Die diesbezüglichen Möglichkeiten und Restriktionen sollten Sie, sofern an derartigen Methoden Interesse besteht, bei den zuständigen Stellen Ihrer Hochschule erfragen.⁸³⁵

Besonders hingewiesen werden soll an dieser Stelle aufgrund der zunehmenden Beliebtheit auf die Methode des »*Inverted*« (oder) »*Flipped Classroom*«.⁸³⁶ In diesem Format wird das bekannte Vorgehen: Lernen in der Präsenzveranstaltung, Lernen und Vertiefen in Heimarbeit, dergestalt umgedreht, dass die reine Stoffvermittlung »ausgelagert« und automatisiert wird, also durch Videos, MOOCs, Texte, Podcasts o.ä. erfolgt, während das Vertiefen und die Anwendung des eigenständig⁸³⁷ Erlernten in den Präsenzphasen an der Hochschule stattfindet. In diesem Sinne erfolgt auch ein tatsächlicher **Rollenwechsel** des Lehrenden vom Wissensvermittler zum Lernbegleiter und Moderator.⁸³⁸

235

Die Umstellung einer Lehrveranstaltung(sreihe) auf diese Methode bedarf offensichtlich zunächst eines einmaligen erheblichen Mehraufwandes für den Lehrenden, da zunächst die erforderlichen Materialien für die »Online-Phasen« zusammengetragen bzw. zum Teil sogar erstellt werden müssen. Überdies muss der Lehrende dafür Sorge tragen, dass sich die Studierenden eigenständig und selbstorganisiert vor den Präsenzphasen das hierfür erforderliche Wissen angeeignet haben. Auf der anderen Seite rückt mithilfe dieser Methode das für das nachhaltige Lernen eminent wichtige Verständnis und die Anwendung des Wissens in den Präsenzphasen in den Mittelpunkt.

236

#### ff) Sonstige aktivierende Lehrmethoden: Auswahl und Überblick

Abschließend wird noch eine Auswahl an (kürzeren) sonstigen aktivierenden Methoden überblicksartig dar- und vorgestellt.⁸³⁹ Diese eignen sich grundsätzlich sowohl für die Lehre in kleineren, als (mit Einschränkungen) auch für Großgruppen. Sie bedürfen jedoch zum Teil einer **intensiven Vorbereitung** und setzen hierauf ausgelegte **äußere Rahmenbedingungen** (Raum, Medien) sowie hierfür **aufgeschlossene Studierende** voraus:⁸⁴⁰

237

- **Kartenabfrage:** Die Studierenden erhalten Karten (oder Post-its), die sie zur Beantwortung einer vom Lehrenden gestellten Frage (etwa nach dem Vorwissen, den Erkenntnissen oder offenen Fragen) beschriften und an eine oder mehrere Pinnwände befestigen. Idealiter sortieren (*clustern*) die Studierende ihre Antworten dabei eigenständig bereits zu denjenigen, die am besten zu ihrer eigenen Aussage passen.
- **Blitzlicht:** Alle Studierenden äußern in einem begrenzten kurzen Zeitraum ihre Meinung zu einer vorgefassten Frage (ähnlich: *Elevator Pitch*). Die Aussagen wer-

---

834 Das Webinar überträgt die Seminarsituation in den virtuellen Raum und lässt, anders als das bloße Abfilmen eines Vortragenden, Interaktionen und Kommunikation zwischen Lehrendem und Studierenden bzw. zwischen den Studierenden zu.
835 Vgl. nur http://www.jura.uni-koeln.de/kjll-e-learning.html oder http://www.jura.fu-berlin.de/studium/elearning/index.html.
836 Eingehende Informationen sind etwa zu finden unter https://invertedclassroom.wordpress.com.
837 Insoweit besitzt dieser Ansatz konstruktivistische Elemente, → Rn. 34 ff.
838 Vgl. die Ausführungen → Rn. 52.
839 Eine eingehende Aufzählung neuer und ambitionierter Lehr- und Lernmethoden findet sich etwa bei *Ritter-Mamczek/Lederer* S. 31 ff., bei *Berendt/Voss/Wildt/Berendt* C. 3.1 und bei *Macke/Hanke/Viehmann* S. 153 ff.
840 Aus Bachmann/*Breitschaft/Tuggener* S. 233 ff.

den nicht direkt im Anschluss, sondern erst nach dem letzten Blitzlicht aufgegriffen und, sofern sinnvoll und erforderlich, diskutiert.
- **Stumm-schriftlicher Dialog:** Die Studierenden werden in Gruppen aufgeteilt. Sie notieren auf Plakaten in zuvor vereinbarter Form (zB Mindmap, Cluster, Post-it) die ihrer Ansicht nach bedeutsamsten Aussagen des Lehrvortrages oder ihre Antwort auf eine bestimmte Frage des Lehrenden ohne hierbei zu sprechen. Die Angaben sollen dabei stets logisch ergänzt werden; Wiederholungen und Widersprüche sind zu vermeiden.
- **Blätterlawine:** In einer (Unter-) Gruppe sollen die Studierenden ihre Ideen/ Fragen oder ähnliches zu einem von dem Lehrenden vorgegebenen Thema auf ein Blatt zu schreiben. Nach einem kurzen Zeitraum wird das Blatt im Uhrzeigersinn an eine Person weitergegeben, die das bereits aufgeschriebene ergänzen und erweitern soll. Dies wird solange wiederholt, bis das Papier wieder bei der Ausgangsperson angelangt ist.
- **Lawinengespräch:** Die Studierenden tauschen sich zu einer vorgegebenen Aufgabenstellung zunächst in Zweier-Gruppen über einen kurzen Zeitraum aus und halten ihre Ergebnisse stichpunktartig fest. Sodann setzen sich jeweils zwei Zweier-Gruppen zu einer Vierer-Gruppe zusammen und diskutieren ihre Ergebnisse, dann schließen sich wiederum zwei Vierer-Gruppen zu Achter-Gruppen zusammen. Entweder erfolgt zu diesem Zeitpunkt – oder eine oder zwei Runden später – die Wahl eines Sprechers der Gruppe, der oder die die Ergebnisse kurz im Plenum vorstellt.
- **Aquarium** (*Fishbowl*):[841] Die Studierenden setzen sich in einen Außen- und einen Innenkreis. Die Studierenden im Innenkreis diskutieren als Stellvertreter der Studierenden im Außenkreis kontrovers ein Thema; ein bis zwei Stühle im Innenkreis stehen zu Beginn frei, auf den sich Studierende des Außenkreises setzen können, wenn sie etwas zur Diskussion beisteuern wollen; hiernach müssen sie den Platz wieder räumen. Die Außensitzenden geben im Anschluss an das Aquarium den Personen des Innenkreises Rückmeldung und diskutieren das Gehörte und Gesehene.
- **Hypothesenbildung:** Die Studierenden bilden einzelne Gruppen. Der Lehrende gibt den Studierenden das zu behandelnde Thema vor und bittet jeweils ein Mitglied jeder Gruppe darum, hierzu eine oder mehrere Hypothese(n) zu formulieren. Diese wird bzw. werden kurze Zeit in der Gruppe diskutiert, bevor die Wissensvermittlung durch den Lehrenden einsetzt. Nach dieser Phase überprüfen die Studierenden ihre Hypothese(n) noch einmal und stellen ggf. (Folge-) Fragen.
- **Schlüsselfragen:** Die Studierenden werden in Gruppen aufgeteilt. Sie werden aufgefordert, den zuvor erarbeiteten Stoff sinnvoll in Teilbereiche zu gliedern (die Gliederung des Lehrenden kann hier wertvolle Dienste leisten) und für jeden Teilbereich eigenständig eine zuvor festgelegte Anzahl von Fragen zu formulieren, selbst zu beantworten und diese auf Karteikarten festzuhalten. Jede Gruppe geht sodann mit ihren Fragen ins Plenum und testet die anderen Studierenden.
- **Vernissage/Marktplatz:** Der Lehrende teilt die Studierenden in Gruppen auf. Jede Gruppe wird aufgefordert, die bisher erarbeiteten Ergebnisse oder die Antwort auf eine vorgefasste Frage auf einem Flipchart zu visualisieren. Die einzelnen Bögen werden im Lehrraum aufgehängt. Die Studierenden werden dann dazu aufgefordert, sich alle Ausführungen anzusehen und jeweils ihr Feedback hierzu zu geben,

---

[841] *Hoffmann/Kiehne* S. 34.

entweder direkt zu dem Studierenden, der die Visualisierung vorgenommen hat oder mittels vorab zur Verfügung gestellten Karten, durch die etwa Klärungsbedarf (Fragezeichen), Zustimmung (Herz/Smiley) oder Ablehnung (Blitz) zum Ausdruck gebracht werden kann.

- **Mehreckenmethode:** Zu Beginn einer neu zu bearbeitenden Thematik werden in dem Lehrraum in den verschiedenen Ecken Aussagen und Thesen befestigt. Die Studierenden werden dazu ermuntert, sich zu der Ecke/These zu begeben, die sie teilen und diskutieren dort, wie sie zu der gewählten Aussage stehen. Anschließend erfolgen der Lehrvortrag und eine abschließende Podiumsdiskussion.
- **Portfolioarbeit:** Hierbei handelt es sich um eine von jedem Studierenden erstellte Zusammenstellung von recherchierten Materialien, eigenen Arbeiten und Kommentaren zum Lernprozess. Die Arbeitsergebnisse sollten dabei derart präsentiert werden, dass der eigene individuelle Lernfortschritt sichtbar wird.
- **Tischset** (*Placemat*):[842] Die Studierenden werden in Gruppen aufgeteilt. in jeder Gruppe wird ein großes Blatt, möglichst DIN A3, in mehrere Felder entsprechend der Anzahl der Gruppenmitglieder aufgeteilt, wobei das Feld in der Mitte freibleibt. Zunächst schreiben nun die Studierenden jeweils eigenständig in »ihrem« Textfeld die Gedanken zu der zuvor aufgeworfenen Frage/Themas (sog. *think*-Phase). Sodann lesen die Studierenden die Notizen ihrer Kommilitonen, indem das Blatt (mehrfach) gedreht wird; es darf nur bei Verständnis- oder Leseschwierigkeiten gesprochen werden (sog. *pair*-Phase). Anschließend entscheidet die Gruppe gemeinsam, was in die Mitte als Gruppenergebnis aufzunehmen ist (sog. *share*-Phase). Es sollte hierbei eine Beschränkung der aufzunehmenden Punkte vorgenommen werden. Die jeweiligen Gruppenergebnisse können dann im Plenum präsentiert werden.[843]

**Die drei Kernaussagen:** 238
- Insbesondere in Formaten mit einer geringeren Studierendenzahl können (auch) umfangreichere und aufwändigere aktivierende Lehrmethoden angewandt werden, die eine stärkere Involvierung der Studierenden zur Folge haben.
- Besonders eignen sich hierfür die »klassischen« Referate, die »komplexere« und länger andauernde Gruppenarbeit, das problembasierte Lernen und Plan- bzw. Rollenspiele.
- Hierneben existieren zahlreiche weitere aktivierende Lehrmethoden, die zum Teil auch bei größeren Gruppen eingesetzt werden können. Bei diesen gilt es indes stets die intensive Vorbereitungszeit zu berücksichtigen; auch müssen die äußeren Rahmenbedingungen den Einsatz ermöglichen.

### d) Juraspezifische (veranstaltungsunabhängige) methodische Besonderheiten

Juristische Lehrveranstaltungen bieten veranstaltungstypusunabhängig einige methodische Besonderheiten: 239

#### aa) Der Gesetzestext und das Erlernen der juristischen Methodik

Das erste Grundproblem aller Dozentenveranstaltungen liegt darin, dass der Dozent Wissen statt Methoden verbreitet. Was Sie bekommen, ist Wissen, was Sie brauchen, ist Methode. – Fritjof Haft[844]

Eine jede »klassische« juristische Lehrveranstaltung sollte bei der Wissensvermittlung 240 wie der -anwendung stets mit dem **Gesetz** beginnen und dieses in den Mittelpunkt

---
842 *Hoffmann/Kiehne* S. 60.
843 *Bachmann/Hild* S. 27.
844 In: Lernen S. 286.

der Betrachtung stellen.[845] (Erst) Hiervon ausgehend können dann weiterreichende Erwägungen angestellt werden.[846] Insbesondere den (jüngeren) Studierenden muss dabei die Angst vor dem zu unrecht als »trocken« oder kaum verständlich wahrgenommenen Gesetzestext genommen werden. Dies erreichen Sie etwa, indem alle relevanten Paragraphen immer (wieder) nachgelesen und Schritt für Schritt erläutert werden. Den Studierenden sollte dabei zur Steigerung der intrinsischen Motivation[847] die überragende Bedeutung eines eingehenden Studiums und Verständnisses des Gesetzes auch für die **Klausurvorbereitung** (und die eigene Arbeitserleichterung) vor Augen geführt werden: Schließlich müssen sich die Studierenden für die Prüfung nur dasjenige einprägen, was sich nicht unmittelbar aus dem Gesetz(estext) ergibt oder ohne größeres Zutun aus diesem abgeleitet werden kann. Wer das Gesetz kennt, vermeidet also unnötige und zeitraubende Klausurvorbereitungszeit.

241 An dieser Stelle muss noch einmal die besondere Bedeutung der **aktivierenden Lehrmethoden** (etwa: Einzel-, Gruppen- oder Teamarbeit) zur Erarbeitung neuer Fragestellungen – hier in concreto: unbekannter Normen – betont werden.[848] Wenn sich die Studierenden unter Ihrer Anleitung und Aufgabenstellung selbst die einzelnen Tatbestandsmerkmale erschließen, selbst die einzelnen Auslegungsschwierigkeiten erkennen oder selbst auf die Suche gehen nach einer passenden Definition, werden sie all dies besser und nachhaltiger behalten (und verstehen), als wenn ihnen dies alles nur vom Dozenten »vorgekaut« wird.[849] Sofern Sie (nachvollziehbarerweise) eine unmittelbare Gruppenarbeit scheuen,[850] sollten Sie die Komplexität der Sozialform systematisch steigern (und eventuell an der Stufe beenden, die Sie nicht mehr als sinnvoll erachten), also mit der Einzelarbeit beginnen, sodann eine (kurze) Partnerarbeit (Tandem)[851] aufgeben, bevor Sie zur Gruppenarbeit übergehen.[852]

242 Hilfreich ist es auch, den Gesetzestext für die Studierenden **erlebbar und konkret** werden zu lassen.[853] Dies kann etwa durch die Heranziehung des klassischen **Auslegungskanons** erfolgen. Auf diesem Wege können die Studierenden zudem ein eigenes »Gespür« für das betreffende Rechtsgebiet erarbeiten.[854] Die Erörterung der Entstehungsgeschichte des Gesetzes[855] kann dabei etwa unter Zuhilfenahme der folgenden Leitfragen erfolgen:
• Wer stand hierfür Pate?

---

845 *Dyrchs* S. 183.
846 Vgl. zum »gesetzeszentrierten Lernen« Griebel/Gröblinghoff/*Kuhn* S. 127 f.
847 → Rn. 80.
848 Vgl. *Haft* Lernen S. 287: »Das dritte Grundproblem der Vorlesung liegt darin, dass sie den Hörer zur Passivität zwingt.«
849 Ähnlich *Dyrchs* RpflStud 2016, 12.
850 Vgl. Berendt/Voss/Wildt/*Wörner* C. 2.12 S. 1: »Gruppenarbeit in der Lehre ist einerseits weit verbreitet und andererseits wenig beliebt.«
851 Die Arbeit mit einem Lernpartner ist weniger anfällig für Ablenkung durch interpersonale Störungen als die Gruppenarbeit mit mehreren Teilnehmern und ermöglicht eine konzentrierte, zielorientierte Arbeit: *Hallet* S. 85.
852 *Mącke/Hanke/Viehmann* S. 99.
853 Vgl. *Dyrchs* S. 89.
854 *Reiner* JurPC Web-Dok. 160/2007, Abs. 11.
855 Diese Herangehensweise verdeutlicht den Studierenden zudem (insbesondere unter Zuhilfenahme rechtsvergleichender Erwägungen), dass für Gesetzesbestimmungen nicht der »Ex Cathedra«-Grundsatz gilt. Vgl. allgemein *Dyrchs* RpflStud 2016, 12.

*IX. Aufbau und Detailstruktur der einzelnen Veranstaltung*

- Welche Interessen sollten befriedigt werden?[856]
- Wer stand dem kritisch gegenüber?
- Welcher Regelfall (Normalfall, → Rn. 100) sollte hiermit erfasst werden?
- (ggf.) Passt die historische Wertung auch heute noch?

Als Leitfragen hinsichtlich der **Systematik** des Gesetzes bieten sich etwa an: 243
- Welche weiteren Bestimmungen gilt es zu beachten?
- Welche Parallelen und Unterschiede sind denkbar?
- Können Oberbegriffe gebildet werden?
- Wie ist die Norm in das Gesamtsystem eingebettet?
- (ggf.) Wäre eine abweichende Einordnung möglich und/oder sinnvoll gewesen?

Vor allem aber gilt es, der »Königsfrage« nach der **ratio** der Norm auf den Grund zu 244
gehen, zB mit den folgenden Fragestellungen:
- Warum hat der Gesetzgeber diese Norm geschaffen? (auch berücksichtigen: politische, soziologische, wirtschaftliche Aspekte)
- Cui bono?

Die »Warum«-Frage kann auch in der juristischen Lehrveranstaltung gar nicht häufig genug gestellt werden.

Eine (kritische und reflektierende) Stufe weiter gelangen Sie dann (ggf. auch anhand 245
von Beispielen aus anderen Rechtskreisen) noch mit der Frage, ob auch andere Regelungen möglich gewesen wären und (vor diesem Hintergrund), ob die Studierenden diese Norm für **geglückt** halten. Durch eine derartige kritische Auseinandersetzung und eine Bewertung wird erreicht, dass der zu behandelnde Stoff nicht nur behalten, sondern auch verstanden wird[857] und ein tiefergehender Lernerfolg erreicht wird (*Deep Learning*).[858] Hierdurch besitzen die Studierenden zudem ein tiefe(re)s Verständnis der Bestimmung und sind in der Folgezeit ohne weiteres dazu in der Lage, diese auf zuvor unbekannte Sachverhalte anzuwenden.

Um tatsächlich alle Zuhörer mit dem **Gesetzeswortlaut** zu »konfrontieren« können 246
Sie diesen etwa stets auf einer Folie an die Wand werfen und (!) ihn dann von einem Studierenden laut vorlesen lassen.[859] Die Sichtbarkeit für alle hat den Vorteil, dass mit Pointer oder Zeigestab auf einzelne, besonders wichtige Passagen »händisch« hingewiesen werden kann.[860] Sofern ein Whiteboard verwendet wird, kann auf diese Weise auch interaktiv im Gesetzestext »herumgemalt« und dieser mit Kommentaren versehen werden. Dieses Vorgehen wird zwar von der Mehrzahl der Zuhörer geschätzt; einige erheben indes den (für Sie berechtigten) Einwand, dass es sinnvoller sei, wenn jeder Studierende den Gesetzestext selbst im Gesetz nachliest (was allerdings nur schwerlich zu kontrollieren ist). Sie sollten selbst entscheiden, ob Sie die Zuhörer selbst im Gesetzestext lesen lassen oder die Norm an die Wand werfen. Entscheidend ist nur, dass die maßgeblichen Gesetzesnormen stets in den Vortrag eingebunden und gemeinsam gelesen werden.

---

856 Zur Bedeutung der Berücksichtigung der Interessen der Beteiligten bei der Wissensaufnahme und -vermittlung Vgl. auch *Haft* Lernen S. 271 ff.
857 *Breuer* S. 78.
858 *Rufer/Tribelhorn* V & L 2012, 492 (493); Berendt/Voss/Wildt/*von Frantzius* A. 2.6 S. 10.
859 *Dyrchs* RpflStud 2016, 12.
860 Berendt/Voss/Wildt/*Görts/Marks/Stary* D. 1.1 S. 33.

247 Sorgen Sie auch dafür, dass die Studierenden von Beginn an die verschiedenen **Gruppen von Normen** unterscheiden lernen (im Zivilrecht etwa: Anspruchsnormen, Gegennormen; anspruchserhaltende Normen; definitorische und verweisende Normen; Verweisungsnormen etc) und ihre Rolle im Fallaufbau/in der Prüfung verorten können. Vor allem wenn Sie eine Anfängerübung betreuen, sollten Sie überdies so häufig als möglich das »**juristische Konditionalprogramm**«[861] erörtern, also den Aufbau »Wenn… (die Voraussetzungen vorliegen), dann… (Rechtsfolge)«, das sich etwa an § 823 BGB und § 812 BGB, aber auch an anderen Normen des BGB wie des StGB, veranschaulichen lässt.[862] Die Erörterung ebendieses Konditionalprogramms wird schließlich abgerundet durch die Erarbeitung (idealiter: gemeinsam mit den Studierenden) eines allgemeinen **Prüfungsschemas**.

248 Besonders – aber nicht ausschließlich – in Lehrveranstaltungen für Anfänger sollten Sie weiterhin besonderen Fokus auf das Lehren bzw. Lernen der besonderen **juristischen Methodik und Auslegungslehre** legen.[863] Dies setzt unmittelbar bei der Vermittlung derjenigen Kompetenzen an, die die Studierenden für die spätere Arbeitswelt benötigen.[864] »Juristische Methoden- und Auslegungslehre (…) bildet die Basis des juristischen Studiums und juristischer Berufe.«[865] Sie verhindert die Entstehung bloß trägen und oberflächlichen Fachwissens und vermittelt die von dem jeweiligen konkreten Fachgebiet unabhängigen Problemlöse- und damit **Handlungskompetenzen**.[866] »So wurde experimentell beobachtet, dass Studierende das gelernte Wissen zwar in Prüfungssituationen verbal reproduzieren können, es aber in aktuellen Problemsituationen nicht verfügbar haben. Das erlernte Wissen bleibt träge.«[867] Um demgegenüber »praxistaugliches« Wissen zu ermöglichen und die Kluft zwischen Wissen und Handeln zu überwinden, gilt es, die Studierenden auf die Situationen vorzubereiten, mit denen sie im späteren Berufsleben besonders häufig konfrontiert sein werden: Die Klärung eines verworrenen Sachverhaltes, die Subsumtion unter eine bisher unbekannte Norm und/oder die Beurteilung eines noch nicht bekannten Problems anhand einer im übrigen bekannten Bestimmung. Weitgehend losgelöst vom konkreten Fachwissen sollten Sie den Studierenden also bereits während der Lehrveranstaltung das Werkzeug an die Hand geben, **eigenständig praktische juristische Frage- und Aufgabenstellungen mittels des Gesetzes** ohne zwingenden Rückgriff auf zuvor erlernte Fachkenntnisse zu lösen. Die juristische Methoden(kompetenz) umfasst dabei die Kenntnisse über die anerkannten Auslegungsmethoden und Methoden der Rechtsfortbildung, ferner über zulässige Argumentationsmuster (etwa der Erst-Recht und e-contrario Schluss, Analogie, Lücken(aus)füllung, teleologische Reduktion etc[868]) und über bedeutsame »typische« juristische Differenzierungsmuster (etwa formell/materiell, unmittelbar/mittelbar, subjektiv/objektiv, Vorsatz/Fahrlässigkeit).[869] Bei der Vermittlung sollte der Schwerpunkt dabei in dem

---

861 Treffender Ausdruck von *Dyrchs* S. 87.
862 Vgl. *Dyrchs* RpflStud 2016, 12 (13).
863 Vgl. *Haft* ZDRW 2013, 5 (16).
864 → Rn. 14 f.
865 *Haft* ZDRW 2013, 5 (16).
866 Vgl. allgemein Bachmann/*Bachmann* S. 11.
867 *Pfäffli* S. 204.
868 Vgl. eingehend *Haft* Rhetorik S. 102 ff.
869 *Reiner* JurPC Web-Dok. 160/2007, Abs. 11.

logisch-deduktiven und dem wertend-induktiven Bereich gelegt werden (sprich: die »juristische Denkweise«).[870]

**249**

> **Tipp:** Wie andere Wissenschaften auch besitzt die Rechtswissenschaft eine eigene »Sprache«, die juristische Terminologie. Diese gilt es, zu erlernen. Die Bedeutung derartiger juristischer Fachbegriffe kann in der Präsentation etwa dergestalt kenntlich gemacht werden, indem auf sie (mit einer Definition) auf einer gesonderten Folie hingewiesen wird. Zu Beginn des Semesters kann zB eine Art Vokabelheft (nur) mit den einzelnen Fachbegriffen (oder nur mit den jeweiligen Erklärungen) ausgeteilt werden, das sodann von den Studierenden während des Semesters, wenn die entsprechenden Begriffe vorgestellt und erläutert werden, mit dem jeweiligen Widerpart zu ergänzen ist. In der letzten Stunde werden die Lösungen dann verglichen; dies kann der Lehrende schließlich zum Anlass nehmen, die Begriffe auch inhaltlich noch einmal zu wiederholen und zu erläutern (und damit eine Wiederholung des betreffenden Veranstaltungsteils vorzunehmen). Zum Erlernen juristischer Termini (und allgemein zur Wiederholung) können auch Lückentexte oder Kreuzworträtsel[871] verwendet werden. Wenn Sie später Fachtermini verwenden, ist es bedeutsam, dass Sie diese (zumindest zu Beginn) von den Studierenden erklären lassen und nicht davon ausgehen, dass der Begriff nach der ersten Erwähnung auch »sitzt«.

**Folie 8: Juristische Fachtermini**[872]

**250**

Der Lateiner spricht hier von dem Grundsatz

„pacta sunt servanda".

---

870 Die beinhaltet die Fähigkeit zur Analyse tatsächlicher wie rechtlicher Umstände, die Fähigkeit zum Aufbau einer logischen Gedankenkette, die Fähigkeit zur Bewertung und zum Ausgleich widerstreitender Interessen und die damit zusammenhängend die Fähigkeit zur juristischen Kommunikation: *Reiner* JurPC Web-Dok. 160/2007, Abs. 12; Vgl. *Haft* Rhetorik S. 103.
871 Es existieren hierzu zahlreiche Programme im Internet, die aus den Fragen und Antworten des Lehrenden automatisch passende Kreuzworträtsel kreieren (etwa: *crossword forge*, mit diesem Programm wurde das nachfolgend exemplarisch dargestellte Rätsel erstellt).
872 Die Verwendung des Bildes erfolgt mit freundlicher Genehmigung von Herrn Joachim Müller.

251  Folie 9: Puzzle

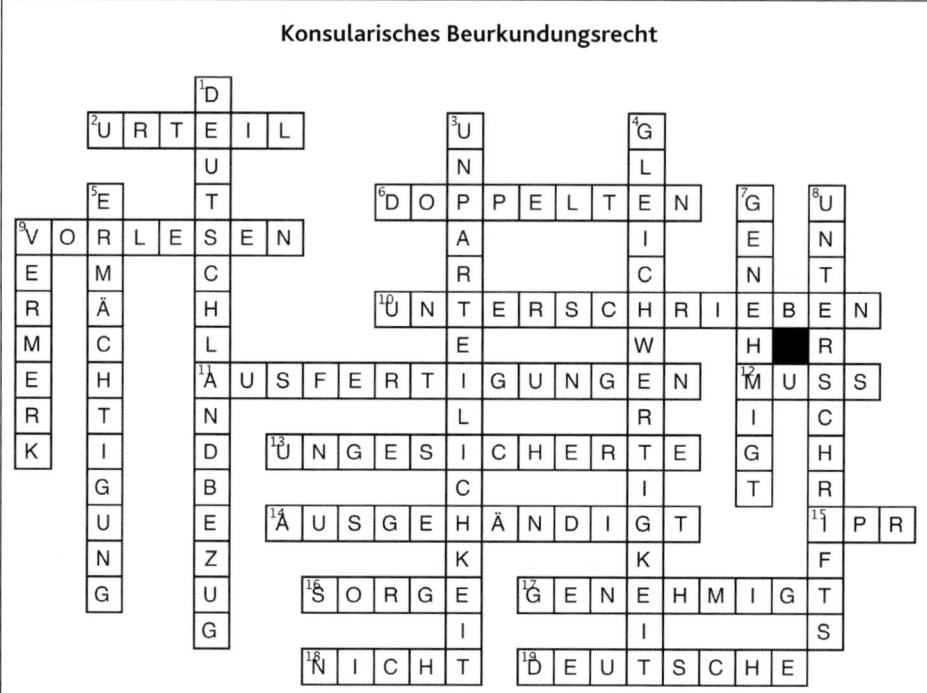

Eickelberg, HWR Berlin

**Waagerecht**

2. Ansprüche in notarielle Urkunden können in Deutschland für sofort vollstreckbar erklärt werden, dann wirkt die Urkunde an dieser Stelle praktisch wie ein ... [URTEIL]
6. Wenn ein Beteiligter eine sog. ungesicherte Vorleistung erbringt, bedarf es einer ... Belehrungspflicht des beurkundenden Konsularbeamten. [DOPPELTEN]
9. Wenn einer der Beteiligten bei der Beurkundung den Raum verlässt, hören Sie sofort auf mit dem ... [VORLESEN]
10. Konsularbeamte sollten immer besondere Sorge dafür tragen, dass die Urschrift auch tatsächlich von ihnen ... wurde, da sie diese an den/die Beteiligte/n aushändigen. [UNTERSCHRIEBEN]
11. Es ist zu unterscheiden: Der Konsularbeamte kann zwar Vollstreckbarkeitsunterwerfungen beurkunden, es können aber keine vollstreckbaren ... erteilt werden. [AUSFERTIGUNGEN]
12. Eine Beurkundung ist allgemein unwirksam, wenn sie gegen eine ...-Bestimmung im BeurkG verstößt. [MUSS] Down

**Senkrecht**

1. Um die Beurkundungszuständigkeit des Konsularbeamten zu begründen, ist immer ein nachvollziehbarer ... erforderlich. [DEUTSCHLANDBEZUG]
3. Drei der bedeutendsten Amtspflichten des Notars und beurkundenden Konsularbeamten sind die Belehrungspflicht, die Verschwiegenheit und die ... [UNPARTEILICHKEIT]
4. Bei einer Urkunde eines ausländischen Notars ist immer die Frage der ... zu untersuchen. [GLEICHWERTIGKEIT]
5. Konsularbeamte, die kein zweites juristisches Staatsexamen haben, bedürfen für die Erstellung bestimmter Urkunden einer ausdrücklichen ... [ERMÄCHTIGUNG]
7. Am Ende einer Beurkundung findet sich der sog. Dreiklang: vorgelesen, ... und unterschrieben. [GENEHMIGT]
8. Bei der Beglaubigung ist die Abschriftenbeglaubigung von der...beglaubigung zu unterscheiden. [UNTERSCHRIFTS]

**Waagerecht**
13. Wenn der Käufer eines Grundstücks das Geld bezahlen will, bevor die Vormerkung eingetragen ist, handelt es sich um eine ... Vorleistung. [UNGESICHERTE]
14. Anders als bei inländischen Notaren werden die Urschriften in Konsulaten den Beteiligten ... [AUSGEHÄNDIGT]
15. Das ausländische Recht, über das nicht belehrt werden muss, darf nicht verwechselt werden mit dem ... (Abkürzung), das als nationales Recht anzusehen ist und über das daher stets umfassend informiert werden muss. [IPR]
16. Bei der Frage, wer ein minderjähriges Kind vertritt, ist zu berücksichtigen, dass die Vertretungsmacht dem ...recht folgt. [SORGE]
17. Der Käufer kann sich bei einem Grundstückskaufvertrag auch vollmachtlos vertreten lassen. Die Erklärung des vollmachtlos Vertretenen muss dann von der Vertragspartei ... werden. [GENEHMIGT]
18. Bei der Beglaubigung einer Unterschrift wird der Text der Erklärung durch die Urkundsperson grundsätzlich ... geprüft. [NICHT]
19. Wann dürfen Testamente und Erbverträge in deutschen Konsulaten beurkundet werden? Wenn die Erblasser ... sind (auch wenn die ErbRVO hier zu Änderungen führen sollte). [DEUTSCHE]

**Senkrecht**
9. Bei der wichtigen Frage der Belehrung der Beteiligten ist immer zu fragen, ob eine Belehrung stattfindet (1. Schritt) und ob hierüber ein ... in die Urkunde aufgenommen wird (2. Schritt). [VERMERK]

Besonders gilt dies (nicht nur, aber vor allem in den Anfangssemestern) hinsichtlich des Erlernens der **Subsumtionstechnik,** des »Betriebsgeheimnisses der Juristen«, also der Unterordnung des Besonderen unter das Allgemeine,[873] des »Hin- und Herwanderns des Blickes« zwischen Gesetz und Sachverhalt.[874] Auf die sorgfältige und eingehende Erörterung dieser Technik sollten Sie stets Ihr besonderes Augenmerk legen. Schließlich müssen die Studierenden in den ersten Semestern diese grundlegende Methode erlernen, um nicht später neben dem zunehmend komplexer werdenden Stoff auch noch mit Schwierigkeiten bei der »formalen« Lösung des Falles konfrontiert zu werden.[875]

252

Konkret bietet es sich hier etwa an, im Rahmen der gemeinsamen Fallösung jedes Mal, wenn das Wort »denn«, »weil« oder »da« verwendet wird, den Studierenden zu unterbrechen bzw. durch die anderen unterbrechen zu lassen. Während der betreffenden (Anfänger-)Übungen und AGs kann zusätzlich auch eine Folie mit »guten« (folglich, somit, mithin, damit, dementsprechend etc) und »schlechten« (da, weil, denn etc) Worten per Overheadprojektor an die Wand projiziert, die während der gesamten Stunde immer wieder konsultiert werden kann. Auch spricht nichts dagegen, die Vorgehensweise ggf. visuell darzustellen. So können etwa – wieder für alle

253

---

873 Soudry/*Gast* S. 33.
874 *Englisch* S. 15; vgl. *Dyrchs* S. 84; zu der Bedeutung der Arbeit mit dem Sachverhalt auch *von Schlieffen* ZDRW 2013, 44 (57).
875 Vgl. Vereinigung Deutscher Rechtslehrender/*Meyer* S. 106.

erkennbar – vier herkömmliche Eimer auf einem großen Tisch aufgestellt werden, auf denen die vier Schritte bei der Subsumtion aufgeführt sind. Dieser auffallende und auf den ersten Blick nahezu lächerliche »Ankerpunkt«, der sich konstant im Blickfeld der Studierenden befindet, hilft diesen effizient dabei, die vier Schritte der Subsumtionstechnik nachhaltig zu verinnerlichen.

254 Von großer Bedeutung ist es schließlich auch, den Studierenden von Beginn an die »Seziertechnik«[876] näherzubringen, die Fähigkeit also, eine komplexe Norm in ihre einzelnen Komponenten aufzugliedern. Der (erste) Kontakt mit einer Gesetzesnorm sollte daher stets »Schritt für Schritt« erfolgen, um den Studierenden das sorgfältige und detailgenaue Arbeiten mit dem Gesetz näherzubringen.

**bb) (Juristisches) Storytelling als besonderes Visualisierungselement**

*Verba docent, exempla trahunt.*[877] – Seneca

Nichts interessiert den Menschen mehr als der Mensch. – Tonio Walter[878]

255 Die Juristerei sieht sich häufig dem Vorwurf ausgesetzt, dass es sich bei ihr um eine trockene Wissenschaft handle, bei der lediglich abstrakte Normen erlernt und Positionen in Literatur und Rechtsprechung zu ebensolchen Fragen erörtert werden.

256 Tatsächlich ist die Juristerei aber eine sehr **lebendige und spannende Wissenschaft,** die die Lösung ganz konkreter Konflikte durch abstrakt gefasste Normen zum Gegenstand hat. Dies sollten Sie sich zunutze machen und den Studierenden damit auch die Praxisnähe Ihres Lehrgegenstandes nahebringen.[879] Hierfür eignet sich insbesondere die Darstellung von konkreten (oder notfalls konstruierten) Fällen. Zu beachten ist schließlich, dass sich das Gehirn wie erläutert[880] an Erfahrungen und Geschichten – besonders solche mit Konflikten – besonders deutlich erinnert.[881] »Nicht das stumpfsinnige Regeln-Auswendig-Lernen stiftet demnach wirklich nachhaltige Lernerfolge, sondern das Sich-Beziehen auf Beispiele«.[882] Menschen treten in emotionale Verbindung zu den in den Fällen/Geschichten auftretenden Menschen, nicht zu Abstraktionen.[883] *Medina* spricht hier anschaulich von dem *Emotionally Competent Stimulus,*[884] einem Reiz, der vom Gehirn am besten verarbeitet wird.[885] Je bewegender und emotionaler der geschilderte Fall ist, desto besser: »**Emotionen** wirken wie Lernverstärker. Wenn uns etwas berührt, werden Transmitter (…) ausgeschüttet und die dahinterliegenden Zellen werden stimuliert. (…) Eine starke emotionale Beteiligung ist die beste Voraussetzung für ein tiefes Verständnis, nachhaltiges Lernen und das Entste-

---

876 Ausdruck von *Dyrchs* S. 87.
877 »Worte lehren, Beispiele reißen mit«.
878 In: Stilkunde S. 145.
879 → Rn. 32, 83, 130. Vgl. auch *Lipp* S. 16; vgl. zu der Legal Clinic als Beispiel des praxisbezogenen Lernens im juristischen Studium vgl. Brockmann/Dietrich/Pilniok/*Groß* Exzellente Lehre S. 127 ff. Zu dem System der Medical School in den USA vgl. *Medina* S. 317 ff.
880 → Rn. 62 ff.
881 Vgl. *Reynolds* Naked S. 47.
882 *Ritter-Mamczek* S. 90; vgl. *Arnold* S. 105; *Spitzer* Lernen S. 78.
883 Vgl. *Nöllke/Schmettkamp* S. 28 ff.; *Lipp* S. 16.
884 Bei *Reynolds* Naked S. 138; vgl. auch *Haft* Rhetorik S. 168: »Emotionen sind erstens unvermeidlich (…) und zweitens ein höchst wirksames Mittel.« Berendt/Voss/Wildt/*Taraba/Hellwig* G. 3.10 S. 51; vgl. auch *Gallo* TED S. 8: »Great communicators reach your head and touch your heart.«
885 *Medina* S. 85 f. zu den diesbezüglichen neurowissenschaftlichen Hintergründen.

hen von neuen Wissensgebieten.«[886] Erzählungen wecken somit unmittelbar die Aufmerksamkeit der Studierenden und sind einprägsamer als eine Vielzahl von Vorschriften.[887]

Den Juristen werden die erforderlichen lebendigen, häufig tragischen, manchmal lustigen, fast immer spannenden Fälle zu jedem Thema dabei »frei Haus« geliefert – durch die **Entscheidungen der Gerichte,** die abseits von ihren abstrakten Erkenntnissen gerade durch die Mitteilung der Sachverhalte anschaulich und »erinnerungswert« werden.[888] Diese Geschichten besitzen dabei zumeist alles, was eine einprägsame Geschichte im vorerläuterten Sinne ausmachen sollte: Sie sind konkret, glaubwürdig und manchmal auch emotional, drastisch und unvorhersehbar.[889] Weisen Sie hierbei vor allem auf die »merkwürdigen Details« und die einprägsamen Begriffe hin – wer erinnert sich schließlich nicht an den »Haakjöringsköd« oder den »Katzenkönig«-Fall? Faktisch besitzt der juristisch Lehrende damit (etwa gegenüber in den Naturwissenschaften tätigen Dozenten) den großen Vorteil, dass er naturgemäß durch die Einbettung von Beispielsfällen eine besonders effiziente Methode zur Wissensvermittlung verwenden kann, das sog. **Storytelling.** »Storytelling is the ultimate tool of persuasion. Brands, as well as individuals, who tell stories – emotional and genuine stories – connect with their customers and audiences in far deeper and more-meaningful ways than do their competitors.«[890] Die im Rahmen des (juristischen) Storytelling verwendete Sprache sollte dabei (wie stets) möglichst lebendig, farbenfroh und voller Bilder und Metaphern sein.

257

Denken Sie daran, die **Sachverhalte,** sofern erforderlich, **zu vereinfachen und zu verkürzen** (verwenden Sie insbesondere nur die absolut erforderlichen Daten und denken Sie an die 7+/–2 Regel[891]),[892] die wesentlichen Standpunkte zu veranschaulichen und (gern auch provokativ) gegenüberzustellen.[893] Nehmen Sie Ihre Zuhörer mit auf eine Reise durch den Konflikt und seine anschließende Auflösung. Kontraste und Unterschiede sind fesselnd. Sofern dem Anlass angemessen, geben Sie den handelnden Personen auch (eventuell fiktive, dann in jedem Fall einprägsame[894]) Namen,[895] da nachgewiesenermaßen das Schicksal real(anmutend)er Personen besonders großes Interesse bei den Studierenden weckt.[896] Um die Erinnerungsfähigkeit noch weiter zu steigern, sollten Sie sich der aus dem gewerblichen Rechtsschutz und der Bundesgerichtshof-, Bundesverfassungsgerichts- bzw. EuGH-Rechtsprechung bekannten Praxis bedienen, den Fällen einen den Sachverhalt charakterisierenden Namen zu geben (vgl. »Cassis-Urteil«, »Blauer Engel«, »Mephisto« etc).

258

---

886 Berendt/Voss/Wildt/*von Frantzius* A. 2.6 S. 11 mwN.
887 *Reynolds* Zen S. 81.
888 Hierauf weisen auch *Röhl/Ulbrich* S. 18 zu recht hin.
889 Vgl. *Reynolds* Zen S. 78 ff.
890 *Gallo* TED S. 47; eingehend zum Storytelling bei Präsentationen *Adamczyk* S. 115 ff.
891 → Rn. 74.
892 *Haft* Lernen S. 132.
893 Allgemein sind Kontraste und Widersprüche fesselnd und machen den Unterschied aus – Sie sollten daher in Ihrer Präsentation achten auf Begriffspaare wie Vorher/Nachher, Vergangenheit/Zukunft, Jetzt/Dann, Problem/Lösung (»Begin with a problem, end with a solution«) etc (vgl. *Reynolds* Zen S. 86).
894 Dies erhöht die Erinnerungsleistung: Vereinigung Deutscher Rechtslehrender/*Slapnicar* S. 137.
895 »Wir lieben nur das Individuelle.« (Johann Wolfgang von Goethe).
896 *Kushner* S. 50 f. Nicht empfehlenswert sind jedoch alliterierende Spaßnamen wie »Felix Fiesling« oder »Moritz Motzke«.

259 Gegebenenfalls können Sie die (Auf-) Lösung des Falles durch das Gericht auch durch eine **Diskussion der Studierenden** vorbereiten (»Wie hätten Sie entschieden? Was spricht für beide Ansichten?«) bzw. eine vorherige Abstimmung über Clicker-Elemente[897] vornehmen.

### cc) Darstellung (bzw. Erarbeitung) von Meinungsstreitigkeiten

260 Wenn Sie selbst einen Streit darstellen, sollten Sie stets die einzelnen Argumente gegenüberstellen – also ein Pro- mit dem passenden Contra Argument parieren. Stellen Sie den Streit als **Meinungs«kampf«**, als Dialog zwischen widerstreitenden Positionen,[898] dar und erörtern Sie – sofern bekannt – auch die »**tatsächlichen« Hintergründe** der einzelnen Meinungen (»Wenn Sie sich die Vertreter der Mindermeinung ansehen, werden Sie feststellen, dass es sich fast ausschließlich um Rechtsanwälte aus Großkanzleien handelt. Diese haben auch ein besonderes Interesse daran, dass…, weil…«). Das stärkste Argument sollten Sie sich dabei immer für den Schluss aufheben. Eine sinnvolle Abfolge von Argumenten für die eigene Ansicht besteht dabei darin, mit (einem) mittelstarken/überzeugenden zu beginnen, dann (ein) schwache(s) hinterherzuschieben, bevor am Ende (ein) besonders starke(s) aufgeführt wird. Bei der Darstellung der Gegenargumente gilt demgegenüber die Rangfolge mittel, stark, schwach.[899]

261 Aber auch an dieser Stelle gilt: Besonders lernfördernd ist die **eigene Erarbeitung der Positionen und Argumente durch die Studierenden**. Hierfür eignet sich etwa die Pro- und Kontra-Gruppendiskussion.[900] Sie schildern hierbei den in Rede stehenden Streit (etwa einen BGH-Sachverhalt), teilen die Gruppe in zwei Lager und tragen den Studierenden auf, jeweils in der Position des Rechtsanwalts/Staatsanwalts für die eine oder die andere Seite Argumente zu finden und diese dann im Podium einem Gerichtsverfahren gleich auszutauschen.[901] Eine Diskussion mit den Studierenden können Sie sehr gut dadurch entfachen, dass Sie als »*Devil's Advocate*« eine besonders provokante Meinung vertreten, die zum Widerspruch einlädt und/oder eine kognitive Dissonanz hervorruft.[902] (Je nach Position sollten Sie indes vorab klarstellen, dass es sich nicht um Ihre eigene Meinung handelt.[903])

### dd) Visualisierung mittels Strukturbilder, insbesondere Baumdiagrammen

262 Ein besonders wirkmächtiges Visualisierungselement[904] im Rahmen von juristischen Lehrveranstaltungen stellen die **Strukturbilder** (auch: »logische Bilder«,[905] »optisches Recht«[906]) dar.[907] Diese können etwa verwendet werden, um zu verdeutlichen, wie die Teile eines Ganzen zusammenwirken, welche Strukturen, etwa der Unter- und Überordnung, bestehen, welche Überlappungen, Verbindungen, Gren-

---

897 → Rn. 112.
898 *Walter* Stilkunde S. 149; vgl. *Haft* Rhetorik S. 106, 108.
899 *Walter* Rhetorikschule S. 138.
900 *Knoll* S. 146; *Macke/Hanle/Viehmann* S. 217.
901 Vgl. → Rn. 233 zu Moot-Courts; → Rn. 228 ff. zu Rollen- und Planspielen.
902 Vgl. Berendt/Voss/Wildt/*Stahr* G. 1.1 S. 11.
903 *Brauer* S. 83.
904 → Rn. 85 ff.
905 *Zumbach/Astleitner* S. 172 (da diese Visualisierungsinstrumente logische Sachverhalte abbilden).
906 *Haft* Lernen S. 221.
907 Vgl. *Lachmayer* Zeitschrift für Verkehrsrecht (ZVR) 1976, Heft 8, 230 (mwN) zu dem »Wert logischer Bilder für die Rechtskommunikation«.

zen und Verknüpfungen zwischen Themen existieren und ob ein linearer oder zirkulärer Zusammenhang zwischen einzelnen Voraussetzungen besteht.[908] Die lern- und erkenntnisfördernde Wirkung von Diagrammen wurde durch zahlreiche Studien untermauert.[909]

Strukturbilder existieren hierbei sowohl in der in Baum- als auch in der Flussstruktur[910] (auch: lineare und hierarchische Strukturen[911]). Sie kommen etwa in Betracht zur Darstellung von: 263

- Handlungsabläufen (zB Abfolge bei der Prüfung einer Anspruchsgrundlage),
- Entscheidungsprozessen,[912]
- Strukturen (Organigramme etc),[913]
- Zusammenhängen (Regel-Ausnahme-Prinzip),[914]
- Prüfungsschemata.

**Lineare Strukturen** können sinnvoll sein bei einfachen Umschreibungen, wie etwa dem Begriff der Heimtücke (Ausnutzung der Wehr- und Arglosigkeit), während hierarchische Strukturen sich vor allem für **Begriffspyramiden**[915] eignen.[916] Wie stets benötigen die Strukturbilder eine eindeutige Überschrift; zudem müssen die zentralen Informationen klar und deutlich zum Ausdruck kommen und eine **Reduktion der Komplexität**[917] stattfinden, indem nur die wesentlichen Kernaussagen aufgenommen werden.[918] Die Darstellung sollte dem gewöhnlichen Lesefluss folgen (links nach rechts, oben nach unten).[919] 264

Als besonders hilfreich für den Einsatz in der juristischen Lehre hat sich dabei das **Baumdiagramm** erwiesen.[920] Dieses verdeutlicht die **Hierarchie** der einzelnen abgebildeten Elemente, den Zusammenhang zwischen Ober- und Unterbegriff, Regel und Ausnahme.[921] Insbesondere im »Paragraphendschungel« hilft das Baumdiagramm als assoziatives Netz[922] Verknüpfungen, Parallelen und Unterschiede zwischen verschie- 265

---

908 Verschiedene Diagramme finden sich etwa bei *Duarte* S. 46 ff.
909 *Butcher* Journal of Educational Psychology 2006, 98(1), 182; *Fiore/Cuevas/Oser* Computers in Human Behavior 2003, 19, 185; *Larkin/Simon* Cognitive Science 1987, 11, 65; *Stern/Aprea/Ebner*, Learning and Instruction 2003, 13, 191.
910 Die Form der Ähnlichkeit wird als Strukturisomorphie bezeichnet, *Sachs-Hombach* S. 201; allgemein *Möllers* S. 22 f.
911 *Möllers* S. 23.
912 Vgl. zu Entscheidungsbäumen als Visualisierungsinstrument in der juristischen Lehre Hilgendorf/*Wegscheider* S. 222 f.
913 Vgl. hierzu Berendt/Voss/Wildt/*Görts/Marks/Stary* D. 1.1 S. 15.
914 Hawelka/Hammerl/Gruber/*Hawelka/Wendorff* S. 145.
915 Generell: Pyramiden eignen sich stets, wenn ein dreistufiges Problem erläutert werden soll oder eine Abstufung bzw. Komponenten einer Progression darzustellen sind. Die Basis bietet eine Plattform, die Mitte einen Übergang, die Spitze (oder Krone) eine Leistung, ein Ziel: *Duncan* S. 8 f.
916 *Möllers* S. 24.
917 Zu diesem Aspekt bei Concept Maps in der juristischen Lehre vgl. nur Berendt/Voss/Wildt/Stary/*Unger* C. 2.15 S. 7.
918 Vgl. *Bergmans* S. 30; ähnlich *Brühl* S. 176.
919 Hilgendorf/*Michel* S. 246.
920 Hierzu eingehend *Dyrchs* S. 143.
921 Vgl. zu dem verwandten Begriff des »juristischen Begriffsbaumes« *Haft* Lernen S. 142 ff.; zu den Baumstrukturen *ders.* Lernen S. 203 ff.
922 *Brauer* S. 64.

denen Rechtsfiguren auf einen Blick zu erkennen. Es erleichtert dem Lehrenden, seinen Stoff hierarchisch, also »von oben nach unten«, zu erarbeiten. Der Studierende kann auf einen Blick erkennen, welche Elemente gegenüber dem Bearbeiteten »höherrangig« sind, welche auf derselben Ebene angeordnet sind und welche Unterpunkte das getroffene Rechtsinstitut besitzt. Überdies knüpft das Baumdiagramm stets an vorhandenes **Vorwissen** an, da es effizient und anschaulich dabei hilft, neue und unbekannt erscheinende Elemente in bestehende Systeme einzubinden. Damit gelingt die für das Lernen so wichtige Verknüpfung des Bekannten mit dem zu erlernenden Stoff.[923]

266 Ein solches Baumdiagramm zeichnet sich durch zwei charakteristische Elemente aus: Es gibt genau einen Knoten, der keinen Vorgänger besitzt (sog. Wurzel) und alle Knoten außer der Wurzel besitzen genau einen Vorgängerknoten.[924] In der konkreten Anwendung sollten zur besseren Veranschaulichung **nicht mehr als vier Ebenen** und dabei auch nur **vier verschiedene Unteräste** verwendet werden; auf den Ästen sollten sich überdies – dem Brainstorming ähnlich – stets nur Schlagworte befinden. Wenn es sich um einfache Baumdiagramme handelt, eignet sich das **Flipchart** als entschleunigtes Visualisierungsmedium in besonderem Maße;[925] sofern es sich jedoch um komplexere Diagramme handelt und Sie etwa nur zeigen wollen, an welcher Stelle das »neue« Element »angedockt« werden kann, bietet es sich an, mit mittels einer **Präsentationssoftware** vorbereiteten Diagrammen zu arbeiten. Sofern Sie mit der Software Prezi[926] arbeiten, können Sie auch in einzelne Elemente des Baudiagramms zoomen und neue Unterdiagramme aufbauen.[927] Bei aller technischen Spielerei ist indes nicht zu vergessen, dass die Struktur auch durch solche »Diagramme im Diagramm« immer noch als Ganzes für das Publikum überschaubar und verständlich sein muss. Wenn Sie, statt das Baumdiagramm vorzugeben, den Studierenden die Aufgabe geben, selbst in Einzel-, Team- oder Gruppenarbeit ein Baumdiagramm zu entwerfen (oder auch nur einen Oberbegriff für mehrere Rechtsinstitute zu finden), können Sie überdies die Vorteile des **Methodenwechsels** und der Anwendung **aktivierender Lehrmethoden** für sich nutzen.[928]

267 Denken Sie bei jeglichen Diagrammen stets daran, dass die Studierenden die Möglichkeit haben müssen, die etwaigen komplexen Informationen zu verarbeiten. Kommen Sie also **nicht zu schnell** zum entscheidenden Punkt, sondern lassen Sie den Studierenden zunächst Zeit, das Diagramm, wenn Sie es nicht ohnehin mit ihnen Schritt für Schritt entwickeln, zu verstehen.[929] Als besonders effizient für das Verständnis des Lerninhaltes hat sich alternativ die Aufforderung an die Studierenden, ein vollständig und unkommentiert zur Verfügung gestelltes Diagramm zunächst selbst zu interpretieren, herausgestellt.[930]

---

923 → Rn. 29, 33, 53, 69.
924 *Röhl/Ulbrich* S. 145.
925 → Rn. 313 ff.
926 https://prezi.com.
927 Die Präsentationssoftware Prezi gibt die Foliensystematik für Präsentationen vollständig auf und ordnet die Inhalte auf einer Fläche an: *Lobin* S. 84.
928 → Rn. 186 ff., 205 f.; vgl. auch Brockmann/Dietrich/Pilniok/*Holzer* Exzellente Lehre S. 168.
929 Vgl. *Fitzherbert* S. 262.
930 *Ainsworth/Loizou* Cognitive Science 2003, 27, 669.

**Folie 10: Baumdiagramm** 268

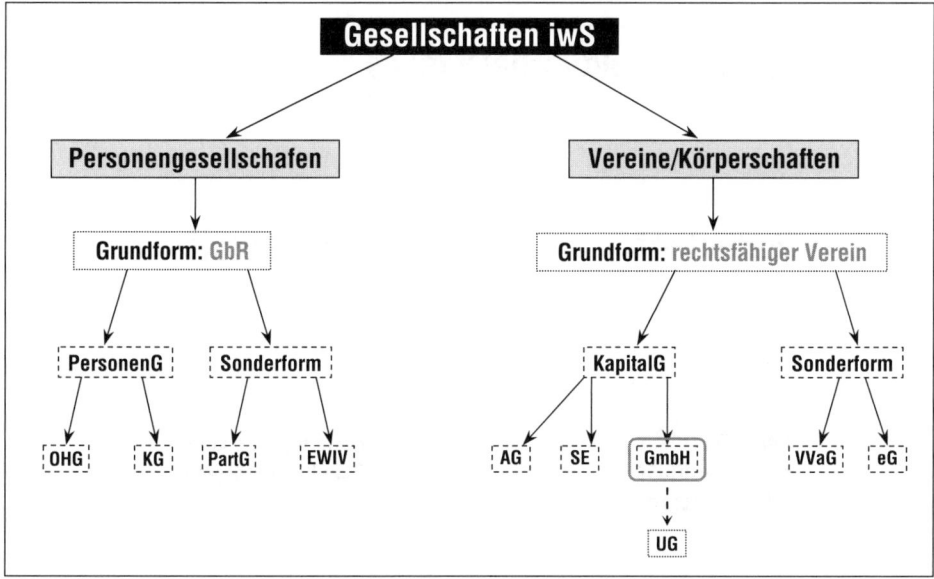

**Folie 11: Strukturbild Handlungsablauf** 269

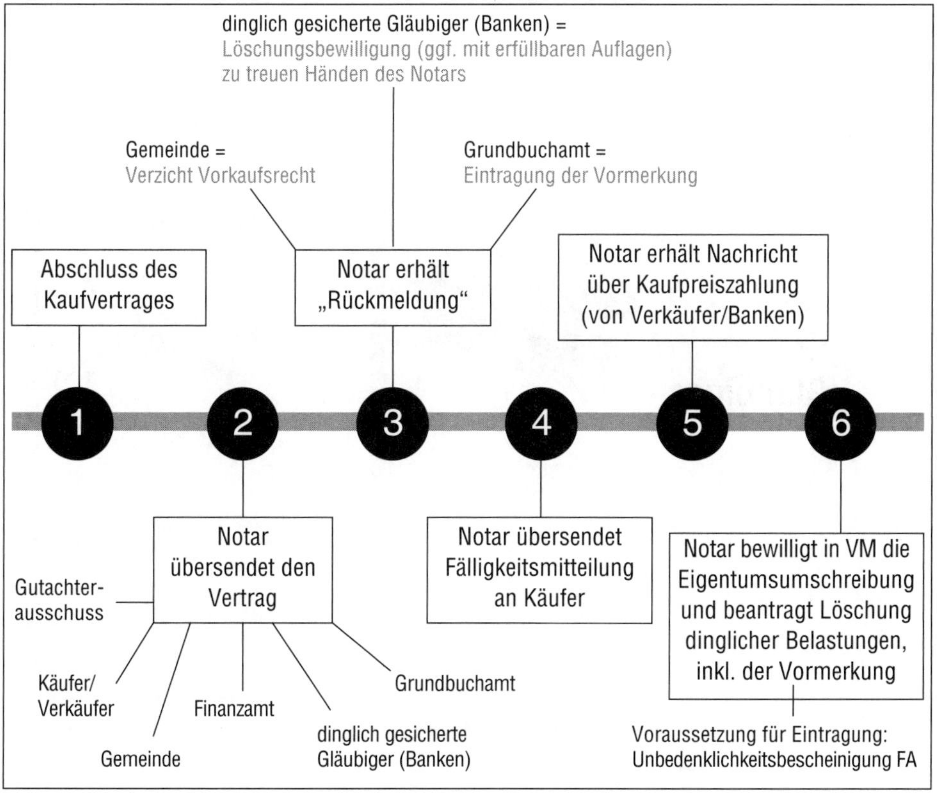

## Folie 12: Strukturbilder divers

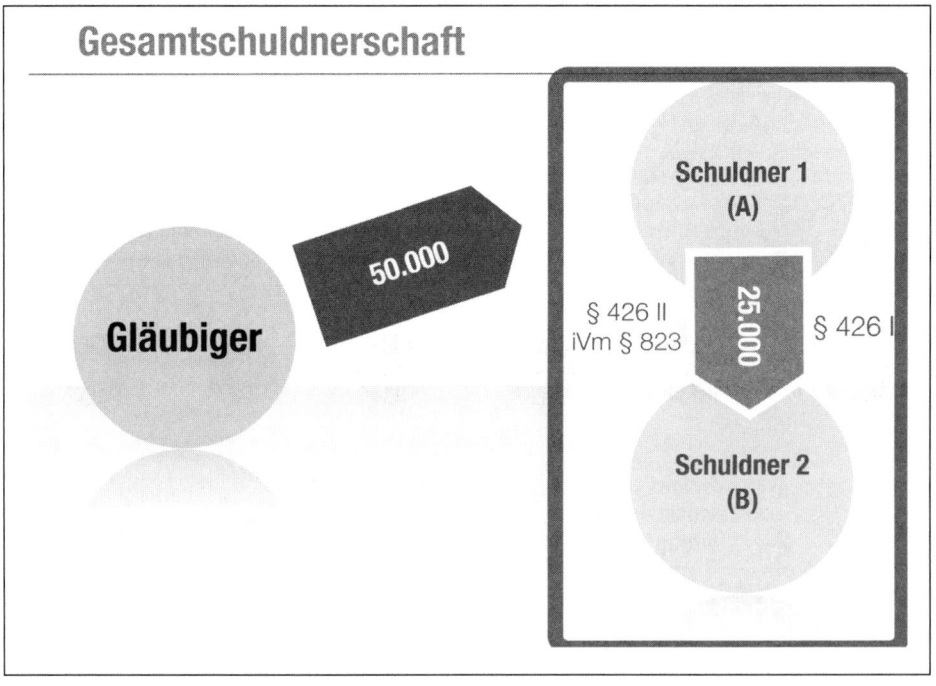

### ee) Vorbereitung auf die Prüfung

Nicht nur, aber für allem für diejenigen Lerntypen, die besonderen Wert auf die Prüfungsvorbereitung legen,[931] sollten Sie bereits zu Beginn der Veranstaltung(sreihe) über die **Funktion, die Methoden und die Anforderungen der geplanten Prüfung**, zumeist also der Klausur, sprechen;[932] das Prüfen bestimmt (nicht nur hier) insoweit das Lernen (*assessment drives learning*).[933] Nach dem Prinzip des *Constructive Alignment* sollten Lehren, Lernen und Prüfen dabei in einem nachvollziehbaren Zusammenhang stehen: »Learning Outcomes, Lehr- und Lernverfahren und Prüfungsformate (sollten...) systematisch aufeinander bezogen und in eine innere Kohärenz gebracht (werden).«[934] Diese Übereinstimmung zwischen den didaktischen Parametern gilt für die Studien- und Modulplanung und »ganz besonders für die Planung von konkreten Lerninhalten.«[935] Sie sollten die Prüfungsaufgaben also stets (auch) daran messen, ob hierdurch das **Erreichen der Lernziele** abgebildet und der Erreichensgrad der zu erlernenden Kompetenzen abgefragt wird.[936] Während der Lehrveranstaltung selbst bietet es sich dann an, den Studierenden zB durch die Besprechung von **Prüfungsschemata**[937] und die von Ihnen formulierte Lösung einzelner Beispielsfälle/Meinungsstreitigkeiten etc die Angst vor der kommenden Prüfung zu nehmen.[938]

271

Den Studierenden wird die Vorbereitung auf die Prüfung überdies deutlich erleichtert, wenn Sie eine **frühere Prüfungsaufgabe** zur Eigenbearbeitung anbieten (zu der *Worked Example Methode* vgl. → Rn. 208). Bei der anschließenden Besprechung sollten Sie dann sowohl den **Anforderungs- und Kriterienkatalog** erörtern (konkret: Was macht eine gute Klausur aus? Welche Kriterien werden hierbei wie gewichtet?), damit später kein Studierender negativ überrascht wird, wenn er zB für Ausdrucksschwäche oder unzureichenden Gutachtenstil Abzüge erhält. Es bietet sich schließlich auch an, über **typische Fehler** zu sprechen, die von den Studierenden in der Vergangenheit immer wieder gemacht wurden.[939] Die präzise und transparente Erörterung der (erreichbaren) Lernziele und der hiermit einhergehenden Bewertungskriterien für die Prüfungsleistungen fördert nachgewiesenermaßen die Motivation und die Einsatzbereitschaft der Studierenden.[940]

272

---

931 → Rn. 75.
932 *Böss-Ostendorf/Senft* S. 277; *Macke/Hanke/Viehmann* S. 102; für die Studierenden ist es allgemein sehr hilfreich, wenn sie von Ihnen Hinweise auf Lernstrategien erhalten: *Apel* S. 129; ähnlich *Hattie* Lehrpersonen S. 26 f., der ebenfalls die Bedeutung des »Verstehens des Lernens« durch die Lernenden betont.
933 *Dauner-Lieb* ZDRW 2014, 1 (5).
934 Heiner/Wildt/*Wildt* S. 27, 47.
935 *Pfäffli* S. 165.
936 Kritisch zu dem derzeitigen Zustand etwa Prof. Dr. Olga *Troitschanskaia* (Universität Mainz) in DIE ZEIT v. 2.6.2016, 61: »Buch vorm Kopf«: »In der Praxis wird an den Universitäten viel zu häufig träges Fachwissen vermittelt (...). Die Prüfungen sind fast alle inhalts- und nicht kompetenzorientiert.«
937 → Rn. 85, 247, 285.
938 Zu dem Worked Example Effekt → Rn. 208.
939 Griebel/Gröblinghoff/*Kuhn* S. 110, zu dem Ansatz der »fehlerorientierten« Lehre.
940 Vgl. die Ergebnisse der Metaanalyse von *Richardson/Abraham/Bond* Psychological Bulletin 2012, 38(2), 353.

273        **Folie 13: Kriterienkatalog für Klausur**

> **Kriterienkatalog für die juristische Klausur**
>
> in der Lehrveranstaltung
> zum SchuldR für RiU-Studierende im 1. Semester
>
> Prof. Dr. Jan Eickelberg, LL. M. (Cambr.), MBA (CSM)
>
> **1. Formale Kriterien**
> - Subsumtionsstil
> - Angabe der maßgeblichen Bestimmungen (vollständige Zitierung)
> - nachvollziehbarer Aufbau (der einzelnen Ansprüche (Reihenfolge) wie der einzelnen Prüfungspunkte innerhalb eines Anspruchs), klare Struktur und nachvollziehbare Gewichtung der einzelnen Teile
> - Rechtschreibung, Kommasetzung, Grammatik, etc.
> - Ausdruck
>
> **2. Wissenschaftlich-inhaltliche Kriterien**
> - wissenschaftlicher Stil (Verständlichkeit), keine Umgangssprache, Verwendung der juristischen Fachtermini
> - zutreffende und schlüssige Darstellung der Rechtslage
> - klare, stringente und plausible Argumentationsführung und -qualität
> - ggf. kritische Auseinandersetzung mit zuvor dargestellten verschiedenen Ansichten; eigene fundierte und konsequente Meinungsbildung
>
> Juli 16

274 **Die drei Kernaussagen:**
- Der Gesetzestext und das vertiefte Erlernen bzw. Anwenden der rechtswissenschaftlichen Methoden sollte stets im Mittelpunkt jeder juristischen Lehrveranstaltung stehen.
- Durch die lebhafte und anschauliche Schilderung praktischer Fälle, konstruierter, vor allem aber tatsächlich geschehener und entschiedener, können juristisch Lehrende in besonderem Maße von den Vorteilen der Visualisierung durch Storytelling-Elemente profitieren.
- Als weiteres besonders geeignetes Visualisierungsinstrument bieten sich in der juristischen Lehre vor allem die Strukturbilder und hierbei im Besonderen das Baudiagramm an.

## 3. Ende

275     Das **Ende** (peroratio) der (jeweiligen) Lehrveranstaltung sollten Sie ebenso wie deren Beginn möglichst gut vorbereiten und souverän gestalten. Die Studierenden beurteilen Ihre Lehrveranstaltung schließlich nachweislich nach den ersten und den letzten zwei Minuten Ihres Vortrages.[941] Es gilt also, insbesondere diese beiden Teile sorgfältig zu formulieren, ausreichend zu üben und möglichst ohne abzulesen auswendig zu formulieren.[942] Überdies gilt auch hier: »In der Einleitung und am Schluss sollte die

---

941 Vgl. *Reynolds* Naked S. 151.
942 Ähnlich *Walter* Rhetorikschule S. 121.

Person des Vortragenden stärker im Vordergrund stehen.«[943] Vermeiden Sie also an dieser Stelle übertriebenen Medieneinsatz.

Es ist ratsam, zum Ende der Lehrveranstaltung ohne Hast das Erarbeitete noch einmal **zusammenzufassen**[944] und die bisherigen Ergebnisse dauerhaft zu sichern.[945] Dies erreichen Sie methodisch etwa mithilfe einer klaren (Eigen-) Fragestellung (»Was sollen Sie mitnehmen?«)[946] bzw. eindeutigen Exposition (»Wichtig waren mir heute vor allem die drei folgenden Punkte: ...«). Sie können die Ergebnisse sodann selbst wiedergeben, etwa, indem Sie das Gelernte unter einem neuen Gesichtspunkt und/oder anhand einer neuen Illustration aufzeigen oder Kernsätze formulieren.[947] Es ist aber auch in diesem Stadium möglich, aktivierende Lehrmethoden anzuwenden und etwa durch einen kurzen mündlichen Test oder eine (letzte) Gruppenarbeit die Erreichung der Lernziele zu prüfen. Hiernach bietet es sich an, dass Sie einen **Ausblick** auf die kommende(n) Veranstaltung(en) geben.[948]

276

Sofern dies nicht möglich ist, sei es, weil es sich um eine Einzelveranstaltung, sei es, weil es sich um die letzte Stunde einer Veranstaltungsreihe handelt, sollten Sie sich darum bemühen, am Ende noch einen **klaren Schlusspunkt** (die »Quintessenz«) zu setzen.[949] Besonders effektvoll ist es, wenn Sie zum Ende hin noch etwas Unerwartetes und Einprägsames präsentieren können.[950] Es wird überdies geschätzt, wenn Sie am Ende der Veranstaltung wieder auf deren **Anfang** (vielleicht die dort aufgeworfene Fragestellung, den geschilderten Beispielsfall) **zurückkommen** und so – im wahrsten Sinne des Wortes – eine »runde« Sache liefern. Eine derartige Umrahmung wirkt stets souverän und durchdacht.[951] Der (aller) letzte Satz sollte dann stets so formuliert sein, dass die Zuhörer wissen, dass die Veranstaltung nun tatsächlich beendet ist (ein »Vielen Dank (für Ihre Aufmerksamkeit)« zeigt dies zB recht deutlich).[952] Ziehen Sie den Schluss **niemals zu lang** und werfen Sie hier auch keine neuen Gedanken auf.

277

Es bietet sich zwar an, das Ende **anzukündigen**, damit niemand hiervon überrascht wird[953] und die Aufmerksamkeit der Zuhörer noch einmal (re-)aktiviert, dies sollte

278

---

943 Berendt/Voss/Wildt/*Görts/Watzin* D. 2.1 S. 15; Berendt/Voss/Wildt/*Görts/Frommann* D. 2.4.
944 Vgl. *Lipp* S. 29. Gegebenenfalls können Sie, wenn Sie eine Vorlesungsreihe anbieten, auch Fragen zur Heimarbeit stellen oder von einzelnen vorab bestimmten Gruppen Kurzreferate vorbereiten lassen.
945 Brockmann/Dietrich/Pilniok/*Röhl* Exzellente Lehre S. 82.
946 Im angelsächsischen Sprachraum anschaulich auch »*Taking* (oder *Take-*) *Home-Message*« genannt: vgl. Hawelka/Hammerl/Gruber/*Schworm/Neger* S. 129 und *Walter* Rhetorikschule S. 140.
947 *Pfäffli* S. 172.
948 *Hallet* S. 73; hierzu auch Berendt/Voss/Wildt/*Voss* A. 3.4 S. 11 ff.; Berendt/Voss/Wildt/*Reumann/Mohr/Dössel/Diez* E. 2.3 S. 7.
949 An dieser Stelle können Sie ggf. auch mit einem Zitat arbeiten. Besonders gut eignet sich etwa folgendes: »Ich liebe vollendete Redner. Ganz ehrlich. Ich meine nicht einen gewandten, sondern einen, der mit seiner Rede fertig ist.« (Richard Goodwin).
950 Vgl. auch *Lobin* S. 45.
951 Sollten Sie ein besonderes Verhalten der Zuhörer erreichen wollen, können Sie auch deren Gefühle ansprechen und zu rühren: *Walter* Rhetorikschule S. 140.
952 Den Beifall/das »akademische Klopfen« sollten Sie dann am Platz entgegennehmen, vgl. *Walter* Rhetorikschule S. 142.
953 Oder, um es mit Karl Valentin zu sagen: »Am Ende des Vortrages trat plötzlich der Schluss ein.« Zitiert nach Berendt/Voss/Wildt/*Tremp* A. 1.4 S. 12.

allerdings nicht zu weit im Vorfeld geschehen. Insgesamt sollte der Schluss maximal 5 bis 10 % Ihres Vortrags ausmachen.[954]

279
> **Tipp:** Sie können sich bei mehreren aufeinanderfolgenden Lehrveranstaltungen auch daran orientieren, dass Sie am Ende jeder Stunde
> - noch einmal erfragen, ob zu einzelnen Punkten noch Klärungsbedarf besteht,[955]
> - den wesentlichen Inhalt der Veranstaltung wiederholen und auf die angestrebten Lernziele hinweisen,
> - an die Pflichtlektüre erinnern,
> - das Thema der nächsten Stunde ankündigen und
> - besagte *Take Home Message* formulieren, also klarstellen: Was ist die wichtigste (alternativ: Was sind die drei Kern-) Botschaft(en), die die Studierenden aus der heutigen Veranstaltung nach Hause mitnehmen sollen? Und:
> - (sofern gewünscht) an die Hausaufgabe erinnern, insbesondere: Worüber sollen die Studierenden nachdenken bis zur nächsten Veranstaltung (ein Problem, ein Paradoxon, eine allgemeine Frage zu dem Thema, die durch entsprechende Recherche geklärt werden kann)?[956]

## 4. Übergänge

280 Wenn Sie die Einleitung (exordium), den Mittelteil (narratio/argumentatio) und den Schluss (peroratio) formuliert haben, gilt es nun »nur« noch, die maßgeblichen **Übergänge** zu gestalten (wobei es sinnvoll ist, unterschiedliche Übergänge zu formulieren, damit nicht zu viel Langeweile aufkommt).[957] Hierzu eignet es sich zum einen, an den Übergängen stets die vorab kommunizierte **Gliederung in Erinnerung zu rufen**[958] und hiermit kenntlich zu machen, dass ein nächster Gesichtspunkt erörtert wird. Solche »Wegmarken« bestätigen dann die eingangs gegebene Vorschau (»Damit haben wir jetzt Block 1 abgearbeitet. Ich komme nun zu Block 2«).[959] Schließlich können Sie Ihre Präsentation auch, wie erläutert, auf der Grundlage einer bestimmten **Anzahl von Punkten** organisieren. Hier gestaltet sich der Übergang denknotwendig besonders einfach, da Sie nur den nächsten Punkt anmoderieren müssen. Besonders hilfreich sind auch (kurze und knappe) **Zwischenzusammenfassungen,** die einen bestimmten Gliederungspunkt für jedermann erkennbar abschließen. Gepaart werden kann eine solche Zusammenfassung mit einer **Vorschau,** auf welchen Aspekt nun eingegangen werden soll – am besten mit einem kleinen *Teaser*, etwa einem Satz, der neugierig macht und/oder der Erwartungen weckt. Im Zweifel machen Sie lieber zu viele als zu wenige Überleitungen, da im mündlichen Vortrag, anders als bei einem geschriebenen Text, die Struktur nicht immer für jedermann greifbar und erkennbar ist.

---

954 *Kushner* S. 80; *Flume/Mentzel* S. 20, sprechen sich für folgende Aufteilung aus: 10–15 % Einleitung, 75–85 % Hauptteil, 5–10 % Schluss; *Macke/Hanke/Viehmann* S. 115 schlagen 15 % Einleitung, 75 % Hauptteil und 10 % Schluss vor. Hawelka/Hammerl/Gruber/*Alberternst* schließlich führt als Faustregel an, Einleitung und Schluss dürften nur 5 % der Gesamtredezeit in Anspruch nehmen (S. 87).
955 Berendt/Voss/Wildt/*Berendt* B. 1.1 S. 34.
956 Vgl. *Brauer* S. 49, 67.
957 Vgl. *Dyrchs* S. 184.
958 Vgl. Berendt/Voss/Wildt/*Kornacker/Venn* C. 2.24 S. 18.
959 Es ist entscheidend, dass der Dozent den Aufbau der Vorlesung zu Beginn erklärt und im Laufe der Lehrveranstaltung wiederholt darlegt, »wo wir sind«: *Medina* S. 99.

**Die drei Kernaussagen:**
- Das Ende der jeweiligen Lehrveranstaltung sollte zunächst deutlich angekündigt und dann entsprechend kenntlich gemacht werden und mindestens Ihre »*Take Home Message*« und eine Zusammenfassung der vorherigen nebst einem Ausblick auf die kommende(n) Stunde(n) enthalten.
- Besonders eindrucksvoll gestalten Sie das Ende, wenn Sie hier noch einmal einen Aha-Effekt schaffen, etwas Unerwartetes präsentieren oder auf den Beginn der Veranstaltung zurückkommen (und etwa eine eingangs aufgeworfene Frage beantworten).
- Die Übergänge zwischen den einzelnen Teilen Ihrer Lehrveranstaltung können Sie insbesondere durch einen Rekurs auf die Gliederung, eine Zwischenzusammenfassung und einen Ausblick auf das Kommende gestalten.

## 5. Optional (vom und für den Lehrenden): Anfertigung eines Ablaufplanes der Lehrveranstaltung(en)

Es ist selbstverständlich Ihnen überlassen, ob Sie auch einen detaillierten **Ablaufplan** der Veranstaltung anfertigen wollen, in dem Sie die vermittelten Inhalte, die verwendeten Medien, Methoden, Material, etwaige Pausen etc in tabellarischer Form aufnehmen.[960] Dieses Vorgehen gibt dem Vortragenden Sicherheit, bedarf allerdings auch eines nicht unerheblichen **Planungsaufwandes**.[961] Es hat sich hierbei bewährt, eine Tabelle zu entwerfen mit den Spalten »Zeit(raum)«, »Phase«, »Inhalt« bzw. »Lernziel«, »Methode«, »Material/Medien«.[962] Denken Sie hierbei nur, wie erörtert, an genügend **Wiederholungs- und Pufferzeiten**.

---

960 *Lipp* S. 33 mit einem detaillierten Plan auf S. 99 ff.
961 Vgl. *Dummann/Jung/Lexa/Nienkrenz* S. 60 f.
962 *Macke/Hanke/Viehmann* S. 101.

## Folie 14: Ablaufplan

### Planung einer Tageseinheit – Mediation (Recht im Unternehmen)

1. Tag (8 Stunden), 08:30 – 15:45

Vorbereitung allgemein:
- Stühle in Hufeisenform
- Flipchart
- Pinnwand
- Moderatorenkoffer
- Fotoapparat für Fotoprotokoll

| Zeit (Von wann bis wann?) | Ziel (Was will ich erreichen?) | Thema/Inhalt (Was wird behandelt?) | Anleitung/Methode (Wie will ich das Ziel erreichen?) | Material/Medien (Womit will ich arbeiten?) | To do |
|---|---|---|---|---|---|
| 08:30–10:00 | Rahmenbedingungen für Präsentationen setzen und Verteilung der Themen | 1. Tipps zu Vorträgen<br>2. Tipps zu Präsentationen<br>3. Bewertungskriterien<br>4. Verteilung der Themen | Vortrag und Diskussion | Präsentation; ggf. Verteilung Gruppen | Flipchart vorbereiten: Ablauf (mit Pfeil) und Zeiten |
| 10:15–10:45 | Kennenlernen; Erwartungen | 1. Vorstellung Referent<br>2. Vorstellung Thema<br>3. Gegenseitiges Kennenlernen<br>4. Erwartungen | 1/2: Vortrag<br>3: 2er Interview mit vorgefertigten Fragen (10 Minuten): | Präsentation;<br>Flipchart: Ablauf Vortrag Teilnehmer<br>Pinnwand: Erwartungen | Pinnwand (Erwartungen) vorbereiten |
| 10:45–11:30 | Unterschiede einvernehmliche Streitbeilegung/ Entscheidung | Eigenes Erleben der Unterschiede | 1) Rollenspiel:<br>Tod der Tante<br>2) Blitzlicht: Was war gut? Was war schlecht?<br>3) Flipchart: Was sind die Vor- und Nachteile der Mediation?<br>(Vortragender fasst zusammen) | Flipchart: Vor- und Nachteile | Leere Flipchart vorhalten |

## 6. Optional (vom Lehrenden für die Studierenden): Erarbeitung eines Seminarplans

Insbesondere für den Fall, dass Sie mehrere Lehrveranstaltungen halten, hat sich zudem die Erarbeitung und Kommunikation eines sog. »**Seminarplans**« (auch: Veranstaltungsbeschreibung/Strukturplan[963]) bewährt.[964] Hierin werden die wichtigsten Informationen über die Veranstaltung zusammengefasst, etwa:

- Titel, Veranstaltungsnummer,
- erreichbare Leistungspunkte (ECTS-Punkte),
- Workload,
- Lehrender (mit Angaben zur Sprechstunde und zur Erreichbarkeit),
- Raum und Ort der Lehrveranstaltungen und der Prüfung,
- Prüfungsform (und ggf. der Kriterien bzw. Gewichtung der Noten bei mehreren Prüfungen); ggf. Voraussetzungen zur Teilnahme,
- Lernziele,
- inhaltliche Grobgliederung,
- Pflicht- und vertiefende (freiwillige) Lektüre und – sofern gewünscht –
- ergänzende Angaben zu den gewählten Lehr- und Lernmethoden (etwa: Online Multi-Choice-Fragen, abrufbare Dokumente im Internet, Hinweise auf die Präsentation etc).

Auch sollten Sie hier noch einmal auf die Bedeutung der Teilnahme, der Mitarbeit und des Selbststudiums[965] zum Bestehen der Prüfung hinweisen. Der Gesamtumfang des Seminarplans sollte zwei bis drei Seiten nicht übersteigen.

---

963 Berendt/Voss/Wildt/*Berendt* B. 1.1 S. 35.
964 Zum Folgenden eingehend *Brauer* S. 24 ff.
965 Vgl. hierzu Berendt/Voss/Wildt/*Wild*/*Wild* A. 2.1 S. 2 zu den Einflüssen selbstgesteuerten Lernens auf die Hochschullehre. Zur Definition: Beim selbstgesteuerten Lernen wird den Studierenden viel Einfluss und Eigenverantwortung beim Erlernen des Stoffes überlassen, während sich die Studierenden beim kooperativen Lernen zu Arbeitsgruppen zusammenschließen und gemeinsam an der Lösung des Problems arbeiten: Berendt/Voss/Wildt/*Kornacker/Venn* C. 2.24 S. 11 mwN. Zu der *jigsaw*-Methode als Beispielsfall einer didaktischen Methode, die mit dem Prinzip des kooperativen Lernens arbeitet, vgl. etwa Berendt/Voss/Wildt/*Stary* C. 2.8.

**Folie 15: Veranstaltungsplan**

---

Hochschule für Wirtschaft und Recht Berlin

# Mediation, Schiedsverfahren, Vertragsgestaltung
### Veranstaltungsplan

Modul 20 des Bachelorstudienganges „Recht im Unternehmen"

5 Leistungspunkte          Workload: 150h, davon 96h Selbststudium

## Inhalt

In den letzten Jahren hat sich die Anwendung alternativer Streitschlichtungsmethoden im Bereich rechtlicher und wirtschaftlicher Konflikte zunehmend etabliert. Einen besonders erfolgreichen Weg zur Konfliktbeilegung bietet das Verfahren der Mediation. Literaturstellen zur Folge können durch Mediationsverfahren in 75 Prozent aller Fälle einvernehmliche Lösungen für den Konflikt gefunden werden. Hierin liegt ein Potential, das die Studierenden insbesondere für das spätere Berufsleben fruchtbar machen können.

In der Veranstaltung werden zunächst die Wesensmerkmale der Mediation und ihre Abgrenzung zu anderen außergerichtlichen Streitbeilegungsmechanismen (wie Schiedsgerichten und Schlichtungsverfahren) erörtert. Darüber hinaus werden (theoretische) Grundlagen und Methoden der Mediation, der erforderlichen Kommunikation(stechniken), der Methoden kreativer Lösungsfindung und der Wahrnehmung und Einschätzung von Konflikten besprochen. Besonderes Augenmerk soll neben der Rolle des Mediators auch auf die Einsatzmöglichkeiten, Inhalte und die verschiedenen Phasen der Mediation gelegt werden. Neben dem Erlernen des „theoretischen Handwerkszeugs" steht auch dessen praktische Umsetzung im Mittelpunkt. Im Rahmen von Praxisbeispielen, Situationssimulationen und Gruppenarbeitsübungen sollen sich die Studierenden aktiv mit den Rollen der Konfliktparteien und des Mediators auseinandersetzen, Mediationstechniken erproben, Kommunikationstechniken anwenden und auf diese Weise erlernen, die Effektivität der Mediation eigenständig einzuschätzen.

## (Lern-) Ziele

Jeder Studierende soll nach der erfolgreichen Teilnahme an diesem Modul

1. die verschiedenen Varianten außergerichtlicher Streitbeilegung kennengelernt haben.
2. in einem Konfliktfall einschätzen können, ob sich dieser für eines (und welches) der verschiedenen alternativen Streitbeilegungsmechanismen eignet.

3. in seinem/ihrem Arbeitsleben eigenständig einzelne Techniken (etwa zur wertschätzenden Kommunikation, Konfliktlösung und kreativen Lösungsfindung) anwenden können.

## Themen/Gliederung

I. Grundlagen der Mediation
   1. Definitionsmerkmale und Geschichte der Mediation
   2. Abgrenzung zu anderen außergerichtlichen Streitschlichtungsmechanismen
   3. Einsatzmöglichkeiten der Mediation

II. Konflikte verstehen
   1. Grundlagen
   2. Konfliktdynamik und Eskalation
   3. Positionen vs. Interessen

III. Kommunikation als Grundlage der Mediation
   1. Verbale und nonverbale Kommunikation
   2. Kommunikationstechniken

IV. (Kreative) Lösungsfindung

V. Das konkrete Mediationsverfahren (Das 6-Phasenmodell)

VI. Rollenspiel

## Termine

(...)

## Pflichtlektüre und weiterführende Literaturempfehlungen

Pflichtlektüre:
Die Kenntnis der veranstaltungsbegleitenden Materialien (Folien, zur Verfügung gestellte Entscheidungen und Aufsätze etc.) ist Voraussetzung zum Bestehen der Prüfung. Diese werden den Studierenden über das Moodle-Portal zur Verfügung gestellt.

Weiterführende Literaturempfehlungen:
(...)

## Lehrender

Modulverantwortlicher hauptamtlich Lehrender:
Prof. Dr. Jan Eickelberg, LL. M. (Cambr.), MBA (CSM), Mediator (DAA)
(...)

> **Prüfung**
>
> Klausur oder mündliche Prüfung am Ende der Lehrveranstaltung; die konkrete Prüfungsform wird zu Beginn der Lehrveranstaltung bekanntgegeben. Eine differenzierte Bewertung findet nicht statt.
>
> **Sonstige Hinweise**
>
> Die Lehrveranstaltungsstunden erfolgen als Lehrvortrag und Übung mit Vor- und Nachbereitung. Die Bereitschaft zur Teilnahme an den verschiedenen aktivierenden Lehrmethoden, insbesondere an Gruppenarbeitsphasen, Plan- und Rollenspielen, Diskussionen und Blended-Learning-Elementen, wird vorausgesetzt.
>
> Zwingender Bestandteil der Lehrveranstaltung sind überdies Präsentationen der Studierenden, die von diesen nach vom Lehrenden vorgegebenen Themen gehalten werden. Nähere Informationen hierzu erhalten die Studierenden in der ersten Lehrveranstaltung.

287 Die *American Association for Higher Education* (AAHE) hält das Erstellen eines solchen Seminarplanes – neben der Auswahl des Lehrbuches für die Pflichtlektüre – für das wichtigste Element in der Vorbereitung einer universitären Lehrveranstaltung.[966] Dieser macht die **Veranstaltung** für den Studierenden **kalkulier- und fassbar**; die Entscheidung, an der Veranstaltung teilzunehmen, erfolgt auf der Grundlage aller wichtigen Informationen. Der Seminarplan dient überdies als faire **(Geschäfts-) Grundlage** für den zwischen Lehrendem und den Studierenden abzuschließenden »Vertrag« über die gegenseitigen Erwartungen hinsichtlich der Lehrveranstaltung (hierauf kann dann im Laufe der Veranstaltung stets bei Unklarheiten Rekurs genommen werden). Weiterhin zwingt der Seminarplan den Lehrenden dazu, seine Veranstaltung(en) systematisch zu planen und zu **strukturieren.** Der Seminarplan gibt Ihnen auch Gelegenheit, auf das besondere Erfordernis des Selbststudiums zu sprechen zu kommen; sollten Sie keinen Seminarplan verwenden, gilt es, diesen Aspekt gesondert zu Beginn der Lehrveranstaltung anzusprechen.

288 Der Seminarplan sollte **zu Beginn der ersten Lehrveranstaltung** ausgeteilt (bzw. zuvor für die Studierenden abrufbar online gestellt) und besprochen werden. Hier sollte auch auf die einzelnen Themen mit jeweils kurzen Ausführungen eingegangen werden, damit sich die Studierenden unter den Themen etwas vorstellen können.

## X. Inhaltliche Ausarbeitung

289 Nachdem Sie sich dergestalt auf die konkrete Lehrveranstaltung vorbereitet haben, sollten Sie mit der inhaltlichen Ausarbeitung der Lehrveranstaltung beginnen. Wie Sie diese vornehmen, hängt maßgeblich von Ihren eigenen Vorlieben und Gewohnheiten ab. Zudem gilt es zu differenzieren zwischen den Unterlagen, die nur Ihnen zur Verfügung stehen, und solchen, die an die Studierenden verteilt werden sollen:

---

966 Nachweise bei *Brauer* S. 32.

## 1. ... (nur) für »eigene« Zwecke des Lehrenden

Zunächst gilt es zu entscheiden, wie Sie selbst sich auf die Lehrveranstaltung vorbereiten wollen. Es gilt also, eine Methode zu finden, wie Sie während der Lehrveranstaltung alle **wesentlichen Inhalte in der richtigen Reihenfolge memorieren und vortragen** können. Sie müssen – je nach Anlass und persönlicher Disposition – selbst entscheiden, welche Art von Gedankenstütze Sie hilfreich finden und Ihnen die erforderliche Sicherheit gibt. Einen ausformulierten Text zu verwenden ist dann sinnvoll, wenn es auf Nuancen des gesprochenen Wortes ankommt und unmissverständliche Aussagen getroffen werden müssen,[967] also insbesondere bei juristischen Fachvorträgen.[968] In den hier relevanten juristischen Lehrveranstaltungen reicht es demgegenüber regelmäßig aus, wenn der Lehrende die Abfolge der Gedanken, die Gliederung und besonders wichtige Kernaussagen als Gedankenstütze festhält und sodann, ausgehend von dem individuellen Verlauf der Veranstaltung spontan eigene Formulierungen entwickelt. Zwei Vorgehensweisen für Lehrveranstaltungen haben sich vor diesem Hintergrund in der Praxis als besonders effizient erwiesen: 290

Zunächst können Sie dem »herkömmlichen« Wege folgen und **Stichwortzettel** mit den wesentlichen Inhalten Ihrer Lehrveranstaltung verwenden.[969] Diese sollten dabei auf Karteikarten einseitig beschrieben in DIN A6 Format (Postkartengröße) oder DIN A5 gefasst sein;[970] Sie stellen so sicher, dass Sie Ihre Stichwortzettel auch verwenden können, wenn Sie keine Möglichkeit haben, diese abzulegen (zB auf einem Stehpult). Auf jedem Zettel sollte sich nur ein oder zwei Hauptgedanken, die Kernthesen und besonders wichtige Aussagen befinden (entweder oben oder ganz links auf der Karte).[971] Dann bleibt noch genügend Raum für entsprechende Untergedanken und Ergänzungen. Ebenso wichtig ist es, dass Sie möglichst groß und deutlich schreiben, Seitenrand und einen ausreichenden Zeilenabstand belassen[972] und die Zettel zwar nicht dauerhaft miteinander verbinden, aber doch zumindest fortlaufend nummerieren (und sei es nur für den Fall, dass Ihnen die Karten herunterfallen). Sofern Sie verschiedene Methoden[973] und Medien[974] verwenden, bietet es sich an, auf dem Stichwortzettel rechts eine Spalte für »Regieanweisungen« zu lassen (etwa: »Flipchart«, »Folie auflegen«, »Video vorführen«). Wenn Sie von sich selbst wissen, dass Sie etwa zu wenig Pausen machen, zu schnell oder zu laut reden, sollten Sie diesbezügliche Erinnerungen auf jeder Karte deutlich sichtbar kenntlich machen (auch: ein gemaltes Auge für Sichtkontakt, »PSST« für leiser sprechen, oder einfach nur »PAUSE«). Besonders wichtige Gedanken sollten Sie entsprechend farblich her- 291

---

967 Maldeghem/Till/Sentker/*Maldeghem* S. 26.
968 Vgl. die Ausführungen → Rn. 490 ff.
969 Selbst wenn Sie Ihre Stichwortzettel nicht verwenden müssen: Wie bei einem Schummelzettel in der Schule, den man dann doch nicht benutzt, gilt auch hier, dass bereits das Wissen, dass man sich jederzeit dieser »Krücke« bedienen kann, ungemein beruhigend wirkt. Tragen Sie daher zur Sicherheit Ihre Stichwortzettel immer bei sich – und Sie werden sie paradoxerweise nie benötigen...
970 *Flume/Mentzel* S. 40 f. Verwenden Sie vor allem keine DIN A4 Zettel, wenn Sie nicht ausnahmsweise (ausschließlich) am Rednerpult arbeiten. Diese verdecken bei stehender Redehaltung den Körper und das Gesicht und sind zudem schlecht festzuhalten.
971 *Fitzherbert* S. 190.
972 Maldeghem/Till/Sentker/*Till* S. 48.
973 → Rn. 205 ff. (generell) und → Rn. 216 ff. (für Seminare/Kleingruppen).
974 → Rn. 301 ff.

vorheben. Namen, Zahlen und Zitate gilt es, wörtlich aufzuschreiben; ähnliches gilt für den Beginn und das Ende des Vortrages – die ersten Sätze sollten wörtlich aufgeführt werden, das gibt Sicherheit.[975] Diese beiden Teile sollten allerdings wie erörtert[976] ohnehin möglichst auswendig gelernt werden.

**292** Als »modernere« Methode wird zunehmend die sogenannte **Referentenansicht** bei Ihrer Präsentationssoftware für die Vorbereitung und Memorierung des Stoffes einer Lehrveranstaltung genutzt. In dieser können de facto die Inhalte der jeweiligen Stichwortzettel in die Präsentation eingearbeitet (und den jeweiligen Folien zugeordnet) werden. Diese »Schummelfunktion« – die Notizen sind nur für Sie, nicht jedoch für die Studierenden sichtbar – hilft Ihnen, Ihre wesentlichen Gedanken, ohne dass sie eines Manuskripts bedürfen, jederzeit zu sehen. Zu beachten ist, dass Sie vorab kontrollieren sollten, dass auch wirklich alle Inhalte und Notizen während der Präsentation gelesen werden können (dies betrifft insbesondere die Schriftgröße bei den Notizen). Ein gewichtiger Nachteil an dieser Lösung ist jedoch, dass Sie durch den »steten Blick auf die Notizen am Rechner« in Ihrer Bewegungsfreiheit eingeschränkt sind.

---

975 *Dyrchs* S. 213.
976 → Rn. 155, 276.

Folie 16: Präsentation und Referentenansicht

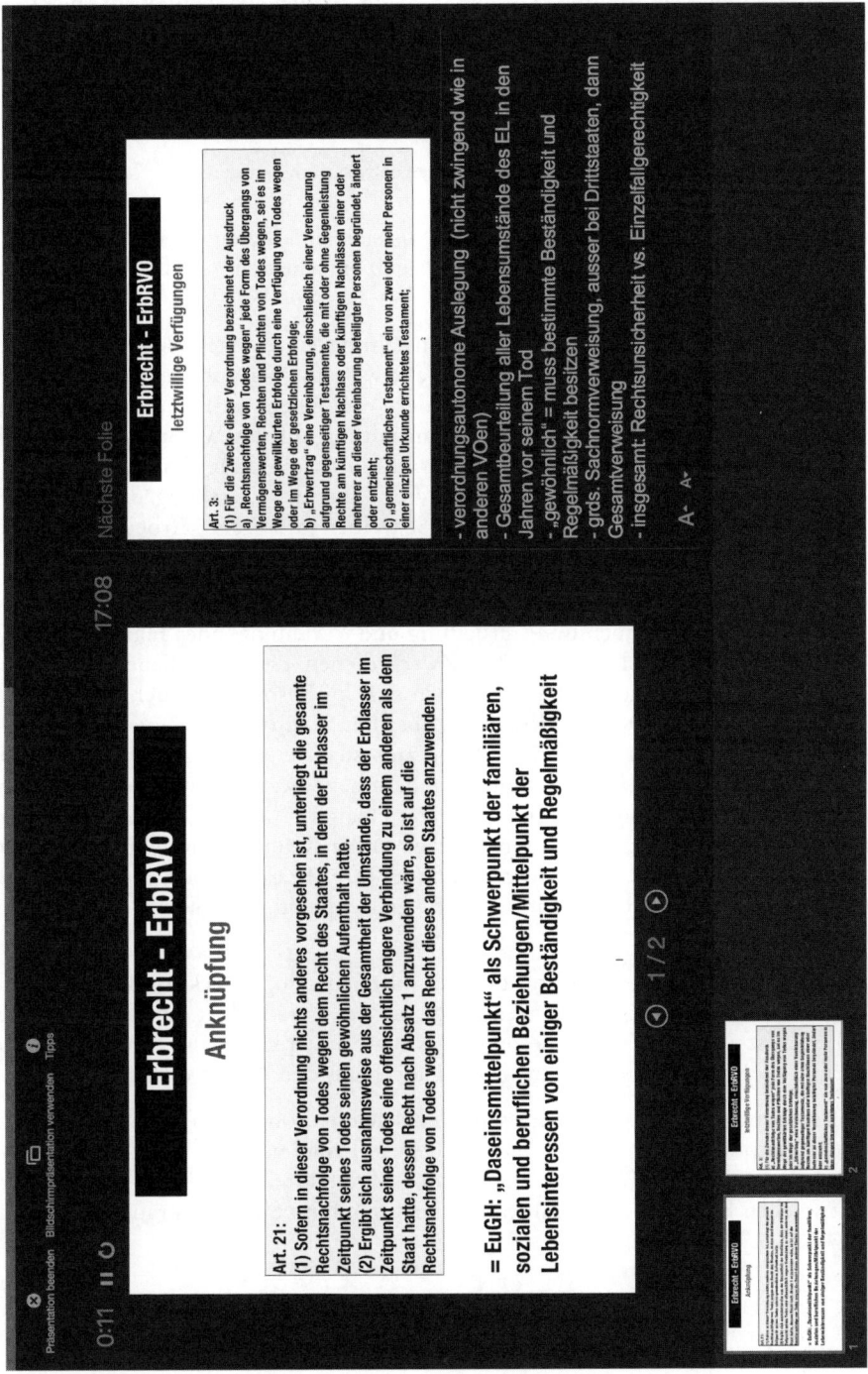

294  Idealiter entwickeln Sie Ihre Notizen in beiden Fällen aus dem Skript (hierzu gleich mehr).

## 2. ... für die Studierenden

> Was man schwarz auf weiß besitzt, kann man getrost nach Hause tragen – Johann Wolfgang von Goethe

295  Gänzlich unabhängig von der Frage, wie *Sie* sich am effizientesten für die Lehrveranstaltung »präparieren«, sollten Sie vorab auch entscheiden, welche Unterlagen Sie an die Studierenden verteilen möchten.

296  Bestenfalls haben Sie für Ihre Lehrveranstaltung ein eigenes **Skript** verfasst; dieses bietet nicht nur Gewähr dafür, dass stets alle wesentlichen Inhalte Ihrer Veranstaltung für die Studierenden verfügbar sind, sondern ermöglicht es Ihnen überdies auch, Ihre Ausführungen im Rahmen der Lehrveranstaltung auf das Wesentliche zu beschränken und vor allem auf das Verständnis und die Anwendung des in dem Skript wiedergegebenen Fachwissens zu fokussieren.[977] Für die Erstellung des Skripts gelten zunächst die allgemeinen Regeln für das Schreiben juristischer Arbeiten.[978] Zusätzlich hierzu sollten Sie noch besonderes Augenmerk darauf werfen, dass Inhalt und vor allem der Aufbau des Skripts im Wesentlichen Ihrer Veranstaltung entsprechen.

297  Als sinnvoll hat sich auch die Erarbeitung und Verteilung eines **Handouts** erwiesen. Dieses sollte dabei insbesondere dem Zweck dienen, die wesentlichen Ergebnisse der Veranstaltung darzustellen; hierfür eignen sich im Besonderen auch die sogenannten »Thesenpapiere«.[979] Das Handout kann überdies dazu verwendet werden, die Gliederung und den Aufbau der Veranstaltung zu visualisieren. Derart verwendet, können sich die Studierenden hierdurch insbesondere bei einer Veranstaltungsreihe stets orientierten und haben wichtige Inhalte unmittelbar vor Augen. Die Handouts stimmen nicht notwendigerweise mit Ihren Notizen in der Referentenansicht (Notizfunktion, Präsentationsmonitor, Moderatorenmonitor) Ihres Präsentationsprogrammes überein – da diese nur für Sie und nicht für Dritte gedacht sind, sind Sie bei deren Gestaltung freier.

298  In bestimmten Kontexten kann es auch hilfreich sein, **Checklisten und Prüfungsschemata** zu verteilen, etwa, wenn dies für das Verständnis der Lehrveranstaltung sinnvoll ist und die Gefahr besteht, dass die Studierenden aufgrund der Masse der vermittelten Informationen den »roten Faden« aus den Augen verlieren.

299  Jeder Vortragende muss sodann selbst entscheiden, ob und bejahendenfalls zu welchem Zeitpunkt er (auch) die verwendeten **Folien**[980] verteilen möchte, insbesondere ob diese zu Beginn der Lehrveranstaltung bereitgestellt werden. »Für ein Konzept mit solchen Hinweisen gilt nun einmal beides: nimmt Spannung raus, bringt Klarheit

---

977 → Rn. 13 ff.
978 Vgl. hierzu die in dem Literaturverzeichnis angegebene Literatur, insbesondere *Möllers*, Juristische Arbeitstechnik und wissenschaftliches Arbeiten, 7. Aufl. 2014 und *Walter*, Kleine Stilkunde für Juristen, 2. Aufl. 2009.
979 Dieses gibt nicht nur die Gliederung selbst wieder, sondern konzentriert sich auf die Ergebnisse der Untersuchung (ohne Begründung); bedeutsam ist, auch dieses möglichst kurz zu halten.
980 → Rn. 333 ff.

rein.«.⁹⁸¹ Hierfür spricht zudem zum einen, dass die Studierenden die Lehrveranstaltung effizienter nacharbeiten können und (zusätzlich, wenn die Folien vorab zur Verfügung gestellt werden) während der Lehrveranstaltung nur dasjenige aufschreiben (oder in die ausgedruckten Folien integrieren) müssen, was sich nicht aus den Folien selbst ergibt; niemand wir dabei über Gebühr durch das Abschreiben der Folieninhalte von den wesentlichen Inhalten der Veranstaltung abgelenkt.⁹⁸² Gegen eine Verteilung – insbesondere vor der eigentlichen Lehrveranstaltung – spricht indes, dass jeglicher Überraschungseffekt verloren geht und Sie sich eines guten Stücks Flexibilität berauben, also insbesondere bei Zeitknappheit nicht »nonchalant« einzelne Folien überspringen (oder im Nachgang der Veranstaltung modifizieren) können. Als (jedoch auch etwas zeitintensiverer) Mittelweg hat es sich bewährt, einen Foliensatz zu Beginn der Veranstaltung zur Verfügung zu stellen, der jedoch bewusst unvollständig gehalten ist (so fehlen etwa zentrale Begriffe, Zahlen und Aussagen). Die offenen Bereiche sind dann von den Studierenden während der Lehrveranstaltung zu ergänzen. Diese Unvollständigkeit der Unterlagen erfordert von den Studierenden eine erhöhte Aufmerksamkeit und ein aktives Mitschreiben bzw. Mitdenken, was sich positiv auf die Qualität der Informationsverarbeitung während der Veranstaltung auswirkt.⁹⁸³

**Die drei Kernaussagen:** 300
- Zur Vorbereitung der Lehrveranstaltung können detaillierte Ablaufpläne erarbeitet werden. Wegen des großen zeitlichen Aufwandes erscheint dies indes nur bei Veranstaltungen angezeigt, die einen großen medien- und/oder Methodeneinsatz erfordern.
- Die Erstellung und Veröffentlichung (nebst Erläuterung) eines Seminarplans mit allen veranstaltungsrelevanten Informationen erleichtert es den Studierenden, einen umfassenden Überblick über die »Geschäftsgrundlage« der Lehrveranstaltung und die gegenseitigen Erwartungen zu erlangen.
- Zum Zwecke des Memorierens der Lehrveranstaltung kann der Lehrende vor allem auf »klassische« Stichwortzettel oder die Notizfunktion des Präsentationsprogrammes zurückgreifen. Den Studierenden kann entweder ein umfassendes Skript oder ein Handout/Thesenpapier und/oder die Präsentation zur Verfügung gestellt werden.

# XI. Medienplanung und -komposition

Erst nachdem Sie sich über den Inhalt der Veranstaltung, den Aufbau und die fachlichen Schwerpunkte klar geworden ist, sollten Sie den Medieneinsatz planen.⁹⁸⁴ Es ist schließlich eine »naive Summationshypothese«,⁹⁸⁵ dass durch den Einsatz von Medien a priori die Qualität der Lehre und der Lernerfolg gesteigert wird. Ein erhöhter Lernerfolg ist durch medialen Einsatz (nur) dann zu erzielen, wenn die Medien **zielgerichtet ausgewählt** bzw. sinnvoll gestaltet und in ein **didaktisches Konzept** einge- 301

---
981 *Walter* Rhetorikschule S. 122.
982 Andererseits verschafft Ihnen die Abschreibzeit der Zuschauer eine wertvolle Pause (etwa zum Wassertrinken): *Dummann/Jung/Lexa/Nienkrenz* S. 135.
983 *Zumbach/Astleitner* S. 108, 113.
984 Anschaulich *Fitzherbert* S. 141: »Betrachten Sie sich als Regisseur, der erst zur Kamera greift, nachdem er sich vergewissert hat, dass er auch tatsächlich eine Geschichte zu erzählen hat.«; vgl. auch *Zumbach/Astleitner* S. 178 (die »Umsetzung in den sprachlich-medialen Vortrag« als letzte Phase vor der Vortragssituation selbst).
985 Issing/Klimsa/*Weidenmann* Multimedia S. 48.

§ 3. Vorbereitung einer juristischen Lehrveranstaltung

bunden werden.⁹⁸⁶ »Es ist nicht sinnvoll, den Einsatz von Methoden und Medien (…) zu planen, ohne zu prüfen, ob das Ziel (zB Anwenden von Kenntnissen, Probleme lösen, kritische Einstellung zum Thema erreichen)«⁹⁸⁷ überhaupt durch die Vorlesungsmethode und die Medien zu erreichen ist. Diese Vorfrage ist zu dem hier vorgeschlagenen (späten) Zeitpunkt der Medienplanung bereits positiv beantwortet, so dass nun durch den gezielten Medieneinsatz gleichzeitig mehrerer Kanäle angesprochen werden können (vor allem der visuelle), was zu einer erheblichen Steigerung der Effizienz der Wissensvermittlung führen kann.⁹⁸⁸

302 Der gelungene Medieneinsatz ist keineswegs profan. Er verlangt von dem Lehrenden die:
- Kenntnis der (didaktischen) Funktion des Mediums als Visualisierungsinstrument,
- Fähigkeit zur Entwicklung der medialen Inhalte inklusive der Kompetenz zur didaktischen Aufbereitung dieser Medien und
- Sicherheit im Einsatz des Mediums.⁹⁸⁹

303 Bevor im Folgenden auf die einzelnen für die juristische Lehrveranstaltung maßgeblichen Medien eingegangen werden soll, gilt es »vor die Klammer gezogen«, Folgendes zu beachten:

304 Alle vorgestellten Hilfsmittel **dienen der Visualisierung, Unterstützung und Veranschaulichung** des gesprochenen Wortes.⁹⁹⁰ Sie helfen damit insbesondere dabei, komplexe Inhalte verständlicher zu machen, die wichtigsten Aussage hervorzuheben, den roten Faden/die Struktur/die Gliederung zu verdeutlichen, Vorwissen zu reaktivieren und Querverweise aufzuzeigen, einen Überblick zu geben, Wiederholungen durchzuführen, komplexe Sachverhalte oder Inhalte zu visualisieren und zu vereinfachen, die Aufmerksamkeit⁹⁹¹ und Motivation der Studierenden zu wecken und diese zu aktivieren. Schließlich können durch gezielte Medienverwendung sprachlich und bildlich kodierte Nachrichten miteinander kombiniert werden.

305 Das übergeordnete Ziel des Medieneinsatzes ist dabei (wie stets), das Lernen und Begreifen auf Seiten der Studierenden zu erleichtern.⁹⁹² Hierzu eignen sich visuelle Medien in besonderer Weise, schließlich helfen sie dabei, die Inhalte der Lehrveranstaltung über den Primärkanal, die Augen,⁹⁹³ zu vermitteln und zu transportieren.⁹⁹⁴ Aus

---

986 Nachweise bei Hawelka/Hammerl/Gruber/*Hawelka/Wendorff* S. 137.
987 Berendt/Voss/Wildt/*Berendt* B. 1.1 S. 16.
988 → Rn. 87, 213, 301, 305; eingehend auch *Brauer* S. 61.
989 Angelehnt an Hawelka/Hammerl/Gruber/*Hawelka/Wendorff* S. 137.
990 Vereinigung Deutscher Rechtslehrender/*Niedostadek* S. 150.
991 Berendt/Voss/Wildt/*Dubs* E. 2.5 S. 19.
992 *Nöllke/Schmettkamp* S. 62; ähnlich *Bergmans* S. 10 f.; vgl. allgemein *Langer* S. 81 f.
993 Der Sehsinn beansprucht bis zur Hälfte aller Ressourcen des Gehirns. Er ist der mit Abstand beherrschende Sinn des Menschen: *Medina* S. 274.
994 → Rn. 77; vgl. *Dyrchs* S. 172: »Denken Sie immer an die Visualisierung: Der Mensch ist ein Augentier.«; so auch *Seifert* S. 11; *Hierhold* S. 123. Zur neurowissenschaftlichen Herleitung vgl. *Medina* S. 251 ff.: »Wir sehen nicht mit den Augen, wir sehen mit dem Gehirn« und *Walter* Stilkunde S. 135: »80 bis 90 % seiner Informationen gewinnt der Mensch zunächst mit den Augen; sie sind sein wichtigstes Sinnesorgan.«. Vgl. allg. Berendt/Voss/Wildt/*von Frantzius* A. 2.6 S. 7.

gutem Grund geht daher die überwiegende Zahl der Rechtslehrer von einer **positiven Wirkung visueller Medien** auf die Rechtsdidaktik aus.⁹⁹⁵

*Lüdemann* führt hierzu etwa aus:

»Auch in einer wissenschaftlichen Disziplin wie der Rechtswissenschaft, in der die Sprache das zentrale Instrument ist, das die Studierenden beherrschen müssen, tut Hochschullehre aus lerntheoretischer Sicht gut daran, neben dem textlichen Zugang möglichst auch visuelle Zugänge zu eröffnen und das Recht so anschaulich darzustellen, wie es dem Stoffe angemessen und den Lernzielen dienlich ist.«⁹⁹⁶

Visualisierungen können jedoch auch **kontraproduktiv** sein, wenn sie von dem Betrachter nicht sogleich verstanden werden (etwa: Eine Powerpointvisualisierung ist zu komplex und überladen,⁹⁹⁷ eine Flipchartübersicht ist schlecht lesbar, eine Skizze ist verwirrend); zu der *Cognitive Load* Theory vgl. → Rn. 72 ff. Dann werden das Sprach- und das Bildzentrum überstrapaziert, da die in Rede stehenden Codes nicht zügig (genug) verarbeitet werden können.⁹⁹⁸ In einem solchen Fall wird zuviel Kapazität des Arbeitsspeichers dafür abgezogen, aus den kryptischen Botschaften noch etwas Sinnvolles herauszufiltern. Diese Kapazität fehlt dann für die Verarbeitung der Informationen, die fortlaufend neu in die Sinneskanäle eingespeist werden.⁹⁹⁹

Bei der **Planung** der konkreten Visualisierung ist dabei stets zu berücksichtigen, dass die Rechtslehre im Speziellen primär auf mündlicher und/oder schriftlicher Kommunikation beruht, also vor allem sprachlich angelegt ist.¹⁰⁰⁰ Die Verwendung von Bildern und/oder sonstigen, nicht primär textbasierten Visualisierungen dient also stets nur der **Unterstützung** des geschriebenen bzw. gesprochenen Wortes,¹⁰⁰¹ insbesondere wenn entweder die Darstellung durch Sprache bzw. Text nur sehr schwer oder gar nicht möglich ist¹⁰⁰² oder wenn sprachliche Inhalte mit visuellen Mitteln besser umgesetzt oder verdeutlicht werden können. Letzteres ist auch bei textbasierten Inhalten häufiger der Fall, etwa wenn »reine« Informationen mit wohlgewählten Grafiken visualisiert werden können, zB indem die logische Struktur des Textes herausgearbeitet und als Prozess, Phase, Abfolge, Entwicklung oder Hierarchien dargestellt wird (zu den Strukturbildern in der juristischen Lehre → Rn. 282 ff.). Dies bietet sich insbesondere für juristische Sachverhalte und Normen an, die sehr häufig über einen »Wenn... Dann...« oder »Regel... Ausnahme...« Charakter verfügen, der sich grafisch ohne weiteres visualisieren lässt.

---

995 Nachweise bei *Henze* S. 40 f., 94 ff. 119, 129, 133 ff. Umso überraschender, dass nach ebenso bekannter Ansicht »Das Recht (...) als eine der letzten großen Inseln aus dem Meer der Bilder« (Hilgendorf/*Röhl* S. 339) herausragt.
996 *Lüdemann* ZDRW 2013, 80 (81).
997 Resignierend *Möllers* S. 191: »90 % aller PowerPoint-Präsentationen sind schlecht, weil sie als reine Gedächtnisstütze missbraucht werden. Jede Seite ist oft viel zu voll.« Vgl. auch *Stickel-Wolf/Wolf* S. 298 ff.
998 → Rn. 72.
999 *Weidenmann* S. 10.
1000 *Bergmans* S. 12.
1001 Vgl. *Hallet* S. 139.
1002 Etwa bei Konzernstrukturen, Bildmarken und Bebauungsplänen.

§ 3. Vorbereitung einer juristischen Lehrveranstaltung

Folie 17: Einfache Visualisierung § 433 Abs. 1 S. 1 BGB

## Terminologie

**Verkäufer** → Anspruch auf Zahlung und Abnahme → **Käufer**

= Anspruchsinhaber          = Anspruchsgegner
= Gläubiger                 = Schuldner

**Grundlage: Kaufvertrag, § 433 Abs. 2 BGB**

## Trennungs- und Abstraktionsprinzip

= Kaufvertrag begründet eine Verpflichtung für den Verkäufer

**(1) Durch den Kaufvertrag wird der Verkäufer einer Sache verpflichtet, dem Käufer die Sache zu übergeben und das Eigentum an der Sache zu verschaffen. (...)**

= diese Verpflichtung wird durch die Übergabe und Eigentumsverschaffung erfüllt

Beachten Sie dabei stets die **Kompositionsregel**[1003] (auch: »Gesetz der Nähe«[1004]), wonach

»was zusammengehört, auch stets gleich aussehen und zusammenstehen und/oder in der Nähe sein (sollte) (...). Benutzen Sie für gleiche Aussagen, Informationen, Sachverhalte, Objekte usw. gleiche Formen, Größen, Farben und platzieren Sie diese durch Blockbildung, Symmetrie u. ä. m. Visuelle Einheitlichkeit und Nähe verweisen somit auch auf sachliche Einheitlichkeit.«[1005]

> **Tipp:** Wenn Sie visualisieren (unabhängig vom Medium), denken Sie daran, die folgenden Grundprinzipen[1006] zu beachten:
> - Einheitlichkeit,[1007]
> - Kürze,[1008]
> - Ordnung,[1009]
> - Angemessenheit,[1010]
> - Einfachheit.

## 1. »Klassische« Medien

Zunächst können Sie zur Visualisierung auf »klassische« Medien zurückgreifen – sofern und soweit diese in dem von Ihnen genutzten Lehrveranstaltungsräumen vorhanden sind bzw. von Ihnen dorthin verbracht werden können. Hier bieten sich neben der **Tafel** bzw. dem **Whiteboard** vor allem die **Flipchart** und die **Folien** auf einem Overheadprojektor (auch: Tageslichtprojektor) an. Besonders reizvoll ist die Kombination derartiger klassischer Medien mit moderner Präsentationssoftware, etwa dergestalt, dass mittels einer Flipchart- oder Overheadfolie an einer Stelle im Raum für die Studierenden dauerhaft erkennbar die Gliederung der Veranstaltung visualisiert wird, während die PowerPoint-Technik für die Darstellung der (wesentlichen, hierzu gleich mehr) Inhalte verwendet wird. Auch können klassische Medien verwendet werden, um Ergebnisse von Diskussionen »spontan« zu entwickeln oder offene Fragen festzuhalten. Ein derartiger »Medienmix« schafft, wie noch zu zeigen sein wird,[1011] Abwechslung und unterstützt das Lernen der Studierenden.

---

1003 Vgl. auch → Rn. 87 (*Split Attention* Effekt).
1004 *Reynolds* Zen-Design S. 201.
1005 Berendt/Voss/Wildt/Görts/Marks/*Stary* D. 1.1 S. 18.
1006 Nach *Bingel* S. 19 ff.
1007 Wie noch näher zu erörtern sein wird, sollten Ihre Flipchartfolien – ebenso wie Ihre mit einer Präsentationssoftware erarbeiteten Folien (hier können Sie die entsprechenden einheitlichen Formatvorlagen definieren über den Folienmaster) – einer einheitlichen Ordnung folgen, etwa hinsichtlich Schriftarten, -farben- und -größen, der Farbwahl, der Formate und des Aufbaus (*Bergmans* S. 30).
1008 Auch im Bereich der Visualisierung gilt das KISS-Prinzip (Akronym für *keep it simple (and) stupid*), lassen Sie also bei Ihren Visualisierungen alles weg, was den Zuhörer stören oder ablenken kann. Ersetzen Sie Worte durch Zeichen (Pfeile, Gliederungspunkte etc) und Symbole (Blitze, Haken, Anker etc).
1009 Versuchen Sie konkret, Ihre Visualisierungen symmetrisch anzuordnen; verwenden Sie einen einheitlichen Rhythmus. Dies gilt insbesondere für Ihre Folien – achten Sie darauf, dass sie denselben Strukturelementen folgen und damit einen »Wiedererkennungseffekt« aufweisen.
1010 Vgl. *Dummann/Jung/Lexa/Niekrenz* S. 19.
1011 → Rn. 383.

## a) Flipchart

313 Eine bewährte Visualisierungsmöglichkeit stellt zunächst die Verwendung eines Flipcharts dar. Hiermit können Sie besonders bedeutsame Gedanken oder Gesichtspunkte dauerhaft festhalten.[1012] Das Flipchart eignet sich hier also besonders gut für Agenden/Gliederungen,[1013] Kernaussagen, wichtige Übersichten oder die Visualisierung einer Entwicklung von Abläufen und Strukturen. Das Flipchart kann Ihnen in diesem Kontext besondere Dienste als »**Dauermedium**«[1014] leisten. Wenn Ihnen ein angemessen bestückter Moderatorenkoffer zur Verfügung steht, verfügen Sie auch über ausreichend einseitiges Klebeband, um das Blatt dauerhaft sichtbar an Wände, Scheiben oder ähnlichem anzubringen.

314 Überdies können Sie mit einem Flipchart mit wenig Aufwand spontan **individuellere – auch komplexere – Visualisierungen und Bilder** fertigen, die sonst nur mit größerem Aufwand (wenn überhaupt) mittels der Präsentationssoftware erstellt werden können. Wenn Sie diese Zeichnungen dann abfotografieren, können Sie sie anschließend ohne weiteres in die den Studierenden zur Verfügung zu stellende Präsentation einbauen (Fotoprotokoll, → Rn. 322).

315 Andererseits können Sie sich auch auf anderem Wege die **Flexibilität** des Mediums zunutze machen, etwa indem Sie bei Diskussionen mit den Studierenden deren Argumente und Gedanken notieren und für alle erkennbar visualisieren, Argumente eines Streites in Zusammenarbeit mit den Zuhörerinnen und Zuhörern entwickeln und ebendiese eigene wie fremde Beiträge ohne großen Aufwand dauerhaft festhalten. Diese Verwendung des Mediums vermittelt dabei einen zwanglosen und **spontanen** Eindruck.[1015] Neben dieser Funktion kann das Flipchart überdies dienen als »**Ideenspeicher**« und »**Fragenspeicher**«, wenn Sie eine Frage/Idee der Studierenden bereits festhalten wollen, sie jedoch nicht abschließend behandeln mögen, weil noch nicht die »richtige Zeit« hierfür gekommen ist.[1016]

316 Die Verwendung eines Flipcharts hat dabei in jedem Fall den positiven Effekt der **Entschleunigung**, da die Entwicklung einer Folie in Echtzeit geschieht, ein zu schnelles Wegklicken einzelner Punkte – wie bei den vorbereiteten Power-Point-Präsentationen – also per definitionem ausscheidet.[1017] Wichtig ist dabei stets, dass Sie, wenn Sie auf einem Flipchart schreiben, dies möglichst für alle Zuhörer vernehmbar **mitsprechen;** bei längeren Texten – wobei diese generell zu vermeiden sind – bietet es sich an, sich auch öfter einmal umzusehen.[1018] Marker mit abgeschrägter Spitze sind intuitiver und

---

1012 In diesem Fall (wenn der Inhalt des Flipchart also von vornherein feststeht), ist es, wenn Sie mit diesem Medium nicht so erfahren sind, anzuraten (allerdings auch aufwändig), mit Bleistift auf der Flipchart Notizen vorzubereiten, die sie selbst als Dozierender sehen können, die aber für die Studierenden unsichtbar sind. In der Lehrveranstaltung können Sie diese Notizen dann mit dem betreffenden Marker »nachzeichnen«.
1013 Zu der Bedeutung der dauerhaft sichtbaren Agenda vgl. auch *Rummler* S. 33. Diese hilft auch Nachzüglern, sich jederzeit in dem Vortrag zu orientieren, *Flume/Mentzel* S. 53. Weitere Standardanlässe, für die man regelmäßig Poster und Pinnwände verwenden kann, sind etwa: Begrüßung, Themen- oder Fragenspeicher, Tagesrückblick, Spielregeln, persönliche Wünsche: *Weidenmann* S. 42. Vgl. auch Berendt/Voss/Wildt/*Görts/Marks/Stary* D. 1.1 S. 5.
1014 Treffender Ausdruck von *Lipp* S. 109, 157 ff.
1015 *Fitzherbert* S. 69.
1016 Bachmann/*Breitschaft/Tuggener* S. 234.
1017 Vgl. *Rummler* S. 99.
1018 *Flume/Mentzel* S. 54.

einfacher in der Handhabung, wobei Sie den Stift mit der breiten Filzkante auf das Papier anlegen und schreiben, ohne den Stift zu drehen.[1019] Verwenden Sie der besseren Lesbarkeit wegen (einzelne) Groß- und Kleinbuchstaben und keine Schreibschrift, wobei die Buchstaben eng zusammengeschrieben werden sollten, damit die einzelnen Worte klar voneinander getrennt sind. Auch sollten Sie nur die obersten 2/3 des Flipcharts zu beschreiben, frei nach dem Motto »Less is More« (*Ludwig Mies van der Rohe*).

Es bietet sich zudem an, nur kräftige und eindeutig zu erkennende **Farben** für die Schrift zu verwenden (schwarz oder blau), während andere Farben, insbesondere rot, sich vor allem für Hervorhebungen und Unterstreichungen eignen.[1020] Die Farben sollten dabei stets ein und dieselbe Bedeutung besitzen[1021] und nicht nur dem Augenkitzel dienen.[1022] Denken Sie in diesem Kontext etwa daran, dass Rot (und auch Grün) bereits aus mittlerer Entfernung nur noch schwer lesbar sind.[1023] Mehr als vier Farben sollten Sie generell nicht einsetzen.[1024] Ob Sie Ihren Bildern zusätzlich durch die Verwendung etwa von Wachsmalstiften und Kreide (etwa als Schattenelement) eine besondere Tiefe vermitteln wollen, sollten Sie von Thema und Zuhörerschaft abhängig machen; dies dürfte aber in erster Linie bei bereits vorgefertigten Folien in Betracht kommen. 317

Denken Sie daran, angemessen **groß** zu schreiben, damit Ihre Ausführungen auch noch aus der letzten Reihe lesbar sind (etwa fünf Zentimeter für Großbuchstaben, Kleinbuchstaben etwa 2/3 hiervon). Es gilt die Grundregel: Die Schriftgröße ist gut lesbar, wenn die kleinen Buchstaben die Höhe der (vorgefassten) Kästchen genau ausfüllen.[1025] Gewöhnen Sie sich hierbei den »Fotoblick« an: Bevor Sie eine Zeile schreiben, projizieren Sie zuerst in Ihrer Vorstellung die fertige Zeile auf das Papier. Hierdurch wird sichergestellt, dass Ihnen nicht am Ende der Zeile der Platz ausgeht.[1026] Wenn Sie mit dem Flipchart-Schreiben nicht vertraut sind, sollten Sie das karierte Flipchart-Papier verwenden, da Sie hier eine Orientierung für das Schreiben besitzen. Erst wenn Sie sicherer in der Handhabung sind, sollten Sie auf die andere Seite des Papiers, die blanken weißen Blätter, ausweichen. 318

Wenn Sie am Flipchart eine **komplexere Visualisierung** vornehmen wollen, sollten Sie diese möglichst – zumindest in groben Teilen – vor der Veranstaltung vorbereiten. Sie können diese dann in der Veranstaltung noch ergänzen oder einzelne Teile zunächst »abhängen« (etwa mit Karteikarten) und diese dann Schritt für Schritt mit dem Publikum »entblättern«. Alternativ können Sie auch an die Stellen, die Sie noch besetzen wollten, Karten mit den maßgeblichen Begriffen an die Flipchart hängen. Bei alledem gilt: Lassen Sie sich bei der Verwendung der Flipchart **nicht** von dem **Perfektionsdruck** lähmen. Eine Flipchartfolie muss nicht ebenso perfekt aufbereitet sein wie eine PowerPoint-Folie; die persönliche und lebendige Ausstrahlung macht gerade den besonderen Charme der Flipcharts aus.[1027] 319

---

1019 *Seifert* S. 22.
1020 Farben können etwa genutzt werden als Mittel der Gliederung, der Hervorhebung, als Assoziationsanker (vgl. Berendt/Voss/Wildt/*Görts/Marks/Stary* D. 1.1 S. 14).
1021 Berendt/Voss/Wildt/*Görts/Watzin* D. 2.1 S. 8: »Gleiche Farbe für gleiche Funktion!«.
1022 *Weidenmann* S. 11.
1023 *Bingel* S. 82.
1024 Ähnlich (für PowerPoint-Folien): Berendt/Voss/Wildt/*Görts/Watzin* D. 2.1 S. 8.
1025 *Weidenmann* S. 11.
1026 *Weidenmann* S. 16.
1027 *Weidenmann* S. 11.

## § 3. Vorbereitung einer juristischen Lehrveranstaltung

320 Die Flipchart besitzt jedoch, dies ist abschließend einschränkend auszuführen, natürliche **Restriktionen**. So ist die Verwendung insbesondere dann nicht (mehr) effektiv, wenn Ihr Publikum aus mehr als 30[1028] Zuschauern besteht. Beachten Sie, dass ein beschriebenes Blatt auch nach Ihrer Verwendung noch für visuelle Ablenkung bei den Studierenden sorgt. Sie sollten das Flipchart (wie andere visuelle Hilfsmittel auch) dementsprechend grundsätzlich (außer, Sie benötigen die dortigen Informationen dauerhaft) nach dem Gebrauch wieder entfernen.[1029]

321 **Exkurs:** Insbesondere (aber nicht nur) bei der Verwendung von Flipcharts können Sie zudem auf die Besonderheit der **»juristischen Zeichnung«** zurückgreifen. Mit den allseits bekannten Pfeilen, Strichen etc werden zum einen konkrete Sachverhaltskonstruktionen visualisiert und zum anderen rechtliche Konstruktionen (etwa das Dreiecksverhältnis bei der Bürgschaft) bildlich dargestellt und Zusammenhänge erschlossen.[1030] Es ist hierbei zu beachten, dass Ihre Zeichnung für jeden Studierenden (zumindest nach einer kurzen Erörterung) ohne weiteres verständlich sein muss, dass Sie also insbesondere ein klar definiertes (und möglichst wiederkehrendes) Symbolsystem mit möglichst sofort verständlichen Symbolen, Icons[1031] und Verbindungen verwenden sollten.[1032] Wenn Sie hierbei auf der Flipchart Personen darstellen wollen (etwa, um bei Fällen im Erb- und Familienrecht die Verwandtschaftsverhältnisse zu verdeutlichen), können Sie dies entweder durch die herkömmlichen Symbole (etwa für Mann und Frau) tun oder durch einfache Zeichnungen.[1033] Bei letzteren bietet sich vor allem das Kegelmännchen an.[1034] Zeichnen Sie jedoch nur, was Sie wirklich beherrschen und nutzen Sie die Möglichkeiten der dualen Repräsentation.[1035] Bedenken Sie immer: Die Zeichenbemühungen des Dozenten bringen häufig auch (unfreiwillige) Heiterkeit in die Stunde; Sie müssen selbst entscheiden, ob die Zuhörer mit Ihnen oder über Sie lachen und ob Sie dies als willkommene Abwechslung und Auflockerung oder als Autoritätsverlust ansehen. Denken Sie bei dieser Entscheidung immer auch an den Anlass der Veranstaltung und den Zuhörerkreis; der Fokus sollte schließlich immer auf die Inhalte, nicht auf das Zeichnen gelegt werden.[1036]

322 **Tipp:** In der Praxis hat es sich sehr bewährt, die fertiggestellten Folien abzufotografieren (was mittlerweile auch in guter Qualität mit dem Smartphone möglich ist) und den Teilnehmern danach als sog. **»Fotoprotokoll«** zur Verfügung zu stellen, eingebunden in die ohnehin an die Studierenden übermittelte Präsentation oder als gesondertes Dokument (Fotoprotokoll) auf der entsprechenden Download-Seite der Hochschule (häufig Moodle).[1037] Dies hat den positiven Nebenaspekt, dass die Teilnehmer auf Sie und Ihre Erörterungen achten, statt nur den Inhalt der Flipchart abzuschreiben.

---

1028 *Bingel* S. 72, geht sogar von einer maximalen Größe von 20 Teilnehmern, *Weidenmann* S. 16, von 10 Personen aus, während *Nöllke/Schmettkamp* S. 72, Flipcharts bei Präsentationen von bis zu 30 und Vereinigung Deutscher Rechtslehrender/*Niedostadek* bei bis zu 25 Teilnehmern verwenden möchte.
1029 *Fitzherbert* S. 260.
1030 Brockmann/Dietrich/Pilniok/*Holzer* Exzellente Lehre S. 158 f.; *Hilgendorf/Wegscheider* S. 223. Die »bildliche Vorstellung« besitzt eine Effektstärke von 0.44: *Hattie* Lernen S. 226.
1031 Meines Erachtens daher zu weitgehend Brockmann/Dietrich/Pilniok/*Holzer* Methoden S. 266 ff.
1032 Vgl. Hilgendorf/*Michel* S. 244. Die einschlägige Literatur gibt Ihnen hierzu hilfreiche Tipps: vgl. nur *Duarte* S. 32 ff.
1033 Anweisungen etwa bei *Frank* S. 49 ff.
1034 *Lipp* S. 162.
1035 *Medina* S. 29; vgl. *Frank* S. 50.
1036 *Frank* S. 15.
1037 → Rn. 170.

## b) Tafel/Whiteboard/Overhead-Folien

Die vorgenannten Erwägungen gelten weitgehend entsprechend für die Verwendung der althergebrachten und für manche anachronistisch anmutenden, in der täglichen Handhabung aber häufig sehr effizienten **Tafel**[1038]/des **Whiteboards** und des **Overheadprojektors**. Die Tafel und das Whiteboard besitzen den besonderen Vorteil, dass sie eine noch **größere Schreibfläche** besitzen als Flipcharts. Die Tafel und/oder das Whiteboard eignen sich jedoch weniger für dauerhaft verfügbare Inhalte (wie die Gliederung der Veranstaltung), wenn dieses Medium auch noch für weitere Inhalte genutzt werden soll. Hier sollte eher zur Flipchart gegriffen werden, da hier das einzelne Blatt entfernt (und im Lehrveranstaltungsraum aufgehängt) und hiernach weiter mit (einem neuen Blatt) der Flipchart gearbeitet werden kann.

323

> **Exkurs:** Immer mehr Hochschulen statten ihre Seminarräume mit sog. **(interaktiven) Whiteboards**[1039] aus, also einer elektronischen Projektionswand bzw. einer Weißwandtafel, die in Verbindung mit Laptop und Beamer oder einer Rückwandprojektion funktioniert. Der wesentliche Unterschied zu einer Flipchart bzw. dem »reinen« PowerPoint besteht vor allem darin, dass Sie die Visualisierung regelmäßig nicht am Bildschirm durchführen müssen, sondern direkt mit dem Finger und dem elektronischen Stift an der Projektionsfläche. Sie können daher jederzeit in die Präsentation eingreifen, wichtige Punkte hervorheben, andere durchstreichen, Verbindungen herstellen etc. Besonders eignet sich dieses Medium daher etwa für Seminare, in denen Fälle gelöst werden. Hier können die zu besprechenden Sachverhalte zunächst unkommentiert an die Wand geworfen werden, bevor gemeinsam mit den Studierenden in dem Text Hervorhebungen vorgenommen, Normen zu einzelnen Passagen hinzugefügt werden etc. Der Lehrende kann dergestalt Schritt für Schritt den Fall – wie in der Klausur auch – mit den Studierenden entwickeln. Selbst wenn Sie hierfür nicht die elektronischen Stifte verwenden – deren Nutzung bedarf etwas Übung –, so können Sie doch zumindest die Projektionsfläche mit herkömmlichen (abwaschbaren) Stiften als »Tafel« nutzen, um Ihre Folien »in real time« zu ergänzen. Am Ende können Sie die bearbeiteten Folien als pdf sichern und – je nach Software – direkt an die Teilnehmer weiterleiten bzw. etwa auf die Moodle-Seite hochladen.[1040]

324

Auch der **Overheadprojektor** besitzt praktische Vorteile: Er ist besonders flexibel nutzbar und verhältnismäßig **störungsunanfällig**. Es können sowohl (mit speziellen Folienstiften) ad hoc Folien erstellt wie bereits vorgefertigte (auch farbliche) Folien verwendet werden. Der Transport der (vorbereiteten) Folien ist zudem äußerst **platzsparend**. Wiederum können Ergebnisse Schritt für Schritt mit den Studierenden entwickelt werden.[1041] Der Overheadprojektor eignet sich schließlich sowohl für Präsentationen in kleinen wie in sehr großen Gruppen.[1042] Zudem kann der Lehrende während der Präsentation stets Blickkontakt zu den Studierenden halten und die vorab vorbereiteten oder während der Veranstaltung erstellten Folien wiederverwenden.[1043] Wenn Sie nicht mit einzelnen Folien, sondern mit der »Folienrolle« arbeiten,

325

---

1038 Zur Wiederauferstehung der Tafel als Unterrichtsmedium vgl. Hawelka/Hammerl/Gruber/ *Hawelka/Wendorff* S. 146 und *Hentig* S. 22: »Hätte ich unter alten und neuen Unterrichtsmitteln ein einziges zu wählen, ich wählte Tafel und Kreide.«
1039 Zur Klarstellung: Das klassische Whiteboard (auch »Weiße Tafel« oder »Weißwandtafel« genannt) ist praktisch nur eine Tafel, auf die statt mit Kreide mit speziellen Stiften geschrieben werden kann. Geschriebenes lässt sich hier leicht abwischen, korrigieren, verändern oder erweitern.
1040 Vgl. hierzu Berendt/Voss/Wildt/*Kornacker/Venn* C. 2.24 S. 22.
1041 Vgl. Berendt/Voss/Wildt/*Berendt* B 1.1 S. 67.
1042 Vgl. eingehend *Seifert* S. 17.
1043 Berendt/Voss/Wildt/*Görts/Marks/Stary* D. 1.1 S. 4.

ist es von besonderer Bedeutung, dass Sie immer wieder den roten Faden vergegenwärtigen und in einem »mitschreibfreundlichen« Tempo arbeiten.[1044]

326 **Exkurs:** Zunehmend werden an Hochschulen auch »weiterentwickelte« Formen des Overheadprojektors eingesetzt, sog. **Visualizer.** Diese arbeiten mit einer Art Dokumentenkamera, die das gefilmte Objekt über Beamer auf eine Leinwand projiziert. Die anzuzeigenden Dokumente werden dabei einfach direkt unterhalb einer Kamera auf einer Arbeitsfläche platziert. Mithilfe des Visualizers können damit sowohl selbst vorgefertigte Folien wie (anders als der Overheadprojektor) »externe« Originalquellen (etwa: Textabschnitte aus einem Buch oder einer Zeitung/einer Zeitschrift, Fotos, Gegenstände etc) angezeigt werden. Überdies können auch von dem Lehrenden und/oder den Studierenden auf Papier/Pappe geschriebene oder gezeichnete Ausführungen von der Kamera mittels des Beamers auf der Leinwand gezeigt werden. Je nach Modell können die gezeigten Inhalte abgespeichert und bearbeitet und schließlich den Studierenden als Dokument zur Verfügung gestellt werden.[1045]

### c) Pinnwand

327 Eine **Pinnwand**[1046] kann – insbesondere in Seminarkonstellationen – ein hilfreiches Mittel darstellen, um vor allem
- einzelne Folien vom Flipchart – etwa die Agendafolie – dauerhaft sichtbar für alle anzuordnen und/oder
- Karten zu befestigen und zu *clustern* (sortieren) und/oder
- wachsende Darstellungen mit vorbereiteten Einzelbildern zu entwickeln.[1047]

328 Wenn Sie eine Pinnwand verwenden wollen, sollten Sie jedoch unbedingt im Vorfeld der Veranstaltung klären, ob sich eine solche in Ihrem Veranstaltungsraum befindet. Dies ist in Universitäten und Hochschulen eher unüblich.

### d) (Papp-) Karten

329 Papp-Karten, die sich standardmäßig in den vorerwähnten Moderatorenkoffern befinden, zu verwenden bietet sich vor allem an, wenn Sie **Gedanken/Informationen sammeln** und diese dann an einer Pinnwand *clustern* wollen. In der Praxis werden die Karten in der Praxis zumeist zusammen mit der vorerwähnten Pinnwand verwendet. Sie können diese aber natürlich auch auf ein Whiteboard oder an eine weiße Wand kleben.

330 Entsprechend den obigen Erwägungen sollten Sie auch hier der besseren Lesbarkeit wegen Groß- und Kleinbuchstaben verwenden. Aus Platzgründen sind überdies nur Stichworte aufzunehmen und keine ganzen Sätze. Wenn die Studierenden ihre Gedanken auf Karten schreiben sollen, ist es zudem erforderlich, ihnen vorab mitzuteilen, dass nur ein Gedanke pro Karten zu verwenden ist. Damit die Karten nicht zu vollgeschrieben werden, sollte den Teilnehmern daher geeignete dicke

---

1044 Berendt/Voss/Wildt/*Groth* B. 2.1 S. 7; *Aiken/Thomas/Shennum* Journal of Educational Psychology 1975, 67, 439.
1045 Vereinigung Deutscher Rechtslehrender/*Niedostadek* S. 167.
1046 Die Pinnwand ist eine Hartschaumtafel von ca. 150x125cm. Auf ihr werden mittels Pinnadeln Papierbögen festgesteckt. Sie eignet sich besonders für die Arbeit in kleinen Gruppen mit maximal 20 Teilnehmern (*Seifert* S. 15).
1047 Berendt/Voss/Wildt/*Berendt* B 1.1 S. 66.

(Flipchart-)Stifte ausgeteilt werden. Das praktische Erfordernis, dass die Gruppe nicht mehr als **20–25 Personen** umfassen sollte und überdies zur besseren Lesbarkeit **kein zu großer Abstand** zwischen der Pinnwand mit den Karten und den Studierenden bestehen sollte, **schränkt die Anwendbarkeit** der Pappkarten nicht unwesentlich **ein**.

> **Tipp:** Sie können auf der Rückseite der Karten, die sie vorbereitet haben, ggf. Notizen anbringen und diese sodann als (Hilfs-) Manuskript nutzen.

331

> **Die drei Kernaussagen:**
> - Die Medienplanung und -konzeption sollte stets erst dann erfolgen, wenn sich der Lehrende über den Inhalt der Veranstaltung, den Aufbau und die fachlichen Schwerpunkte klar geworden ist. Auch in der textbasierten Rechtswissenschaft zeitigt die durch den Medieneinsatz ermöglichte Visualisierung zwar grundsätzlich einen positiven Effekt; Medien dienen jedoch dabei nur der Unterstützung und Veranschaulichung des durch den Lehrenden vermittelten Stoffes.
> - Die »klassischen« Medien bieten eine interessante und häufig gewinnbringende Option abseits von oder in Kombination mit der Verwendung einer herkömmlichen Präsentationssoftware.
> - Hier bieten sich insbesondere die Verwendung von Flipcharts, Whiteboards/Tafeln/Overheadfolien, Pinnwänden und (Papp-) Karten an. In jüngster Zeit kommen Visualizer und interaktive Whiteboards hinzu. Bei allen Medien sind neben den Chancen jedoch stets auch die Restriktionen zu beachten; überdies will zum Teil auch die »praktische Handhabung« geübt sein.

332

## 2. Präsentationssoftware, insbesondere PowerPoint

> *Einfachheit ist die höchste Form der Raffinesse.* – Leonardo da Vinci
>
> *Vergessen musst du das, was früher du gelernt.* – Meister Yoda

Auch[1048] in juristischen Lehrveranstaltungen erfolgt die Visualisierung zumeist mithilfe der Präsentationssoftware PowerPoint.[1049] An der zunehmenden »Folienflut« (auch) im Wissenschaftsbetrieb wird zT erhebliche **Kritik** geübt,[1050] der zuzugeben ist, dass es bei der Verwendung dieses Mediums in besonderem Maße darauf ankommt, gesteigertes Augenmerk auf eine lernfördernde Gestaltung und Einbeziehung in das »Gesamtkunstwerk« (juristische) Lehrveranstaltung zu lenken.[1051] Es gibt daher kein »richtiges oder falsches« PowerPoint, nur eine »richtige oder falsche« Verwendung der Software.[1052] Wie bereits erörtert, zeitigt der so verstandene effiziente Einsatz von »Visualisierungsmedien« wie PowerPoint indes sowohl aus lerntheoretischer wie kognitiver Sicht einen erheblichen Mehrwert.[1053] Dieses Ergebnis wird auch durch zahlreiche empirische Studien untermauert, die belegen, dass rein münd-

333

---

1048 Schätzungen zur Folge werden jeden Tag »etwa 30 Millionen PowerPoint-Präsentationen gehalten«: *Fritzherbert* S. 55. Vgl. zur Nutzung der Software im Wissenschaftskontext Schnettler/Knoblauch/*Schnettler/Knoblauch/Pötzsch* S. 9 und *Levasseur/Sawyer* Review of Communication 2006, 6(1-2), 101.
1049 Bzw. das Äquivalent von Apple, Keynote.
1050 Vgl. etwa *Tufte* S. 17 ff.
1051 *Clark* College Teaching 2008, 56(1), 39; *Doumont* Technical Communication 2005, 52(1), 64.
1052 Vgl. auch *Levasseur/Sawyer* Review of Communication 2006, 6(1-2), 101; *Clark*, College Teaching 2008 56(1), 39; *Doumont* Technical Communication 2005, 52(1), 64.
1053 → Rn. 50, 71, 73, 76 f., 85 ff.

liche Vorträge weniger lernförderlicher sind als solche, die durch eine professionell ausgestaltete Präsentation (etwa von Stichworten, Abbildungen oder Filmen (hierzu sogleich)) ergänzt werden.[1054] Auch haben Studien bewiesen, dass die Studierenden Lehrveranstaltungen mit PowerPoint gegenüber solchen mit Tafel, Overheadfolien oder ganz ohne Präsentationsmedien eindeutig bevorzugen.[1055] Es gilt vor diesem Hintergrund folgende Grundsätze zu beachten:

### a) Grundsatz: Weniger ist Mehr

334   Bevor Sie mit der Erstellung der Folien beginnen, sollten Sie sich zunächst Folgendes in Erinnerung rufen: Die Präsentation steht nicht im **Mittelpunkt** der Lehrveranstaltung, sondern **Sie**. Haupt- und Kernpunkt des Vortrages sind Ihre Worte als hörbare Erzählung. Die Fantasie und Begeisterung der Studierenden entfachen Sie mit Ihrem Vortrag[1056] und dem vermittelten Stoff und nicht mit den Folien.[1057] Visualisierung darf daher **kein Selbstzweck** sein;[1058] sie muss als Mittel zum Zweck eine klare didaktische Funktion besitzen. Alle Medien, und dies gilt besonders für Präsentationssoftware, sind dementsprechend **maßvoll** einzusetzen. »Die Persönlichkeit der Lehrperson, deren Fachkompetenz und der Kontakt zu den Studierenden bleiben die zentralen Aspekte der Wissensvermittlung.«[1059]

335   Die Präsentation soll den mündlichen Vortrag dabei nur **unterstützen**; sie dient lediglich der Visualisierung des gesprochenen Wortes.[1060] Sie sollten also zu Beginn anhand Ihres Konzepts entscheiden, an welchen Stellen Sie (überhaupt) eine optische Unterstützung benötigen.[1061] Überdies sollten Sie stets darauf achten, dass das Design der Folien möglichst **einfach, knapp und klar** gehalten ist. Mit einer überladenen Präsentation werden Sie die Aufnahmefähigkeit der Studierenden überfordern. Dies gilt insbesondere, da der Zuhörer, wie bereits erörtert, nicht gleichzeitig Ihnen zuhören und einen hiermit nicht identischen Text der Präsentation verfolgen kann.[1062] Die **Überfüllung** ist der häufigste Fehler von Präsentation – »*Multitasking, when it comes to paying attention, is a myth*«.[1063] Dies ergibt sich daraus, dass sich Menschen immer nur auf einen einzelnen Kommunikationsfluss konzentrieren können.[1064] Der Mensch ist daher nicht in der Lage, mehrere Aufmerksamkeit fordernde Eindrücke gleichzeitig

---

1054 *Adesope/Nesbit* Journal of Educational Psychology 2012, 104(1), 250; *Carney/Levin* Educational Psychology Review 2002, 14(1), 5; *Höffler/Leutner* Learning and Instruction 2007, 17, 722; *Schneider/Preckel* Psychological Bulletin 2017 (im Erscheinen).
1055 *Craig/Amernic* Innovative Higher Education 2006, 31, 147; *Levasseur/Sawyer* Review of Communications 2006, 6(1-2), 101; *Apperson/Laws/Scepansky* Computers & Education 2006, 47(1), 116.
1056 *Lobin* S. 45.
1057 *Gallo* Steve Jobs S. 33; *Reynolds* Naked S. 108.
1058 *Pfäffli* S. 242.
1059 *Pfäffli* S. 242; vgl. zu der Unterscheidung zwischen Präsentations- und Performanzvortrag *Zumbach/Astleitner* S. 181.
1060 *Böss-Ostendorf/Senft* S. 88.
1061 *Fritzherbert* S. 63.
1062 *Mayer/Moreno* Educational Psychologist 2003, 38(1), 43.
1063 *Gallo* TED S. 213.
1064 Vgl. Reynolds Zen S. 5.

zu verarbeiten.[1065] (Dem Dozierenden) Zuhören und Lesen (der Präsentation) sind insoweit zwei antagonistische Aktivitäten.[1066]

Auch empirische Studien belegen, dass die Aufmerksamkeit ihres Publikums deutlich gesteigert wird, wenn Sie Ihre Folien **einfach** gestalten und nur die wesentlichen Informationen auf diesen festhalten.[1067] In einem Literaturüberblick über elf Experimente waren Lernmaterialien ohne irrelevante Elemente insgesamt um die beeindruckende Effektstärke 1.32 effektiver als solche, die ohne weiteres »streichbare« Elemente – etwa der wiederholende Titel der Veranstaltung, der Name der Hochschulen und des Lehrenden;[1068] hierzu sogleich mehr – enthielten.[1069] Gerade weiße Flächen auf Folien helfen und verstärken die (wenigen) bedeutsamen Inhalte der Folie. So bekommen die sichtbaren Elemente der Folie die meiste **Aufmerksamkeit**.[1070]

336

Es gilt daher, die Folien so einfach und klar wie möglich zu erstellen. »Gut sind Folien nicht dann, wenn Sie nichts mehr hinzufügen können. Gut sind Folien dann, wenn Sie nichts mehr weglassen können!«[1071] Nichts wird eine abschreckendere Wirkung auf die Zuhörer zeitigen als ein »**Textfriedhof**«,[1072] eine Buchstabenwüste[1073] auf der Präsentation. Verwenden Sie also generell keine ganzen Sätze, sondern reduzieren Sie die wesentlichen Aussagen auf **Stichworte** und einzelne Worte, die nicht länger als zwei Zeilen reichen sollten.[1074] Empirische Untersuchungen haben schließlich nachgewiesen, dass Präsentationsfolien dann besonders effektiv sind, wenn sie jeweils nur einige Schlüsselbegriffe statt ganzer Sätze oder Halbsätze enthalten:[1075] »Thus, the popular presentation technique of complementing a teacher's talk with a slideshow is effective, particularly when only a few brief keywords (or a picture) are displayed on each slide.«[1076] Insbesondere darf die Folie nicht nur das Skript wiedergeben. *Reynolds* nennt dies anschaulich ein »**Folument**«, eine Mischung aus einem Dokument und einer Folie;[1077] dies ist nach *Duarte* spätestens dann der Fall, wenn

337

---

1065 Vgl. *Bartsch/Cobern* Computers & Education 2003, 41(1), 77.
1066 Vgl. Mayer/*Sweller* S. 159; *Duarte* S. 6.
1067 *Gallo* Steve Jobs S. 160 f.
1068 Schneider/Mustafi/*Krist et al.* S. 96.
1069 Mayer/*Mayer* S. 183.
1070 Vgl. auch die Untersuchung von *Harp/Mayer* Journal of Educational Psychology 1998, 90(3), 414.
1071 Berendt/Voss/Wildt/*Görts/Watzin* D. 2.1 S. 7.
1072 FAZ v. 4./5.6.2016, C1: »Danke für Ihre Aufmerksamkeit«.
1073 Vereinigung Deutscher Rechtslehrender/*Slapnicar* S. 135 (Fn. 69).
1074 Dies gilt nicht zuletzt, um auch (und insbesondere) den visuellen Lerntypen zu erreichen, der etwa 40 % der Zuhörer ausmacht: *Gallo* Steve Jobs S. 244; vgl. auch *Fritzherbert* S. 50. Zu beachten ist: Der Mensch erfasst generell 90 % aller Informationen über die Augen: *Möllers* S. 191. Vgl. auch → Rn. 77 f.
1075 *Adesope/Nesbit* Journal of Educational Psychology 2012, 104(1), 250: Effektmaß von 0.99 gegenüber 0.21. Vgl. auch die Erkenntnis von *Wecker* Computers & Education 2012, 59(2), 260, der in einem Experiment mit 209 Studierenden zu dem Ergebnis kam, dass das Lesen von Halbsätzen die Lernenden von den gleichzeitig gegebenen mündlichen Erklärungen ablenkt, während die Stichworte auf den Folien die Erinnerung der mündlichen Erklärungen unterstützen. Wenn derselbe Text von den Studierenden gleichzeitig gelesen und gehört wird, müssen schließlich fortwährend die auditiven und visuellen Informationen im Arbeitsgedächtnis miteinander abgeglichen werden, was unnötig Ressourcen bindet: *Yue/Bjork/Bjork* Journal of Educational Psychology 2013, 105(2), 266; vgl. auch → Rn. 72 f.
1076 *Schneider/Preckel* Psychological Bulletin 2017 (im Erscheinen).
1077 *Reynolds* Zen S. 70 f.

eine Folie mehr als 75 Worte beinhaltet.[1078] Folien sind **keine Handouts**[1079] und kein Skriptenersatz.[1080] Hier gilt das alte japanische Sprichwort: »Jage zwei Hasen und Du erwischst keinen.«[1081]

338
> **Tipp:** Wenn Sie selbst die Folien als ihr »geheimes Manuskript« nutzen wollen, verwenden Sie einfach, wie bereits erläutert,[1082] die **Referentenansicht** Ihres Präsentationsprogramms. Dort können Sie Ihr Skript bzw. Ihren »Schummelzettel« ohne, dass das Publikum dies mitbekäme, problemlos unterbringen. Dies wirkt souverän und aufgeräumt.
>
> Wenn Sie die Präsentation demgegenüber als **Skript** für die Studierenden verwenden wollen, erstellen Sie ein Skript und verteilen Sie dieses.[1083] Die Folien sollten dann nur die Kernaussagen des Skripts wiedergeben. Besonders hilfreich für die Studierenden ist es, wenn Sie auf den einzelnen Folien den konkreten Gliederungspunkt des Skriptes angeben, auf den sich die Ausführungen auf der Folie beziehen. Auf diesem Wege können die Studierenden Ihre Aufmerksamkeit (allein) auf Sie und Ihre Präsentation lenken und offene Fragen anhand des Skripts im Selbststudium nacharbeiten. Hierauf sollten Sie zu Beginn der Veranstaltung hinweisen, damit ein hektisches Blättern und paralleles Nachlesen Ihrer Ausführungen im Skript verhindert wird. Sie können dann im Übrigen auch hinsichtlich von (Detail-) Informationen, die dem Selbststudium vorbehalten sind, explizit während der Lehrveranstaltung auf den Folien auf die betreffenden Ausführungen im Skript verweisen und den Stoff auf das zum Verständnis Erforderliche und Sinnvolle reduzieren.[1084]

339 Wie bereits erörtert, sollten Sie insbesondere keine Angst vor Leerraum[1085] auf den Folien haben. Je **mehr Platz** auf den Folien frei bleibt, **desto besser**.[1086] Fragen Sie sich den obigen Erwägungen entsprechend immer: »Was kann ich wegnehmen, ohne die Bedeutung zu ändern?« oder »Wo kann ich den Inhalt auf mehr als eine Folie aufspalten?«.[1087] Wenn die Zuhörer zu viele bildliche und textliche Informationen im Arbeitsspeicher verarbeiten müssen, bedarf es einer simultanen Informationsverarbeitung (*Split Attention* **Effekt**), wodurch wie erörtert[1088] die Belastung der Gedächtniskapazität über Gebühr erhöht wird.[1089]

---

1078 *Duarte* S. 6.
1079 *Bingel* S. 49.
1080 Berendt/Voss/Wildt/*Görts/Frommann* D. 2.4 S. 3 f.
1081 *Reynolds* Zen S. 70 f.
1082 → Rn. 292.
1083 → Rn. 295 ff.
1084 → Rn. 133 ff.
1085 Auch als »negativer Raum« oder »Weißraum« bezeichnet, *Reynolds* Zen S. 161 und Zen-Design S. 21.
1086 Dies ist auch empirisch nachgewiesen: »All content and design elements that are unnecessary for achieving the predefined learning goals should be omitted from a presentation because they distract from the content to be learned (…). This is even true for unnecessary design elements that are interesting or decorative (seductive details effect, d -0.30, rank 101).«: *Schneider/Preckel* Psychological Bulletin 2017 (im Erscheinen).
1087 Für das Publikum ist es viel effektiver, den Inhalt auf mehrere übersichtliche Folien verteilt wahrzunehmen, als im Chaos einer erratischen und überfüllten Folie alle Daten auf einmal lesen und interpretieren zu müssen: *Duarte* S. 106 f.
1088 → Rn. 87; vgl. auch *Yue/Bjork/Bjork* Journal of Educational Psychology 2013, 105(2), 266.
1089 Hawelka/Hammerl/Gruber/*Hawelka/Wendorff* S. 40 mwN.

> **Tipp:** Eine gute Präsentation verhilft zu vielerlei:
> - Die Studierenden können den bzw. die wichtigsten Punkt(e) rasch erkennen (Kontrast) – etwa durch unterschiedliche Größe, Farbe, Form, Ausrichtung, Tonwert, Position oder Nähe.[1090]
> - Die (vom Lehrenden vorgegebene) Reihenfolge der Informationen ist für die Studierenden erkennbar (Fluss).
> - Die Studierenden sehen die Beziehung zwischen den Elementen (Hierarchie) und erkennen, welche Informationen zusammengehören (Einheitlichkeit).[1091]

Sie sollten daher immer versuchen, die **Informationsmenge zu verringern** (etwa, indem Sie den zu erarbeitenden Text erst Schritt für Schritt präsentieren (hierzu gleich mehr) und/oder indem Sie die Studierenden erst den sichtbaren Text lesen lassen, bevor Sie diesen erläutern). Streben Sie zudem eine **Kohärenz** zwischen dem Medium und Ihnen bzw. Ihrem gesprochenen Wort an, indem die sprachlichen und visuellen Informationen gezielt aufeinander verweisen und einander ergänzen. Die visualisierte und die auditiv präsentierte Sprache sollten also miteinander synchronisiert sein.[1092] Sie sollten bei Ihren Erörterungen zu den Folien dementsprechend die **gleichen Schlüsselworte** in derselben Reihenfolge verwenden wie im sichtbaren Text.[1093] Überdies sollten Sie den Studierenden stets genügend Zeit gewähren für das »Lesen, Betrachten, Denken«[1094] des Inhaltes der Folie.

Die »Reduzierungs-Regel« gilt auch hinsichtlich der verwendeten **Farben**: Gehen Sie sparsam mit diesen um, dann hat die Wahl einer neuen, von den »normalen« Farben abweichenden Farbe auch einen umso deutlicheren Effekt.[1095] Setzen Sie Farben dafür ein, um Wichtiges hervorzuheben oder Beziehungen zwischen Informationen zu veranschaulichen (sog. elaborative Prozesse[1096]). Informationen, die ähnlich oder gleich sind bzw. derselben Kategorie angehören, sollten auch dieselbe Farbe besitzen **(Stringenz und Einheitlichkeit)**. Eine allgemeine Regel lautet, dass **maximal vier Farben pro Folie** verwendet werden sollten. Sinnvoll kann es etwa sein, eine Farbe für den Hintergrund, eine für die Überschriften, eine für den Haupttext und gegebenenfalls eine zur Hervorhebung besonders wichtiger Textzeilen zu verwenden. Farbverläufe im Hintergrund sind dabei zu vermeiden, weil die Gefahr besteht, dass an manchen Stellen der Kontrast zur Textdarstellung zu gering ist und die Informationen dementsprechend nicht mehr lesbar sind.[1097]

---

1090 Vgl. *Reynolds* Zen-Design S. 182. Besonders kontrastreich erscheinen auch große Vordergrundelemente, die aufgrund des starken Größenunterschieds zwischen den Elementen des Vorder-, Mittel- und Hintergrundes echte Tiefe in die bildliche Darstellung bringen können.
1091 *Duarte* S. 92.
1092 Berendt/Voss/Wildt/*Dubs* E. 2.5 S. 22.
1093 *Weidenmann* S. 9.
1094 *Pfäffli* S. 244.
1095 Vgl. *Bingel* S. 28. Die Verwendung von Farben ist eine besonders effiziente Möglichkeit, die Aufmerksamkeit auf bestimmte Aspekte des Textes und von Bildern zu richten: *Medina* S. 271.
1096 *Zumbach/Astleitner* S. 133.
1097 Hawelka/Hammerl/Gruber/*Hawelka/Wendorff* S. 143. Falls Sie sich auch bei der Farbauswahl von wissenschaftlichen Erkenntnissen leiten lassen möchten, abschließend noch die Information, dass Untersuchungen zur Folge warme Farben aktivierender wirken sollen als kalte (*Wolfson/Case* Interacting with Computers 2000, 13(2), 183). Außerdem sollen gesättigte helle Farben bei Menschen per se zu positiveren Einstellungen gegenüber den dargestellten Objekten führen als blässliche oder dunkle Farben (*Gorn/Chattopadhyay/Yi/Dahl* Management Science 1997, 43(10), 1387; *Thompson/Palacios/Varela* Behavioral and Brain Science 1992, 15(1), 1.

343 Selbstverständlich sollte pro Folie stets nur (maximal) **ein Thema** bearbeitet werden. Verwenden Sie überdies möglichst nicht zu viele Folien pro Veranstaltung – nicht ohne Grund messen Studierende die Präsentationen der Lehrenden häufig nach der Maßeinheit FPM (Folie pro Minute).[1098] Die »**Folienschleuderei**«[1099] führt zu einer Reizüberflutung, zunehmende Ermüdungserscheinungen und negativen Lehr-/Lerneffekten.

## b) Einzelne Gestaltungselemente

344 Bevor Sie mit der Erstellung der einzelnen Folien beginnen, sollten Sie sich zunächst über das »**Gesamtdesign**« Ihrer Präsentation Gedanken machen. Aus Stringenz- und Wiedererkennungsgründen, aber auch aus Gründen der Arbeitserleichterung bietet es sich hier an, stets einheitliche (zur Verfügung gestellte oder eigengestaltete) **Vorlagen** zu verwenden.[1100] Die Arbeit mit der Präsentationssoftware wird enorm erleichtert, wenn sie eine ausreichende Anzahl von (eigenen) Vorlagen ansammeln und für Ihre Präsentationen verwenden.[1101] Sie sollten zuvor jedoch unbedingt klären, ob Sie *zwingend* mit von der Hochschule vorgegebenen Vorlagen arbeiten müssen, oder ob Sie auch eigene Folien verwenden können. Die vorgefertigten Folien besitzen dabei häufig den Nachteil, dass Sie nur begrenzt auf Ihre Anforderungen hin modifiziert werden können – und zudem wegen der häufig hierauf enthaltenen Informationen sehr schnell **überladen** wirken.

345 Für Ihre eigenen Folien gilt an dieser Stelle der Grundsatz »**Weniger ist mehr**« in besonderem Maße. Beseitigen Sie also bei der Erstellung Ihrer eigenen Folien(vorlagen) sorgfältig alle Elemente, die vom wesentlichen Ganzen – der Präsentation und Ihren Inhalten – ablenken und das Publikum verwirren bzw. stören können. Selbstverständliche (und stetig wiederkehrende) Informationen (etwa Name und Logo der Hochschule/Universität, die Bezeichnung des Lehrenden und der Lehrveranstaltung etc) behindern nur die Wahrnehmung und Verarbeitung der (wenigen) wichtigen Aussagen auf der Folie; sie erfüllen keinen erkennbaren Zweck bei der Erhöhung der Lernleistung der Studierenden. Es reicht daher aus, die genannten Basisinformationen auf der ersten und der letzten Folie aufzuführen. Selbiges gilt (bei Lehrbeauftragten) für die Wiedergabe ihres Firmen- oder Kanzleilogos.[1102]

346 Sie können sich einheitliche und »wiedererkennbare« **Folienvorlagen** leicht selbst schaffen, indem Sie sich eine stringente Strukturierung (einheitliche Raster[1103]) und einen weitgehend konsistenten grafischen Stil auferlegen. Die **Einheitlichkeit** betrifft dabei vor allem den Hintergrund, die Farbe, die Abstände, die Textart, -größe, -form und die Verwendung der Aufzählungszeichen.[1104] Versuchen Sie also etwa bei der

---

1098 Berendt/Voss/Wildt/*Görts/Frommann* D. 2.4 S. 4.
1099 *Döring/Ritter-Mamczek* S. 136.
1100 Vgl. Berendt/Voss/Wildt/*Kornacker/Venn* C. 2.24 S. 19.
1101 Besonders gelungene Folien und Bilder sollten Sie zudem sammeln, um sie eventuell bei späteren Präsentationen wiederverwenden zu können bzw. sich hiervon inspirieren zu lassen.
1102 *Röhl/Ulbrich* S. 194; vgl. allgemein *Reynolds* Zen S. 141. Dies kann natürlich dann anders sein, wenn die Verwendung dieser Stilmittel als Bestandteil der *Corporate Identity* verwendet wird und der Werbeeffekt durch die Wiederkehr verstärkt werden soll.
1103 Diese sind in den Vorlagen der Präsentationssoftware regelmäßig bereits unter einem bestimmten Thema einheitlich zusammengefasst (etwa: eine bestimmte Anzahl von Spalten etc). Hier ist es wie gesagt wichtig, nachdem Sie sich in einer Präsentation für ein vorgefasstes Thema entschieden haben, bei diesem auch zu bleiben.
1104 Vgl. *Fitzherbert* S. 162.

Auswahl der Schriften (aber auch der Bilder) eine Wirkung von Ähnlichkeit zu finden, die zur übrigen Gestaltung des Inhaltes passt.[1105]

Wählen Sie hierfür zunächst einen möglichst einheitlichen, einfarbigen und »aufgeräumten« **Hintergrund**. Vergegenwärtigen Sie sich stets: Dieser stellt schließlich nur die Fläche dar, auf der die Elemente platziert werden sollen. Diese kann ohne weiteres nur aus einem **weißen »Blatt«** mit einem Strich bestehen, über dem die Überschrift und unter dem der Inhalt angeordnet wird.

Zur besseren Übersichtlichkeit bietet es sich an, die Folien jeweils (außer bei reinen »Bilderfolien«, hierzu gleich mehr) mit einer aussagekräftigen, möglichst nur eine Zeile ausfüllenden **Überschrift** zu versehen, die einerseits das Thema der konkreten Folie und auch den Standort in der Gesamtgliederung der Lehrveranstaltung verdeutlicht.[1106]

Sie müssen selbst entscheiden, inwieweit Sie Ihre auf der Folie festgehaltenen Kernaussagen (stets) durch **Aufzählungszeichen** gliedern (sog. konventioneller Stil).[1107] Gegen das (einseitige und ununterbrochene) Verwenden dieses Gestaltungselements spricht bereits, dass »Spiegelstriche (...) keine Zusammenhänge (aufzeigen).«[1108] Überdies erscheinen hierdurch die einzelnen Folien als austauschbar und können nicht mehr voneinander unterschieden werden. Dies verringert den Lerneffekt für die Studierenden. Schließlich wird durch die Aufzählungszeichen ausschließlich eine Gehirnhälfte,[1109] die analytische, sequentiell arbeitende und vor allem für Text verantwortliche linke Seite (Linkshemisphäriker), animiert.[1110] Die rechte Gehirnhälfte (Rechtshemisphäriker) lassen Sie so weitestgehend außer Acht.[1111] Es lohnt sich, auch nach Alternativen zu den Stichpunkten mit Aufzählungszeichen zu suchen, indem Information auf den hier vorgestellten Wege visuell anschaulich dargestellt werden. Schließlich erinnern sich die Studierenden an klare visuelle Eindrücke stets besser als an bloße Folien voller Aufzählungszeichen.[1112]

Sofern Sie Aufzählungszeichen auf der Folie verwenden wollen, sollten, wie gezeigt, nur die wesentlichen Kernaussagen und **Schlagworte** auf der Folie festgehalten werden.[1113] Verwenden Sie generell keine ganzen Sätze auf der Folie. Wenn zu viel Text bzw. Informationen auf einer Folie aufgeführt werden, sollten Sie diese entweder reduzieren (und zusätzliche Informationen etwa auf dem Handout aufnehmen) oder auf mehrere Folien verteilen. In Hinblick auf eine Obergrenze vertritt die einschlägige Literatur verschiedene Ansätze. Während manche davon ausgehen, dass maximal sechs solche (Aufzählungs-) Zeichen pro Folie verwendet werden sollten,[1114] vertreten andere das strengere 4x4-Axiom, wonach nicht mehr als vier Zeilen auf eine Folie

---

1105 *Reynolds* Zen-Design S. 199.
1106 *Alley* S. 116.
1107 Wobei nicht verschwiegen werden soll, dass bullet points bereits ein – wenn auch sehr einfaches – visuelles Hilfsmittel darstellen und als »saubere Minimallösung für den Ernstfall« gute Dienste leisten: Vereinigung Deutscher Rechtslehrender/*Niedostadek* S. 153. Schließlich lassen sich hierdurch viele Inhalte strukturiert veranschaulichen.
1108 Berendt/Voss/Wildt/*Görts/Frommann* D. 2.4 S. 5.
1109 Zu der berechtigten Kritik an der Theorie des »linkshirnigen oder rechtshirnigen Lerners« vgl. Müller-Jung/*Madeja* S. 75, 79.
1110 Vgl. zu dieser Unterscheidung eingehend *Güntürkün* S. 75 ff.
1111 *Röhl/Ulbrich* S. 81 vgl. *Reynolds* Zen S. 253; *Müller* S. 15.
1112 *Reynolds* Zen S. 185; vgl. auch → Rn. 71, 77 f., 85 ff.
1113 Verzichten Sie etwa auf »der, die, das, ein, eine« etc.: *Fitzherbert* S. 157.
1114 *Kushner* S. 20.

und diese wiederum nicht mehr als vier Wörter in jeder Zeile enthalten dürfen. Andere Experten erhöhen die Zahl auf 6x6,[1115] während schließlich auch zu der sogenannten 1-7-7-Regel geraten wird, die besagt, dass nur ein Hauptgedanke pro Folie, maximal sieben Zeilen Text pro Folie und sieben Worte pro Zeile verwendet werden sollten.[1116] Wie Sie sich auch entscheiden: Achten Sie darauf, dass Sie einen Stil bzw. Ansatz konsequent umsetzen.

351 Einen weitergehenden Lerneffekt bei den Studierenden können Sie dadurch erreichen, dass Sie etwa (auch) **Grafiken, Schaubilder, Cartoons, Verlaufs- und Baumdiagramme**[1117] verwenden, aber auch einmal den Bildüberlegenheitseffekt[1118] nutzend mit Bildern oder Fotos arbeiten. Diese Visualisierungselemente sollten dabei stets unterstützt werden durch mündliche Erläuterungen und nicht (zu viele) schriftliche Ausführungen auf der Folie.[1119] Auf diesem Wege setzen Sie starke visuelle Eindrücke, die von der rechten Gehirnhälfte simultan prozessiert werden (kreativer Stil).[1120] Derartige visuelle »i-Tüpfelchen« sollten jedoch stets nur dann ausgewählt werden, wenn sie einen engen Bezug zum Thema der Lehrveranstaltung besitzen und nie der alleinigen Anregung wegen.[1121]

352 All diese Vorgaben stellen nur eine generelle Richtschnur dar und sind keine starren Regeln, an die es sich stets und ausnahmslos zu halten gilt. Bedeutsam sind vielmehr wie stets die bereits erörterten (→ Rn. 335 f.) Grundsätze: Halten Sie sich (auf der Folie) möglichst **knapp**,[1122] bleiben Sie **konsistent** und strukturieren Sie stets einheitlich – vorliegend sollten also alle Zeilen **gleich** angeordnet werden (einheitliche Folientypographie durch wiederkehrende Rahmungsstrukturen).[1123] Ein visuelles Medium sollte schließlich generell nur so viele Informationen enthalten, wie ein Betrachter auf einen Blick erfassen und verstehen kann.[1124] Vermeiden Sie es daher, die Folie durch zu viele **Unterpunkte** visuell zu kompliziert zu machen; verwenden Sie maximal zwei Ebenen.[1125] **Linksbündiger** Text ist überdies stets besser lesbar als Blocksatz.[1126] Niemand hat übrigens »angeordnet«, dass die Schrift immer in schwarz auf weißer Oberfläche erscheinen müsse; besonders wichtige Aussagen können etwa auch umgekehrt (weiß auf schwarzem Grund) an die Wand geworfen werden[1127] (wobei dies jedoch zu Schwierigkeiten beim Druck führen kann).

---

1115 *Kushner* S. 101; *Godin* spricht sogar davon, niemals mehr als 6 Worte pro Folie (!) zu verwenden: bei *Reynolds* Zen S. 20. Nur zum Vergleich: *Brauer* S. 61 empfiehlt (realistischer) maximal 40 Worte pro Folie.
1116 *Reynolds* Zen S. 142; *Rummler* S. 98; ähnlich Hawelka/Hammerl/Gruber/*Hawelka/Wendorff* S. 143; etwas anders Berendt/Voss/Wildt/*Groth* B. 2.1 S. 8: »immer nur reine Kerngedanken (»ein Dutzend Wörter«).«
1117 → Rn. 262 ff.
1118 → Rn. 77 f.
1119 *Schneider/Preckel* Psychological Bulletin 2017 (im Erscheinen).
1120 Vgl. *Kushner* S. 103.
1121 Hawelks/Hammerl/Gruber/*Alberternst* S. 101.
1122 Vgl. Berendt/Voss/Wildt/*Görts/Marks/Stary* D. 1.1 S. 13.
1123 *Lobin* S. 69.
1124 Berendt/Voss/Wildt/*Görts/Marks/Stary* D. 1.1 S. 13.
1125 *Fitzherbert* S. 156.
1126 *Bingel* S. 49; Hawelka/Hammerl/Gruber/*Hawelka/Wendorff* S. 143.
1127 *Lobin* S. 85.

Die **Schriftgröße** sollte dem Publikum und dem Veranstaltungsraum angemessen groß und lesbar sein.[1128] Die Tipps hierzu sind unterschiedlich. Zwar häufig wird dazu geraten, den Text nicht kleiner als 30 Punkt zu gestalten.[1129] Wenn Sie zur Hervorhebung bzw. Sortierung unterschiedliche Schriftgrößen verwenden, sollten sich diese auch ausreichend stark und deutlich voneinander unterscheiden, damit die Differenzierung den Studierenden (auch denjenigen aus hinteren Reihen) eindeutig erkennbar ist.

353

Was die **Schriftart** angeht, sollte ein möglichst einfacher Stil verwendet werden. Besonders gut eignen sich zB die Schriftarten Arial, Helvetica (Neue) und Verdana.[1130] Andere schlagen die Schriftarten Caslon, Garamond, Baskerville, Helvetica, Futira und Gill Sans vor; unabhängig davon, für welche der Schriftarten Sie sich entscheiden, sollte es sich möglichst um eine serifenlose[1131] Schrift handeln.[1132] Legen Sie sich hierbei für die jeweilige Präsentation auf ein bis maximal zwei Schriftarten – möglichst aus einer Schriftenfamilie – fest (zB eine für Titel und Untertitel und eine für Textblock), sonst wird ihre Präsentation zu unruhig und unübersichtlich. Seien Sie eher zurückhaltend bei Kursivschrift und Unterstreichungen. Auch sollte die herkömmliche Mischung aus Groß -und Kleinbuchstaben gewählt werden, da ausschließliche Groß- oder Kleinbuchstaben schwerer zu lesen sind.[1133] Wenn Sie sehr viel Zeit und Mühe in die Präsentation Ihrer Folie investieren wollen, sollten Sie sich auch mit dem Abstand der einzelnen Buchstaben beschäftigen (sog. *Kerning*). Manchmal lohnt es sich bei sehr großem Text, den Abstand von Hand anzupassen, wenn er unregelmäßig erscheint. Auch können Sie den Abstand zwischen den Zeilen händisch verändern, da dieser bei großer Schrift häufig unproportioniert wirkt, wenn er in demselben Format vorgenommen wird.[1134]

354

---

1128 *Mansfield/Legge/Bane* Investigative Ophtalmology and Visual Science 1996, 37(8), 1492; *Näsänen/Karlsson/Ojanpää* Displays 2001, 22, 107.
1129 *Kushner* S. 100; *Flume/Mentzel* S. 56, und *Fitzherbert* S. 150 empfehlen mindestens Schriftgröße 24, Hawelka/Hammerl/Gruber/*Hawelka/Wendorff* S. 143 gehen davon aus, dass die Schrift bei Aufzählungen wenigsten 24 Punkt groß sein sollte, bei Überschriften 28 Punkt. Andere verwenden die Regel: »Nehmen Sie das Alter des ältesten Zuhörers und teilen Sie dies durch 2.« (so *Guy Kawasaki* zitiert nach *Duarte* S. 152). Von *Reynolds* Zen-Design S. 34 stammt der hilfreiche Tipp: »Gestalten Sie immer für die Zuschauer in der letzten Reihe«; alternativ hilft Ihnen auch die Foliensortierung Ihres Präsentationsprogramms; sofern Sie hier den Text auf der Folie nicht lesen können, ist er wahrscheinlich zu klein geraten.
1130 Hawelka/Hammerl/Gruber/*Hawelka/Wendorff* S. 143.
1131 Dabei handelt es sich um eine Schriftart, deren Zeichen keine Serifen aufweisen (Querstriche oder Verzierungen am Ende der Schriftzüge). Eine serifenlose Schrift hat im Vergleich zu einer Serifenschrift eine geradlinigere, geometrische Erscheinung, auch haben ihre Zeichen keine unterschiedlichen Linienstärken.
1132 Vgl. detailliert *Reynolds* Zen-Design S. 43 ff.; *Mansfield/Legge/Bane* Investigative Ophthalmology and Visual Science 1996, 37(8), 1492; *Yager/Aquilante/Plass* Vision Research 1998, 38, 2527; *Sheedy/Subbaram/Zimmerman/Hayes* Human Factors 2005, 27(4), 797; kritisch aber *Arditi/Cho* Vision research 2005, 45, 2926: bei normal Lesenden könnten keine Unterschiede hinsichtlich der Schnelligkeit des Lesens zwischen Schriftarten mit und ohne Serifen festgestellt werden.
1133 Vgl. *Rummler* S. 98.
1134 Zum Zeilenabstand allgemein *Chung* Optometry and Vision Science 2004, 81(7), 525.

**355**

> **Tipp:** Wie bereits gezeigt,[1135] bietet es sich an, zumindest bei Übergängen zwischen einzelnen Gliederungspunkte eine Agenda- bzw. Inhaltsverzeichnisfolie anzuzeigen. Sie sollten hierbei hervorheben, an welcher Stelle der Agenda Sie sich befinden (zB indem Sie die erledigten Punkte ausgrauen oder den nun zu besprechenden Punkt umranden). Wenn Sie mit einer fixen Agendafolie (etwa mithilfe einer Pinnwand oder einer Flipchart) arbeiten, können Sie die erledigten Punkte durchstreichen oder durch einen Pfeil, den Sie aus einer zurechtgeschnittenen roten Pappkarte und einer Pinn herstellen können, kenntlich machen. Ob Sie zusätzlich auf jeder Folie die Gliederung (und ihren »Standort«) anzeigen wollen, hängt vom Umfang der Gliederung und der Gestaltung Ihrer Folien ab. Die Gefahr der deutlich verringerten Übersichtlichkeit Ihrer Folien sollten Sie dabei jedoch nicht unterschätzen.

**356** Seien Sie bei der Gestaltung generell zurückhaltend mit **Animationen.** Diese bergen stets die Gefahr der »Über-Animation«[1136] und sollten nur äußerst spärlich und professionell verwendet werden – was den Rückgriff auf die Standardanimationen regelmäßig ausschließt.[1137] Vortragende, bei denen die einzelnen Punkte jeweils hereingeflogen kommen (am besten mit einem »lustigen« Geräusch), tun sich, der Präsentation und vor allem den Studierenden keinen Gefallen. Sinnvolle Animationen entstehen vielmehr durch vermeintlich »**einfache« Methoden,** wie die Veränderung der Beziehung von Objekten auf Folien oder die Hervorhebung einzelner Text(teile); sie unterstützen dann die Erinnerungsleistung der Studierenden, da der Bewegung von Objekten besonders große Aufmerksamkeit gewidmet wird.[1138] Wichtig ist, dass die Animationen nach dem sog. Modalitätsprinzip[1139] besser mit einem mündlichen Vortrag kombiniert werden als mit (weiterem) Text auf dem Bildschirm.[1140]

**357** Sie sollten auch bei jeder Folie entscheiden, ob die Elemente jeder Folie jeweils einzeln (»**Klick für Klick**«) **oder** ob die **Folie als Ganzes** erscheinen soll. Die erste Methode bietet sich vor alle an, wenn Sie einen Teil der Darstellung besonders betonen möchten, die Aufmerksamkeit auf ein einzelnes Element lenken möchten oder (ausnahmsweise) eine besonders umfangreiche Folie[1141] oder komplexe Animation/Visualisierung[1142] vorstellen möchten. Überdies können Sie hiermit auch die Präsentation Schritt für Schritt anhand Ihrer Ausführungen ausrichten.[1143] Ganz generell können Sie reine Texfolien, damit die Zuhörer von dem Inhalt der Folie nicht »erschlagen« werden, regelmäßig absatzweise animieren.[1144]

---

1135 → Rn. 280 f.
1136 Berendt/Voss/Wildt/*Görts/Watzin* D. 2.1 S. 2.
1137 Vgl. Vereinigung Deutscher Rechtslehrender/*Niedostadek* S. 164.
1138 *Medina* S. 271.
1139 Dieses geht auf die Annahme zurück, dass in unserem Arbeitsgedächtnis auditive und visuelle Informationen jeweils von einer separaten Instanz verarbeitet werden. Durch die gleichzeitige Nutzung visueller (Animation) und phonologischer Informationen (Sprache) können die begrenzten Ressourcen des Arbeitsgedächtnisses effizienter genutzt werden als dies bei einer nur visuellen Informationspräsentation – also einer textuell unterlegten Animation – der Fall wäre: *Zumbach/Astleitner* S. 175.
1140 *Medina* S. 239.
1141 *Flume/Mentzel* S. 57.
1142 *Lobin* S. 137; Berendt/Voss/Wildt/*Görts/Watzin* D. 2.1 S. 12.
1143 Vgl. *Reynolds* Zen-Design S. 192; *Fitzherbert* S. 153.
1144 *Lobin* S. 137.

**358** Tipp: Kaum etwas ist unangenehmer als ein Redner, der in Unkenntnis der nächsten Folie von etwas anderem berichtet, als sich auf der nächsten Folie befindet und dann »zurückrudern« muss. Nutzen Sie immer die Referentenansicht (→ Rn. 292 Folie 15 – Beispiel Referentenansicht), hier wird (nur) auf Ihrem Bildschirm neben der derzeitigen Folie und Ihren Notizen auch noch die nächste Folie gezeigt, so dass Sie stets wissen, welche Folie als nächstes erscheinen wird. Ihrem Publikum scheinen Sie dabei stets einen Schritt voraus zu sein, weil Sie bereits über das sprechen können, was als nächstes erscheinen wird.

**359** Wirkungsvoll kann auch die Einbindung von **Videos** in Ihre Präsentation sein.[1145] Wenn Sie Videoclips verwenden, sollten diese jedoch möglichst nicht länger als 30 Sekunden sein.[1146] Derart kurze (und passende) Videos bringen eine Tempoänderung in den Vortrag und stimulieren Ihre Zuhörer – auch und gerade in der »Sprachwissenschaft« Jura.[1147] Verwenden Sie nach Möglichkeit zur Einbindung der Videofilme immer die Funktion »Video/Sound einfügen«[1148] in Ihrem Präsentationsprogramm, damit Sie nicht erst in der Veranstaltung nach der richtigen Datei suchen oder das Video im Internet aufrufen müssen.[1149] Sie können hierbei natürlich auch selbstgefilmte Videos verwenden, wobei Sie jedoch berücksichtigen sollten, dass das Medium verliert, wenn es (qualitativ) zu stark von dem abweicht, was wir täglich zu sehen bekommen.[1150]

**360** Tipp: Statt eines Videos können Sie natürlich auch »live« in der Veranstaltung für Abwechslung sorgen durch ein Interview – etwa mit einem Praktiker (einem Strafverteidiger in einer Strafrechtsvorlesung, einem Notar in einer Vertragsgestaltungsvorlesung etc)[1151] – oder ein (fiktives) Streitgespräch.[1152] Derartige externe Praktiker machen die Studierenden mit aktuellem Wissen und ihren Erfahrungen vertraut.[1153] Darüber hinaus erreichen Sie so, dass die Studierenden die praktische Relevanz des Erlernten erkennen, was wiederum zu einer Erhöhung der Lernmotivation und damit einer Verbesserung der Lernkurve führt.[1154]

**361** Seien Sie vorsichtig mit sog. **Cliparts** »von der Stange«,[1155] also graphischen Gestaltungsmitteln wie stilisierte Zeichnungen, Animationen, Logos und Symbole, da diese von den Studierenden häufig als altbacken empfunden werden.[1156] Sehr hilfreich sind die Cliparts jedoch als Vorlage für Zeichnungen, die Sie selbst an dem Flipchart ausführen.[1157]

---

1145 *Höffler/Leutner* Learning and Instruction 2007, 17, 722.
1146 *Kushner* S. 118; *Böss-Ostendorf/Senft* S. 51; *Duarte* S. 176.
1147 *Lüdemann* ZDRW 2013, 80 (81).
1148 Besonders spektakulär ist es, das Video in einer Folienpräsentation im Hintergrund abzuspielen.
1149 So auch *Lobin* S. 137.
1150 *Nöllke/Schmettkamp* S. 76.
1151 *Brockmann/Dietrich/Pilniok/Giehring* Methoden S. 186 ff.
1152 Alternativ können Sie natürlich (je nach Gruppengröße) eine »echte« Hauptverhandlung besuchen etc.
1153 *Pfäffli* S. 330.
1154 → Rn. 32, 83, 130.
1155 Besser ist bei Personen eine neutrale Darstellung: Hilgendorf/*Michel* S. 248.
1156 *Reynolds* Zen-Design S. 115.
1157 So zu Recht *Bingel* S. 38.

**362** Der Bildüberlegenheitseffekt – insbesondere bei der Verwendung von **Fotos** – wurde an anderer Stelle bereits ausführlich erörtert.[1158] Es lohnt sich also, der »Bilderscheu der Jurisprudenz«[1159] entgegenzutreten;[1160] wissenschaftliche Untersuchungen haben schließlich gezeigt, dass Bilder bis zu sechsmal häufiger erinnert werden als bloßer Text.[1161] Auch hier sind jedoch einige Grundregeln zu beachten: So sagt (nur) ein *gutes* Foto mehr als zehn schlechte; seien Sie also anspruchsvoll bei der Auswahl Ihrer Bilder. Eine Kontrollfrage beim Einsatz von Fotos sollte dabei immer lauten: Tritt der eigentliche **Gedanke** tatsächlich **klarer** hervor oder ist das Bild lediglich eine nette (sprich: eventuell überflüssige[1162]) Ergänzung?[1163] Setzen Sie Bilder stets **wohldosiert** und maßvoll ein, da sie sonst zu häufig die Aufmerksamkeit von Ihnen ablenken. Die Aufmerksamkeit der Zuhörer lässt sich überdies nicht unentwegt auf Hochtouren halten.[1164] Als besonders effektiv hat sich die Verwendung von Bildern dann gezeigt, wenn sie Kontraste ausdrücken (wie etwa früher – jetzt) oder starke Gefühle hervorrufen (sollen). Eine Metaanalyse über 88 einzelne Effektstärken hat überdies gezeigt, dass die Kombination von gesprochener Sprache mit Bildern effektiver ist als die von geschriebener Sprache mit Bildern[1165] – lassen Sie also das Bild für sich sprechen und ergänzen Sie die übrigen Informationen mündlich.

**363** Sie sollten dabei möglichst **große Bilder** (und nur **ein Bild pro Folie**) verwenden, die allseits bis zur Folienkante reichen.[1166] Verwenden Sie daher keine Fotos mit Rahmen bzw. vergrößern Sie diese so, dass der Rahmen nicht auf der Folie erscheint.[1167] Die Bilder sollten überdies nicht über zu viele verwirrende Elemente verfügen, sondern sich auf einzelne Informationen konzentrieren.[1168] Ob ein Bild die zu fordernde klare Bildstruktur besitzt, können Sie etwa daran erkennen, ob die Aussage auch dann noch klar erkennbar ist, wenn Sie die Augen zukneifen und dann auf das Bild schauen.[1169] Bilder, die nicht selbsterklärend sind,[1170] müssen Sie ggf. zunächst kurz erörtern.

---

1158 → Rn. 71, 77, 85 ff.
1159 *Röhl/Ulbrich* S. 28.
1160 Noch einmal zur Klarstellung: Es geht nicht darum, dass im Recht Wort und Schrift jemals durch Bilder ersetzen werden könnten. Texte werden – und sollten auch – auf absehbare Zeit das Leitmedium der Kommunikation im und über Recht bleiben. Zur Debatte steht – und hier vorgeschlagen wird – nur das Hinzutreten von Bildern zum Text bzw. zum gesprochenen Wort, ein »kumulierendes Miteinander, in das auch das Bild in einer dienenden Rolle seine spezifischen Potente einbringt.«: *Röhl/Ulbrich* S. 19.
1161 Nachweise bei *Gallo* TED S. 213. Die Studierenden können zwar nicht widerstreitende Inhalte hören und lesen, da es sich um zwei widerstreitende Aktivitäten handelt, es ist aber ganz natürlich möglich, gleichlaufende verbale und visuelle Kommunikation aufzunehmen: *Duarte* S. 6.
1162 »Überflüssiges ist überflüssig, das klingt überflüssig, mit einem Fremdwort: pleonastisch« (*Walter* Stilkunde S. 52), sollte aber stets bedacht werden.
1163 Vereinigung Deutscher Rechtslehrender/*Niedostadek* S. 162; *Hierhold* S. 137.
1164 *Nöllke/Schmettkamp* S. 70.
1165 *Reinwein* Journal of Psycholinguistic Research 2012, 41, 1: Der Effekt besteht, da es den Studierenden leichter fällt, ein Bild zu betrachten und gleichzeitig Text zu hören, statt einen Text zu lesen, dem gesprochenen Text zuzuhören und zusätzlich das Bild zu betrachten;.
1166 *Reynolds* Zen S. 100, gibt zudem den hilfreichen Tipp, das Bild solle möglichst etwas über den Folienrand hinausstehen – also an den Enden etwas abgeschnitten sein, hierdurch wirke die Folie insgesamt größer.
1167 *Lobin* S. 85.
1168 Hierauf weisen *Röhl/Ulbrich* S. 90 zu Recht hin.
1169 *Weidenmann* S. 11.
1170 Im besten Fall sind die Visualisierungen ohne jegliche Erklärung aus sich selbst heraus verständlich: *Pfäffli* S. 214.

Beachten Sie stets das sog. **Structure Mapping Prinzip:** Hiernach sollte, wenn mehrere inhaltlich adäquate Bilder eine Information visualisieren, nur das ausgewählt werden, das den Wissensinhalt am eindeutigsten repräsentiert.[1171] Bilder müssen, um den Inhalt Ihres gesprochenen Vortrages wirkungsvoll zu unterstützen, dabei auf einen minimalen, aber eindeutigen Inhalt reduziert werden; dann helfen sie Ihnen effizient dabei, dass Ihr Publikum die Nachricht möglichst leicht aufnehmen kann.[1172] Sie müssen indes stets verhindern, dass Informationen sowohl sprachlich als auch bildhaft präsentiert werden, das Bild dann aber nicht sorgfältig genug kommentiert wird.[1173]

**Folie 18: Weniger ist mehr**     364

Das (eine) auf der Folie verwendete Foto sollte idealiter auch ansprechend ausgerichtet sein. Design-Profis verwenden hier meist das sog. **3x3-Raster** mit der Drittel-Regel, dh, sie unterteilen die gesamte Folie in 3x3 gleiche Teile und verschieben das Kernelement des Fotos aus der Mitte heraus in Richtung auf einen »Kraftpunkt«, einen Punkt also, an dem sich die Rasterlinien schneiden.[1174] Hierdurch erhalten die Bilder eine wirkungsvollere, interessantere und womöglich sogar dramatischere Dimension. Sie können dann den zuweilen durch große Bilder eröffneten **Freiraum** (Meer, Himmel etc) nutzen, um dort kurze Texte und andere kleine Elemente zu platzieren.[1175]     365

---

1171 *Niegemann/Domagk/Hessel/Hein/Hupfer/Zobel* S. 60.
1172 *Reynolds* Zen-Design S. 27.
1173 *Weidenmann* S. 9 f.
1174 *Reynolds* Zen-Design S. 204
1175 *Reynolds* Zen S. 168.

**366** **Folie 19: Bild mit Nutzung des Freiraumes**[1176]

**367** Wenn Sie eine Visualisierung vornehmen wollen, können Sie auch so genannte **Zitatbilder** verwenden. Diese zeigen besonders bedeutsame Texte als Original, etwa als Abbildung von historischen Quellen, Urkunden oder Zeitungsausschnitten (die zudem die aktuelle Relevanz des Themas verdeutlichen).[1177] Hier bieten sich auch rechtshistorische Bilder an, sofern diese eindeutig zu dem Inhalt der Lehrveranstaltung passen.[1178] (Zitat-) Bilder undosiert nur zur Dekoration einzusetzen, verfehlt jedoch die besondere, kraftvolle Wirkung, die von diesem Gestaltungsmittel ausgeht.

**368** Für Bilder, die (nur) auf eine Leinwand projiziert werden sollen (und, wie erörtert, die ganze Folie einnehmen), können Sie zumeist Bilder mit einer **Qualität** von 72 bis 100 ppi oder sehr ähnlichen Abmessungen wie dem Folienformat (zB 800x600 oder 1024x768) verwenden. Achten Sie stets darauf, dass das Bild niemals zu verpixelt ist (etwa, weil ein zu kleines Bild »großgezogen« wurde) oder verzerrt dargestellt wird (etwa, weil es nur in der Breite oder Höhe und damit nicht proportional vergrößert wurde). Wenn Sie ein Bild neben der Präsentation auch ausdrucken möchten, achten Sie auf eine Auflösung von mindestens 300 ppi.[1179]

---

1176 Die Verwendung des unveränderten Bildes von Martin Pettitt (https://www.flickr.com/photos/mdpettitt/29009250674/in/photolist-LYpwBQ-HgrL7e-LcrZyo-Ji3nRj-Qd2h57-pXeGcx-pPMfmp-qKtB6p-pWf6Zk-2axmbp-8dHrZG-oQcZS8-Vq2Fn-sTFLqQ-cnEaE3-eLpCg9-dU8WLK-69mYCf-euSscg-9CJAqj-givhtW-5d87MW-foHtQN-cYNAQm-9CEWct-oESo2v-nvX7Hx-o5aAxm-vAkHti-hcsjue-51Rsjv-9VuZZi-ygG7qk-d2776U-eexfNx-cRJ4jf-drD1NV-8x2C1n-6DLErP-3gNch-qVJYGL-bkcZPS-k4auPi-rCHync-9yaHAR-seGpV5-bqQyBK-3Q bxJ-cD4Hgs-qnTupz/) erfolgt aufgrund einer Creative Common Lizenz: https://creativecommons.org/licenses/by/2.0/ (zuletzt abgerufen am 8.3.2017).
1177 *Röhl/Ulbrich* S. 15.
1178 *Bergmans* S. 29; vgl. *Kals* FAZ v. 17./18.1.2015, C1: »Reden ist Gold, Zutexten Blech«.
1179 Vgl. bereits generell zu dem Erfordernis einer möglichst hohen Bildauflösung *Legge/Pelli/Rubin/Schleske* Vision Research 1985, 25(2), 239.

Wenn Text und Bilder nicht gleichzeitig präsentiert werden können, sollte **zunächst das Bild** präsentiert werden und dann der Text, damit das mentale Modell des Bildes durch die Textinformation angereichert werden kann. Schließlich ist es für das Gedächtnis aufwendiger, geschriebene Textinformationen zu verstehen als Bildinformationen. Dies ergibt sich wie erörtert[1180] daraus, dass beim geschriebenen Text erst von visuellen Verarbeitungskanal zum verbalen gewechselt werden muss (sog. Präsentationssequenzprinzip).[1181]

369

Achten Sie schließlich bei Fotos, die Sie nicht selbst erstellt haben, stets auf das **Copyright**. Wenn Sie dauerhaft (juristische) Vorträge und Präsentationen halten wollen/werden, bietet es überdies sich an, eine **Bilder-Bibliothek** aufzubauen, aus der Sie sich bei kommenden Präsentationen bedienen können. Als besonders geeignet hat sich die Website http://search.creativecommons.org gezeigt, die es Ihnen ermöglicht, zum Teil kostenfrei Fotos (insbesondere über Flickr) zu verwenden.

370

Fotos stellen wie gesehen besonders eindrucksvolle und wirkmächtige Mittel der Visualisierung dar. Hierneben existieren noch zahlreiche weitere Möglichkeiten, abstrakte Sachverhalte anschaulich darzustellen: Durch **Tabellen** können verschiedene Varianten anhand verschiedener Kriterien verglichen werden[1182] – etwa die verschiedenen Definitionsversuche der bewussten Fahrlässigkeit hinsichtlich ihrer Anforderungen an das Wissen einer- und das Wollen andererseits. Diese Darstellung verhilft damit zu einer Synopse des darin verarbeiteten Materials.[1183] Auch lassen sich hier die dem Juristischen immanenten, ja wenn nicht auszeichnenden Gegenspieler (»Versatzstücke«[1184]) anhand der sie auszeichnenden Spezifika darstellen (etwa: absolut/relativ; abstrakt/kausal; echt/unecht; ex ante/ex post; ex nunc/ex tunc; Inter (erga) omnes/inter partes, konstitutiv/deklaratorisch, materiell/formell, mittelbar/unmittelbar, originär/derivativ).

371

Bei der Darstellung komplizierterer Sachverhalte oder Entwicklungen bietet sich die Verwendung von **Zeitleisten oder Zeittabellen** an. Letztere können für die juristische Arbeit etwa dergestalt modifiziert werden, dass hinter das Datum und das konkrete Ereignis eine weitere Spalte hinzugefügt wird, in dem die rechtliche Wertung – durch die Aufnahme der entsprechenden Paragrafen – vorgenommen wird (§ 1937 BGB für das erste Testament etc). Zur Aktivierung kann die Tabelle mit einer leeren dritten Zeile an die Studierenden ausgeteilt werden, damit diese die entsprechenden Normen einfügen. Das Ergebnis wird dann in der Gruppe besprochen.[1185]

372

Selten(er als in anderen Wissenschaften) kann der juristisch Lehrende auch dazu angehalten sein, **Zahlen und Verläufe** zu visualisieren. Die Folienvorlagen der Präsentationssoftware bieten hier eine umfangreiche Auswahl verschiedener vorgefertigter Diagrammmodelle, die von dem Vortragenden nur noch mit Leben gefüllt werden müssen.[1186] Allgemein gilt es dabei, Folgendes zu beachten:

373

---

1180 → Rn. 62 ff., 77 f.
1181 *Niegemann/Domagk/Hessel/Hein/Hupfer/Zobel* S. 60.
1182 Vgl. Berendt/Voss/Wildt/*Kornacker/Venn* C. 2.24 S. 19.
1183 Vgl. Vereinigung Deutscher Rechtslehrender/*Niedostadek* S. 161.
1184 Ausdruck von Brockmann/Dietrich/Pilniok/*Röhl/Röhl* Methoden S. 251 ff.
1185 *Röhl/Ulbrich* S. 162.
1186 Vergessen Sie nicht, stets die verwendete Quelle – dass diese verlässlich und glaubwürdig sein muss, versteht sich von selbst – auf der Folie anzugeben. Zur Glaubwürdigkeit (Ethos) des Redners vgl. auch Römermann/Paulus/*von Schlieffen* S. 192, 214, 226 ff.; DIE ZEIT v. 4.5.2016, 35: »Einfach überzeugen«.

374 Sie sollten sich vorab bereits Gedanken darüber gemacht haben, welches **Fazit** aus den präsentierten Zahlen zu ziehen ist. Dies entscheidet etwa auch darüber, welchen **Diagrammtyp** Sie wählen und welche Hervorhebungen Sie vornehmen sollten.[1187] So eignen sich etwa Tortendiagramme (auch: Kreisdiagramme)[1188] vor allem zur Darstellung großer Proportionsunterschiede[1189] (etwa von Prozentsätzen[1190]). Sie können für Vergleiche nützlich sein, zumindest dann, wenn nur wenige Werte einander gegenüber gestellt werden, da sie Anteile an einer Gesamtheit zu einem bestimmten Zeitpunkt darstellen.[1191] Balkendiagramme haben den Vorteil, präzise das Verhältnis von Zahlen zu veranschaulichen.[1192] Tabellen wiederum sind dann besonders hilfreich, wenn die Studierenden sich bestimmte Zahlen einprägen sollen. Schaubilder, wie Balkendiagramme, können schließlich für komplizierte (Rangfolgen-) Vergleiche (bei denen einzelne Objekte einander bewertend gegenüber gestellt werden) verwendet werden, während Liniendiagramme (auch: Kurvendiagramme) Tendenzen, Trends und generelle Entwicklungen veranschaulichen können.[1193]

375 **Zahlen** sollten dabei immer in einen für das Publikum verständlichen Kontext gesetzt werden, also in einem vertrauten Umfeld und einem bekannten Begriff dargestellt werden.[1194] Hier können Analogien zu bekannten Sachverhalten gebildet werden. Es gilt, die Daten so konkret darzustellen, dass sie durch den Zusammenhang mit einem bekannten Kontext einen konkreten Bezug auf die Zuhörer haben. *Steve Schiller*, Vice President von Apple, sagte etwa über das iPad Mini: »The tablet is 7.2 mm thin. To put it into context, it's as thin as a pencil.«[1195] Zahlenmaterial kann eine sehr überzeugende und kraftvolle Methode sein, sie darf jedoch auch nicht überspannt werden. Beeindruckend war etwa die Statistik von *Jon Ronson*, gehalten in seiner TED-Vorlesung: »One in a hundered regular people is a psychopath. So there's 1500 people

---

1187 Hervorhebungen erfolgen, indem zunächst auf einem farblich neutralen Hintergrund (*Fitzherbert* S. 155) die gesammelten Daten kontrastreich abgebildet werden. Hiernach gilt es, die Daten/den Datensatz farblich besonders hervorzuheben, der für die übergreifende Folie am wichtigsten ist.
1188 Tipp: Verwenden Sie keine 3-D-Effekte, heben Sie wichtige Punkte hervor und erstellen Sie keine Legende – fassen Sie die Beschriftung in das oder neben das Diagramm.
1189 Normalerweise entspricht die Größe eines Segments seinem Prozentsatz. Bei mehr als 6 Segmenten wird das Diagramm unter Umständen unübersichtlich und sollte besser durch eine andere Darstellung ersetzt werden – etwa ein Histogramm, *Duncan* S. 62 f.
1190 Der Redner sollte hierbei möglichst auf eine zutreffende Terminologie achten: »Prozente« sind vom Hundert berechnete Anteile an einer Menge, während die Unterschiede zweier Prozentzahlen heute zumeist in Prozentpunkten gemessen werden, etwa wenn ein Zinssatz von 4 % auf 3 %, also um einen Prozentpunkt sinkt: *Walter* Stilkunde S. 48.
1191 Vgl. *Kosslyn* (in: *Reynolds* Zen-Design S. 129): »Die Stärke von Schaubildern liegt in der Verdeutlichung quantitativer Zusammenhänge. Zur ausschließlichen Vermittlung exakter Werte sind sie jedoch nicht geeignet. Hierfür sollte eine Tabelle verwendet werden.«
1192 Wenn Sie bei einem Balkendiagramm auf einen Balken besonders hinweisen wollen, bietet es sich an, (nur!) diesen in einer anderen Farbe auszugestalten, als die anderen Balken.
1193 Erneut gilt: Verwenden Sie nicht zu viele Balken bei einem Balkendiagramm, sonst besteht die Gefahr, dass Ihre Hauptaussage von den Zuhörern nicht erfasst werden kann.
1194 Vgl. *Reynolds* Naked S. 150. Sagen Sie also »die Hälfte« statt 50 %, »jeder dritte« statt 33 %. Kilometerangaben können als Entfernungen zwischen Städten, Erdumrundungen oder Entfernungen zum Mond angegeben werden. Größenangaben können als Fläche(nteil) eines Landes, Fußballfeldern oder im Vergleich zu einem Stecknadelkopf angegeben werden: vgl. Hawelks/Hammerl/Gruber/*Alberternst* S. 103.
1195 Nach *Gallo* TED S. 147 f.

in this room, fifteen of you are psychopaths.«[1196] Bei manchen, besonders beeindruckenden Zahlen, kann es auch ausreichend sein, die isolierte Zahl an die Wand zu werfen.

Auch bei der Darstellung von **Zahlen und Statistiken** gilt, wie stets, dass weniger häufig mehr ist (**Grundsatz der Beschränkung/der Reduktion**); die meisten Präsentatoren verwenden schlicht zu viele Daten in ihrer Darstellung.[1197] Bedenken Sie, dass die Studierenden während Ihrer Präsentation nicht innehalten können, um die Daten genauer anzusehen, sorgsam abzuwägen und in den richtigen Kontext zu bringen. Verringern Sie daher auch hier wieder die Datenmengen, es reicht bei einer Statistik etwa, den Maximal- und den Minimalwert und die wichtigsten Zahlen hierzwischen zu nennen.[1198] Ein Übermaß an Informationen lässt sich nur schwerlich verarbeiten. Werfen Sie also nicht mit Zahlen um sich, sondern verwenden sie wenige beeindruckende oder Ihre Argumentation besonders unterstreichende Zahlen anstatt zu viele. Sicherlich ist es dabei auch sinnvoll, Zahlen entsprechend auf- bzw. abzurunden. Die von Ihnen ausgewählten und dargestellten Daten sollten vor allem einem Prinzip dienen: der **Klarheit**.[1199] Die Botschaft sollte möglichst unverfälscht und klar kommuniziert werden. Lassen Sie alle unnötigen Elemente weg und minimieren Sie andere Elemente. Fotos können, gekonnt verwendet, im Hintergrund zu einer zusätzlichen Visualisierung und Veranschaulichung der Zahlen führen, dürfen jedoch nicht zu einer Reizüberflutung führen.[1200] Die bedeutsame Zahl, der wichtigste Wert sollte stets auf den ersten Blick erkennbar sein, er muss entsprechend hervorgehoben werden, etwa durch Kontrast, die entsprechende Überschrift etc (**Grundsatz der Betonung**). Besonders wichtige Zahlen sollten in dem mündlichen Vortrag auch mehrfach – im Sinne des bekannten ceterum censeo – wiederholt werden. Schließlich gilt noch einmal: Zeigen Sie Daten nur dann, wenn sie helfen, Ihre Präsentation zu verdeutlichen – und bereiten Sie die Daten so auf, dass das Publikum sie leicht aufnehmen kann.[1201]

**Folie 20: Folie und Zahl (Vererbtes Vermögen)**

```
2012–2032
2.600.000.000.000 EUR
```

Auch bei einer derart reduzierten Folie sollten Sie den Studierenden **Zeit geben**, die Zahl(en) bzw. Statistik(en) **zu verstehen und einzuordnen**. Als Faustregel gilt: Rechnen Sie mit mindestens 20 Sekunden, damit ihr Publikum die Abbildung ansehen

---

1196 Nach *Gallo* TED S. 151.
1197 Vgl. allgemein zu Visualisierung Vereinigung Deutscher Rechtslehrender/*Niedostadek* S. 152.
1198 *Reynolds* Zen S. 72, 134; allgemein Hilgendorf/*Michel* S. 248.
1199 *Duarte* S. 64.
1200 *Reynolds* Zen S. 138.
1201 *Duarte* S. 65.

und verstehen kann.[1202] Sie können sonst auch dazu übergehen, vor der Präsentation einer Statistik bzw. eines Diagrammes dieses (und dessen wesentliche Aussage) zunächst anzukündigen, dann auf die Leinwand zu werfen und, bevor hierauf en detail eingegangen wird, es den Studierenden zunächst durch eine Pause zu ermöglichen, den Inhalt der Folie zu erfassen. Jedes Diagramm sollte dabei immer auch mit einem eindeutigen Titel versehen werden, etwa einer Frage oder einer Zusammenfassung dessen, was den Betrachter erwartet.[1203] Bei der Darstellung eines Diagramms sollten Sie **3-D Effekte** (etwa dreidimensionale Balken) vermeiden, da diese die Daten(darstellung) verzerren.[1204]

379

**Folie 21: Tabelle**

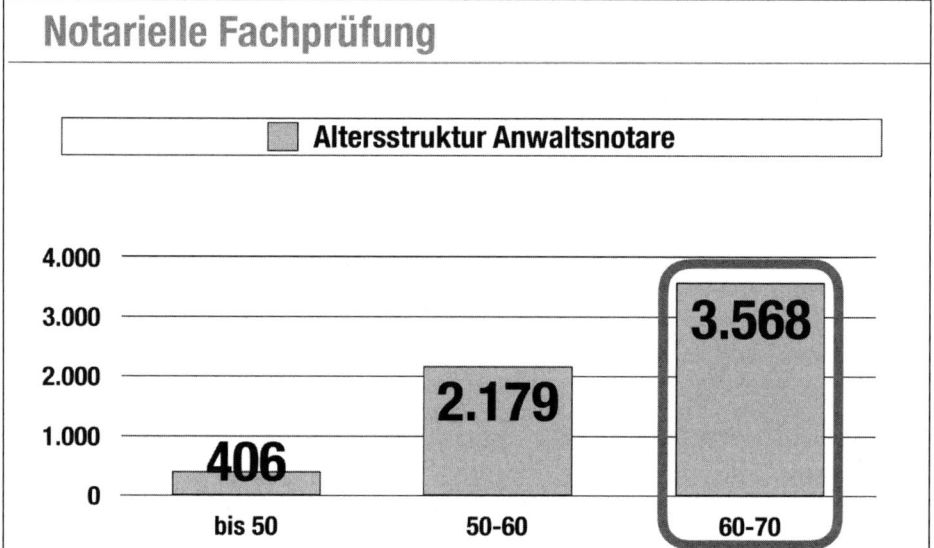

380 **Die drei Kernaussagen:**
- Nicht Ihre Präsentation steht im Mittelpunkt der Veranstaltung, sondern Sie und Ihre zu vermittelnde Inhalte. Die Präsentation sollte Sie nur unterstützen und einfach, knapp und kohärent gehalten sein.
- Zuhörer können nicht gleichzeitig lesen und zuhören; verhindern Sie dementsprechend Buchstabenwüsten und Folumente und synchronisieren Sie Ihre Präsentation mit Ihrem Vortrag.
- Durch den gezielten Einsatz von Bildern, Fotos und anderen Visualisierungselementen schaffen Sie Abwechslung und erleichtern das Lernen und Verständnis der Studierenden.

## c) Erstellung der Endfassung

381 Am Ende, bevor Sie also die Präsentation vor den Studierenden halten bzw. diesen zur Verfügung stellen, sollten Sie noch einmal einen virtuellen Schritt zurücktreten

---

1202 *Kushner* S. 91.
1203 Hawelka/Hammerl/Gruber/*Hawelka*/*Wendorff* S. 144.
1204 Vgl. allgemein zu dem Verhältnis 2D vs. 3D: Hilgendorf/*Michel* S. 249: »Aber wir haben den Fehler gemacht, uns die dritte Dimension zu erobern, mit räumlichen Mitteln zu arbeiten.«

und die Folien rigoros vereinfachen/verkürzen, dh insbesondere: verwerfen Sie alles, was nicht absolut notwendig ist, um Ihre Kernaussagen zu stützen, streichen Sie alles, was Sie und die Studierenden nicht näher an die Verwirklichung des Lernzieles bringt. Je einfacher die Folie, je klarer die Aussage, desto eher bleibt sie im Gedächtnis des Publikums bestehen. Sie müssen gerade **nicht jedes Detail visualisieren,** sondern nur die wesentlichen (visualisierbaren) Teile.[1205] Denken Sie dabei stets an den eingangs genannten Grundsatz: Die Präsentation soll Sie und Ihren Vortrag nur unterstützen. Wenige zielgerichtete, einfache und klare Folien können viel mehr weitergeben als 100 Folien mit austauschbarem Inhalt[1206] (»Verstärkung durch Vereinfachung«[1207]).

Schließlich sollten Sie, bevor Sie die Präsentation halten bzw. den Studierenden vorab zur Verfügung stellen, diese noch einmal genauestens auf die Formalien (insbesondere **Rechtschreibfehler**) hin untersuchen.

382

## 3. Tipp: Medienmix

Als besonders lern- und lehrfördernd hat sich schließlich der **Medienmix** herausgestellt, also die Kombination verschiedener Medien (und Methoden).[1208] Der Vortragende sollte insbesondere neben dem PC (und dem entsprechenden Präsentationsprogramm) auch die Tafel, das Flipchart und andere zur Verfügung stehende Mittel verwenden.[1209] Der Wechsel macht die Lehrveranstaltung **lebendig und einprägsam.** So können, wie erörtert, zB besonders wichtige Informationen der Präsentation noch einmal zusätzlich auf einem Whiteboard festgehalten, das Fallbeispiel am Flipchart erläutert, die Ergebnisse der Diskussion auf Pappkarten festgehalten werden etc. Es steht dem Lehrenden – soweit die dargestellten Restriktionen beachtet werden – eine ganze Palette an Visualisierungsmöglichkeiten zur Verfügung.

383

## 4. Zusammenfassung: Vor- und Nachteile ausgewählter Medien

### 1. Flipchart

**Vorteile:**

- Förderung der Spontaneität
- Dauerhafte Visualisierung
- Möglichkeit, einzelne Blätter vorzubereiten
- Anpassung des Tempos der Erstellung an das Lerntempo des Publikums
- Dauerhafte Verwendbarkeit für Publikum qua Fotoprotokoll

384

**Nachteile:**

- »Natürliche« Begrenzung des einzelnen Blattes
- Archivierung ist umständlich

385

---

1205 *Rummler* S. 102.
1206 Vgl. *Craft* bei *Reynolds* Naked S. 37; *Medina* bei *Reynolds* Zen-Design S. 97, wonach der Wiedererkennungseffekt bei Bildern doppelt so hoch ist wie von Text.
1207 *Reynolds* Zen S. 129.
1208 Vgl. *Bergmans* S. 30
1209 Vgl. *Apel* S. 130.

- Keine Eignung für größere Gruppen
- Erforderlichkeit einer lesbaren Handschrift
- Schwierigkeiten der Korrekturen
- Begrenzte Visualisierungsmöglichkeiten

## 2. Präsentationssoftware

386 Vorteile:

- Größere Visualisierungsvielfalt (Videos, Fotos etc)
- Möglichkeit unbegrenzter Wiederverwendung (auch mit eventuellen Modifikationen) und Aktualisierung
- Weitgehende Vorbereitungsmöglichkeit
- Steuerung durch bloßen Mausklick/Fernbedienung
- Möglichkeit des Blickkontakts zur Gruppe
- Notizfunktion als »Schummelmöglichkeit«
- Weitreichende Designoptionen (Farben, Schrift, Formen)
- Möglichkeit der Schritt-für-Schritt-Aufdeckung
- Möglichkeit der Verteilung der Folien vorab oder nach dem Vortrag

387 Nachteile:

- Technikabhängigkeit
- Gefahr der Buchstabenwüste
- (Häufig) aufwändige Ersterstellung

## 3. Tafel/Whiteboard/Overhead

388 Vorteile:

- Einfache Korrekturmöglichkeit
- Optimales Lern/Lehrtempo – »der Zuhörer wird Zeuge des produktiven Prozesses«[1210]
- Technikunabhängigkeit
- Möglichkeit jederzeitiger Korrektur

389 Nachteile:

- Ggf. Kreide an Händen und Kleidung (Tafel)
- Keine Möglichkeit der Wiederverwendung (Tafel/Whiteboard)
- Dozent wendet Gruppe den Rücken zu (Tafel/Whiteboard)
- Ordentliche Handschrift Grundvoraussetzung

## 4. Pinnwand (mit Karten)

390 Vorteile:

- Strukturierungsmöglichkeit
- Möglichkeit für Ergänzungen und Korrekturen
- Phantasievoll/abwechslungsreich

---

1210 *Walter* Rhetorikschule S. 282.

**Nachteile:** 391
- Keine Eignung für größere Gruppen
- Ggf. erheblicher Vorbereitungsaufwand

## XII. Die letzten Vorbereitungsschritte

Natürlich überzeugen Sie am Ende (auch) durch Professionalität und Selbstsicherheit. 392
Diese erlangen Sie vor allem, indem Sie das behandelte Thema und dessen Vermittlung inhaltlich, methodisch wie rhetorisch möglichst genau beherrschen. Dies kann vor allem durch dreierlei sichergestellt werden: **üben, üben, üben.**[1211] »Reden lernt man durchs Reden.«[1212] Oder mit den Worten von *Malcolm Gladwell*: »Man übt nicht weil man gut ist. Man ist gut, weil man übt.« Die größten Vortragenden der Welt haben schon immer gewusst, dass der Erfolg am Ende vor allem das Ergebnis harter Arbeit, also gezielter Übung, ist. Insbesondere, wenn Sie die in Rede stehende Lehrveranstaltung zum ersten Mal halten (und zu Lampenfieber neigen[1213]), sollten Sie daher gezielt den Ernstfall proben. Wo Sie dies tun, ist dabei ganz Ihren Vorlieben (und den äußeren Rahmenbedingungen) überlassen. Sie können etwa auch dem bekannten Bonmot von Günter Bruno Fuchs entsprechend in einen geöffneten Kleiderschrank hinein sprechen.[1214] Eventuell zeichnen Sie Ihren Vortrag auf **Video (oder Audio)** auf; hören Sie sich die Aufzeichnung auf dem Weg zur Arbeit oder vor dem Zubettgehen an. Dies stellt ohne Frage die beste, wenn auch die mühsamste und für viele unangenehmste Methode dar, seine Präsentationstechniken zu verbessern. Sie müssen hierbei nicht zwingend die gesamte Präsentation filmen. Fünf Minuten sollten Ihnen bereits genügend Informationen liefern.

Mit einem ausreichenden Vorlauf vor der Veranstaltung können Sie sich zudem mit 393
Standort und Einrichtung des **Vortragsraumes** vertraut machen, sofern gewünscht eine Sprechprobe vornehmen[1215] und sofern für Ihre (Lehr-) Zwecke erforderlich die Sitzordnung und Raumgestaltung überprüfen. Kontrollieren Sie etwa, ob ein Rednerpult (sofern sie dieses benötigen, hierzu gleich mehr) vorhanden ist, und vor allem, ob die **Technik** funktioniert (und Sie diese bedienen können). Nehmen Sie überdies, wenn sich in dem Raum keine funktionierende Uhr befindet, Sie nicht der Rechneruhr vertrauen mögen oder ohne Präsentation arbeiten, eine gut ablesbare **Uhr** mit; sofern Sie frei im Raum stehen (und daher auf die Armbanduhr angewiesen sind), tragen Sie die Uhr auf der Innenseite des Handgelenkes, dann können Sie unauffälliger die Zeit kontrollieren. Sofern Sie während des Vortrages eine **Internetseite** aufrufen wollen, stellen Sie vorab sicher, dass der betreffende Raum auch über eine für Sie zugängliche Internetverbindung verfügt. Als Alternative bzw. Plan B bietet sich der Screenshot der betreffenden Seite an.

Eine Anmerkung zum **Rednerpult**: Sie sollten selbst einschätzen, ob Sie mit oder 394
ohne Rednerpult besser arbeiten können. Ein Pult stellt zwar einerseits eine Barriere

---
1211 Ähnlich *Zumbach/Astleitner* S. 180.
1212 Maldeghem/Till/Sentker/*Till* S. 49.
1213 Vgl. hierzu auch → Rn. 441 ff.
1214 Vgl. http://www.zeit.de/1969/10/vertracktes-aus-daxingen/seite-2.
1215 *Fitzherbert* S. 207.

zwischen Ihnen und dem Publikum dar,[1216] kann jedoch als Aufsteller für den Rechner oder Ablagemöglichkeit für das Manuskript hilfreich sein.

**395** **Die drei Kernaussagen:**
- Auch bei den Folien gilt das Prinzip des »Weniger ist Mehr«: In einem letzten Kontrollgang sollten Sie also auch hier noch einmal überprüfen, dass Sie auch tatsächlich alle Elemente, die nicht zwingend erforderlich sind, eliminiert haben.
- Bestenfalls verwenden Sie in Ihrer Lehrveranstaltung verschiedene Medien (und Methoden) und schaffen so eine abwechslungsreiches und lebendiges Lernklima.
- Kurz vor der (ersten) Lehrveranstaltung gilt es, diese eingehend zu proben und zudem sicherzustellen, dass die äußeren Rahmenbedingungen eine reibungslose Durchführung der Veranstaltung ermöglichen.

---

1216 Daher rät *Phil Waknell* resolut dazu »Reißen Sie Barrieren nieder«, da sonst keine echte Beziehung zum Publikum hergestellt werden könne: *Reynolds* Naked S. 14, 115.

# § 4. Durchführung einer juristischen Lehrveranstaltung

Die Durchführung der Lehrveranstaltung (*actio*[1217]) startet nach hiesigem Verständnis bereits **vor Ihrem ersten gesprochenen Satz,** konkret: Mit dem Betreten des Veranstaltungsraumes an dem Veranstaltungstag.[1218] Sie sollten sich am Tag der (ersten) Veranstaltung mindestens zehn Minuten vor deren Beginn im Raum einfinden,[1219] ggf. Ihren Namen an die Tafel/das Flipchart schreiben[1220] und das Material bzw. die von Ihnen verwendeten Medien vorbereiten (Handouts, Beamer, Rechner etc) bzw. falls erforderlich störende Materialien der vorherigen Lehrveranstaltung beseitigen. Hiernach können Sie mit einzelnen Studierenden kurze unverbindliche Gespräche führen.[1221] Sorgen Sie schließlich (im Rahmen Ihrer Möglichkeiten) dafür, dass die äußeren Umstände perfekt auf Ihr Publikum abgestimmt sind. So sollte etwas genügend Sauerstoff im Raum vorhanden sein, die Sonneneinblendung im Rahmen bleiben, die Temperatur angenehm sein etc.

396

Pünktlich mit dem Beginn der Lehrveranstaltung starten Sie dann anhand Ihrer Präsentation und/oder Stichpunkte mit dem Abhalten der Lehrveranstaltung in der Form, wie Sie diese zuvor vorbereitet haben. Nun gilt es ergänzend nur noch, auf die »neuen« Elemente der Rhetorik, Mimik und Gestik einzugehen:[1222]

397

## I. Rhetorik

Naturgemäß ist an dieser Stelle näher auf die »Vortragskunst«,[1223] also die (juristische) Rhetorik, einzugehen.[1224] Im Sinne von *Gast* wird sie hier verstanden als »die Technik, Einverständnis herzustellen.«[1225] So ist die bei einer juristischen Lehrverantstal-

398

---

1217 Maldeghem/Till/Sentker/*Maldeghem* S. 24.
1218 Zu der allgemeinen Bedeutung von »Lernräumen« für eine zeitgemäße Hochschullehre vgl. *Kirschbaum/Ninnemann* F & E 2015, 738 f.
1219 Das rechtzeitige Betreten des Veranstaltungsraumes hilft auch bei befürchtetem Lampenfieber: *Ebeling* S. 109. Vgl. auch → Rn. 441 ff.
1220 Bei kleineren Gruppen und mehreren Lehrveranstaltungen sollten Sie versuchen, sich die Namen der Studierenden zu merken und diese auch entsprechend anzusprechen; dies erhöht die Motivation und Aktivität der Studierenden enorm: vgl. *Brauer* S. 42.
1221 Vgl. *Walter* Rhetorikschule S. 78.
1222 Inspirierende Beispiele für den gelungenen Einsatz dieser Elemente finden Sie zB im Internet unter https://www.ted.com und http://www.gedankentanken.com bzw. allgemein durch eine entsprechende Suche unter https://www.youtube.com.
1223 Der römische Rhetoriklehrer *Quintilian* hat die Rhetorik im ersten Jahrhundert n. Chr. bezeichnet als »*ars bene dicendi*«, also als die »Kunst, gut zu reden.«. Mit dieser Formulierung waren dabei zwei Bedeutungsgehalte verbunden: Die sprachlich brillante, überzeugende Rede auf der einen Seite, aber auch die Fähigkeit, »das Gute« zu reden. Letztere Anforderung kann indes nur von demjenigen erfüllt werden, der selbst ein »*vir bonus*«, also ein »guter Mann« ist: Maldeghem/Till/Sentker/*Maldeghem* S. 17.
1224 Zu den hierbei anzuwendenden Kriterien vgl. etwa das *Constructed Impression of Communication* Modell, wonach der Redner durch sein Auftreten und seine Wortwahl Zuversicht, Klarheit, Engagement und Angemessenheit ausstrahlen sollte (näher *Bower/Moloney/Cavanagh/Sweller* Australian Journal of Teacher Education 2013, 38, 111, 119).
1225 Soudry/*Gast* S. 31 und *Gast* S. 7.

tung angewandte Rhetorik die Technik der fachlichen Verständigung bei der Rechtsanwendung. Es handelt sich damit nach klassischem aristotelischen Verständnis um die Redegattung der Gerichtsrede (genus iudiciale), die im Ursprung die Dichotomie von Anklage und Verteidigung zum Gegenstand hat, sich im Laufe der Zeit aber zum Oberbegriff für jeden Redetypus entwickelt hat, bei dem es darum geht, Vorgänge, die in der Vergangenheit liegen, darzustellen bzw. zu interpretieren.

»Dies kann, wie im Fall vor Gericht, die Interpretation eines rechtsrelevanten Verhaltens sein. Ebenso (ist) aber auch eine Vorlesung (…) wissenschaftliche, politische oder ökonomische Interpretation einer bestimmten Lebenswirklichkeit. Ein Seminar oder eine Vorlesung geben dem Dozierenden nicht nur die Gelegenheit, Stoff zu vermitteln, sondern durch die Einordnung in den Gesamtkontext des Fachs findet wie bei der klassischen Gerichtsrede eine Deutung und Bewertung statt. Die Plausibilität und Folgerichtigkeit der Argumente sind entscheidend, um die Studierenden zu überzeugen.«[1226]

399 **Exkurs: Kurzer geschichtlicher Ausflug:**[1227] *Aristoteles* unterschied in seinen Arbeiten über Rhetorik drei wesentliche Elemente der Rede, die in diesem Buch auch an verschiedenen Stellen Berücksichtigung fanden:
Zunächst gehe es um die Botschaft der Rede, das **Logos**[1228]. Dies enthält die thematische Ausführung, deren Folgerichtigkeit und die Überzeugungskraft der Beweisführung (im Redeaufbau auch als argumentatio bezeichnet). Dieses Element wird vorliegend etwa adressiert in → Rn. 143 ff.
Das Element des **Ethos** zeichnet die Autorität und Glaubwürdigkeit des Redners aus; es geht hier um die sittliche Gesinnung des Vortragenden und dessen Autorität. Soweit beeinflussbar, wird diesem Element Rechnung getragen in → Rn. 128 ff., 154 ff. und 398 ff. Bedeutsam sind hier indes auch nonverbale Signale, auf die unter → Rn. 415 ff. eingegangen wird.
Schließlich ist in einer Rede auch das **Pathos** zu berücksichtigen, es bedarf eines emotionalen Appells an das Publikum. Dieses Element sticht in juristischen Lehrvorträgen zwar per definitionem nicht so hervor wie bei anderen Redegattungen. Allerdings gilt es auch hier, wie unter → Rn. 81 und 151 beschrieben, zB der eigenen Begeisterung für das Thema Ausdruck zu verleihen und eine Kommunikation zwischen Lehrendem und Studierenden zu ermöglichen. Die Rhetorik wurde später von Philosophen zT scharf kritisiert. So urteilte etwa Kant in seiner Kritik der Urteilskraft (1790), die Rhetorik sei eine »Kunst, sich der Schwäche der Menschen (…) zu bedienen« und deshalb »gar keiner Achtung würdig.«[1229] Ähnlich auch Goethe, nach dem die Rhetorik das Aufwieglertum fördere und als eine Technik anzusehen sei, mit der es dem Redner möglich sei, »gewisse äußere Vorteile im bürgerlichen Leben zu erreichen«. Er schimpfte dementsprechend über »verdammte Rednerkünste, die alles bemänteln, über alles hinweggleiten wollen, ohne das Rechte und Wahre auszusprechen.«[1230]

400 Das angesprochene Einverständnis wird bei (juristischen) Vorträgen primär über die (gemeinsame) **Sprache**[1231] zwischen Lehrendem und Lernenden hergestellt, so dass es auf diese besonders einzugehen gilt: Auszugehen ist dabei von dem Grundsatz, dass der Lehrende stets mit den Zuhörern so sprechen sollte, wie er (normalerweise) **redet** und **nicht** so, wie er **schreibt**. »Geschriebenes soll so verfasst sein, dass man einen Satz nicht zweimal zu lesen braucht. Gesprochenes muss so verfasst sein, weil der Hörer beim besten Willen keine Möglichkeit hat, sich nicht Verstandenes erneut vorsprechen zu lassen.«[1232] Insbesondere in den ersten Fachsemestern (also vor allem den Anfängerübungen) gilt es daher zB, neue (lateinische) **Fachtermini** nur zurückhaltend

---
1226 Maldeghem/Till/Sentker/*Till* S. 42.
1227 Vgl. Maldeghem/Till/Sentker/*Maldeghem* S. 18 ff.
1228 Neudeutsch auch als »Message« bezeichnet.
1229 *Immanuel Kant*, Kritik der Urteilskraft, Band V, S. 327.
1230 Vgl. eingehend *Olaf Kramer*, Goethe und die Rhetorik, 2010.
1231 Zur Relevanz der juristischen Terminologie vgl. auch die Ausführungen → Rn. 240 ff.
1232 *Walter* Rhetorikschule S. 252.

zu verwenden, diese sensibel an den betreffenden Stellen in die Veranstaltung einzubinden – und dann stets eingehend zu erläutern und zu wiederholen. Haft[1233] spricht anschaulich davon, dass es keine juristische Fachsprache gebe, wohl aber eine Standessprache, die den Laien von der Verständigung ausschließt, und die oftmals auch eine Zumutung an die Fachkollegen bedeutet.[1234] Vermeiden Sie überdies unverständliche Abkürzungen – für die nicht nur die Wirtschafts-, sondern auch die Rechtswissenschaftler berühmt (und berüchtigt) sind.[1235]

Sie sollten sich insgesamt bemühen, eine **bildhafte**[1236] **und verständliche Sprache**[1237] im mittleren bis gehobenen Sprachniveau zu wählen.[1238] Verwenden Sie einfache und aktive Sprache[1239] mit kurzen Worten und Sätzen (aber auch kein Stakkato). Es gilt, die den Juristen immante Gefahr der »-ung«, »-heit« und -keit« Sprache[1240] (auch Substantivitis oder »Kanzleideutsch« genannt)[1241] ebenso zu vermeiden wie die zahllosen Füllwörter[1242] (wie »man«, »also«, bekanntlich«, »(in) echt«, »ungefähr« und »eigentlich«[1243]),[1244] (ab- 401

---

1233 *Haft* Rhetorik S. 120.
1234 Wobei zu entgegnen ist, dass die juristische Fachsprache etwa auch darin zu sehen ist, dass Juristen ein- und denselben Begriff in unterschiedlichen Kontexte unterschiedlich verstehen können (vgl. etwas das Verständnis des Begriffes Sache in § 119 Abs. 2 BGB und in § 90 BGB).
1235 Vgl. das Rindfleischkennzeichnung- und Rindfleischettikettierungsüberwachungsaufgabenübertragungsgesetz des Landes Mecklenburg-Vorpommern (wobei bereits die Wahl des Gesetzesnamens slapstickhafte Züge besitzt): RkReÜAÜG; gefunden bei Soudry/*Hirtz* S. 83. Vgl. § 35 der Gemeinsamen Geschäftsordnung der Bundesministerien: »Gesetze müssen sprachlich einwandfrei und soweit wie möglich für jedermann verständlich sein.«
1236 Zutreffend *Walter* Stilkunde S. 135: »Doch kann der Schreibende die Eindruckskraft der Bilder nachahmen, wenn er in Bildern schreibt.« Dies gilt selbstverständlich in (mindestens) gleicher Form für den Redner. Anschaulich etwa BGH v. 10.11.1958 – II ZR 3/57, NJW 1959, 383 über die verdeckte Sacheinlage: »Eine solche Leistung des Einlageschuldners gleicht einem geworfenen Ball, der an einem Gummiband hängt und wieder zurückschnellt.«.
1237 *Haft* Rhetorik S. 121: »Der Jurist (…) muss das Chaos der Welt durch das Wort bändigen. (…) Am ehesten schont man den Leser, wenn man sich verständlich ausdrückt und es ihm ermöglicht, die Argumentation so zu begleiten, dass er jederzeit weiß, wo er im Gedankengang ist und warum und auf welche Weise er gerade an diese Stelle geführt worden ist.« Die Bedeutung dieses Aspekts für das Gelingen einer Lehrveranstaltung ist auch empirisch nachgewiesen: *Schneider/Preckel* Psychological Bulletin 2017 (im Erscheinen).
1238 Der Aspekt »Teacher's elocutionary skills« besitzt eine Effekstärke von 0.73, der Aspekt »Teacher's clarity and understandableness« gar eine solche von 1.35, vgl. *Schneider/Preckel* Psychological Bulletin 2017 (im Erscheinen).
1239 Vgl. *Walter* Stilkunde S. 100, 114: So kann man auch einer Rechtsordnung »Beine machen« und sie personifizieren: »Die englische Zivilprozessordnung zwingt Kläger und Beklagte…« Allgemein gilt, dass Sätze durch die Personifizierung ungegenständlicher Begriffe leichter bebildert werden können.
1240 *Walter* Stilkunde S. 100: »Die Beschulung der Kinder erfolgte von Seiten des Lehrpersonals.«
1241 Eine hilfreiche Auflistung der typischen Kennzeichen »verlängertes Prädikat« (›in Abrede stellen‹ statt ›leugnen‹), »Vorliebe für den Genitiv« (›Sich einer Sache befleißigen‹ statt ›etwas benutzen‹), »verlängerte Verhältniswörter« (›in Ermangelung‹ statt ›ohne‹), »Passivitis« und »Substantivierungen« findet sich etwa bei *Walter* Stilkunde S. 198 f. und *Kals* FAZ v. 17./18.1.2015, C1: »Reden ist Gold, Zutexten Blech«.
1242 Vgl. *Walter* Stilkunde S. 52.
1243 *Fitzherbert* S. 226 f. Im Englischen insbesondere die Begriffe »You know« und »It's like«.
1244 *Kals* FAZ v. 17./18.1.2015, C1: »Reden ist Gold, Zutexten Blech«: »Und guter Stil ist nun mal das Ergebnis des Rotstiftes.«

gegriffenen) Modewörter[1245] und nichtssagenden Verstärkungsworte (»besonders«, »sehr«, »äußerst«). Der Verband der Redenschreiber deutscher Sprache rät mit gutem Grund dazu, dass eine gelungene Rede neben dem klaren Gestaltungsanspruch, dem dramaturgisch geschickten Aufbau und der nachvollziehbaren Argumente vor allem die gut verständliche und nachvollziehbare Sprache auszeichnet.[1246] Es ist stets daran zu erinnern: »Unverständlichkeit ist noch lange kein Beweis für tiefe Gedanken.« *(Marcel Reich-Ranicki).* Die Klarheit und Verständlichkeit des Lehrenden stellt denn auch nach Erkenntnissen der empirischen Lehr-Lernforschung einen der wichtigsten Faktoren dar, die positiv mit den Leistungen der Studierenden korrelieren.[1247]

402 Stellen Sie **Subjekt und Objekt nahe aneinander** und ziehen Sie die Verben nach vorn, statt sie an das Ende des Satzes zu setzen.[1248] **Vermeiden** Sie generell **zu lange und grammatikalisch komplizierte Sätze**[1249] (insbesondere Schachtelsätze)[1250] – etwa, indem Sie aus einem langen und komplizierten Satz mit »und« einfach zwei Sätze bilden[1251] oder statt »im Bereich/Komplex/auf dem Gebiet« der Politik oder des Schuldrechts« einfach direkt »in der Politik« bzw. »im Schuldrecht« formulieren.[1252] Verwenden Sie möglichst ausschließlich Hauptsätze (»Hauptsachen zu Hauptsätzen machen«[1253] bzw. »*Form Follows Function*«[1254]).[1255] Die wichtigsten Informationen gehören generell an den Anfang des betreffenden Satzes[1256] (zB: »Wichtig ist...«[1257]). Arbeiten Sie zudem mit möglichst **vielen Verben** statt Hauptwörtern (also etwa: »fordern« statt »Forderungen stellen«, »ändern« statt »Änderungen vornehmen«

---

1245 So auch *Dyrchs* S. 170; Hawelks/Hammerl/Gruber/*Alberternst* S. 102. Vgl. die Auflistung bei *Walter* Stilkunde S. 235: »Strukturen und Systeme werden analysiert, um spezifische, vielleicht sogar dynamische Interdependenzen zu entdecken, sie lassen sich ausdifferenzieren und offenen, flexiblen, doch effizienten Lösungen zuführen.« Meisterhaft ist es, diese Begriffe ironisch – ohne anzubiedern – zu verwenden.
1246 Zitiert nach *Thomas* S. 62.
1247 Perry/Smart/*Feldman* S. 368. Es handelt sich um den zweitwichtigsten Faktor mit einer Effektstärke von 1.35 nach der Zeit, die der Lehrende in die Planung und Vorbereitung der Veranstaltung investiert.
1248 Beispiel von *Walter* Stilkunde S. 75: statt »Wer Schmiergelder an deutsche oder ausländische Unternehmen im europäischen oder außereuropäischen Ausland zahlt...« einfach »Wer Schmiergelder zahlt an...«. Vorzugswürdig ist es selbstverständlich, nach Verben zu suchen, die keine »zwei Teile« besitzen, etwas »beginnen« statt »anfangen« oder »berichten« statt »mitteilen«. In seiner Rhetorikschule S. 253 rät *Walter* generell dazu, zusammengehörige Satzteile nicht weiter voneinander zu entfernen als zwölf Silben.
1249 Berendt/Voss/Wildt/*Drews* G. 2.1 S. 16.
1250 Kals FAZ v. 17./18.1.2015, C1: »Reden ist Gold, Zutexten Blech«; *Weidenmann* S. 10; vgl. zu dieser Stilregel allgemein *Walter* Stilkunde S. 22. Anschaulich *Tucholsky* S. 466 in »Ratschläge für einen schlechten Redner: »Du musst alles in die Nebensätze legen. Sag nie: »Die Steuern sind zu hoch.« Das ist zu einfach. Sag: »Ich möchte zu dem, was ich soeben gesagt habe, noch kurz bemerken, daß mir die Steuern bei weitem...« So heißt das.«
1251 *Walter* Stilkunde S. 65: »Der Leser verkraftet pro Satz nur einen Gedanken«. Dies dürfte erst recht für den Hörer gelten.
1252 *Walter* Stilkunde S. 59.
1253 *Walter* Stilkunde S. 22. Vgl. auch die Ergänzung ebenda S. 209: »Hauptsache vorn!«.
1254 *Walter* Stilkunde S. 115.
1255 Vgl. die Ratschläge von *Tucholski* S. 600 an einen schlechten Redner.
1256 *Fitzherbert* S. 108.
1257 *Tony Blair* hat stets Bedeutsames oder Wichtiges mit den Worten »Wirklich wichtig ist aber...« vorbereitet: *Fitzherbert* S. 258.

oder »feststellen« statt »Feststellungen treffen« etc). So lassen Sie Bilder vor dem inneren Auge entstehen, wecken die Neugier und machen einen Text verständlicher;[1258] es sind schließlich immer die Tat und das Leben, die unser Interesse locken.[1259] Verhindern Sie zudem Partizipien (das »gefundene Ergebnis«, die »gefällten Urteile« etc).

Sie sollten sich auch angewöhnen, die »**Satzzeichen mitzureden**«,[1260] also kenntlich zu machen, wenn Sie eine Frage stellen, einen Nebensatz einschieben etc. Halten Sie etwa Ihre Stimme kurz an für ein Komma, heben Sie Ihre Stimme und senken Sie sie dann für ein Fragezeichen.[1261]

403

> **Tipp:** Eine Hamburger Gruppe von Kommunikationspsychologen hat herausgefunden, dass sich das Konstrukt »Verständlichkeit« bei Vorträgen vor allem aus vier Elementen zusammensetzt:[1262]
> - Einfachheit (Arbeit mit einfachen, klaren, prägnanten und dadurch verständlichen Sätzen),
> - Gliederung/Ordnung (etwa durch Wiederholungen, Zusammenfassungen und vermehrten Hinweisen auf die Struktur),[1263]
> - Kürze/Prägnanz (Konzentration auf das Wesentliche, Vermeidung von verwirrenden Abschweifungen),
> - Anregende Zusätze/Stimulanz (Ansprache der Adressaten in emotionaler und motivationaler Hinsicht).[1264]

404

**Verzichten** Sie, soweit zulässig, auf **indirekte Rede**. Also sagen Sie »Das Gericht meint also: Der Anspruch besteht.« Bei einer Reihe von Verben kann schließlich auf die Vorsilben verzichtet werden, etwa: abändern (-klären, -mildern, -sichern, -sinken, -spalten, -stützen, -zielen), ankaufen (-heben, -mieten) etc.[1265] Drücken Sie sich überdies möglichst konkret und klar aus;[1266] vage Ausdrücke wie »prinzipiell«, »man könnte sagen« oder »eigentlich« sind wenig aussagkräftig und verwässern Ihre Aussage.[1267]

405

Mit »rhetorischen Kniffen« können Sie Ihre Veranstaltung überdies auch **inhaltlich** ansprechend gestalten; so unterstützen Sie den Lerneffekt Ihrer Vorlesung etwa dadurch, dass Sie den Zuhörern mitteilen, wie Sie selbst sich bestimmte Daten/Fakten/Informationen gemerkt haben. Dies wirkt authentisch[1268] und lockert

406

---

1258 Nöllke/Schmettkamp S. 51; Soudry/von Trotha S. 157.
1259 Walter Stilkunde S. 96 f.: »Tätigkeitsworte sind das Wasser der Sprache.« Die Fortgeschrittenen ziehen dabei den Zustands- die Bewegungsverben vor.
1260 Dyrchs S. 169.
1261 Berendt/Voss/Wildt/Drews G. 2.1 S. 18.
1262 Vgl. auch Zumbach/Astleitner S. 171.
1263 Ähnlich auch die beiden aus dem Altertum bekannten rhetorischen Tugenden der *latinitas* (sprachliche Deutlichkeit und Klarheit) und der *perspicuitas* (gedankliche Formulierung der Rede): Maldeghem/Till/Sentker/Maldeghem S. 25. Hierzu kam unter anderem noch die vorerläuterte treffende Formulierung der Rede (*Ornatus*).
1264 Vgl. Hawelka/Hammerl/Gruber/Alberternst S. 89 ff.
1265 Walter Stilkunde S. 63.
1266 Fitzherbert S. 105.
1267 Hawelka/Hammerl/Gruber/Alberternst S. 102.
1268 Zur Bedeutung der Authentizität vgl. Fitzherbert S. 132 f.

einen Vortrag angenehm auf. Besonders hilfreich ist etwa die Verwendung von **Eselsbrücken**,[1269] Reimen,[1270] Merkworten, Akronymen[1271] und Abkürzungen.[1272]

407 Wenn Sie (spielerisch) **gegen eine andere Ansicht argumentieren**, gibt es verschiedene Methoden, Ihren Standpunkt zu unterfüttern:[1273]
1. **Bestreitetechnik:** Die Argumente der Gegenseite werden bestritten, Fakten etc werden angegriffen bzw. weitere Nachweise gefordert,
2. **Vergleichstechnik:** Sofern die Gegenseite einen Vergleich bringt, macht er sich angreifbar/Sie selbst argumentieren mit einem Vergleich,
3. **Autoritätstechnik:** Man beruft sich auf Zahlen, Statistiken, Autoritäten etc,
4. **Vorwegnahmetechnik:** Man nimmt dem Gegner von vorneherein den Wind aus dem Segel, indem man etwa sein Argument »präventiv« widerlegt,
5. **Salami-Taktik:** Sie geben Schritt für Schritt jeweils kleine Teile an Argumenten vor, der die andere Seite zustimmen muss und schließen hieraus am Ende auf Ihren Standpunkt,
6. **Definitions-Technik:** Sie fragen nach grundlegenden Definitionen von Begriffen, die die andere Seite Ihrer Position zugrunde legt,
7. **»Whataboutismus«-Technik:**[1274] Man antwortet auf einen Vorwurf mit einem Themenwechsel, indem ein Gegenvorwurf formuliert wird, der sachlich richtig ist, aber mit dem ursprünglichen Vorwurf in keinem unmittelbaren Zusammenhang steht.[1275]

408 Verwenden Sie auch andere rhetorische Mittel zur Auflockerung und Abwechslung.[1276] Neben den »klassischen Stilmitteln« der rhetorischen Fragen, der Tautologie, des Oxymorons etc[1277] hat sich als besonders wirkungsvoll auch das Mittel der **Anapher** bewährt. Bei diesem wird ein Wort oder mehrere Worte in aufeinanderfolgenden Sätzen immer wieder wiederholt (so etwa bei der berühmten Rede von Martin Luther King: »Ich habe einen Traum... Ich habe einen Traum... Ich habe einen Traum...«). Generell gilt: **Wiederholen** Sie ruhig (häufiger als Ihnen dies auf den ersten Blick sinnvoll erschient) die besonders wichtigen Sätze, Worte und Aussagen.

---

1269 Etwa: Der Komplementär haftet »komplett«, also mit seinem ganzen Vermögen; Ex nunc löst das Schuldverhältnis von nun an auf; der Zedent tritt ab (Abgrenzung zum Zessionar) oder »d« kommt vor »s« im Alphabet. Vgl. allgemein: Berendt/Voss/Wildt/*Voss* A. 3.4 S. 20 und im Rahmen des bildhaften Lernens *Möllers* S. 23.
1270 Der Komplementär, der haftet sehr; Wer bürgt, wird gewürgt.
1271 Vgl. etwa »PASTA« für die im Sachenrecht geltenden Grundsätze der Publizität, der Abstraktion, der Spezialität, des Typenzwangs und der Absolutheit oder die bekannten Abkürzungen SAPUZ (Beweismittel im Zivilrecht: Sachverständiger, Augenschein, Parteivernehmung, Urkunde, Zeugen) und ÜBAI (Definition des Begriffes der Verfügung: Übertragung, Belastung, Aufhebung und Inhaltsänderung).
1272 Etwa VVV+V für die Grundbegriffe der Kriminologie: Verbrechen, Verbrecher, Verbrechenskontrolle, insbesondere Viktimologie; oder 3x(ZPR) + für die Prozessvoraussetzungen im Zivilrecht: zulässiger Rechtsweg – Zuständigkeit, sachlich – Zuständigkeit, örtlich – Parteifähigkeit – Prozessfähigkeit, Prozessführungsbefugnis – Rechtshängigkeit – Rechtskraft – Rechtsschutzbedürfnis (vgl. *Klaner* S. 127 f.).
1273 Vgl. Soudry/*Soudry* S. 99 ff. und die Aufzählung bei *Haft* Rhetorik S. 114 f.
1274 Whataboutism: Come again, Comrade?, The Economist v. 31.1.2008.
1275 Vgl. *Martenstein* DIE ZEIT Magazin Nr. 24/2016 v. 2.6.2016, 6: »Über rhetorische Ausweichmanöver«.
1276 *Fritzherbert* S. 12.
1277 *Apel* S. 129.

Hiermit verleihen Sie ihnen Nachdruck und signalisieren den Studierenden, dass diese sich mit den betreffenden Gedanken/Schlussfolgerungen besonders intensiv auseinandersetzen sollten. Die Wiederholung erfolgt dabei idealiter in einem neuen Kontext, mit leicht umformulierten Worten, anhand eines anderen Beispiels etc, um ein vertieftes Lernen bei den Studierenden zu ermöglichen.[1278]

Eines der wichtigsten rhetorischen Stilmittel stellt indes ohne Frage eine gut platzierte **Pause** dar.[1279] Schon *Cicero* wusste: »So wie ein Pfeilschütze seinen Pfeilen nachblickt, um zu sehen, ob er getroffen hat, so soll ein Redner seinen Worten nachblicken, um zu kontrollieren, ob seine Worte überzeugt haben.«[1280] Eine gut platzierte Pause kann dabei verschiedenen Zwecken dienen: Sie können einerseits eine besondere Spannung erzeugen oder auf Höhepunkte vorbereiten. Sie können aber andererseits auch eine besonders bedeutsame Aussage effektvoll »nachwirken« lassen, die Gliederung der Ausführungen (Pause am Ende eines abgeschlossenen Gedankens) kenntlich machen, für Ruhe sorgen oder ein zu schnelles oder hektisches Sprechen ausgleichen.[1281] Von besonderer Bedeutung ist auch, Pausen zu setzen, wenn eine Frage an die Studierenden gestellt wird – und die anschließende Stille »auszuhalten« (vgl. → Rn. 190 ff.).

409

Sie können und sollten, um das Interesse der Zuschauer zu wecken, auch einmal über Gebühr zuspitzen, augenzwinkernd **polemisieren**[1282] oder eine Persiflage vornehmen, um gezielt Widerspruch zu provozieren und eine lebhafte Diskussion anzustoßen.[1283] Insbesondere **überraschende und provokante Fragen** regen zum Nachdenken an.[1284] Wenn Sie mit einem neuen Thema beginnen, stellen Sie zB eine Frage, die Neugierde (und damit Lernmotivation) weckt[1285] und den Bezug Ihres Stoffes zur Lebenswelt des Studierenden deutlich macht:[1286] »Wie meinen Sie, haben Ihre Eltern ihren Hauskauf finanziert?« (Antwort zumeist: Darlehen und Hypothek). »Ich wette mit Ihnen, dass es sich nicht um eine Hypothek handelte. Fragen Sie nach! Wir werden jetzt nämlich lernen, warum diese Sicherungsform, die sich der Gesetzgeber 1900 ausgedacht hat, in der heutigen Praxis keine nennenswerte Rolle mehr spielt.« Der Einstieg[1287] kann derart bereits in zentrale Aspekte des Themas einführen – und

410

---

1278 → Rn. 67, 70.
1279 *Ebeling* S. 109; *Dyrchs* S. 171. Besonders kunst- und effektvoll wurde dieses rhetorische Stilmittel eingesetzt von *Helmut Schmidt*, vgl. http://www.welt.de/wirtschaft/karriere/leadership/article13536567/Das-Erfolgsgeheimnis-der-Methode-Schmidt.html und http://www.zeit.de/2015/46/helmut-schmidt-nachruf-stilikone-selbstinszenierung.
1280 Vgl. auch die Rede von *Winston Churchill* nach der Kapitulation Frankreichs im Jahr 1940, entsprechend den Pausen unterteilt bei *Fitzherbert* S. 224 f. Eine Pause hilft dabei nicht nur Ihnen, sondern auch den Studierenden, etwa um nachzudenken und das Gehörte gedanklich einzuordnen, um die Wirkung mancher Aussagen zu verdauen, ggf kurz miteinander zu diskutieren und auch, um einmal kurz zu erholen; vgl. *Seifert* S. 56.
1281 *Flume/Mentzel* S. 76. Ein zu schnelles Sprechen vermittelt den Eindruck von übertreibender Akzeleration, Hast und Unsicherheit. Zudem besteht die Gefahr, dass die Informationen den Zuhörer nicht erreichen. Schließlich kann dies auf die Zuhörer wirken, als ob Sie Ihre Zeit schlecht eingeteilt hätten.
1282 Vgl. *Soudry/Hornung* S. 75, zur »anwaltlichen Wortgewalt«: »Fundierte Polemik ist gut.«
1283 *Soudry/von Trotha* S. 156.
1284 *Reynolds* Zen S. 237.
1285 → Rn. 32, 81 f., 158.
1286 Vgl. zB → Rn. 206.
1287 Allgemein hierzu → Rn. 154 ff.

knüpft effektvoll an das (»reale«) Vorwissen der Studierenden an.[1288] Unmittelbar nach dieser Exposition kann dann der konkrete Inhalt der kommenden Ausführungen transparent gemacht werden.

411 Besonders positiv wird schließlich **Humor und Selbstironie** wahrgenommen,[1289] sofern sich dieser direkt auf das Thema der Präsentation bezieht oder sich sonst harmonisch in den Fluss der Veranstaltung einfügt.[1290] Konkret bedeutet das: Erzählen Sie keine Witze, sondern arbeiten Sie lieber mit Anekdoten, Beispielen[1291] und/oder kurzen humorvollen Geschichten.[1292]

412 Exkurs: **Anekdoten** funktionieren insoweit wie kleine Infokästen in einer Zeitung oder Zeitschrift. Durch diese wird gelegentlich eine kleine Geschichte zur Illustration, ein besonderes Detail oder vielleicht auch ein amüsanter Zufall aus dem Hauptteil des Artikels herausgenommen und in einen Kasten gestellt, was die Seite auflockert und die Darstellung ansprechender und leserfreundlicher macht.[1293]

413 Hierdurch senden Sie Ihren Zuhörern überdies den für das Lernen und Behalten so bedeutsamen emotional bedeutungsvollen Reiz.[1294] Besonders eignen sich diese »Auflockerungen« in den Abschnitten zwischen den vorgenannten Vortragsabschnitten, also etwa am Ende der 18–20 Minuten, um einen Rückblick zu geben und/oder besonders bedeutsame Aspekte noch einmal zu **wiederholen**.[1295]

414 **Die drei Kernaussagen:**
- Der Lehrende sollte stets mit den Zuhörern so sprechen, wie er (normalerweise) redet und nicht so, wie er schreibt. Besonders gut kann man einer klaren, verständlichen, leb- und bildhaften Sprache folgen, die ohne unnötige Verstärkungsworte, lange Schachtelsätze, unverständliche Abkürzungen und Fachtermini auskommt.
- Rhetorische Figuren – wie insbesondere die rhetorische Frage und die Anapher – sorgen ebenso für eine willkommene Abwechslung wie die kunstvoll gesetzte Pause, die Anekdote oder der praktische Fall aus der Lebenswelt der Studierenden.
- Humor und Selbstironie schaffen ein insgesamt angenehmes Lehr/Lernklima.

---

1288 *Dummann/Jung/Lexa/Nienkrenz* S. 63; vgl. auch die Ausführungen → Rn. 89 ff., 108 ff. Studien zur Folge steigert die Präsentation einer Information dergestalt, dass der Selbstbezug zum Studierenden deutlich wird, die durchschnittliche Behaltensleistung um die Effektstärke von 0.69, wie eine Metaanalyse über 129 einzelne Effektstärken verdeutlichte: *Symons/Johnson* Psychological Bulletin 1997, 121(3), 371.
1289 Vgl. Nachweise bei *Canary/Stafford* S. 135, wonach Humor als beziehungsförderlich und konfliktrelativierend angesehen wird.
1290 *Ebeling* S. 110; *Apel* S. 130.
1291 (Fall-) Beispiele besitzen nach *Hattie* eine Effektstärke von 0.57: *Hattie* Lernen S. 204. Beispielhaft sei auf die Folge »Tod in der Lindenstraße« zur gewillkürten Erbfolge im Rahmen des Podcasts »LMU on iTunes« von Stephan Lorenz (Juraprofessor an der LMU) hingewiesen, abrufbar unter http://stephan-lorenz.de.
1292 *Reynolds* Zen S. 237; auch: *Dummann/Jung/Lexa/Nienkrenz* S. 81.
1293 *Fitzherbert* S. 226.
1294 *Medina* S. 100; vgl. auch die Ausführungen zum juristischen Storytelling → Rn. 255 ff.
1295 So auch *Rufer/Tribelhorn* V & L 2012, 492 (493).

## II. Körpersprache (Gestik, Mimik, Habitus)

> Wer das Auge nicht überzeugen kann, überredet auch den Mund nicht. – Franz Grillparzer

Über die Bedeutung der Körpersprache für das gesprochene Wort ist viel geforscht worden.[1296] *Albert Mehrabian* hat schon in den Siebzigerjahren des letzten Jahrhunderts festgestellt, dass die Wirkung einer mündlich vorgetragenen Botschaft lediglich zu 7 % von ihrem Inhalt, zu 55 % von der Körpersprache und zu 38 % von der Stimme abhängt[1297] (bekannt geworden als **55-38-7 Regel**).[1298] Es handelt sich somit um sprachlose Botschaften, die den Vortrag erst vervollständigen[1299] bzw. ergänzen.[1300] Dieses Momentum sollten Sie für sich (und Ihre Lehrveranstaltung) nutzen.[1301]

415

Die Körpersprache kann die sprachlichen Ausführungen begleiten, die Bedeutung der **Aussagen unterstützen**, das Gesagte ggf. ergänzen und gelegentlich sogar an die Stelle einer sprachlichen Aussage treten. Durch eine angemessene Körpersprache kann der Dozent überdies erfolgreich **Kontakt zum Publikum aufbauen**.[1302] Steht das, was Sie sagen, im Widerspruch zu dem, was Sie mittels Ihrer Körpersprache oder Mimik senden, spürt dies das Publikum – und »glaubt« dem körperlichen und stimmlichen Ausdruck weit mehr als dem Inhalt des Vortrages.[1303] Es gilt einmal mehr:[1304] Je mehr Sie selbst an Ihren Inhalt glauben bzw. diesen mit **Leidenschaft** vortragen, desto eher wird (weitgehend unabhängig vom Inhalt selbst) der Funken über Ihre Körpersprache auf das Publikum überspringen. Hierbei gilt es aber auch, ein paar Grundregeln zu beachten:

416

So ist es (nicht nur, aber insbesondere zu Beginn der Lehrveranstaltung) bedeutsam, dass Sie **Blickkontakt** mit dem Publikum herstellen und diesen während der Veranstaltung möglichst beibehalten.[1305] Falls Sie unter **Lampenfieber** leiden, sollten Sie

417

---

1296 Hilfreich ist etwa das *Modes of Communication*-Modell (*Bower/Moloney/Cavanagh/Sweller* Australian Journal of Teacher Education 2013, 38, 111, 119). Eine schlechte Performanz zeige sich danach sowohl auf der Körpersprachen- (etwa: zu viel Hin- und Herbewegen; schiefe, zusammengesackte, zurückgezogene Haltung; umherwandernder Blick; ablenkende und unklare oder versteifte Gestik; kalter Gesichtsausdruck), wie der Stimm- (zB gekünstelte, zu laute oder leise, monotone Stimme; undeutliche Artikulation; zu schnelle oder langsame Sprechweise) und Wortebene (ausdruckslos; unstrukturiert; negativ; unangemessene Sprache und Humor).
1297 *Mehrabian* S. 182.
1298 *Bruno/Adamcyk* S. 9. Es ist zwar zweifelhaft, ob sich die Ausführungen 1:1 auf Lehrveranstaltungskonstellationen übertragen lassen (zu Recht kritisch etwa *Hawelka/Hammerl/Gruber/Albertsnst* S. 94), die Bedeutung nonverbaler Elemente sollte indes auch hier nicht unterschätzt werden (vgl. *Zumbach/Astleitner* S. 178).
1299 Im angelsächsischen Sprachraum spricht man dementsprechend auch von »*silent language*« oder »*secret language*«, *Apel* S. 121.
1300 *Maughan/Webb* S. 75.
1301 Etwa auch, indem Sie nicht nur durch Variationen in Lautstärke und Stimmführung besondere Betonungen (Prosodie) vorsehen, sondern auch durch Bewegungen des Körpers, zB indem Sie hinter Ihrem Pult hervortreten und eine größere Nähe zu den Studierenden schaffen oder indem Sie sich bewusst (weit) vorbeugen.
1302 *Böss-Ostendorf* S. 98.
1303 *Thomas* S. 12.
1304 Vgl. bereits die Ausführungen → Rn. 81 f.
1305 *Ebeling* S. 116; *Lipp* S. 60; *Dyrchs* S. 171; Berendt/Voss/Wildt/*Dubs* E. 2.5 S. 17. Sehr weitgehend *Fritzherbert* S. 310, der dazu rät, auf die Augenfarbe der Zuhörer zu achten; dies führt zu denknotwendig zu einem besonders intensiven Blickkontakt.

sich am besten mit Ihrem Blick jemanden, den Sie kennen und der Ihnen wohlgesonnen ist, zuwenden.[1306] Über die konkrete »Blickkontakt-Technik« scheiden sich im Übrigen die Geister: Einige raten dazu, nacheinander und erratisch in einzelne Gesichter im Publikum zu schauen, vorzugsweise solche, die Interesse an dem zeigen, was Sie zu sagen haben.[1307] Zu diesen Gesichtern gelte es dann im Laufe der Veranstaltung immer wieder zurückzukehren.[1308] Hierdurch würde der Vortragende auch schnell erkennen, ob noch alle Zuhörer den Ausführungen folgen (können).[1309] Andere präferieren einen gezielten sog. »Streublick«. Bei diesem schaut der Lehrende eine (freundlich dreinschauende) Person rechts, eine ebensolche links und in der Mitte an (und wiederholt dies je nach Größe der Gruppe für die mittlere bzw. hintere Reihe) und kommt im Folgenden stets zu diesen drei, sechs bzw. neun Personen zurück. Alle anderen fühlten sich dann auch angeschaut.[1310] Hiervon abweichend wird auch empfohlen, jeweils eine Gruppe von drei bis fünf Zuhörern zusammen anzusehen und einige Momente (drei bis fünf Sekunden) bei diesen zu verbleiben, bevor mit anderen Personen der Blickkontakt gesucht wird.[1311] Wieder andere sprechen sich für die Technik des »**Abfächeln« des Raumes** aus (»*fanning the room*«). Hier lässt der Vortragende den Blick durch das Publikum schweifen und sieht dabei auch einzelne Zuschauer einmal länger an, wobei der Blick nicht länger als fünf bis zehn Sekunden gehalten werden sollte.[1312] Für welche der vorgestellten Techniken Sie sich entscheiden, hängt von Ihren eigenen Präferenzen ab. Vermeiden sollten Sie es in jedem Fall, einzelne Personen zu lange anzusehen – dies wird dann als Anstarren empfunden. Sofern Sie ein Stichwortmanuskript verwenden,[1313] sollte Ihr Blick immer zwischen diesem und den Zuhörern hin und her wandern.

**418** Achten Sie zudem auf die **Gesten**, die Ihre Worte (unbewusst oder bewusst) begleiten, »Die Gestik verrät das Gefühlsleben des Redners«[1314] und schafft (sofern authentisch) beim Zuhörer Vertrauen.[1315] Bedeutsam ist als Basis zunächst eine **offene Körperhaltung**. Nichts sollte metaphorisch gesprochen zwischen Ihnen und dem Publikum stehen.[1316] Konkret bedeutet dies: Der **Stand** sollte **klar, gerade und aufrecht** sein,[1317] die Beine stehen dabei locker und etwa in Breite der Schultern ganz leicht gespreizt (die Füße bilden etwa einen 30°-Winkel) nebeneinander.[1318] Die Füße setzen leicht gewinkelt in einem Abstand von etwa 15 cm auf.[1319] Beim Stehen bedeutet dies eine straffe, aber nicht steife Haltung – beide Beine stehen fest auf dem Boden, wobei ein Bein das Hauptgewicht trägt (»Standbein«) und das andere beweglich

---

1306 Vgl. *Walter* Rhetorikschule S. 77; vgl. hierzu auch eingehend → Rn. 441 ff.
1307 Vgl. *Haft* Rhetorik S. 171; *Anderson* S. 205.
1308 *Kushner* S. 32; vgl. *Reynolds* Zen S. 242.
1309 Vgl. *Apel* S. 125.
1310 Vgl. *Lipp* S. 67.
1311 *Flume/Mentzel* S. 88.
1312 *Thomas* S. 28.
1313 → Rn. 295 ff.
1314 *Möllers* S. 182.
1315 *Gallo* Steve Jobs S. 288.
1316 Ob bereits verschlossene Arme eine nicht akzeptable Barriere darstellen (so *Flume/Mentzel* S. 82), ist indes eher zweifelhaft.
1317 *Bruno/Adamczyk* S. 24; die aufrechte Körperhaltung ist schließlich »die gesündeste und entspannteste Form des aufrechten ... Stehens« (*Claus/Licher* S. 98).
1318 *Nöllke/Schmettkamp* S. 48.
1319 *Flume/Mentzel* S. 80.

bleibt (»Spielbein«). Sofern Sie Teile Ihrer Lehrveranstaltung im Sitzen abhalten, sollten Sie sich stets leicht nach vorne beugen.

> **Tipp:** Die Öffnung des Solarplexus[1320] signalisiert Hinwendung und Kommunikationsbereitschaft. »Mit Hin- und Abwenden des Solarplexus kann die Aufmerksamkeit des Publikums sichtbar gesteuert werden. Ein Redner, der (...) den Solarplexus ängstlich oder frustriert verschließt (...) signalisiert Abweisung und mangelnden Kommunikationswillen.«[1321]

Die **Arme** sollte Sie generell gestreckt halten und die Hände locker ineinanderlegen. Um eine große Bewegungsfreiheit zu gewährleisten, sollten Ihre Hände nicht (zumindest nicht dauerhaft bzw. wiederholt) in die Hosentaschen gesteckt und die Arme nicht verschränkt werden.[1322] Wenn Sie die Hände an etwas festhalten lassen wollen, bietet sich immer die Seiten des Rednerpultes oder die Karteikarten an.[1323] Bitte bedenken Sie dann aber auch: Sie haben so nicht die Möglichkeit für die spontanen, Ihren Vortrag unterstreichenden Gesten.

Apropos **Gesten**: Diese sollten Sie soweit möglich vor allem im sog. **positiven Bereich** durchführen, also im Bereich von der Gürtellinie bis zum Kinn. Hierunter ist der sog. negative Bereich angesiedelt, der als wenig überzeugend empfunden wird, während Gesten über dem Kinn generell als übertrieben empfunden werden.[1324] Die Hände sollten sich damit insbesondere nicht zu lange unterhalb der Hüftlinie befinden.[1325] Idealerweise befinden sie sich bei leicht gebeugten Armen zwischen Hüftlinie und Brustbereich. Wer es ganz perfekt machen möchte, der hält in der schwächeren Hand die Stichwortzettel und nutzt die stärkere Hand für die Gestik.[1326] Gesten sollten generell **gezielt**[1327] und **nicht zu hastig** insbesondere zur Verstärkung der Kernbotschaften und der entscheidenden Ausführungen des Vortrages, aber auch zur Kenntlichmachung einer bedeutsamen Aufzählung oder widerstreitender Meinungen verwendet werden.[1328] Durch wohlpositionierte Gesten wirkt Ihre Lehrveranstaltung **lebendig** und dynamisch; die Blicke des Publikums wandern schließlich automatisch dorthin, wo Bewegung ist. Je größer das Publikum und der zu »beschallende« Raum, desto großzügiger sollten Ihre Gesten gestaltet werden.[1329] Von allzu ausladenden Hand- und Armbewegungen ist im Hochschulkontext aber eher abzuraten.[1330]

---

1320 Hierbei handelt es sich um ein autonomes Geflecht im Rippenbogen, in dem viele Nervenzellen zusammenlaufen.
1321 Maldeghem/Till/Sentker/*Maldeghem* S. 53.
1322 Hawelka/Hammerl/Gruber/*Schworm/Neger* S. 133.
1323 Karteikarten haben den Vorteil, dass sie fester sind als normales Papier und daher robuster gegenüber »Außeneinwirkungen.«
1324 *Thomas* S. 30.
1325 Vgl. *Haft* Rhetorik S. 170.
1326 *Flume/Mentzel* S. 83.
1327 Vgl. *Walter* Rhetorikschule S. 103.
1328 *Gallo* TED S. 98.
1329 Anschaulich und exemplarisch etwa dargestellt bei Prof. Dr. *Lutz Jäncke*, Gewinner des Credit Suisse Awards for Best Teaching 2007, in seiner Großgruppenveranstaltung (Vorlesung) zu Emotionen, abrufbar unter https://cast.switch.ch/vod/clips/1fybydxj1b/flash.html.
1330 In der Literatur wird insoweit auch zwischen dem »*energetic stand*« und dem »*tence stand*« unterschieden: *Thomas* S. 26.

**422**

> **Tipp:** Typische Gesten zur Unterstützung von Worten sind etwa:
> - Nicken: Bei Zustimmung/Kopfschütteln: Bei Ablehnung,
> - Das Zeigen der Handfläche: Um Offenheit zu unterstreichen,
> - Die Öffnung der Hände und Arme: Um Wachstum und Entwicklung zum Ausdruck zu bringen,
> - Die Zusammenführung der Hände: Um einen Zusammenschluss kenntlich zu machen,
> - Das Ballen der Faust: Um Entschlossenheit zu signalisieren,
> - Mit den Händen erst zur einen und dann zur anderen Seite zu zeigen: Um Alternativen zu zeigen und zu vergleichen.[1331]

**423** Die Lehrbücher raten zwar immer dazu, sich nur sehr langsam und gerade auf der Bühne zu **bewegen** und einzelne Gesichtspunkte an verschiedenen Stellen auf der Bühne zu behandeln.[1332] Es kann jedoch in der Praxis sehr schwierig sein, neben all den sonstigen (zT wichtigeren) Punkten, die es bei einer Präsentation zu beachten gilt, auch noch gezielt seine Bewegungen zu kontrollieren. Aus diesem Grund ist es von größerer Bedeutung, dass Sie sich **natürlich und offen** bewegen. Wenn Sie während der Veranstaltung ständig in Bewegung sein müssen, um sich zu konzentrieren, ist dies sicherlich nicht optimal, aber im Ergebnis verschmerzbar, wenn Sie im Übrigen das Publikum begeistern und mitnehmen können. Versuchen Sie sich in diesem Fall nur von Zeit zu Zeit daran zu erinnern, langsamer zu gehen und Ihren Gang dem Sprechtempo anzupassen. Soweit möglich, sollten Ihre Bewegungen auch **keine störende Unruhe** ausstrahlen. Dies können Sie sicherstellen, indem Ihr Radius innerhalb begrenzter Bereiche verbleibt.[1333] Wenn Sie im Raum herumgehen, achten Sie schließlich das **Distanzbedürfnis** der Studierenden. Die für Europa akzeptierte soziale Distanz von Menschen in Lehr-Settings beträgt etwa 120–360 cm.[1334] Sehr effektvoll kann es indes sein, wenn Sie, sollten Sie ein Rednerpult verwenden, dieses (nur) bei besonders bedeutsamen Gedanken verlassen und ganz gezielt die Distanz zu den Studierenden verringern.

**424** Auch die **Mimik** ist ein starkes Ausdrucksmittel der menschlichen Kommunikation.[1335] *Erich Fromm* rät zutreffend dazu, die 42 Muskeln, die in unserem Gesicht dafür zuständig sind, unsere Miene spielen zu lassen, auch zu benutzen (»... da Lebendigkeit ein Gesicht immer verschönert«).[1336] **Lächeln** (nicht grinsen) Sie, so oft Ihnen dies möglich bzw. angenehm ist, insbesondere unmittelbar zu Beginn der Veranstaltung.[1337] Bevor Sie jedoch ein künstliches Lächeln – das sich vor allem dadurch auszeichnet, dass die Ringmuskeln der Augen nicht an ihm Anteil nehmen[1338] – fabrizieren, bleiben Sie besser ernst. Wenn etwas komisch ist, kann der Vortragende auch ruhig einmal **lachen**.[1339] Zeigen Sie generell freundliche Gesichts-

---

1331 *Fitzherbert* S. 237.
1332 So etwa *Reynolds* Zen S. 240 f.; ähnlich *Walter* Rhetorikschule S. 100.
1333 *Apel* S. 124.
1334 Hawelka/Hammerl/Gruber/*Alberternst* S. 95.
1335 Hawelka/Hammerl/Gruber/*Alberternst* S. 96; *Apel* S. 126.
1336 Zitiert nach *Walter* Rhetorikschule S. 95.
1337 *Thomas* S. 25.
1338 *Walter* Rhetorikschule S. 97.
1339 Vgl. *Apel* S. 126.

züge[1340] und – sofern diese tatsächlich besteht – wie gesagt[1341] gern auch einmal **Begeisterung**; dies wird authentisch und mitreißend.

Was schließlich die leidige **Kleiderfrage** angeht: Hier gilt die einfache Grundregel, dass Sie sich immer passend zum, aber auch (mindestens etwas) formeller als das Publikum kleiden sollten.[1342] Im Hochschulkontext bietet sich eine Kombination oder ein Anzug (mit oder ohne Krawatte) für Männer und ein Kostüm oder Hosenanzug bzw. ebenfalls eine Kombination für Frauen an. In der (professionellen) Präsentationspraxis wird Referenten zudem davon abgeraten, bei (wichtigen) Präsentationen neue Kleidungsstücke zu tragen, da die Situation so vertraut wie möglich sein soll.[1343]

425

**Tipp:** Sie erkennen umgekehrt etwa an den folgenden körpersprachlichen Signalen der Studierenden, dass Sie Ihren Vortragsstil verändern sollten:
- Die Studierenden sind (über einen längeren Zeitraum) unruhig,
- Die Studierenden spielen mit ihren Smartphones/Rechnern (sofern zugelassen[1344]),
- Die Studierenden schauen wiederholt in kurzen Abständen auf die Uhr,
- Die Studierenden unterhalten sich fortwährend miteinander,
- Die Studierenden können nur mühsam die Augen offenhalten.

Sie sind auf dem **richtigen Weg**, wenn
- die Studierenden Sie freundlich lächelnd anschauen,
- manche Studierenden mit dem Kopf nicken,
- die Studierenden mitschreiben[1345] und
- mit Ihnen (und nicht über Sie) lachen.

426

**Die drei Kernaussagen:**
- Die gezielt, aber auch authentisch eingesetzte Körpersprache (Gestik, Mimik, Habitus) begleitet und unterstreicht die sprachlichen Ausführungen, ergänzt und verdeutlicht das Gesagte und tritt gelegentlich sogar an die Stelle einer sprachlichen Aussage. Sie führt zu einem gelungenen »Gesamt(kunst)werk« aus Inhalt und Darstellung.
- Besondere Bedeutung kommt dabei dem steten Blickkontakt zu. Gesten sollten dabei natürlich und nicht übertrieben sein.
- Der freundliche Auftritt – unterstützt durch ein echtes Lächeln – ermöglicht eine zwanglose und vertrauensvolle Kontaktaufnahme zum Publikum.

427

---

1340 Denken Sie insoweit an das berühmte 2. Axiom von Paul Watzlawick: »Jede Kommunikation hat einen Inhalts- und einen Beziehungsaspekt«. Sie sollten also (nicht nur deshalb) stets um einen angemessen respektvollen und freundlichen Umgang mit den Studierenden bemüht sein. Dass dies zu einer Steigerung der Qualität der Lehre führt, ist auch empirisch nachgewiesen, vgl. *Schneider/Preckel* Psychological Bulletin 2017 (im Erscheinen): Effektstärke 0.47 bzw. 0.77).
1341 → Rn. 158.
1342 *Reynolds* Zen S. 240; *Walter* Rhetorikschule S. 86; *Fitzherbert* S. 138; *Anholt* S. 159; *Hofmann* S. 516.
1343 *Fitzherbert* S. 181.
1344 Manche sprechen sich mit guten Gründen für eine »Keine Technik« Policy aus: *Brauer* S. 109.
1345 Zu dem didaktischen Wert und Nutzen von Mitschriften der Studierenden vgl. Berendt/Voss/Wildt/*Schneider* E. 2.2 S. 6 ff.

## III. Stimm(training)

428 Zum »Gesamtkunstwerk des Auftretens«[1346] gehört auch der gelungene Einsatz der Stimme.[1347] So können Sie **Sprechgeschwindigkeit, Lautstärke, Tonfall, Tonhöhe und Sprachrhythmus** ganz gezielt zur Unterstützung der Bedeutung Ihrer Worte einsetzen.[1348] Achten Sie – wie beim Gehen – auch hier auf einen ausreichenden **Wechsel**, um so für Dynamik und Abwechslung zu sorgen.[1349] Die Lautstärke der Stimme kann etwa variieren, um eine entsprechende Dramatik zu erzeugen.[1350] Hier kann auch das Tempo (noch einmal) verlangsamt werden, da eine wichtige Botschaft insbesondere dann vom Publikum wahrgenommen wird, wenn der Sprecher langsam(er als üblich) und deutlich(er) spricht.[1351] Allgemein gilt: Je wichtiger der Gedanke, desto langsamer und deutlicher sollte er ausgesprochen werden.[1352] Auf diese Weise stellen Sie zudem sicher, dass das Publikum Ihren Gedanken auch verarbeiten kann.[1353] Generell gilt im Übrigen, dass Sie ein Tempo von 120 bis 130 Worten pro Minute anstreben sollten.[1354] Zur Erinnerung: Wenn Sie eine neue Folie an die Wand werfen oder die Beteiligten aus anderen Gründen etwas (mit-) lesen müssen, sollten Sie stets eine kurze Zeit schweigen, damit sich die Zuhörer auf das Gezeigte konzentrieren können.[1355]

429 Zu beachten ist: Senkt sich die Stimme zum Ende, wirkt sie eher **dominant-direktiv** – was insbesondere bei Juristen als Zeichen von Sachkunde, Sicherheit und Überzeugung angesehen wird –, hebt sie sich, wirkt es eher wertschätzend und offen.[1356]

430 Sie sollten Ihre Stimme stets Ihrem Auditorium anpassen und dabei möglichst **laut, kraftvoll und in mittlerer Tonlage** sprechen.[1357] Bei Männern sollte die Stimme generell besonders voluminös und in Baritonlage, bei Frauen in einer mittleren Stimmlage (hoher Alt oder Mezzosopran) angeordnet sein.[1358] Die Lautstärke sollte so angelegt sein, dass Sie auch in der letzten Reihe noch problemlos verstanden werden können – was Sie notfalls auch per kurzer Abfrage (»Können Sie mich in der letzten

---

1346 *Plett/Göttert* S. 59.
1347 *Apel* S. 119; die Stimme und die Aussprache werden auch »paraverbale Kriterien« genannt: Hawelka/Hammerl/Gruber/*Schworm*/Neger S. 133.
1348 Vgl. *Brauer* S. 57 und *Reynolds* Naked S. 140.
1349 Vgl. *Haft* Rhetorik S. 169.
1350 *Seifert* S. 76.
1351 *Reynolds* Naked S. 139; vgl. *Haft* Rhetorik S. 169.
1352 Vgl. *Lobin* S. 171. Sie sollten natürlich nicht den gesamten Vortrag in einem übertrieben langsamen Tempo sprechen, dies vermittelt sonst den Eindruck, Sie hätten kaum etwas Substantielles/Spannendes mitzuteilen. Zudem besteht die Gefahr, dass die Zuhörer sich zu langweilen beginnen (insbesondere, wenn die Stimme auch noch monoton verwendet wird) und Sie die vorgegebene Zeit überschreiten.
1353 *Flume/Mentzel* S. 74.
1354 *Fitzherbert* S. 185. *Gallo* TED S. 82 spricht sich stattdessen für etwa ein Sprechtempo von 150 bis 160 Wörter/Minute aus. Das »normale« Sprechtempo liegt bei etwa 170 bis 180 Worte pro Minute.
1355 *Dummann/Jung/Lexa/Nienkrenz* S. 137.
1356 *Walter* Rhetorikschule S. 93.
1357 Berendt/Voss/Wildt/*Drews* G. 2.1 S. 19.
1358 *Walter* Rhetorikschule S. 92.

Reihe gut verstehen?«) vor Ort klären können.¹³⁵⁹ Sofern Sie mit dem **Mikrophon** sprechen, können bzw. müssen Sie selbstverständlich leiser sprechen als ohne. Die Entscheidung für oder gegen Mikrophon sollten Sie im Übrigen nach Ihrem persönlichen Gusto fällen – und natürlich die Gruppe und die Gegebenheiten vor Ort einbeziehen. Ab einer Größe von etwa **50 Personen** wirkt sich eine längere Ansprache ohne Mikro negativ auf Ihre Stimme aus. Im Zweifel sollten Sie lieber zum Mikrophon greifen.¹³⁶⁰

Insbesondere, wenn Sie häufig Lehrveranstaltungen halten, sollten Sie Ihre Stimme **trainieren**. Als Übung zur Sprechtechnik eignen sich besonders das laute Lesen und das schnelle Sprechen eines schwierigen Textes.¹³⁶¹ Manche verwenden auch die sog. Korkentechnik,¹³⁶² um eine hinreichend klare Aussprache zu erreichen.¹³⁶³ Als sehr hilfreich haben sich auch morgendliche »Sprachaufwärmübungen« herausgestellt. Hierfür eignet sich etwa der laute Vortrag des Gedichts »Die Made« von Heinz Erhardt. In diesem werden besonders die für eine verständliche Aussprache entscheidenden Buchstaben »A«, »O« und »U« betont und geübt.¹³⁶⁴ An vielen Hochschulen wird auch Stimmtraining für Dozierende angeboten;¹³⁶⁵ es existieren natürlich auch gewerbliche Anbieter.¹³⁶⁶

431

---

1359 Denken Sie schließlich daran, dass Mikrophon in den Pausen auch stets auszuschalten bzw. stumm zu schalten: vgl. das Bonmot von *Fitzherbert* S. 221 über *Gordon Brown*, der 2010 nach einem Pressetermin in seinen Wagen stieg, ohne sein Mikrophon auszuschalten und seinen Begleitern sogleich eine abfällige Bemerkung über ein Mitglied der Öffentlichkeit machte, das ihn zur Rede gestellt hatte. Fans des eher derben Humors seien insoweit auch an die berühmte »Klo-Szene« in dem Film »Die nackte Kanone« (USA 1988) erinnert: https://www.youtube.com/watch?v=hqKrKAbV9rQ. Hierzu eingehend *Philipp Alexander Tschirbs*, Das Klo im Kino, 2007, 208 f.
1360 *Brauer* S. 54.
1361 *Flume/Mentzel* S. 77.
1362 Der Übende steckt sich dabei einen Korken zwischen die Zähne und liest damit Übungstexte, etwa aus der Zeitung; hiernach nimmt er den Korken wieder aus dem Mund und liest weiter. Bei einer Übung pro Tag sollte sich nach rund 6 Wochen schon deutliche Verbesserungen eingestellt haben: *Thomas* S. 51.
1363 Vermeiden Sie generell das Räuspern und ersetzen Sie dieses etwa durch ein Summen oder Gähnen.
1364 Für das Einsprechen wird auch empfohlen, zunächst bei geschlossenem und dann bei offenem Mund eine Melodie zu summen, ein paar Zungenbrecher aufzusagen oder die ersten Sätze der Lehrveranstaltung in verschiedenen Sprachstilen und Dialekten zu wiederholen: *Fitzherbert* S. 228 f.
1365 Vgl. *Haft* Rhetorik S. 167.
1366 Vgl. *Dummann/Jung/Lexa/Nienkrenz* S. 131.

### Folie 22: Die Made (Heinz Erhardt)[1367]

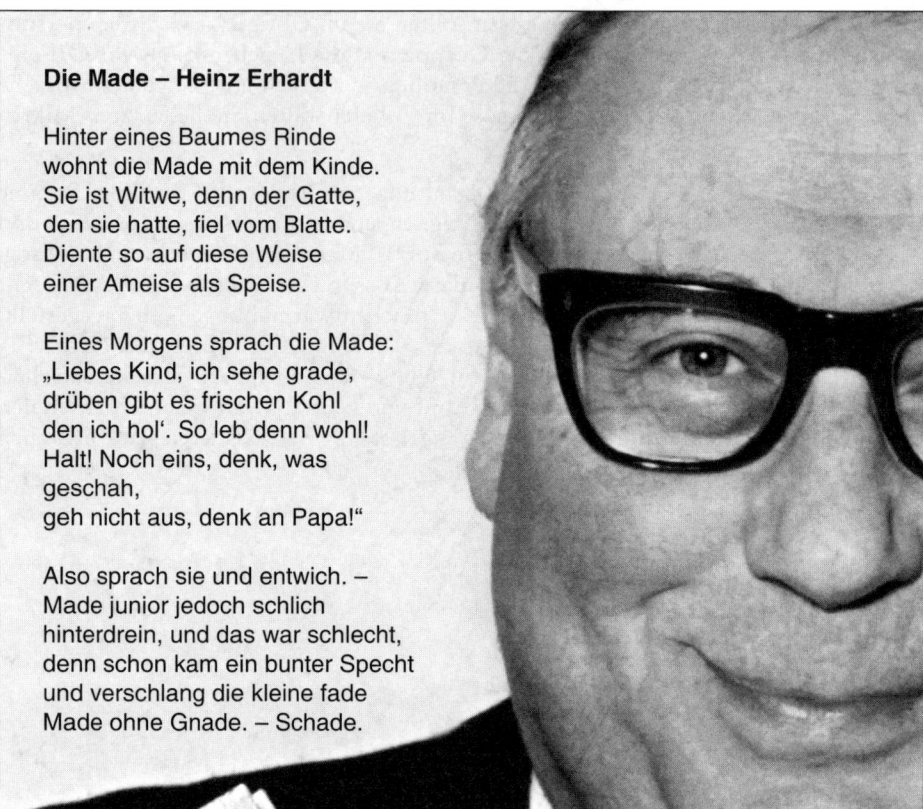

**Die Made – Heinz Erhardt**

Hinter eines Baumes Rinde
wohnt die Made mit dem Kinde.
Sie ist Witwe, denn der Gatte,
den sie hatte, fiel vom Blatte.
Diente so auf diese Weise
einer Ameise als Speise.

Eines Morgens sprach die Made:
„Liebes Kind, ich sehe grade,
drüben gibt es frischen Kohl
den ich hol'. So leb denn wohl!
Halt! Noch eins, denk, was geschah,
geh nicht aus, denk an Papa!"

Also sprach sie und entwich. –
Made junior jedoch schlich
hinterdrein, und das war schlecht,
denn schon kam ein bunter Specht
und verschlang die kleine fade
Made ohne Gnade. – Schade.

433 Um Ihre Stimme zu schonen, sollten Sie vor, während und nach dem Vortrag genügend **Wasser** (ohne Kohlensäure) zu sich nehmen,[1368] in der Praxis hat sich auch Tee bewährt. Bitte beachten Sie allerdings, dass ein vermehrter Flüssigkeitskonsum während des Vortrages dazu führen kann, dass (auch) der Vortragende unruhig der Pause entgegenfiebert, um endlich die Toilette benutzen zu können – was sich zumeist nicht förderlich auf den Vortrag auswirkt.

434 Stets sollten Sie auf eine **deutliche und langsame, möglichst Idiom-freie Aussprache** achten.[1369]

---

1367 *Erhardt* S. 9. Die Verwendung des Bildes erfolgt mit freundlicher Genehmigung der dpa Picture-Alliance GmbH.
1368 Berendt/Voss/Wildt/*Skorupinski* G. 2.3 S. 6 f.
1369 *Apel* S. 120; *Franck* S. 64.

## IV. Besonderheiten bei der Verwendung von Präsentationen

Bei der Durchführung einer Lehrveranstaltung unter Zuhilfenahme einer Präsentation(software) sollten noch ein paar Besonderheiten beachtet werden: So sollten Sie stets der Versuchung widerstehen, zu der Leinwand statt **zum Publikum zu sprechen**.[1370] Wenn man Aufmerksamkeit wecken und etwas bewirken möchte, ist der möglichst ununterbrochene Blickkontakt schließlich unverzichtbar.[1371] Schauen Sie auf die Leinwand, tun dies die Studierenden auch. Ihre Präsentation wird zum Zentrum der Lehrveranstaltung und nicht (mehr) Sie. Zeigen Sie den Studierenden zudem, dass Sie nicht nur Ihre Slides vorlesen[1372] und vermeiden Sie so den Redundanz-Effekt.[1373] Wenn Sie ausnahmsweise etwas wortwörtlich vorlesen wollen (etwa eine besonders wichtige Passage aus einer Entscheidung), lesen Sie besser vom Rechner ab als von der Leinwand hinter Ihnen. Alternativ können Sie bei längeren Textpassagen auch eine Lesepause für die Studierenden einlegen oder sich den Text auf der Folie von einem Studierenden vorlesen lassen. Ausnahmsweise können Sie sich unmittelbar der Folie zuwenden, wenn Sie explizit eine Besonderheit auf der Folie (an-) zeigen möchten (etwa ein Detail eines Fotos). In diesem Fall sollten Sie sich zuvor direkt neben der Präsentationsfläche befinden, damit Sie während des Zeigens nur für einen möglichst kurzen Zeitraum den wichtigen Blickkontakt zu den Studierenden verlieren.[1374]

435

Stehen Sie möglichst vom Publikum aus gesehen **links von der Leinwand**. Die Aufmerksamkeit wandert schließlich der Leserichtung folgend stets von links nach rechts, so dass die Studierenden immer zunächst Sie und dann die Präsentation betrachten.[1375]

436

Für den Übergang zwischen den einzelnen Folien (oder den einzelnen Punkten auf derselben Folie) bietet es sich an, einen Presenter/**Präsentator** (eine kleine, wenige Euro teure Fernbedienung) zu verwenden,[1376] damit das Publikum von der »technischen Seite« der Präsentation möglichst wenig mitbekommt und Sie nicht am Rechner weiterklicken müssen.[1377] Wenn Sie mittels entsprechender App Ihr Smartphone oder IPad als Presenter verwenden wollen, haben Sie zudem den Vorteil, dass Sie (ohne am Rechner zu stehen[1378]) in bestehende Folien unabhängig von Smartboards handschriftlich Texte, Pfeile[1379] oder zusätzliche Elemente einfügen (oder leere Folien selbst gestalten) können. Zudem können Sie direkt auf der Folie mit einem virtuellen Laserpointer arbeiten.

437

Wenn Sie einen Präsentator verwenden, sind Sie im Übrigen auch nicht mehr dazu gezwungen, nur an einer Stelle des Veranstaltungsraumes zu verbleiben, sondern

438

---

1370 *Flume/Mentzel* S. 57.
1371 *Fitzherbert* S. 242.
1372 *Flume/Mentzel* S. 57; Vereinigung Deutscher Rechtslehrender/*Niedostadek* S. 164.
1373 *Zumbach/Astleitner* S. 180.
1374 Vgl. Berendt/Voss/Wildt/*Görts/Marks/Stary* D. 1.1 S. 33.
1375 Vgl. *Fritzherbert* S. 21.
1376 *Fitzherbert* S. 247.
1377 *Reynolds* Naked S. 116 f.
1378 Dort ist dies auch möglich, klicken Sie hierfür während der Präsentation auf den Stift in der unteren linken Ecke; es erscheint ein Menü, das Ihnen die Möglichkeit gibt, unter verschiedenen Stiften – inklusive Textmarker –, Farben und Stiftbreiten zu wählen.
1379 Durch derartige sog. explizite Steuerungscodes kann die Aufmerksamkeit gezielt auf bestimmte Ausschnitte und Passagen der Folien gelenkt werden: *Zumbach/Astleitner* S. 172.

können die Präsentation auch von **jedem anderen Punkt des Raumes** aus bedienen. Der Raum neben dem Rechner kann dann effizient als »Ruhepunkt« bzw. Ende einer Achse genutzt werden.[1380]

439 Ob Sie darüber den in dem Präsentator zumeist integrierten **Laserpointer** einsetzen wollen,[1381] sollten Sie danach entscheiden, ob Sie diesen bei dem Vortrag ruhig und souverän verwenden können. Ein aufgeregt und wackelig hin- und herspringender roter Punkt schadet mehr als er nützt. Dieser Effekt ist darauf zurückzuführen, dass der Laserpointer das natürliche leichte Zittern der Hand mit der Entfernung noch vergrößert. Es empfiehlt sich daher, die Stelle, auf die gezeigt wird, mit langsamen Bewegungen des roten Punktes kreisförmig zu umfahren oder durch Hin- und Herfahren zu »unterstreichen«.[1382] Als Alternative können auch ausfahrbare Zeigestäbe verwendet werden.

440 Während der Präsentation kommt es schließlich immer wieder vor, dass Sie (freiwillig oder durch Fragen erzwungen) **Exkurse** durchführen müssen; achten Sie hier zunächst generell darauf, dass diese nicht überhand nehmen (»schwafeln«) und Ihnen am Ende nicht Zeit für das Erreichen der Lernziele fehlt.[1383] Zudem sollten Sie die Exkurse während der Lehrveranstaltung auch visuell kenntlich machen. Hier bietet es sich an, dass Sie die Präsentation auf **Schwarz umschalten** (bei PowerPoint und Keynote ist dies die berühmte »B(lack)-Taste«[1384]). Sie können diese Taste überdies auch dann verwenden, wenn eine spontane, aber relevante Diskussion von den visuellen Informationen auf der Leinwand abweicht.[1385] Die Studierenden sind nun nicht mehr von der Präsentation abgelenkt und können sich auf das gesprochene Wort konzentrieren. Diese Schwarztaste kann schließlich auch verwendet werden, wenn nach einer Vortragsphase eine solche folgt, in der gerade keine Projektion/Präsentation erfolgt, sondern etwa eine Gruppenarbeit oder ähnliches.[1386]

## V. Maßnahmen gegen Lampenfieber

> Das menschliche Gehirn ist eine großartige Sache. Es funktioniert von dem Augenblick der Geburt bis zu dem Moment, an dem man aufsteht, um eine Rede zu halten. – Mark Twain

441 Nach einer häufig zitierten Umfrage fürchten die meisten Leute das Reden vor Publikum mehr als den Tod.[1387] Der »Angst des Redners vor dem Redner«[1388] kann jedoch begegnet werden. Starten sollten Sie hier bereits mit Maßnahmen[1389] im **Vorfeld**

---

1380 Hawelka/Hammerl/Gruber/*Alberternst* S. 95.
1381 Hierzu raten etwa *Flume/Mentzel* S. 57.
1382 *Weidenmann* S. 29.
1383 *Dummann/Jung/Lexa/Nienkrenz* S. 70.
1384 *Blingel* S. 60.
1385 *Reynolds* Naked S. 142.
1386 *Lobin* S. 137.
1387 Nach *Kushner* S. 22; *Thomas* S. 9; *Anderson* S. 19.
1388 *Scheerer* S. 95.
1389 Vorliegend wird nur auf die »lehrveranstaltungsspezifische« Aspekte eingegangen; hierneben sollte selbstverständlich auch über die Anwendung von aktiven Entspannungstechniken (autogenes Training, progressive Muskelrelaxation nach Jacobson, Atemtechniken, Sport etc) nachgedacht werden.

der Durchführung der Lehrveranstaltung.[1390] Hier bietet es sich insbesondere[1391] an, dass Sie

1. das Konzept Ihrer Veranstaltung und alle erforderlichen Vorarbeiten **rechtzeitig**, mindestens zwei Tage vor der Veranstaltung fertigstellen,[1392]
2. wichtige Passagen möglichst häufig **einüben** (auch den Medieneinsatz) und memorisieren (nebst lautem Vortragen) – je häufiger Sie den Auftritt wiederholen, desto sicherer werden Sie (vgl. auch → Rn. 445) und
3. sich möglichst eingehend unmittelbar vor der Lehrveranstaltung vorbereiten und mit ausreichendem Vorlauf in dem **Veranstaltungsraum** erscheinen.[1393] Je nach Nervositätsgrad kann es sich zudem wie gezeigt[1394] anbieten, den Veranstaltungsraum noch einmal gesondert im Vorfeld anzusehen. So machen Sie sich weitestgehend (räumlich) mit der vor Ihnen liegenden Situation vertraut und bekämpfen damit die dem Lampenfieber zugrundeliegenden Angst vor dem Ungewissen.[1395]

Denken Sie daran, dass die Studierenden Ihnen gegenüber **positiv gestimmt** sind; sie möchten, dass Sie mit Ihrer Lehrveranstaltung Erfolg haben, nicht zuletzt aufgrund der egoistischen Erwartung, dass sie keiner schlechten Lehrveranstaltung zuhören (und/oder ihre Zeit vergeuden) möchten. Überdies haben Sie sich hervorragend vorbereitet – vertrauen Sie hierauf (und im schlimmsten Fall haben Sie schließlich Ihren Stichwortzettel dabei). **442**

**Bewerten Sie Kleinigkeiten** (eine nicht beantwortete Frage, einen Versprecher, eine technische Panne) **nicht über**; wenn Sie selbst hierüber hinweggehen, als handle es sich um keine große Sache, wird auch keiner der Studierenden dies anders sehen. Insgesamt ist zu beobachten, dass in Sachen Aufregung die **Eigenwahrnehmung** eine radikal andere ist als die Fremdwahrnehmung, sprich: Sie erscheinen den Zuhörern viel sicherer als Sie sich selbst wahrnehmen.[1396] Denken Sie im Vorfeld nicht immer nur daran, was alles schief gehen kann, sondern versuchen Sie an **bisherigen Erfolge** zu denken.[1397] Nehmen Sie diesen positiven Eindruck mit in die Rede; ein solches optimistisches Denken färbt unmittelbar auf das Publikum und die Gesamtstimmung ab. **443**

Vielen Vortragenden hat es geholfen, sich vorab einen **optimal verlaufenden Auftritt zu visualisieren**. Für manche Redner haben sich auch motivierende Selbstgespräche als hilfreich gezeigt (»Ich kann das. Ich schaffe das.«). Zudem wird auch dazu geraten, vor dem »Auftritt« zehnmal ein identisches Mantra zu wiederholen, wie etwa »Ich freue mich, dass ich hier bin. Ich freue mich, dass Sie hier sind. Ich fühle mich **444**

---

1390 »Das beste Mittel gegen Lampenfieber ist eine gute Vorbereitung«: Soudry/von Trotha S. 151.
1391 Laut *Walter* Rhetoriklehre S. 73, rät das Handbuch Hochschullehre zudem zum Verzehr eines Apfels, da dieser den angstlösenden Wirkstoff Pektin enthalte.
1392 Hawelka/Hammerl/Gruber/*Alberternst* S. 100.
1393 Also: Ist für die technischen Rahmenbedingungen gesorgt (Mikrophon, Bestuhlung, Projektionsfläche)? Funktioniert die Technik und wissen Sie mit dieser umzugehen? Gibt es einen Plan B, wenn die Medien am Tag selbst nicht (wie gewünscht) funktionieren (insbesondere: Ausdruck aller erforderlichen Unterlagen)?
1394 → Rn. 393.
1395 *Fitzherbert* S. 169.
1396 *Walter* Rhetorikschule S. 74. Sollten Sie dies nicht glauben, hilft Ihnen sicherlich ein Videomitschnitt Ihrer Veranstaltung. Zu dieser Methode des sog. *Microteaching* vgl. etwa DIE ZEIT v. 25.2.2016, 68: »Bin das wirklich ich?« und allgemein *Gallo* TED S. 78.
1397 Ähnlich Hawelka/Hammerl/Gruber/*Alberternst* S. 100.

gut vorbereitet« oder »Ich bin gut vorbereitet/beherrsche den Stoff/Ich kann das. Das Publikum freut sich auf mich. Ich freue mich darauf, den Stoff an das Publikum weiterzugeben/Ich freue mich auf das Publikum.«[1398] Durch diese konstante »Selbsthypnose« bekämpfen Sie irrationale Gedanken, die mit dem Scheitern verbunden werden, und verringern unmittelbar ihr Lampenfieber (sog. kognitive Umstrukturierung[1399]). Sehr hilfreiche (und unterhaltsame) Tipps zum »Self Empowerment« vermittelt im Übrigen der TED-Talk »Ihre Körpersprache beeinflusst, wer Sie sind« von Amy Cuddy.[1400]

445 Das entscheidende Mittel gegen Lampenfieber ist jedoch immer noch eine möglichst eingehende und vollständige **Vorbereitung** der Veranstaltung.[1401] Diese sichert Ihnen einen Wissensvorsprung vor dem Publikum, den Sie dann mit den Studierenden (zumindest partiell) teilen. Um weitere Sicherheit zu erlangen, sollten Sie wie bereits erörtert[1402] die Einleitung Ihrer Lehrveranstaltung auswendig lernen (gleiches gilt aus den oben genannten Gründen auch für das Ende Ihres Vortrages)[1403] und zur Sicherheit auch noch ausformuliert mit sich tragen. Durch die professionelle Vorbereitung des Raumes und der technischen wie sonstigen Ausstattung kann Ihnen auch von dieser Seite keine Unbill widerfahren. Weiterhin haben Sie sich mögliche kritische Nachfragen vorab überlegt und können auf diese fachlich versiert und zufriedenstellend antworten.

446 Auch kann ein ruhiges, bewusstes, langsames und tiefes **Zwerchfellatmen** die Nervosität positiv beeinflussen.[1404] Als hilfreich hat sich die folgende Übung erwiesen: Sie atmen wiederholt tief durch die Nase ein und langsam auf »sch« durch den Mund wieder aus, bis alle Luft aus dem Körper entwichen ist. Hiernach atmen Sie wieder ein und gegen den Widerstand des »sch« durch den Mund wieder aus. Diese Übung sollte etwa zwei Minuten durchgeführt werden.[1405] Eine andere Übung, die sowohl das »tiefe Atmen« ermöglicht wie die Nervosität verringert, besteht darin, die Zunge auf den Mundboden zu legen (»Zunge runter!«) und sodann ganz normal und langsam zu atmen. Andere raten Ihnen dazu, sich vorzustellen, Ihre Stimme käme nicht aus dem Hals, sondern aus dem Bauch oder dem unteren Rücken. Hiernach atmen Sie ein und dann in Ruhe wieder aus, wobei Sie Ihre Stimme vom Atem tragen lassen.[1406] Beim Ausatmen sollte der Atem dabei gleichmäßig und ohne Druck aus der Lunge entweichen.

447 Generell gilt: Beim Einatmen sollte die Luft in die Lunge gezogen werden, die Bauchdecke hebt sich leicht. Je größer die imaginäre Strecke, die der Atem im Körper zurücklegt, desto größer ist die **Projektion der Stimme** im Raum und desto müheloser kann sich die Stimme im Raum entwickeln; es ergibt sich schließlich zwischen

---
1398 Entwickelt von der Opernsängerin und Auftrittstrainerin *Dorothy Sarnoff*, nach *Thomas* S. 57.
1399 Der Begriff stammt aus der kognitiven Verhaltenstherapie: Hawelka/Hammerl/Gruber/*Alberternst* S. 101.
1400 https://www.ted.com/talks/amy_cuddy_your_body_language_shapes_who_you_are?language=de.
1401 Vgl. auch → Rn. 104 ff.
1402 → Rn. 155.
1403 Vgl. *Nöllke/Schmettkamp* S. 35; → Rn. 275.
1404 Posen bei *Reynolds* Naked S. 93; *Fromm* DIE ZEIT Wissen 2/2012, 103: »Die 6-Elemente-Bewerbung«.
1405 *Thomas* S. 56 f.
1406 *Fitzherbert* S. 220.

Stirn und Zwerchfell in mächtiger Resonanzboden.[1407] Vermeiden sollten Sie die sog. Brustatmung, bei der der Atem flach bleibt und bis in die Gegend der Rippen eingezogen wird.

Ein weiterer Tipp: **Lächeln** Sie zu Beginn eine Person aus dem Publikum an, die Sie sympathisch finden (oder gar eine Person, die Sie bereits kennen).[1408] Die Person wird sicherlich zurücklächeln – und die meisten Menschen fühlen sich sogleich besser und deutlich weniger nervös. Sprechen Sie dann zu Beginn betont langsam, dies führt ebenfalls zu einer Beruhigung des Körpers.[1409]

448

Ein wenig Lampenfieber – also **(positives) Adrenalin,** auch eustressiges Lampenfieber genannt[1410] – schadet übrigens nicht, sondern macht Sie im Gegenteil besonders aufmerksam, treibt Sie an und lässt Sie die in Rede stehende Situation als Herausforderung begreifen.[1411] Das Ausbleiben jeglicher Aufregung ist demgegenüber als Warnsignal zu werten, da es sich hier um ein Zeichen eigenen Desinteresses handeln kann – und das überträgt sich auf die Hörer.[1412] Lassen Sie sich also durch ein wenig Aufregung nicht aus dem Konzept bringen, dies ist natürlich und kein Grund zur (weiteren) Aufregung.

449

Eine letzte Aufmunterung zum Schluss: Mit jedem Vortrag, jeder Lehrveranstaltung wird Ihr Lampenfieber abnehmen – und die Übung wird Ihnen außerdem zunehmend Sicherheit geben.[1413]

450

> **Die drei Kernaussagen:**
> - Auch die Stimme des Vortragenden sollte trainiert und dem Inhalt und der Dramaturgie der Lehrveranstaltung (hinsichtlich Sprechgeschwindigkeit, Lautstärke, Tonfall, Tonhöhe und Sprachrhythmus) angepasst werden. Wenn Sie häufig vor Publikum sprechen, sollten Sie zudem Vorsorge betreiben, damit Ihre Stimme hierdurch nicht in Mitleidenschaft gezogen wird.
> - Wenn Sie Ihre Lehrveranstaltung unter Zuhilfenahme einer Präsentationssoftware halten, sollten Sie mit einem Presenter arbeiten, an geeigneten Stellen die »Schwarz«-Taste verwenden und stets zum Publikum sprechen
> - Dem Lampenfieber kann durch verschiedene Maßnahmen begegnet werden (positive Visualisierung, Inaugenscheinnahme des Veranstaltungsortes, Atemtechniken etc.), wobei vor allem eine umfassende und eingehende Vorbereitung (auch hinsichtlich etwaiger Störungen) stressmindernd wirkt. Geringes Lampenfieber (Eustress) wirkt sich demgegenüber positiv auf Sie und Ihre Lehrveranstaltung aus.

451

---

1407 Maldeghem/Till/Sentker/*Maldeghem* S. 54.
1408 Verwenden Sie dabei ein echtes Lächeln, kein aufgesetztes »Pan-Am-Lächeln«: *Fitzherbert* S. 233; → Rn. 424.
1409 *Bischof/Bischof/Knoblauch/Wöltje* S. 97.
1410 *Bischof/Bischof/Knoblauch/Wöltje* S. 95; das schädigende Lampenfieber wird danach auch als disstressendes Lampenfieber bezeichnet.
1411 *Fromm* DIE ZEIT Wissen 2/2012, 103: »Die 6-Elemente-Bewerbung«.
1412 *Walter* Rhetorikschule S. 71.
1413 Vgl. Soudry/von *Trotha* S. 151.

## VI. Umgang mit schwierigen Situationen

452 Abschließend soll noch auf den Umgang mit schwierigen Situationen während der Lehrveranstaltung eingegangen werden. Die Grundregel lautet dabei: Ein **offener, unbefangener Umgang** mit eigenen Fehlern strahlt Souveränität aus, während Scham oder Vertuschung das Gegenteil bewirkt.[1414] Verschiedene Konstellationen gilt es zu unterscheiden:

### 1. Unangenehme Fragen/Zwischenfragen

453 Unangenehme Fragen können Sie nur dadurch ausschließen, dass Sie (gar) keine Fragen zulassen. Dies widerspricht jedoch evident dem Erfordernis der aktivierenden Lehre (→ Rn. 186 ff.) und dem »*Shift from Teaching to Learning*«.[1415] Die beste Methode, auf unangenehme Fragen zu reagieren, ist natürlich eine möglichst **gute fachliche Vorbereitung**. Überlegen Sie daher bereits im Vorfeld, welches die wahrscheinlichsten (und schwierigsten) Fragen bzw. Zwischenrufe sind, die auf Sie zukommen könnten. Entwickeln Sie für diese die bestmögliche Antwort. Politiker gehen hierbei häufig derart vor, dass sie die denkbaren Fragen in (virtuelle) **Schubladen oder Kategorien** einsortieren. Selbst wenn die konkret gestellte Frage dann nicht hundertprozentig in eine der vorab einstudierten Schubladen passen mag, versuchen Sie, in der Frage ein **Schlüsselwort** bzw. Signalwort zu finden, das Ihnen hilft, die möglichst naheliegende Schublade zu finden, aus der die (fast) passgenaue Antwort geholt werden kann. Es kann auch im juristischen Bereich sinnvoll sein, derartige Kategorien von Fragen (bzw. Antworten) zu bilden. Wenn Sie besonders professionell auftreten wollen, besitzen Sie sogar zusätzliches Material, das Sie zur Beantwortung von Fragen, die Sie vorab antizipiert haben, ergänzend bereitstellen können.

454 Ein häufig verwendetes Mittel bei ungewünschten Fragen ist zudem, die Antwort auf einen **späteren Zeitpunkt zu vertagen**[1416] (»Kommen Sie doch in der Pause zu mir und wir unterhalten uns über dieses Spezialproblem« oder »Um nun nicht den roten Faden zu verlieren, werde ich die Frage am Ende/später beantworten«[1417]). Verwenden Sie diese Methode jedoch nicht, um »geschickt« einer Antwort auf eine Frage, die Sie nicht beantworten können, aus dem Weg zu gehen. Es gilt vielmehr der Grundsatz: **Niemand erwartet von Ihnen, dass Sie alles wissen.**[1418] Die ehrliche Aussage, dass Sie auf die Frage jetzt keine zufriedenstellende Antwort wissen, zeigt Souveränität und Selbstvertrauen und ist allen Vertuschungsvarianten vorzuziehen. Besonders wirkungsvoll ist es dabei, wenn die Studierenden sehen, wie Sie sich die Frage aufschreiben; das beweist Engagement und Zuverlässigkeit.[1419] Wenn Sie die Studierenden zu einem späteren Zeitpunkt noch einmal sehen werden (also etwa bei einer wiederkehrenden Vorlesungsreihe oder ähnlichem), können Sie, wenn Sie die Frage nicht

---

1414 *Walter* Rhetorikschule S. 78.
1415 → Rn. 13, 453, 485.
1416 *Nöllke/Schmettkamp* S. 96.
1417 Eine unterhaltsame (und nicht ganz ernst gemeinte) Aufzählung denkbarer »allgemeiner Antworten« auf solche Fragen findet sich bei *Rehder* S. 58 ff.
1418 Vgl. *Dyrchs* S. 240.
1419 *Fitzherbert* S. 273.

aus dem Stehgreif beantworten können, auch ohne weiteres auf die nächste Stunde verweisen.

Viele Lehrende geben die betreffende Frage auch **an die Gruppe zurück** und hoffen, dass aus dem Publikum selbst eine zufriedenstellende Antwort erwächst. Dieses Vorgehen ist natürlich risikoreich, weil es geschehen kann, dass die Frage entweder überhaupt nicht oder innerhalb der Gruppe unterschiedlich beantwortet wird und Sie nun umso mehr zur Klarstellung und Entscheidung aufgerufen werden. Erst nach dieser »Extrarunde« kleinlaut zugeben zu müssen, dass Sie selbst auch keine zufriedenstellende Antwort parat haben, wird wahrscheinlich so wahrgenommen, als ob Sie bei einem missglückten Taschenspielertrick ertappt worden seien. **455**

Bei (eher bei Vorträgen als in Lehrveranstaltungen zu erwartenden) **unsachlichen Zwischenrufern**[1420] sollten Sie am besten nichts unternehmen und die Frage ignorieren.[1421] Lassen Sie sich insbesondere nicht auf eine Diskussion ein – selbst wenn Sie Recht haben. Selbstverständlich lassen Sie sich auch nicht provozieren, denn sonst bekommt der Zwischenrufer genau das, was er erreichen wollte. Ebenfalls bei bzw. im Anschluss an juristische Vorträge kann es Ihnen passieren, dass ein Zurufer seine Frage in einen Monolog über seine Sicht ausarten lässt (sog. **unechte Fragen**). Hier gilt es, den »Fragenden« wertschätzend zu unterbrechen, schließlich sind Sie, wie es dann mitzuteilen gilt, sehr gespannt auf die Frage. **456**

Abschließend gilt: Sollten Sie explizit am **Ende** einen Teil **für Fragen reserviert** haben, tatsächlich aber (auch nach einer entsprechenden Pause) keine Fragen gestellt werden, bietet es sich an, im Vorfeld ein paar typische Fragen **vorzubereiten**. Brechen Sie nach der Wartezeit das Schweigen mit einer Eröffnung à la »Ich werde oft gefragt...« oder »Im letzten Semester...«;[1422] auf diese Weise behalten Sie die Kontrolle und verhindern peinliche Situationen. **457**

## 2. Pannen mit der Technik

Es kann nie ausgeschlossen werden, dass die unterstützende Technik nicht oder nicht wie gewünscht funktioniert. Die wichtigste Vorsorge besteht darin, im **Vorfeld der Veranstaltung** die für Sie wichtigen technischen Hilfsmittel **auszuprobieren**.[1423] Sollte sich hier bereits ein Mangel darstellen, können Sie noch hierauf reagieren. 99 % der Pannen lassen sich so im Vorfeld der Veranstaltung ausmerzen. **458**

**459**

**Tipp:** Wenn Sie mit technischen Hilfsmitteln arbeiten, gilt generell, dass Sie diese auch beherrschen sollten. Sie wirken unsouverän, wenn Sie sich etwa erst noch verzweifelt von einem Studierenden zeigen lassen müssen, wie der Stick in den Rechner gesteckt wird – oder während einer Pause als Bildschirmschoner für alle erkennbar private Urlaubsfotos gezeigt werden.[1424]

---

1420 *Flume/Mentzel* S. 104.
1421 Vgl. *Dummann/Jung/Lexa/Niekremz* S. 78.
1422 *Fitzherbert* S. 187.
1423 *Flume/Mentzel* S. 57 f.
1424 *Dummann/Jung/Lexa/Nienkrenz* S. 135.

460 Sollte trotz dieser Vorsichtsmaßnahme zu Beginn der Lehrveranstaltung Ihre Präsentation nicht gezeigt werden können (die wahrscheinlich häufigste technische Panne), sollten Sie derart Vorsorge getroffen haben, dass sichergestellt ist, dass Sie Ihre Lehrveranstaltung **stets auch ohne jegliche Technikunterstützung halten können**. Hier bietet sich entweder der Ausdruck der Präsentation als Zusatzmanuskript, das Manuskripts selbst oder das Auswendiglernen der wesentlichen Passagen der Veranstaltung an. Es gilt der Grundsatz: Verlassen Sie sich niemals ohne Backup auf die Technik.[1425] Ein gutes »Krisenmanagement« beginnt stets bei der Krisenprävention.

461 Auch bei einer optimal vorbereiteten Veranstaltung kann es natürlich zu technischen Pannen kommen (etwa, wenn der vorbereitete Film nicht abgespielt werden kann oder die avisierte Website nicht aufgerufen werden kann). Wichtig ist, in einem solchen Fall sich **nicht zu lange** mit dem **Problem aufzuhalten**, sondern dem Publikum zu erörtern, was nun eigentlich hätte geschehen sollen und dann im Verfahren weiterzumachen. Lange Entschuldigungen nützen hier nichts. Diese lenken nur die Aufmerksamkeit auf das Problem. Nehmen Sie dieses zur Kenntnis, lächeln Sie und machen Sie weiter. **Humor und Souveränität** sind hier (wie stets) der beste Ratgeber. Denken Sie immer daran: Niemand außer Ihnen selbst erwartet von Ihnen einen perfekten Auftritt. Das Publikum wird Ihnen einen jeden Patzer nachsehen, wenn Sie sich anschließend rasch wieder fangen.[1426]

## 3. Störungen

462 Der Komplex der Störung der Veranstaltung umfasst zB das **zu späte Erscheinen der Studierenden**, die **Ablenkung der Zuhörer durch »Tuscheln«** und/oder die **wiederkehrende Konsultation der Smartphones**. Der angemessene Umgang mit solchen Situationen stellt »eine Kernkompetenz jeder erfolgreichen Lehrperson dar«.[1427]

463 Die beste Konfliktlösung stellt selbstverständlich erneut die Konfliktprävention (**präventives Störungsmanagement**[1428]) dar, indem etwa die Spielregeln der Veranstaltung im Vorfeld bzw. in ersten Stunde geklärt werden (zB hinsichtlich der (Un-)Pünktlichkeit und der Verwendung elektronischer Medien).[1429]

464 Wenn eine präventive Maßnahme nicht ergriffen wurde oder nicht greift, ist zunächst generell das sog. **Störungspostulat »Störungen haben Vorrang«**[1430] zu beachten. Die Aufmerksamkeit des Lehrenden (und der Studierenden) sollte dementsprechend zunächst auf die Störung, also das Hindernis, die Ablenkung oder Beeinträchtigung gerichtet werden, damit die Störung nicht Einfluss auf die Vermittlung des Stoffes nimmt und ein sinnvolles Lehren und Lernen verhindert.[1431] Die Art der Intervention orientiert sich dann an der Situation und an dem Charakter der Störung. Die Intervention sollte dabei eher früh und sanft – also **deeskalierend** – als spät und massiv und/oder emotional erfolgen.[1432] Bei der Auswahl der konkreten Konfliktlösungs-

---

1425 *Seifert* S. 71.
1426 *Gallo* Steve Jobs S. 339.
1427 *Hattie* Lernen S. 124.
1428 Allgemein zum Lehr-/Lernvertrag *Sutter* ZDRW 2013, 85.
1429 Vgl. *Böss-Ostendorf/Senft* S. 186.
1430 *Schumacher* S. 23; vgl. ähnlich Griebel/Gröblinghoff/*Kulow* S. 90; Edmüller/*Wilhelm* S. 106.
1431 Vgl. *Dummann/Jung/Lexa/Nienkrenz* S. 79.
1432 *Rummler* S. 145.

maßnahme ist zwischen den verschiedenen Störungsstufen und Interventionen zu unterscheiden:

So existieren zunächst sog. »**Störungen**«, die als einmaliges, die Lehre nicht langfristig beeinträchtigendes Ereignis verstanden werden können (zB kurzfristiger erhöhter Lärmpegel aufgrund eines von außen kommenden einmaligen Ereignisses). Diese können bereits durch bloßes Ignorieren behandelt werden. Auf diese müssen Sie ggf. gar nicht eingehen.

Anders ist dies, wenn es sich um einen echten »**Konflikt**« handelt, dh eine intensive Störung, die nicht wieder beendet wird oder sich verstärkt bzw. wiederholt (zB wiederholte Nutzung der Smartphones während der Lehrveranstaltung).[1433] Diese gilt es zu reduzieren bzw. aufzulösen. Die »Gegenmaßnahmen« sollten dabei möglichst niedrigschwellig beginnen und dann stufenweise an Intensität zunehmen. So können Sie einen Konflikt zumeist auf der ersten Stufe bereits durch nonverbales Ansprechen (Schweigen)[1434] eindeutig als störend adressieren. Auch kann es hier etwa sinnvoll sein, die zwei Personen, die miteinander tuscheln, direkt zu fixieren, während im Übrigen weiter referiert wird. Sollte dieses Vorgehen nicht fruchten, kann auf der nächsten Stufe der konkrete Störungsanlass angesprochen werden (»Haben sie eine Frage zu dem Thema?«), bevor Sie auf der nächsten Stufe die Lehrveranstaltung unterbrechen. Bei langanhaltenden bzw. schwerwiegenden Störungen gilt es, diese zu thematisieren und schließlich, sofern dies erforderlich ist, den Konflikt zu bearbeiten. Hier bietet sich insbesondere ein Vier-Augen-Gespräch an.

Sofern es insbesondere im Rahmen des vorgenannten Vier-Augen-Gesprächs zu **Diskussionen über die Hintergründe der Störungen** kommt, sollten Sie sich der Gesprächsmethoden des aktiven Zuhörens und des Paraphrasierens bedienen. Hierbei wird zunächst festgestellt und wiederholt, was der Studierende wahrgenommen hat (»Ich verstehe Sie also so, dass...«) und sodann das dahinterstehende Gefühl adressiert (»...und das macht Sie...«).[1435] Sofern hinter dem Vorwurf ein Wunsch auszumachen ist, gilt es, diesen, und gerade nicht den Vorwurf in den Fokus der Betrachtung zu stellen (»Sie wünschen sich also mehr Praxisbezug durch praktische Beispiele.«). Es versteht sich von selbst, dass eine Reaktion auf Störung mit Humor diesem regelmäßig die Schärfe nimmt und so zu einer konstruktiven und affirmativen Lernatmosphäre beiträgt.[1436] Auch hilft es, mit Störungen souverän, wertschätzend und offen umzugehen.

Bei **zu spät kommenden Studierenden**[1437] können Sie etwa wie folgt vorgehen: Ignorieren, bei Wiederholung: Frage nach den Gründen des Zu-Spät-Kommens, dann Klarstellung, dass Klausurrelevantes immer zu Beginn der Stunde angesprochen wird;

---

1433 *Schumacher* S. 16.
1434 Vgl. etwa *Dyrchs* S. 109.
1435 *Schumacher* S. 21. Eine sehr übersichtliche und hilfreiche Aufzählung der häufigsten Störungen mit den maßgeblichen Maßnahmen zur Prävention bzw. Störungsmanagement findet sich bei *Schumacher* S. 110 ff.
1436 Vgl. Berendt/Voss/Wildt/*von Frantzius* A. 2.6 S. 13: »Eine positive Lernatmosphäre, die die Eigenständigkeit, Selbstwirksamkeit sowie Wertschätzung, positives Feedback und Vertrauen kultiviert ist ein wichtiger Lernverstärker.«
1437 Bei zu spät erscheinenden Teilnehmern eines Seminars sollten Sie sich nicht aus der Ruhe bringen lassen, eine kurze Begrüßung mit Blickkontakt reicht in der Regel völlig aus (*Seifert* S. 75).

zudem: auf den Zusammenhang zwischen Pünktlichkeit und Höflichkeit (zumindest in monochromen Kulturen) hinweisen.[1438]

469 Sofern, ein oft beobachtetes Phänomen, die Studierenden sich **nicht genügend beteiligen,** kann es schließlich sinnvoll sein, noch einmal auf die Lernziele, den Sinn und Zweck der aktiven Teilnahme und die eigene Motivation hinzuweisen. Hilfreich ist es, in einem solchen Fall noch einmal auf die Erwartungen und Hoffnungen einzugehen, die die Studierenden zu Beginn des Kurses angegeben hatten.

## 4. Rollenkonflikte

470 Rollenkonflikte treten insbesondere dann auf, wenn die Betroffenen unterschiedliche Vorstellungen der Rollen und Vorgehensweise der einzelnen Beteiligten (Lehrende, Lernende) haben. Dies trifft insbesondere dann zu, wenn der Lehrende sein Konzept von der Belehrungs- zur Lernkultur ändert, also statt eines Frontalunterrichts[1439] (anspruchsvollere) Gruppenarbeit und Projektarbeit vornimmt. Wenn die Studierenden auf ihre neue Rolle als aktiv an der Lehrveranstaltung Teilnehmende mit Unverständnis oder gar Widerstand reagieren, gilt es, dies(e Störung) bereits zu Beginn zu adressieren und die unterschiedlichen Sichtweisen und Herangehensweisen herauszuarbeiten und konstruktiv zu besprechen. Auch sollte an dieser Stelle auf die Vorteile (und Notwendigkeiten) des vorgenommenen Rollenwechsels[1440] hingewiesen werden.

## 5. Versprecher/Stockungen/Blackout

471 Sofern Sie sich einmal versprechen, sollten Sie hierauf nicht weiter eingehen, sondern einfach **wie gehabt weitermachen,** es sei denn, der Fehler führte unkorrigiert zu einem Missverständnis.[1441] Es handelt sich schließlich um kein Drama; Sie können nur eines daraus machen, wenn Sie diesem Umstand zuviel Aufmerksamkeit widmen.

472 Sollten Sie tatsächlich ins Stocken kommen, sollten Sie die Pause als willkommene Unterbrechung »verkaufen«, insbesondere, indem Sie ein wenig Wasser/Tee trinken. Hiernach können Sie den letzten Satz/Gedanken noch einmal wiederholen (hierdurch gewinnen Sie Sicherheit[1442]), eine Frage an das Publikum stellen, ein zusätzliches Beispiel bringen, eine passende kleine Geschichte erzählen oder auf einen neuen Punkt übergehen und das kritische Stichwort überspringen (wenn Ihnen dies später einfällt, können Sie es immer noch einmal »herausholen«). Schließlich ist es Ihnen auch nicht verboten, nun in Ihr Manuskript, das Notizfenster Ihrer Präsentation oder auf die Karteikarten zu schauen. Auch spricht nichts dagegen, an dieser Stelle eine (geplant wirkende) **Pause** einzusetzen. Eine solche wird schließlich von den Zuhörern als sehr viel weniger (ver)störend empfunden als von den Dozentinnen und

---

1438 Vgl. *Rummler* S. 152.
1439 Frontalunterricht wird hierbei verstanden als »ein zumeist thematisch orientierter und sprachlich vermittelter Unterricht, in dem (die Lernenden) gemeinsam unterrichtet wird und in dem der Lehrer – zumindest dem Anspruch nach – die Arbeits-, Interaktions- und Kommunikationsprozesse steuert und kontrolliert«: *Meyer* S. 183; vgl. auch *Ben-Ari/Eliassy* Social behavior and Personality: An international Journal 2003, 23(5), 143, 145.
1440 → Rn. 197, 235.
1441 *Walter* Rhetorikschule S. 79.
1442 *Flume/Mentzel* S. 100.

Dozenten gedacht bzw. befürchtet.[1443] Untersuchungen zufolge können sich Zuhörer an Pausen bis zu einer Dauer von sieben bis acht Sekunden (ein solcher Zeitraum kommt dem Redner zumeist unendlich lang vor) im Nachhinein nicht erinnern (ebensowenig übrigens wie an einen Versprecher).[1444]

Schließlich gilt: Manchmal gibt der Versprecher Anlass zu ungewollten – aber dennoch mit dem Publikum gemeinsam auszukostenden – unterhaltsamen Momenten; es schadet auch nicht, den Fehler in aller Kürze, etwa durch ein Lächeln anzuerkennen und zu berichtigen.[1445] 473

Ähnliches gilt auch für das »gesteigerte Stocken«, also den **Blackout**. Hierbei handelt es sich um einen Zustand, in dem der Körper aufgrund spezieller physiologischer Reaktionen innerhalb von Sekunden in Alarmbereitschaft versetzt wird.[1446] Wichtig ist, dass Sie Ihren Vortrag in einem solchen Fall nicht zu lange unterbrechen, sondern **nur kurz aus dem Fenster schauen oder sonst Ihren Blick ablenken**. Dies sollte die innere Sperre auflösen.[1447] Sodann können die oben genannten Maßnahmen ergriffen werden. Denken Sie dabei stets daran: Sie können sich immer auf Ihre Unterlagen zurückziehen, es gibt insoweit keinen Super-GAU. Wichtig ist, dass Sie Ihren »Fehler« nicht selbst kommentieren und damit zu einem Thema des Vortrages machen. 474

**Die drei Kernaussagen:** 475
- Ein präventives Krisenmanagement schützt insbesondere vor überraschenden und unangenehmen Fragen, Störungen und technischen Pannen. Seien Sie überdies stets dafür gerüstet, Ihre Lehrveranstaltung auch ohne technische Unterstützung abhalten zu können.
- Im Übrigen gilt das Postulat »Störungen haben Vorrang«. Bei Konflikten sollte dabei die Eingriffsstufe schrittweise erhöht werden.
- Versprecher, Stockungen und Blackouts nehmen nur dann großen Raum in der Veranstaltung ein und werden als störend empfunden, wenn der Vortragende dies zulässt bzw. selbst auf seine Unpässlichkeit hinweist. Wenn der Vortragende demgegenüber souverän, mit Humor und/oder durch gezielte Abwehrmaßnahmen reagiert, wird der Fauxpas den Studierenden kaum auffallen.

---

1443 Zu der spannungserhöhenden Wirkung von (Kunst-) Pausen vgl. *Brühl* S. 188.
1444 *Walter* Stilkunde S. 75 mwN.
1445 *Walter* Rhetorikschule S. 79.
1446 Müller-Jung/*Rüschemeyer* S. 99, 100.
1447 Berendt/Voss/Wildt/*Groth* B. 2.1 S. 12 rät zudem dazu, sich wenig auf der Bühne »von Punkt A zu Punkt B« zu bewegen.

# § 5. Nachbereitung einer juristischen Lehrveranstaltung

> Nach dem Spiel ist vor dem Spiel. – Sepp Herberger

Die Nachbereitung der Lehrveranstaltung stellt ein ganz wesentliches Element des **476** eigenen **Qualitätsmanagements** des Lehrenden dar. Schließlich ist auch das Lehren (wie das Lernen) ein fortdauernder und dynamischer Prozess. Aus jeder Lehrerveranstaltung können nicht nur die Lernenden, sondern gerade auch die Lehrenden Anregungen und Ideen mitnehmen für kommende (Lehr-) Aufgaben – sei es für die Wiederholung der konkreten Veranstaltung in einem der kommenden Semester, sei es für andere Lehrveranstaltungen oder Vorträge.

Nur durch ein gezieltes **Controlling und Feedback** erhalten Sie dabei ehrliche und **477** hilfreiche Ansatzpunkte für Verbesserungen.[1448] Hierfür gibt es verschiedene Varianten:

## I. Eigenfeedback

Nicht zu unterschätzen ist zunächst das (terminologisch etwas widersprüchlich anmutende) **Eigenfeedback**. Es bedarf schließlich einer steten selbstreflexiven Orientierung in der Form einer beständigen Beobachtung des eigenen Handelns zur individuellen **Selbstwirksamkeitsprüfung**.[1449] Niemand kennt Sie besser als Sie selbst und kann zB einschätzen, an welchen Stellen der Lehrveranstaltung Sie sich (inhaltlich oder didaktisch) unsicher oder auch nur unwohl gefühlt haben. Vielleicht ist es den Studierenden gar nicht aufgefallen, dass etwa bestimmte Aussagen widersprüchlich, manche Passagen zu oberflächlich oder einzelne Elemente überflüssig und redundant waren. Auch wenn Ihnen hierzu in der jetzigen Lehrveranstaltung keine negative Evaluation (Fremdfeedback) droht, sollten Sie diese Defizite gleichwohl beseitigen. Denn es kann durchaus geschehen, dass die Studierenden in der kommenden Veranstaltung aufmerksamer bzw. kritischer sein werden.

Dieses sinnvolle Eigenfeedback sollten Sie sich stets **in unmittelbarem Nachgang** **479** der jeweiligen Lehrveranstaltung geben, da zu diesem Zeitpunkt die Erinnerungen an die Veranstaltung noch frisch und unverfälscht sind. Fragen Sie sich etwa, ob Sie die Zielsetzung erreicht haben (und verneinendenfalls, woran das gelegen haben könnte), ob sich der Ablauf bewährt hat, ob der Medieneinsatz geglückt war etc.[1450] Bei mehreren aufeinander aufbauenden Veranstaltungen gilt es überdies zu beachten, dass es für das Gelingen der Gesamtveranstaltung unerlässlich ist, dass deren tatsächlicher Verlauf beständig mit der Planung verglichen wird (*Monitoring*) und unter Umständen die ursprüngliche Planung revidiert oder zumindest modifiziert wird (etwa durch eine Feedback- und Evaluationsschleife).[1451] Sofern Ihnen dies zeitlich möglich ist, sollten Sie sich auch bereits **erste Gedanken zu Verbesserungsmöglichkeiten** (und

---

1448 *Dummann/Jung/Lexa/Nienkrenz* S. 29.
1449 *Hattie* Lernen S. 307 f.
1450 Vgl. die Aufzählung bei *Seifert* S. 81.
1451 *Hallet* S. 116.

deren Umsetzung) machen. Wenn Sie zeitlich nach der Lehrveranstaltung (zu) stark eingespannt sind, sollten Sie zumindest zwei Minuten darauf verwenden, in dem Sie sich etwa auf einer Haftnotiz oder im Skript in Stichpunkten notieren, was noch zu verbessern ist.[1452] Dieses Eigenfeedback können Sie dann mit den Evaluationsbögen (hierzu gleich mehr) abgleichen und so die Fremd- und die Eigenwahrnehmung in Übereinstimmung bringen.

480 Als besonders effizient gestaltet sich dabei für einige Lehrende auch das sog. »**Microteaching**«, bei dem eine Lehrveranstaltung auf Video aufgezeichnet wird und sodann eine eingehende Stärken- und Schwächenanalyse erfolgt.[1453] Letzteres kann dabei im Wege des Eigenfeedbacks durch den Lehrenden selbst oder im Peer-Verfahren durch Kolleginnen und/oder Kollegen erfolgen.[1454] Jedoch empfindet nicht jeder Lehrende die Aufzeichnung und Übungskontrolle per Video als angenehm; für diese wirkt dies eher ablenkend und lähmend.[1455]

## II. Fremdfeedback

481 Neben dem Eigen- sollten Sie auch dessen Dichotom, das Fremdfeedback, also die klassische Rückmeldung durch Dritte, nutzen. Durch diese können insbesondere die »**blinden Flecken**« offengelegt werden, die der Lehrende selbst nicht wahrnehmen kann oder will (entsprechend dem berühmten Johari-Fenster[1456]).

### 1. Supervision/Peer-Feedback

482 Als besonders wirkmächtig haben sich die **Supervisionen** durch externe Dritte und/oder die **Hospitation von Fachkolleginnen und -kollegen (Peer-Feedback)**[1457] herausgestellt.[1458] Letzteres bedeutet konkret, dass ein Kollege als Zuhörer an Ihrer Lehrveranstaltung teilnimmt und Ihnen hiernach zu Inhalt, Didaktik, Rhetorik etc ein ehrliches und offenes – achten Sie dabei stets auch darauf, dass die Offenheit nicht unter kollegialer Höflichkeit leidet – Feedback geben.[1459] Sowohl die Supervision wie das Peer-Feedback ermöglichen die Sicht eines neutralen Dritten auf Ihre Lehre; in dem anschließenden Gespräch können dann gemeinsam **Verbesserungsvorschläge** erarbeitet werden. Das Feedback eines anderen Lehrenden aus Ihrem Fachgebiet hat zudem den Vorteil, dass hier auch inhaltliche Fragen besprochen werden können, während die Beobachtung/Supervision durch Dritte (wie hierfür von der Hochschule zur Verfügung gestellte Trainer oder Supervisoren) vor allem didaktische Fragen zum Inhalt haben wird. In beiden Fällen hat es sich bewährt, den betreffenden Beobachter

---

1452 Vgl. *Brauer* S. 120.
1453 DIE ZEIT v. 25.2.2016, 68: »Bin das wirklich ich?«.
1454 Vgl. *Zumbach/Astleitner* S. 178.
1455 Maldeghem/Till/Sentker/*Maldeghem* S. 51.
1456 *Luft/Ingham*, The Johari window, a graphic model of interpersonal awareness; Proceedings of the western training laboratory in group development; Los Angeles: UCLA, 1955.
1457 *Hallet* S. 90.
1458 Zu der Bedeutung der kollegialen Zusammenarbeit etwa bei der Planung einer Lerneinheit *Hattie* Lehrpersonen S. 41.
1459 Vgl. Berendt/Voss/Wildt/*Szcyrba* A. 1.5. S. 3.

in einem **Vorgespräch** auf die äußeren Rahmenbedingungen und etwaige weitere zur Einschätzung der Veranstaltung erforderliche Umstände hinzuweisen und – soweit gewünscht – auf einzelne Gesichtspunkte hinzuweisen, auf die besondere Aufmerksamkeit gerichtet werden soll (etwa: Körpersprache, Sprechtempo, Interaktion). Idealiter wird hierbei ein (ggf. individuell modifizierter) Fragebogen verwendet, damit alle als relevant empfundenen Gesichtspunkte in der anschließenden Analyse Berücksichtigung finden.

**Exkurs:** Sofern Sie den Erfolg Ihres Vorgehens dauerhaft sichern wollen, bietet es sich überdies an, an Ihrer Hochschule/in Ihrem Fachbereich/Ihrer Fakultät einen dauerhafte **kollegialen Austausch/Reflektion** einzurichten.[1460] Hier treffen sich drei bis sechs Dozentinnen und Dozenten regelmäßig, um über ihre Lehre und etwaige offene Fragen bzw. Schwierigkeiten in ihren Lehrveranstaltungen zu sprechen. Der gegenseitige Austausch hilft vor allem dabei, mit etwaigen Störungen und/oder Unsicherheiten umzugehen. Damit die jeweiligen Treffen nicht zu unstrukturiert verlaufen und sich auch nicht zu einer »allgemeinen Plauderrunde« wandeln, sollte jeweils im Vorfeld einer der Beteiligten als Leiter/Moderator bestimmt und das konkret zu besprechende Thema festgelegt werden (etwa: »Kompetenzorientiert prüfen«; »Gruppenarbeit« oder »Kohärenz zwischen verschiedenen Lehrveranstaltungen schaffen«). Häufig wird so vorgegangen, dass von einem Beteiligten ein praktischer Fall geschildert wird, der dann im Kollegenkreis besprochen wird. Wichtig ist, dass der betreffende Beteiligte während der ersten Kommentare der Gruppe zunächst nur schweigend zuhört, damit sich der Rest der Gruppe möglichst »ungestört« auf seinen Fall konzentrieren kann. Später kann sich dann eine umfassende Diskussion entwickeln, bei der auch andere Kolleginnen und Kollegen ihre Erfahrung mit einer bestimmten Konstellation einbringen. Alternativ kann auch ein abstraktes lehrrelevantes Thema diskutiert werden. Beide Formate haben neben dem fachlichen Mehrwert den Vorteil, dass sich der einzelne Lehrende – insbesondere neuberufene Kolleginnen und Kollegen – im »Chaos der Hochschulen« nicht allzu verloren fühlt.

483

Es wäre zu wünschen, dass insbesondere das individuelle Peer-Feedback zukünftig einen **festen Platz** an juristischen Fakultäten/Fachbereichen als Bestandteil einer »Kultur der guten Lehre« einnimmt und dieses Instrument für Feedbackgeber wie -nehmer (schließlich kann auch der Feedback gebende Lehrende aus der Beobachtung fremder Lehre Ansatzpunkte für die eigene Lehre übernehmen) als wirkmächtige Qualitätsmaßnahme wahrgenommen (und angewandt) wird.

484

## 2. Feedback der Studierenden: Über den Umgang mit Evaluationen

Eine besondere Bedeutung im Rahmen des Nachbereitungsprozesses besitzt denknotwendig die **Evaluation** der Adressaten der Veranstaltung, also der Studierenden. Die Lehrveranstaltung erfolgt schließlich nicht zum Selbstzweck, sondern um im Sinne des »*Shift from Teaching to Learning*« ein Lernen und Kompetenzerwerb der Studierenden zu ermöglichen. Die Kontrolle, ob bzw. inwieweit die jeweilige Lehrveranstaltung zur Erreichung der (Lern-) Ziele beigetragen hat, wird dabei häufig im Rahmen ebendieser Lehrveranstaltungsevaluation erfolgen.[1461] Dem hochschulseitigen Fremdfeedback der Studierenden durch online- oder offline-Fragebögen können sich die Lehrenden an Hochschulen und Universitäten denn auch kaum mehr entzie-

485

---

1460 Eingehend *Böss-Ostendorf/Senft* S. 285 f. Gerade an juristischen Fakultäten besteht bei der Frage des Austauschs unter den Lehrenden Nachholbedarf: Griebel/Gröblinghoff/*Kuhn* S. 113.
1461 Kritisch zu den Folgen studentischer Lehrveranstaltungsevaluationen etwa *Ehrmann* F & E 2015, 724; zu den wissenschaftlichen Untersuchungen demgegenüber *Hattie* Lernen S. 139 (Effektstärke 0.43).

hen; dieses Instrument gehört mittlerweile zum **Standardrepertoire** des Qualitätsmanagements in der Lehre.[1462] An manchen Hochschulen finden die Ergebnisse der Studierendenevaluationen sogar direkten oder indirekten Einfluss in die Vergütung der Lehrenden in der W-Besoldung.

486 Die Ergebnisse der Befragungen sollten Sie stets sorgfältig und aufmerksam studieren und hieraus dann unter Berücksichtigung etwaiger die Ergebnisse relativierender Faktoren (zB geringe Teilnahme von Studierenden, Zeitpunkt der Befragung) Verbesserungsmaßnahmen generieren. Zu den konkreten Maßnahmen und Fragebögen lassen sich im Übrigen an dieser Stelle **keine allgemeingültigen Aussagen** treffen, da sich die verwendeten Fragen und die Antwort(alternativ)en von Hochschule zu Hochschule, teilweise sogar zwischen den verschiedenen Fachbereichen/Fakultäten derselben Hochschule, deutlich unterscheiden.[1463]

487 Neben diesem »äußeren« Fremdfeedback der Studierenden im standardisierten Evaluationsprozess sollten Sie, sofern die Zeit dies zulässt, auch **kurze individuelle Feedbackrunden während** der Veranstaltung durchführen, etwa durch ein kurzes Nachfragen, ob das Tempo der Wissensvermittlung angemessen ist, ob noch inhaltliche Fragen bestehen, wie die neu eingeführte aktivierende Lehrmethode angekommen ist etc.[1464] Solche Interventionen helfen, den Kontakt zu der Lerngruppe zu halten und ermöglichen einen Abgleich zwischen Eigen- und Fremdwahrnehmung.[1465]

488 Am **Ende** der (bzw. bei mehreren Folgeveranstaltungen der letzten) Lehrveranstaltung bietet es sich schließlich an, ein paar Minuten für ein grundsätzliche **Feedbackrunde**[1466] mit den Studierenden einzuplanen. Ein solches Vorgehen wurde bei *Hattie*[1467] als besonders wirkungsmächtige (und recht simpel zu implementierende) Effektgröße zum Erreichen des Lernerfolges identifiziert. Das Feedback ist hierbei idealiter keine Einbahnstraße, sondern findet vice versa statt:[1468] Die Studierenden geben dem Lehrenden – in diesem Fall sowohl im Rahmen eines Gesprächs als auch anonym über die Evaluationsbögen – ein Feedback über ihren Lernstand und die Veranstaltung, während der Lehrende seinerseits eine klare Rückmeldung zu seiner Zufriedenheit mit dem Lernstand der Studierenden abgibt. Achten Sie bei solchen Veranstaltungen darauf, dass von vornherein die wesentlichen **Feedbackregeln** einverständlich festgelegt und beachtet werden. So gilt es, zunächst die konkreten Rückmeldewünsche – die Aspekte also, die von dem Feedback erfasst sein sollen – zu

---

1462 Als besonders effizient haben sich dabei mehrere zeitlich voneinander getrennte Evaluationsverfahren gezeigt – zB eines zu Beginn der Lehrveranstaltungsreihe, eines in der Mitte der Reihe und eines am Ende: vgl. Berendt/Voss/Wildt/*Kornacker/Venn* C. 2.24 S. 19.

1463 Es sei lediglich der kritische Hinweis erlaubt, dass die Evaluationsbögen häufig dem herkömmlichen Verständnis folgend zu sehr auf die Frage fokussieren, ob es sich um eine »gute« Lehrveranstaltung eines »guten« Lehrenden handelte (was dann zur Folge hat, dass negativ bewertete Lehrende die Ergebnisse als persönliche Beleidigung wahrnehmen), statt auf die Erreichung der Lernziele und die Frage, ob die Lehrveranstaltung das eigene Lernen ermöglichte bzw. unterstützte, abzustellen.

1464 Schließlich können auch »undogmatische« Befragungen vorgenommen werden, indem etwa eine Box im Veranstaltungsraum aufgestellt wird, in die anonym Kommentare der Studierenden zu einzelnen von Ihnen als wesentlich erachteten Fragen eingeworfen werden können, etwa zu den Komplexen »Das sollte beibehalten bleiben…« und »Das sollte verbessert werden…«.

1465 Sog Feedback auf der Metaebene: Griebel/Gröblinghoff/*Kulow* S. 91.

1466 → Rn. 23, 50, 93 ff.

1467 → Rn. 50.

1468 Vgl. auch → Rn. 23, 50, 93 ff.

benennen. Es ist dann nur die konkrete Situation und Verhaltensweise anzusprechen (Konkretes vor Allgemeinem), wobei stets aus der »Ich-«, und nicht aus der »Du-« bzw. »Sie-« oder »Man-« Perspektive agiert wird (Selbstwahrnehmung vor Fremdwahrnehmung[1469]). Es sollte grundsätzlich mit der positiven Einschätzung begonnen werden, bevor zu den negativen Aspekten (dann häufig »Herausforderungen« und »Verbesserungspotential« genannt) übergegangen wird. Der Feedbacknehmer sollte dabei ausschließlich zuhören, ohne sich zu verteidigen oder zu erklären.

**Die drei Kernaussagen:** 489
- Durch die Inanspruchnahme von Eigen- wie Fremdfeedback schaffen Sie ein effizientes Qualitätsmanagementsystem und sorgen für kontinuierliche Verbesserungen Ihrer Lehrveranstaltungen.
- Unmittelbar nach der (jeweiligen) Lehrveranstaltung(sstunde) sollte der Lehrende seine Eindrücke und Einschätzungen über die gerade beendete Veranstaltung festhalten (Eigenfeedback). Diese Ergebnisse sind dann mit dem Fremdfeedback abzugleichen.
- Neben den klassischen Fremdfeedback durch die Studierenden mittels Evaluationsbögen und – empfehlenswert – mittels individueller Feedbackrunden während bzw. am Ende der Veranstaltung empfiehlt sich auch die Inanspruchnahme von Supervisionen und Peer-Feedback, letztes vor allem im Wege der Lehrhospitation. Langfristig empfiehlt sich die Einrichtung eines kollektiven Austauschs/Reflektion.

---

1469 Vgl. zu den Ich-Botschaften → Rn. 96.

# § 6. Besonderheiten bei juristischen Fachvorträgen

An dieser Stelle wird nun auf die Besonderheiten eines anderen Redeanlasses eingegangen: Den juristischen Fachvortrag, etwa im Rahmen einer Konferenz oder anlässlich der Einladung einer (anderen) Hochschule/Universität oder sonstigen Organisation. Anders als bei der juristischen Lehrveranstaltung steht hier nicht die Vermittlung von Wissen an Studierende im Mittelpunkt, sondern etwa die Erörterung eines (juristischen) Standpunktes, der Bericht über bestimmte rechtliche Entwicklungen und/oder die vertiefte Auseinandersetzung mit einem Fragenkomplex. **490**

Für dieses Setting sind in § 1, Grundlagen, vor allem die Ausführungen zu den Lerntheorien (→ Rn. 21 ff.) und den Erkenntnissen der (Lehr- und) Lernforschung von Relevanz (→ Rn. 62 ff.). Bei § 2, den sieben didaktischen Grundlagen einer gelungenen juristischen Lehrveranstaltung, ist generell weniger Gewicht auf die Motivation der Zuhörer (hierzu → Rn. 80 ff.) zu legen als bei der juristischen Lehrveranstaltung. Die Ausführungen zur besonderen Bedeutung der eigenen Begeisterung für das Thema des Vortrages gelten indes in diesem Kontext mindestens in gleichem Umfang. Schließlich möchten Sie den Zuhörern einen lebendigen, unterhaltsamen und nachvollziehbaren Vortrag auf entsprechend hohem fachlichen Niveau bieten. Aus ebendiesem Grund sollte Sie nicht auf eine – sehr gezielte und dem Anlass entsprechende – Visualisierung und Veranschaulichung verzichten (→ Rn. 85 ff.). Das Publikum wird Ihnen auch in diesem Kontext für regelmäßige kurze Wiederholungen (→ Rn. 84) dankbar sein. Ebenso ist es auch hier, da es sich trotz des andersgearteten Anspruchs noch immer um einen mündlichen Vortrag handelt, erforderlich, dass Sie klare Angaben zum Aufbau des Vortrages machen und stets dessen roten Faden erkennen lassen (→ Rn. 98 ff.). Bei der Wahl Ihres Themas, des behandelten Stoffes und der Vortragsart sollten Sie sich ebenso wie in einer juristischen Lehrveranstaltung zuvor über das Vorwissen Ihres Auditoriums informieren (→ Rn. 89 ff.). Die Gefahr, an den Bedürfnissen und Erwartungen des Publikums vorbei zu sprechen, besteht hier in mindestens ebenso großem Maße.[1470] **491**

Etwas vernachlässigen können Sie die Ausführungen zu der konstruktiven Lern- und Feedbackkultur (→ Rn. 93 ff.). Dieser Aspekt spielt in dem spezifischen Kontext des juristischen Fachvortrages, der vor allem deskriptiv ausgestaltet ist, nur bei der anschließenden Fragerunde eine Rolle. Gänzlich außer Acht lassen können Sie schließlich die Ausführungen zu dem (Methoden-) Wechsel zwischen rezeptiven und expressiven Lernen (→ Rn. 88), da die aktivierenden Lehrmethoden in diesem Setting keine Rolle spielen. **492**

---

1470 Manche Lehrende arbeiten hier mit sog. Persona, also der Festlegung einer »typischen« Person aus dem Publikum (»Herr Meier, 48 Jahre, Frankfurt/Main, Rechtsanwalt, spezialisiert auf M & A, seit mehreren Jahren im (primär nationalen) Transaktionsgeschäft tätig, möchte aus diesem Vortrag für seine Tätigkeit mitnehmen… «), anhand derer die vorgenannte Checklistenfrageliste den Vortrag/die Präsentation immer wieder überprüfen kann (*Duarte* S. 16 ff.). Ob sich ein derartiges, verhältnismäßig zeit- und ressourcenaufwändiges Vorgehen lohnt, sollte in jedem Einzelfall sorgfältig abgewogen werden.

493  Die anschließenden Ausführungen zu der konkreten didaktischen Konzeption des Vortrages in § 3 und § 4 (→ Rn. 104 ff. und → Rn. 396 ff.) gelten mit den nachfolgenden Modifizierungen entsprechend.

## I. Vorbereitung/Planung

494  Auch bei einem juristischen Fachvortrag benötigen Sie zunächst Informationen hinsichtlich der äußeren Rahmenbedingungen. Klären Sie vorab Fragen des Raumes, der Technik und der Zuhörer (→ Rn. 107). Außerdem sollten Sie aber, wenn Ihr Vortrag einem oder mehreren Vorträgen nachfolgt, auch der Frage »Was zuvor geschah« nachgehen, sprich: Welche Personen mit welchen Themen unmittelbar vor Ihnen gesprochen haben. Eventuell müssen bzw. sollten Sie hierauf reagieren und können sich hierauf bereits im Vorfeld vorbereiten. Der spontan(anmutend)e Rekurs auf den Vorredner wirkt auf das Publikum stets besonders souverän und selbstsicher; diese Gelegenheit sollten Sie sich nicht entgehen lassen.

495  Zu dem Erfordernis, auf das Vorwissen der Zuhörerinnen und Zuhörer abzustellen (→ Rn. 108 ff.), gelten die obigen Erwägungen. Zwar sind bei einem juristischen Fachvortrag keine »Lernziele« im engeren Sinne zu erreichen (§ 3, dieser Begriff sollte auch nicht verwendet werden), es gilt gleichwohl, zu Beginn zu überlegen, welche – vor allem fachliche – »Veranstaltungsziele« Sie erreichen möchten, welche Informationen und Erkenntnisse Sie weitergeben und welche »Ergebnisse« Sie damit bei Ihrem Publikum erreichen möchten. Diese Überlegungen führen Sie schließlich dazu, im Nachgang evaluieren zu können, ob Sie unter Zuhilfenahme Ihrer eigenen Algorithmen Ihre Veranstaltung als erfolgreich ansehen würden, ob Sie also Ihr Veranstaltungsziel erreicht haben.

496  Auf dieser Grundlage erfolgt dann – analog zu der Vorbereitung der juristischen Lehrveranstaltung – Ihre Stoffsammlung (→ Rn. 128 ff.). Inwieweit Sie an dieser Stelle zudem bereits eine Stoffreduktion (→ Rn. 133 ff.) vornehmen sollten, hängt in einem ungemein größeren Umfang von Ihrem konkrete Publikum und deren Vorwissen, Erwartungen und den konkreten Rahmenbedingungen ab. Gleichwohl gilt es auch hier, dass Ihnen die Zuhörerinnen und Zuhörer im Zweifel danken werden, wenn Sie die zu vermittelnden Inhalte auf die Kernaussagen (→ Rn. 143 ff.) beschränken. Schließlich lauert auch hier die vorerwähnte Vollständigkeitsfalle. Überdies besteht angesichts der noch immer zu beachtenden Mündlichkeit des Vortrages die besondere Gefahr, dass das Publikum im Falle einer zu detaillierten und überladenden Rede den roten Faden aus dem Auge verliert und die »*Take Home Message*« untergeht.

497  Besonderes Augenmerk sollten Sie dann auf den gelungenen und überzeugenden, nachvollziehbaren Aufbau und die Struktur Ihres Fachvortrages legen (→ Rn. 146 ff.). Neben den dort bereits erörterten Regeln kann es sich anbieten, dass Sie Ihren Vortrag an dem klassischen Aufbau der *genus iudiciale*, der Gerichtsrede, orientieren.[1471] Diese startet hiernach mit einer Einleitung (*exordium*), die den unter → Rn. 157 ff. genannten Erfordernissen genügen sollte und neben Ihrer Vorstellung insbesondere

---
1471 Vgl. hierzu eingehend Maldeghem/Till/Sentker/*Till* S. 43.

eine Einführung in das Thema, dessen Verortung im juristischen Gesamtzusammenhang und die praktische Relevanz (für das Publikum) deutlich machen sollte. Erneut gilt der Rat, dass Sie die einleitenden Sätze auswendig lernen sollten; dies vermittelt Ihnen Sicherheit (und wirkt ebenso) und verschafft Ihnen Zeit, sich an die neue (Rede-) Situation zu gewöhnen. Hiernach bietet es sich an, den Sachverhalt, mithin den zu besprechenden Problemkreis, die Eckdaten des thematischen Konflikts – idealiter anhand eines anschaulichen Beispielsfalles – zu erörtern (Darlegung des Sachverhaltes – *narratio*). Die anschließende Klärung des »Problems«, Ihr Lösungsansatz und Ihre Argumentation stellen sodann den Kernpunkt Ihres Vortrages dar (Beweisführung – *argumentatio* – mit Beweisführung in eigener Sache (*probatio*) und Widerlegung der Gegenargumente (*refutatio*)). Hier können Sie auf die erläuterten Visualisierungsmöglichkeiten zurückzugreifen[1472] und sich der verschiedenen Elemente Ihres rhetorischen Werkzeugkoffers zu bedienen.[1473] Entsprechend dem klassischen Dreiklang endet der Fachvortrag mit einem klar akzentuierten (und auswendig gelernten) Ende (Schluss der Rede – *peroratio*). Ein kurzer Abriss der wesentlichen Thesen, eine Zusammenfassung Ihrer Argumentation und ggf. der Appell an das Publikum entlassen Ihre Zuhörer mit dem beruhigenden Gefühl, einem »runden« Vortrag gelauscht zu haben. Dieses Gefühl wird natürlich besonders dann vermittelt, wenn es der Redner schafft, zum Ende seines Vortrages auf den Beginn – etwa den dort geschilderten Sachverhalt, die eingangs aufgestellte provozierende »steile« These, die Frage an das Publikum – zurückzukommen und anhand der erarbeiteten Argumentation zu beantworten.[1474] Enden sollten Sie möglichst etwas vor der eigentlich vorgesehenen Zeit, dies lässt Raum für Fragen und Diskussionen. Wenn Sie einen Fachvortrag halten, der dergestalt klassisch in drei Teile gegliedert ist, geben Sie Ihrem Publikum eine klare Richtung vor.

Die anschließende zeitliche und inhaltliche Endkontrolle (→ Rn. 151 f.) bedarf schließlich nur einer generellen Durchsicht und Überprüfung des Vortrages; alle Aspekte rund um das *Constructive Alignment* können Sie dabei denknotwendig ausklammern. **498**

Auf Basis der Erwägungen zum Aufbau des Lehrvortrages (→ Rn. 146 ff., 153) lässt sich der Einstieg – ähnlich wie bei einer juristischen Lehrveranstaltung – sowohl traditionell wie innovativ gestalten (→ Rn. 157 ff.). Das konkrete Vorgehen hängt hier wesentlich von den äußeren Rahmenbedingungen des jeweiligen Vortrages ab. Häufig bietet es sich dabei an, die beiden Vorgehensweisen dergestalt zu kombinieren, dass Sie zunächst (ggf. auch recht abrupt und überraschend) mit wenigen Sätzen mit einem der vorgeschlagenen innovativen Einstiege beginnen um die Aufmerksamkeit des Publikums zu erhalten und diese sodann im unmittelbaren Anschluss mit den essentiellen Informationen des traditionellen Einstiegs zu versorgen (Stichworte: Wer? Was? Wie? Wieso?). **499**

Der Hauptteil des juristischen Fachvortrages unterscheidet sich insoweit wesentlich von demjenigen einer juristischen Lehrveranstaltung, als bei diesem regelmäßig keine besondere Involvierung und Aktivierung des Publikums gewünscht (bzw. erwartet) wird. Die Ausführungen zu den aktivierenden Lehr-/Lernformen (→ Rn. 186 ff.) **500**

---

1472 → Rn. 312 ff.
1473 → Rn. 415 ff.
1474 → Rn. 277.

haben daher in diesem Format keine Relevanz.¹⁴⁷⁵ In jedem Fall anzuraten ist es demgegenüber, auch bei rechtswissenschaftlichen Fachvorträgen fallbezogen zu arbeiten und das juristische Storytelling (→ Rn. 255 ff.) zu verwenden, um Ihren Vortrag ebenso praxisnah wie lebendig und einprägsam zu gestalten. Ebenfalls können Sie ohne weiteres Baumdiagramme und andere Visualisierungselemente verwenden, die die Struktur und den Aufbau Ihres Vortrages veranschaulichen und die Verknüpfung des zu vermittelnden Stoffes mit bereits vorhandenem Vorwissen erleichtern (→ Rn. 262 ff.).

501 Wenig überraschend sollten Sie auf das Ende Ihres juristischen Fachvortrages einen mindestens ebenso großen Wert legen wie auf den Schluss einer juristischen Lehrveranstaltung (→ Rn. 275 ff.). Die ebenda getätigten Ausführungen gelten (ebenso wie die Erörterungen zu den Übergängen zwischen den einzelnen Teilen, → Rn. 280) entsprechend. Der Ablaufplan kann demgegenüber ebenso wie der Seminarplan in diesem Setting eher vernachlässigt werden (→ Rn. 282 ff.).

502 Eine weitaus größere Rolle als bei einer klassischen juristischen Lehrveranstaltung sollte die inhaltliche Ausarbeitung des Vortrages spielen (→ Rn. 289 ff.). Zu Beginn der Veranstaltung sollte dem Publikum schließlich stets eine Gliederung und/oder ein Thesenpapier ausgeteilt werden.¹⁴⁷⁶ Dies erleichtert es den Zuhörern, dem Gedankengang des Vortragenden zu folgen.

503 Sofern von Ihnen ohnehin ein Manuskript – etwa zum Zwecke der Veröffentlichung – Ihres Vortrages erwartet wird, ist ein möglichst frühzeitiger Beginn anzuraten. Auch wenn Sie das Skript Ihrem Vortrag zugrunde legen möchten, gilt es stets zu bedenken, dass auch bei einem komplexen juristischen Thema die Fassung des mündlichen Vortrages in sprachlicher Hinsicht anders gefasst sein sollte als etwa ein Text für die Veröffentlichung.¹⁴⁷⁷ Wie bereits erörtert,¹⁴⁷⁸ ist schließlich darauf Rücksicht zu nehmen, dass die Zuhörenden das gesprochene Wort nur einmal vernehmen und nicht, wie bei einem geschriebenem Text, mehrfach kontrollieren und nachlesen können. Allzu komplizierte sprachliche Konstruktionen, insbesondere die Verwendung von Schachtelsätzen, hemmen den freien Fluss des Fachvortrages, wirken gekünstelt und verkomplizieren die Rezeption.¹⁴⁷⁹ Auch sollten Sie den Text wie erläutert¹⁴⁸⁰ nicht ablesen, da dies unprofessionell wirkt und zudem jeglichen Blickkontakt verhindert. Spätestens ein paar Tage vor der Veranstaltung sollten Sie stattdessen das Skript zur Hand nehmen und die Schlüsselwörter in jedem Absatz Ihres Manuskripts entsprechend hervorheben, da die wichtigsten Wörter in jedem Satz auch stets besonders zu betonen sind. Denken Sie auch an den bekannten Satz von *Reiners*: »Die erste Fassung ist immer schlecht.«¹⁴⁸¹ Sie sollte also Ihren Vortrag, Ihr Skript, Ihre

---

1475 ... außer, Sie fordern die Erwartungen des Publikums heraus und überraschen (feindosiert) mit derartigen Methoden. Dies kann einerseits den (entscheidenden) Unterschied Ihres Vortrages zu anderen ausmachen, aber auch auf Irritationen und Ablehnung stoßen. Sie sollten hiervon daher nur äußerst zurückhaltend und nur bei einem geeigneten Setting (etwa: Vortrag vor Studierenden) Gebrauch machen.
1476 *Möllers* S. 186.
1477 Maldeghem/Till/Sentker/*Maldeghem* S. 26.
1478 → Rn. 400.
1479 → Rn. 401.
1480 → Rn. 290 ff., 417, 435.
1481 S. 190.

Präsentation mindestens zweimal (kritisch) lesen (lassen), bevor Sie Ihren Vortrag halten.[1482]

Idealerweise verwenden Sie bei juristischen Fachvorträgen ein Stichwortmanuskript.[1483] Dies wirkt lebendig und lässt Ihnen bei aller Sicherheit genügend Freiheiten für spontane und adressatengerechte Formulierungen. Sie können diese im Wesentlichen auf zwei Wegen erstellen: 504

Besonders wirkungsvoll (aber auch arbeitsintensiv) ist es zum einen, zunächst eine ausgearbeitete Fassung des Vortrages zu entwerfen. In diesen sind sodann die vorerläuterten »Regieanweisungen« an den jeweils relevanten Stellen einzufügen (etwa: generelle Erinnerungen wie »Pause!«, »Augenkontakt!« oder »Langsam sprechen«, aber auch: »Bild von …« oder »Flipchart zeigen«). In diesem Vortragstext sollten Sie dann sowohl die Regieanweisungen als auch die wesentlichen (Kern-) Begriffe/ Formulierungen anstreichen bzw. mit einem Textmarker hervorheben. Entweder verwenden Sie nun dieses (mit großer Schriftgröße und einem Zeilenabstand von mindestens 1,5 und seitennummerierte) Skript und halten eine »teilfreie« Rede. Bei dieser sollten Sie versuchen, nicht die konkreten Satzformulierungen zu verwenden, sondern den Inhalt ausgehend von den wesentlichen Kernbegriffen selbst fassen – wobei die Erfahrung zeigt, dass der Versuchung, die Rede vom ohnehin vorhandenen Skript vorzulesen, häufig nur schwer zu widerstehen ist. Um letzteren Effekt zu vermeiden, kann es sich anbieten, die Regieanweisungen und Kernbegriffe aus dem Skript in ein Stichwortmanuskript (möglichst auf Karteikarten) »zusammenzudampfen«. Hierzu gelten die obigen Erwägungen entsprechend. Probieren Sie verschiedene Wege aus, um dann Ihren Modus Operandi zu finden. 505

Alternativ können Sie auch den zeitraubenden Schritt der Erstellung des ausformulierten Skriptes überspringen und (wie zumeist bei juristischen Lehrveranstaltungen[1484]) unmittelbar dazu übergehen, ein Stichwortmanuskript zu erstellen. Auf diesem Wege können jedoch Gedanken und besonders gelungene Formulierungen verloren gehen; sofern der Redner ohnehin ein druckfähiges Manuskript abzuliefern verpflichtet ist, ist mit diesem Vorgehen auch nichts (außer vielleicht Zeit) gewonnen. 506

Bei der dann einsetzenden konkreten Medienplanung (→ Rn. 301 ff.) gilt es im Besonderen, auf die äußeren Rahmenbedingungen des juristischen Fachvortrages Rücksicht zu nehmen, die zumeist gegen einen »überbordenden« Medieneinsatz sprechen. Generell ist jedoch auch bei juristischen Fachvorträgen ein zurückhaltender – und gerade deswegen umso effektvollerer – Medieneinsatz möglich (und sogar häufig gewünscht). So gehört insbesondere der Einsatz von Präsentationssoftware auch bei Konferenzen, Vortragsveranstaltungen etc heutzutage zum Standardrepertoire eines Vortragenden. Durch eine gelungene, auf Ihren Vortrag abgestimmte, nur die wesentlichen Kernaussagen wiedergebende und mit passenden Visualisierungselementen ausgestattete Präsentation und einen passgenauen Medienmix können Sie sich gekonnt von den üblichen Präsentationen absetzen. 507

Eine ungemein größere Bedeutung kommt in diesem Kontext übrigens Ihrem Auftritt zu, also dem letzten Moment vor dem eigentlichen Vortrag (→ Rn. 392 ff.). Be- 508

---

1482 Vgl. *Walter* Stilkunde S. 253.
1483 → Rn. 504 ff.
1484 → Rn. 295 ff.

denken Sie: Jeder Zuhörer und Zuschauer hat sich bereits eine Meinung über Sie gebildet, bevor das erste Wort gesprochen wurde. Entsprechend dem Bonmot von *Maria Callas* »Sie treten auf, Sie gehen nicht einfach durch die Tür«, gilt es, diesen Umstand für Sie nutzbar zu machen. Wie erörtert[1485] strahlen Sie stets dann Sicherheit und Souveränität aus, wenn Sie selbst nicht von den äußeren Rahmenbedingungen überrascht sind, Ihnen also Raum, Anordnung der Medien und des Publikums und der Ablauf der Veranstaltung bereits bekannt sind. Es ist daher eine sehr gute Entscheidung, sich vor der Rede bereits eingehend mit diesen Umständen vertraut zu machen. Ihr Auftritt beginnt zu dem Zeitpunkt, wenn Sie das erste Mal für das Publikum sichtbar werden und die Aufmerksamkeit auf Sie gerichtet wird. Sie sollten nun dynamisch zum Podium gehen, einen sicheren Stand und den Augenkontakt zum Publikum suchen, lächeln, einatmen – und mit Ihrer Rede beginnen.[1486]

509
> **Tipp:** Sofern Sie auch in dieser Beziehung Möglichkeiten der Beeinflussung haben, sollten Sie bei Ihrem ersten Auftritt zur Bühne die allgemeinen geltenden Bühnengesetze[1487] für sich arbeiten lassen:
> - Treten Sie stets (aus der Perspektive des Publikums) von links nach rechts auf, dies wirkt dynamisch und stärker als derselbe Auftritt von rechts nach links. Grund hierfür ist, dass erstere der Richtung der allgemeinen Lesegewohnheit entspricht.
> - Nach einem zweiten Bühnengesetz wirken diagonale Auftritte generell stärker als gerade Linien, da sie Dynamik und Spannung ausdrücken.

## II. Durchführung

510 Die Durchführung des Fachvortrages entspricht weitgehend der juristischen Lehrveranstaltung, so dass die Ausführungen in → Rn. 396 ff. weitestgehend entsprechend gelten – allerdings mit folgenden Besonderheiten: Wenn sich in Ihrem Publikum eine Persönlichkeit befindet, die großen Einfluss auf die weiteren Zuhörer ausüben kann, versuchen Sie, diese für sich einzunehmen.[1488] Ggf. können Sie diese auch gesondert begrüßen oder bei besonders schwierigen Fragestellungen (bei denen diese Person sicherlich eine Antwort wissen wird) explizit kontaktieren.

511 Ob während des Vortrages Fragen erwünscht bzw. zulässig sind (→ Rn. 453 ff.), hängt zunächst von dem in Rede stehenden Format ab; dies sollten Sie also vor dem Vortrag klären. Generell bereichert es Ihren Vortrag und sorgt für eine willkommene Abwechslung, wenn Sie die Gelegenheit geben, Fragen zu stellen.[1489] Sofern bereits bei dem Vortrag Fragen erfolgen und diese nicht beantwortet werden können/sollen, etwa, weil dies nicht in den Kontext passt, bietet es sich an, diese für sich aufzu-

---

1485 → Rn. 393.
1486 Vgl. *Hofmann* S. 516 ff. und *Anholt* S. 159 ff.
1487 Maldeghem/Till/Sentker/*Maldeghem* S. 52.
1488 *Nöllke/Schmettkamp* S. 93.
1489 Bedeutsam ist es auch, Fragen aus dem Publikum kurz zu wiederholen (oder umzuformulieren), damit Sie – und vor allem die anderen Teilnehmer – die Frage auch richtig verstanden haben (was Ihnen zudem etwas Zeit gibt, sich die Antwort auf die Frage zurechtzulegen).

schreiben oder auf einer Flipchart in einem »Fragenspeicher« für alle erkennbar aufzunehmen.

Sie sollten sowohl für den Fall, dass Fragen während des Vortrages zugelassen sind, wie für den Fall, dass diese erst nach Ihren Erörterungen gestellt werden können, auf »typische« und wahrscheinliche Fragen vorbereitet sein und entsprechende Antworten parat haben.[1490] Hier kann es sinnvoll sein, einem befreundeten Fachkollegen (mit ähnlichem inhaltlichen Hintergrund wie das Publikum) gegenüber einen »Probevortrag« zu halten und diesen zu bitten, denkbare (auch abwegige) Fragen zu formulieren. Die Vorbereitung auf typische Fragen hat noch einen weiteren Vorteil: Sollte in der an die Veranstaltung anschließenden Fragerunde keine Meldung erfolgen, können Sie die peinliche Stille unterbrechen, indem Sie wie schon zuvor gezeigt, selbst das Zepter (zurück-) ergreifen und die dann kommenden Ausführungen etwa wie folgt eröffnen: »Häufig werde ich bei Vorträgen zu diesem Themenkomplex gefragt...«.[1491]

512

Sofern kein externer Moderator eingeschaltet ist, Sie also selbst für den Erfolg der Fragerunde verantwortlich sind, sollten Sie unbedingt auch die Zeit im Auge behalten, um nicht abrupt enden zu müssen bzw. die vorgesehene Zeit zu überziehen. Dies bedeutet dann natürlich auch, auf etwaige zeitliche Restriktionen hinzuweisen (»Wir haben jetzt noch drei Minuten, also Zeit für eine letzte Frage...«) und sicherzustellen, dass Sie als Vortragender am Ende noch einmal die Gelegenheit haben, nach der Beantwortung der letzten Frage eine kurze Zusammenfassung abzugeben, den Zuhörern für die Aufmerksamkeit zu danken und Ihre Bereitschaft zu signalisieren, auch über das konkrete Format hinaus für Fragen und Diskussionen zur Verfügung zu stehen.

513

## III. Nachbereitung

Sofern Ihr Fachvortrag qualitativ und/oder quantitativ evaluiert wird, gelten die unter → Rn. 477 ff. genannten Erörterungen zu dem Umgang mit Evaluationen und Feedback entsprechend.

514

---

1490 → Rn. 453.
1491 → Rn. 457.

# § 7. Besonderheiten im Rahmen der juristischen Weiterbildung, insbesondere bei Seminaren für Berufsträger

Angebote der juristischen Weiterbildung umfassen insbesondere Seminare für Berufsträger wie (Fach-) Anwaltskurse, Weiterbildungen für Rechtsanwälte, Notare, Richter, Staatsanwälte, Syndikusanwälte, Unternehmensjuristen, Rechtspfleger, Mitarbeiter etc. Es besteht ein breites Angebot an Veranstaltungsformen, von den kurzen Fachvorträgen auf Tagungen – auf die an dieser Stelle nicht gesondert einzugehen ist, da hierfür weitgehend die Erörterungen zu § 4 entsprechend gelten – bis zu halb-, ganz- oder gar mehrtägigen Weiterbildungsangeboten der zahlreichen kommerziellen Anbieter. Auf dieses Format soll hier noch einmal fokussiert werden. Im Ergebnis sind derartige juristische Weiterbildungen von Berufsträgern den »klassischen« juristischen Lehrveranstaltungen sehr ähnlich, so dass die vorgenannten Erwägungen zu §§ 1–3 weitgehend entsprechend gelten. Es sind jedoch die folgenden Besonderheiten zu beachten:     515

Die Motivation der Zuhörerinnen und Zuhörer (→ Rn. 80 ff.) erhöhen Sie vor allem durch die Darstellung des Praxisbezugs Ihrer Ausführungen und hierauf aufbauende unmittelbar umsetzbare Vorschläge, die Sie den Zuhörerinnen und Zuhörern mitgeben können.[1492] Gehen Sie deshalb besonders auf den fachlichen wie beruflichen Hintergrund des Publikums ein (vgl. die Ausführungen → Rn. 89 ff.): Wenn Sie vor Juristen aus Großkanzleien vortragen, sollten Sie Ihren Vortrag (und Ihre Praxistipps) anders gestalten als bei einem Publikum, das schwerpunktmäßig aus Unternehmensjuristen oder Einzelanwälten besteht. Bitten Sie deshalb den Veranstalter möglichst frühzeitig um die Zusendung einer aktuellen Teilnehmerliste bzw. befragen Sie diesen zu den »typischen« Teilnehmern des Formats in den vergangenen Jahren. Gehen Sie dann stets zu Beginn der Veranstaltung auf die unterschwellige Frage der Zuhörer ein: »Was habe ich konkret davon, an dieser Veranstaltung teilzunehmen?« bzw. »Welchen Mehrwert generiert diese Veranstaltung für mich?« (→ Rn. 159 ff.).     516

Auch bei (vor allem längeren) Weiterbildungsveranstaltungen bietet es sich an, zur Abwechslung verschiedene (aktivierende) Methoden zu verwenden (→ Rn. 186 ff. und 205 ff.); dies sollte jedoch stets mit besonderer Sensibilität für das Publikum und die äußeren Rahmenbedingungen geschehen. Häufig sind derartige Methoden der Mehrzahl der Teilnehmerinnen und Teilnehmern aus bisherigen Weiterbildungsveranstaltungen und dem eigenen Studium unbekannt; sie erwarten stattdessen vor allem einen gut strukturierten Frontalunterricht. An dieser Stelle zu häufig und unreflektiert mit »Murmelgruppen« und ähnlichen »modernen« Lehrmethoden zu arbeiten, kann auf Unverständnis und Ablehnung treffen. Dies soll natürlich ausdrücklich kein Verbot von Gruppenarbeiten an sich bedeuten. Es bedarf nur stets einer eingehenden Prüfung, ob und wie häufig derartige Methoden bei dem konkreten Publikum und dem jeweiligen Format sinnvollerweise eingesetzt werden können/sollten. Ohne weiteres in den Vortrag eingebaut werden können (und sollten) jedoch Fragen an die Zu-     517

---

1492 Insbesondere bei Fachanwaltskursen besteht überdies die Motivation, die den jeweiligen Fachblock abschließende Klausur zu bestehen.

*§ 7. Besonderheiten im Rahmen der juristischen Weiterbildung*

hörerinnen und Zuhörer und Diskussionen mit diesen; eine solche ebenso effektive wie »niedrigschwellige« aktivierende Lehrform bietet wie erörtert bereits eine deutliche Verbesserung des Lernergebnisses und führt zu einer willkommenen Abwechslung bei längeren Passagen der reinen Wissensvermittlung.[1493]

518 Hinsichtlich des Einstiegs in den konkreten Vortrag (→ Rn. 154 ff.) bietet es sich wie bei einem allgemeinen juristischen Fachvortrag an, einen nur »begrenzt innovativen« Ansatz zu wählen, dh, dass zwar auch hier ein kurzer überraschender und Interesse weckender Einstieg gewählt werden kann, hiernach jedoch unmittelbar zu den für die Zuhörer relevanten Punkten übergegangen werden sollte.

519 Ebenso wie bei dem juristischen Fachvortrag bedarf es auch bei dieser Veranstaltungsform keines Seminarplanes (→ Rn. 284 ff.). Es wird vielmehr auch hier (zumeist auch vom Veranstalter) ein (vorab) an die Teilnehmer zu verteilendes Skript erwartet. Aus diesem können Sie ohne weiteres die für den mündlichen Vortrag relevanten Stichworte extrahieren (→ Rn. 143 ff., 295 ff.).

520 Bei der Frage, inwieweit Sie Medien in die Veranstaltung einbinden wollen (→ Rn. 301 ff.), sollten Sie sich bei juristischen Weiterbildungsveranstaltungen stets an dem Publikum und dessen Erwartungen orientieren. Generell erscheint hier – ebenso wie bei den anzuwendenden Methoden – eine etwas zurückhaltendere Praxis angezeigt als im Rahmen einer juristischen Lehrveranstaltung. Dies bedeutet jedoch ebenfalls, dass Sie durch wenige, aber besonders zielsicher eingesetzte Bilder, Videos, Diagramme, Zahlen etc einen besonders positiven und nachhaltigen Eindruck bei Ihrem Publikum sorgen können, weil Sie mit den Erwartungen (und Befürchtungen hinsichtlich eines weiteren langweiligen PowerPoint-Vortrages) spielen und die Zuhörerinnen und Zuhörer besonders positiv überraschen können.

521 Bei der Durchführung der Weiterbildungsmaßnahme ist schließlich stets zu berücksichtigen, dass Sie den Zuhörern auf Augenhöhe, also quasi als *Peer*, gegenüber- und entgegentreten. Der Vortrag sollte also stets von wertschätzender Kollegialität geprägt sein; dies betrifft sowohl den Umgang mit Fragen wie mit in der Veranstaltung geäußerter Kritik und konstruktivem wie nicht konstruktivem Feedback. Auf etwaige Fragen (→ Rn. 453 ff.) sollten Sie sich bei dieser Veranstaltungsform stets besonders intensiv und sorgfältig vorbereiten, wenn Sie nicht ausnahmsweise von vornherein ausschließen können, dass sich in Ihrem Publikum auch ein Experte des vorgetragenen Rechtsgebietes befindet (der sich von Ihnen die Beantwortung einer besonders schwierigen Frage aus seiner beruflichen Praxis erhofft).

---

[1493] → Rn. 186 ff.

# Statt eines Nachwortes: Persönliche Schlussgedanken

   Lehren heißt, ein Feuer zu entfachen, und nicht, einen leeren Eimer zu füllen. – Heraklit

Professorinnen und Professoren sind laut einer aktuellen Umfrage der FAZ[1494] die Berufsgruppe, die in Deutschland das höchste Glück im Beruf empfindet. Dieses Ergebnis überrascht wenig – bietet der Professorenberuf doch unter anderem die einzigartige Möglichkeit, vorhandenes oder neu erworbenes Wissen an die Studierenden weiterzugeben. Das vorliegende Werk sollte deutlich machen, welches Privileg und welche Freude dieser Austausch darstellt. Es sollte die »Lust auf Lehre« geweckt werden, die Lust, vielleicht auch einmal etwas Neues auszuprobieren, aber auch und vor allem die Lust, die Studierenden mitzunehmen in die faszinierende Welt der Juristerei.

Und so schließt sich auch der Kreis zu der im Vorwort aufgeworfenen Frage, was gute (juristische) Lehre ausmacht. Bei allen Tipps und Tricks rund um die anzuwendenden Methoden, die Ausstattung des Lehrraums oder die Qualität der Power-Point-Präsentation – am Ende haben Sie, liebe Leserin, lieber Leser, es in der Hand, für gute Lehre zu sorgen. Nicht zuletzt *Hattie* und *Schneider/Preckel* haben schließlich eindrucksvoll nachgewiesen, dass es der Lehrende ist, der den Unterschied macht.[1495] Und es gibt einen einfachen Weg, diese Behauptung zu überprüfen: Wenn Sie selbst an Ihr Studium zurückdenken, fallen Ihnen nicht auch sogleich Lehrende ein, die Ihnen im Gedächtnis geblieben sind? Gibt es nicht einen oder mehrere Professorinnen und Professoren, Lehrbeauftragte oder sonstige Lehrende, die Sie nachhaltig beeindruckt oder gar begeistert haben?

Ich bin davon überzeugt: Ein guter, engagierter und begeisternder Lehrender bleibt den Studierenden in Erinnerung. Er hat durch seine Lehre entscheidenden Einfluss auf ihr Denken, ihr Rechtsverständnis und ihre Einstellung gegenüber der Juristerei. Auf den letzten knapp 200 Seiten sollten Ihnen ein paar Tipps und Tricks an die Hand gegeben werden, damit Sie mit Ihrer Lehre einen bleibenden Eindruck bei Ihren Studierenden hinterlassen können. Ich hoffe, Ihnen hiermit geholfen zu haben und wünsche Ihnen auf jeden Fall für Ihre zukünftige Lehre von ganzem Herzen viel Freude, Spaß und Erfolg!

Sehr dankbar bin ich für Ihr Feedback unter eickelberg@gmx.de.

---

1494 Aus *Bernau* FAZ v. 22.6.2016, 26: »Rechtsanwälte sind glücklich – Maurer nicht so«. Auch das höchste Glück im Leben wird übrigens den Professoren, gemeinsam unter anderen mit Rechtsanwälten und Lehrern, zugeschrieben.

1495 → Rn. 51 f.

# Stichwortverzeichnis

Die Zahlen bezeichnen die Randnummern.

Abbildung 208
»Abfächeln des Raumes« s. Blickkontakt
Ablaufplan 282
Ablaufplan
– juristische Fachvorträge 501
Ablenkung der Studierenden 462 ff.
Abstrakter Lerntyp 76
Abtretung 406
Advance Organizer 166
Agenda
– Flipchart 313
Aha-Effekt 212
Akronym 406
Aktive Auseinandersetzung mit Lernstoff 37
Aktives Zuhören 467
Aktivierende Methoden 86, 97, 186 ff. 241, 266, 284 f., 453
– bei der Lehre in großen Gruppen 203
– in Kleingruppen 216 ff.
– juristische Fachvorträge 500
– juristische Weiterbildung 517
– Restriktionen und Beschränkungen 189
Aktivierung der Lernenden 31, 50, 161
Allegorie
– innovativer Einstieg 174
Allgemeines Strafrecht 90
American Association for Higher Education 287
Analogie 248
Analytisch Lernende 75
Anapher 408
Anekdote 102, 130, 411
Anforderungskatalog
– Prüfung 272
Animationen
– Präsentationssoftware 356
Aquarium-Methode 237
Arbeitsgedächtnis 67 ff.
– Kapazitätsbeschränkung 72
Arbeitsgemeinschaft 107, 207, 216
Armhaltung 420
Assoziation
– Langzeitgedächtnis 69
Assoziatives Netz
– Baumdiagramm 165
Audience Response System 112
Audio
– Aufzeichnung der Lehrveranstaltung 392
Auditiver Lerntyp 76
Aufmerksamkeitsfunktion
– von Bildern 77
Aufzählungszeichen
– Präsentationssoftware 349 ff.

Ausblick auf kommende Lehrveranstaltungen 276
Auslegungskanon 242
Äußere Rahmenbedingung 184
– juristische Fachvorträge 494
– Vorbereitung einer juristischen Lehrveranstaltung 107 ff.
Auswendig Lernen 155
Autoritätstechnik 407

Bachelor 13
Backward Design 17, 119
Balkendiagramm 167, 262 ff., 374
Baumdiagramm
– juristische Fachvorträge 500
– Präsentationssoftware 351
Baumstruktur 263
»Bedingungsfelder«
– Vorbereitung einer juristischen Lehrveranstaltung 107
Begeisterung 81, 158, 424
– bei der Lehre in großen Gruppen 203
Begriffshierarchien 167
Behaviorismus 22 ff.
Beispiele 130, 206, 411
Beispielsfall 174
Benotung
– Planspiel/Rollenspiel 230
Bestreitetechnik 407
Beurteilungskriterien
– Referat 218
Beurteilungsraster s. Beurteilungskriterien
Bewegung 423
Bewertungskriterien
– Prüfung 272
Bewusste Fahrlässigkeit 371
Bilder
– Präsentationssoftware 351
Bilder-Bibliothek 370
Bildhafte Sprache 401
Bildhaftes Lernen 77
Bildüberlegenheitseffekt 77 ff., 174, 351
– Präsentationssoftware 362
Black Box 24, 28
Blackout 471 ff.
Blätterlawine-Methode 237
»Blauer Engel-Entscheidung« 258
Blended Learning s. E-Learning
Blickkontakt 417
– juristische Fachvorträge 503
– Präsentationssoftware 435
Blitzlicht-Methode 237

*Stichwortverzeichnis*

Bologna-Prozess 13
Brainstorming 110, 131
Briefing
– Planspiel/Rollenspiel 230
Brustatmung 447
»Buchstabenwüste«
– Präsentationssoftware 337
Bürgschaft 321
Buzz Group s. Gruppenarbeit

»Can Do Statement«
– Lernziele 122
Cartoon
– Präsentationssoftware 351
»Cassis-Urteil« 258
Checkliste 33, 298
Chunking 91
Chunkingeffekt 99
»Chunks« 67
»Classroom Management« 50
Classroom Response System 112
Clicker 110, 112, 195, 259
– Wiederholung 140
Cliparts
– Präsentationssoftware 361
Clustering 115, 131, 167, 237
Clusteringeffekt 99
Cognitive Load Theorie 72 ff., 87, 208
Comitment 81
Concept Maps 91, 398
Constructive Alignment 151 f., 271 ff.
– juristische Fachvorträge 498
Controlling
– Nachbereitung der Lehrveranstaltung 476
Copyright
– Bilder in Präsentationen 370
Credit Point s. ECTS-Punkte

Darlehen 410
Dauermedium 313
Debriefing
– Planspiel/Rollenspiel 230
Deep Learning 245
Deeskalation 464
Defintions-Technik 407
Detailstruktur 153 ff.
Deutscher Qualifikationsrahmen s. Qualifikationsrahmen
Devil's Advocate 161
Diagramm
– juristische Weiterbildung 520
– Visualisierung 374
Didaktische Besonderheiten
– bei der Lehre in großen Gruppen 203
Didaktische Reduktion s. Stoffreduktion
Didaktische Vereinfachung s. Stoffreduktion
Didaktisches Konzept
– Medieneinsatz 301 ff.

Didaktisches Prinzip
– der Ansprache verschiedener Wahrnehmungsorgane 85
– der multiplen Perspektive und Wiederholung 84
– der Neugiererweckung 81
– der Peer-Interaktion 196
– der Praxisorientierung 206
– der Problemorientierung 226
– der Zielorientierung 118
Distanzbedürfnis der Studierenden 423
Dominanzfalle 194
Doppelkodierungstheorie 78
Dozentengelenkte Lehre 52
Drei-Speicher-Modell 63 ff.
Drill & Practice Tool 25
Drittel-Regel 365
Dual Coding Theorie s. Doppelkodierungstheorie
Duale Repräsentation 321

e-contrario Schluss 248
E-Learning 41, 234 ff.
ECTS-Punkte 107
ECTS User's Guide 15
Effektstärke/Effektmaß 47 ff.
Eigenfeedback 478 ff.
Eigenwahrnehmung 443
Einstieg
– in die Lehrveranstaltung 154 ff.
– innovativ 173 ff.
– traditionell 157 ff.
Einzelarbeit 202
Elaborative Prozesse 342
Elevator Pitch 237
Emotionally Competent Stimulus 256
Emotionen 102, 256
Empirische Lehr-Lernforschung 43 ff.
Ende der Lehrveranstaltung 275 ff.
Endkontrolle 151 f.
Entdeckendes Lernen 226
Entscheidungen der Gerichte s. Gerichtsentscheidungen
Entschleunigung
– Flipchart 316
Entstehungsgeschichte
– der Norm 242
Erfordernis der Beschränkung 101
Ergebnissicherung
– Methodenwechsel 208
Erinnerungsfunktion
– von Bildern 77
Erlaubnistatbestandsirrtum 208
Erst-Recht Schluss 248
Erwartungsverletzung
– innovativer Einstieg 173
Eselsbrücke 406
Ethos 399
Eustress 449

*Stichwortverzeichnis*

Evaluation 50, 120, 216, 485 ff.
– juristische Fachvorträge 514
Evaluationsschleife 479
Exkurs 440
»Expertenproblem« 114
Expressive Phase des Lernens 207
Extraneous Cognitive load s. Lernirrelevante Belastung
Extrinsische Motivation 81

Fachkompetenz 15, 334
Fachanwaltskurs
– juristische Weiterbildung 515
Fachtermini 400
Fachvorträge s. juristische Fachvorträge
Faktenwissen (»Know That«) 26
Fallaufbau 247
Farben
– Flipchart 317
– Präsentationssoftware 342
Feedback 23, 25, 50, 93 ff., 162, 193, 476 ff.
– bei der Lehre in großen Gruppen 203
– juristische Weiterbildung 521
– Kultur 94
Feedbackkultur
– juristische Fachvorträge 492
Feedbackrunde 488
Feedbackschleife 479
Film
– innovativer Einstieg 174
Fishbowl s. Aquarium-Methode
Flipchart 161, 312, 313 ff., 384 f., 396
– Baumdiagramm 266
Flipped Classroom s. Inverted Classroom
Flussstruktur 263
Folie 312
– Verteilung 299
»Folienschleuderei«
– Präsentationssoftware 343
Folienvorlagen s. Vorlagen
»Folument«
– Präsentationssoftware 337
»Forms Follows Function« 402
Fotoprotokoll 161, 314, 322
Fotos
– Präsentationssoftware 351
Fragen und Diskussionen
– aktivierende Methoden 190
»Fragenspeicher«
– Flipchart 315
– juristische Fachvorträge 511
Freies Assoziieren
– Mindmap 115
Fremdfeedback 481 ff.
Fremdwahrnehmung 488
Frontalunterricht 470
– juristische Weiterbildung 517
Füllwörter 401

Ganzheitliches Lernen 85
GbR 208
Gedächtnis
– sensorisches 64
Geduldsfalle 192
Gefühle 102, 256
Gegenleistungsgefahr 100
Generatives Problemlösen 226
Gerichtsentscheidungen 257 ff.
Gerichtsrede 398
Gerichtsverhandlung 229
Germane Cognitive Load s. Lernförderliche Belastung
Geschäfts-) Grundlage
– der Lehrveranstaltung 287
Gesetz der Nähe 310
Gesetzestext 240
Gesetzliche Bestimmung
– Ausgangspunkt für Stoffsammlung 129
Gesprächsorientierter Lerntyp 76
Gestik 415 ff.
Getränke 433
Gewerbebegriff 77
Gimpel Effekt
– Gruppenarbeit 224
Gliederung
– Flipchart 313
Gliederung der Lehrveranstaltung 280, 284 f.
– Vorstellung 164
Grafik 208
– Medieneinsatz 308
– Präsentationssoftware 351
Grobgliederung 146 ff.
Großgruppenlehre
– didaktische Besonderheiten 203
Grundsatz der Beschränkung 376
Grundsatz der Betonung 376
Grundsatz der Reduktion 376
Gruppenarbeit 196 ff., 208, 241, 470
– bei der Lehre in großen Gruppen 203
– Gimpel Effekt 224
– Instruktionen 221
– komplexer und länger andauernd 221
– Social Loafing 224
– Sucker-Effekt 224

»Haakjöringsköd-Fall« 257
Habitus 415 ff.
Haftung des Komplementärs 406
Handlungsanweisung 198
Handlungskompetenz 248
Handout 136, 297
Handzeichenabfrage 195
Haptischer Lerntyp 76
Hattie-Studie 43 ff., 159, 193
– Kritik 59
Heimlektüre s. Selbststudium

Heterogenität der Studierenden
– bei der Lehre in großen Gruppen 203
Hierarchie des Wesentlichen 98
Hoffnungen und Befürchtungen
– Abfrage 159
Hospitation 482
Humor 102, 411, 467
Hypothek 410
Hypothesenbildung
– Methode 237

Ich-Botschaft 96, 488
»Ideenspeicher«
– Flipchart 315
»Information Overkill« 40, 66
Interaktive Whiteboards 324
Interdisziplinäre Aspekte
– Stoffsammlung 130
Interesse
– am vermittelten Stoff 83
Interessen der Studierenden 108, 187
Internetforum 41
– bewusste 52
Interview 360
Intrinsic Cognitive Load s. Intrinsische Belastung
Intrinsische Belastung
– Cognitive-Load-Theorie 73
Intrinsische Motivation 81, 227
Inverted Classroom 235

Johari-Fenster 481
Juristenausbildung 14 ff.
Juristische Differenzierungsmuster 248
Juristische Fachvorträge 290, 490 ff.
Juristische Methodik 240 ff.
Juristische Terminologie 249
Juristische Weiterbildung 515 ff.
»Juristische Zeichnung« 321
Juristisches Konditionalprogramm 247
Juristisches Storytelling 255 ff.
– juristische Fachvorträge 500

Kapazitätsbeschränkung
– Arbeitsgedächtnis 72
Kapitalgesellschaften 90
Karten s. Pappkarten
Kartenabfrage-Methode 237
»Katzenkönig-Fall« 257
Kernaussage 140
– juristische Fachvorträge 496
Kernbotschaft 143 ff., 279, 421
Kerngedanke 98, 136
Kerning
– Präsentationssoftware 354
Key Message 138
Keynote s. Präsentationssoftware
KISS-Prinzip 311
Klausurrelevanz 170

Klausurvorbereitung 240
Kleiderfrage 425
Kognitiv-analytischer Bereich
– Lernziele 122
Kognitive Belastung 87
Kognitive Ressourcen 134
Kognitive Überlastung 101
Kognitive Umstrukturierung 444
Kognitivismus 28 ff.
Kollaboratives Lernen 41
Kollegialer Austausch 483
Kollegialität
– juristische Weiterbildung 521
Kommunikativ Lernende 75
Kompetenz 13 ff., 118, 272
– Fachkompetenz 15
– Methodenkompetenz 15
– Selbstkompetenz 15
– Sozialkompetenz 15
Kompetenzerwerb 485
Kompetenzorientierung
– Stoffreduktion 137
Kompetenzorientierung von Studium und Lehre 14
Kompositionsregel 310
Kongruitätsprinzip 87
Konnektivismus 40 ff.
Konsolidierung 66
Konstruktion
– Schemata 68
Konstruktivismus 34 ff., 83
Konventioneller Stil
– Präsentationssoftware 349
Konzentrationsdiffusion 199
Kooperatives Lernen 41
Korkentechnik 431
Körperhaltung 418
Körpersprache 415 ff.
Körperstand 418
Kreativität
– Mindmap 115
Kreide
– Flipchart 317
Kreisdiagramm s. Tortendiagramm
Kriterienkatalog
– Prüfung 272
Kriterium der Konsistenz 99
»Kritisch-historische« Selbstreflexion 114
Kurvendiagramm s. Liniendiagramm
Kurzzeitgedächtnis 66 ff.
– Kapazitätsbeschränkung 72

Lampenfieber 392, 417, 441
Langsamkeitstoleranz 194
Langzeitgedächtnis 69 ff.
Laptop
– Classroom Response System 112
Laserpointer 440

Lautstärke der Stimme 428
Law of Exercise 84
Lawinengespräch-Methode 237
Learning Outcome 17
Lebenswelt der Studierenden 92
Lehr- und Lernforschung 62 ff.
Lehre in großen Gruppen
– didaktische Besonderheiten 203
Lehrendendominanz 210
Lehrgespräch s. Fragen und Diskussionen
Leidenschaft 81, 416
Leistungserwartung 50
Leistungsniveau s. Vorwissen
Lern- und Arbeitsklima 97
Lernbegleiter 52, 210
Lernbegriff
– biologisch 63
– pädagogisch 63
»Lernen durch Lehren« 220
Lernförderliche Belastung
– Cognitive Load Theorie 73
Lerngeschwindigkeit 36
Lernirrelevante Belastung
– Cognitive Load Theorie 73
Lernklima 193
Lernplan 39
Lernplattform 41
Lernrhythmus 39
Lerntheorie 21 ff.
– juristische Fachvorträge 491
Lerntyp 75 ff., 213
Lernziel 13, 18, 33, 54, 118 ff., 139, 164, 183, 279, 381, 271, 284 f., 485
– Abfrage der Hoffnungen und Befürchtungen 160
– bei der Lehre in großen Gruppen 203
– SMART-Formel 122
– Stoffsammlung 128
– Transparenz 123
– Zielerreichung 124
Lernzieltaxonomie nach Anderson & Kratewohl 122
Lernzieltaxonomie nach Bloom 122
Lesefluss 264
Letzte Vorbereitungsschritte 392 ff.
Lineare Strukturen 264
Liniendiagramm
– Präsentationssoftware 374
Linksbündiger Text
– Präsentationssoftware 352
Linkshemisphäriker 349
Logisch-deduktiver Bereich 248
Logische Bilder s. Strukturbilder
Logos 399
Lückenfüllung 248

Magical Number Seven 74
Maintenance Rehersal 72

Manuskript
– juristische Fachvorträge 503
Marktplatz-Methode 237
Massive Open Online Courses 234
Master 13
Mediation 229
Medieneinsatz 301 ff.
Medienkomposition 301 ff.
Medienmix 312, 383
Medienplanung 301 ff.
– juristische Fachvorträge 507
– juristische Weiterbildung 520
Mehreckenmethode 237
Meinungsstreit 260 f.
»Mephisto-Entscheidung« 258
Metaanalyse 46
Methode 182 ff.
– Ausrichtung an den Lernzielen 120
– juraspezifische Besonderheiten 240
Methodenkompetenz 15, 183
Methodenmix 205 ff.
Methodenwechsel 208, 266
– bei der Lehre in großen Gruppen 203
– juristische Fachvorträge 492
– zwischen rezeptivem und expressivem Lernen 88 ff.
Microteaching 480
Mikrophon 430
Mimik 415 ff.
Mindmap 91, 110, 115, 131, 167, 237
Modalitätsprinzip
– Präsentationssoftware 356
Modelllernen 28
Moderatorenkoffer 329
Modewörter 401
Modulare Vorgaben 105
Modulbeschreibung 197
Monitoring 479
Monolog 456
MOOCs s. Massive Open Online Courses
Moodle 170
Moot Court 233
Mord 208
Motivation 80 ff., 159, 170, 186, 217, 240
– extrinsisch 81
– intrinsisch 81, 160, 227
– juristische Fachvorträge 491
– juristische Weiterbildung 516
Multiple Gedächtnissysteme 64
Multisensorische Eindrücke 72
Multitasking
– Präsentationssoftware 335
Murmelgruppe s. Gruppenarbeit
»Muss-Soll-Kann-Regel« 139

Netzwerk 40
Neugier 32, 82, 92, 227
– innovativer Einstieg 174

**Neurodidaktik** 62
**Normalfall** 100
**Notar**
– juristische Weiterbildung 515
**Notizfunktion der Präsentationssoftware**
s. Referentenansicht

**»Oase der Stille«** –Stoffsammlung 131
**Oberflächliches Wissen** 227, 248
s. träges Wissen
**Offene Lernumgebung** 41
**OHG** 208
**Operantes Konditionieren** 22
**Optimismus** 443
**Optischer Lerntyp** 76
**Optisches Recht** s. Strukturbilder
**Organisatorische Voraussetzungen**
– Vorbereitung einer juristischen Lehrveranstaltung 107
**Overheadprojektor** 312, 323 ff., 388 f.
**Oxymoron** 408

**»Pädagogisches Patentrezept«** 56
**Pappkarten** 329 ff., 390 f.
**Paraphrasieren** 467
**Partnerarbeit** s. Gruppenarbeit
**PASTA** 406
**Pathos** 399
**Pausen** 214, 409, 472
**Peer-Feedback** 482 ff.
**Peer-Verfahren** 480
**Perfektionsdruck**
– Flipchart 319
**Persona** 491
**Personengesellschaften** 90
**Pflichtlektüre** 279, 284 f.
**Pingo** 110, 112, 140, 195
**Pinnwand** 327, 390 f.
**Placemat** s. Tischset-Methode
**Planspiel** 228
**Planung**
– Medieneinsatz 308
**Planungsaufwand**
– Ablaufplan 282
**Podcast** 234 f.
**Polemik** 410
**Portfolioarbeit** 237
**»Positiver Bereich«** s. Gestik
**Positiver Stresslevel** 89
**Positives Lernklima** 50
**Positives Lernumfeld** 93
**Post-It** 131, 237
– Stoffsammlung 130
**PowerPoint** s. Präsentationssoftware
**PQRST-Methode** 169
**Präsentationsmonitor** s. Referentenansicht
**Präsentationssequenzprinzip** 369
**Präsentationssoftware** 131, 316, 333 ff., 386 f.

– Aufzählungszeichen 349
– Baumdiagramm 266
– Bildüberlegenheitseffekt 362
– Cliparts 361
– Diagramm 374
– einzelne Gestaltungselemente 344 ff.
– Farben 342
– juristische Fachvorträge 507
– Linksbündiger Text 352
– Referentenansicht 292 ff.
– Schriftart 354
– Schriftgröße 352
– Video 359
– Vorlagen 345 f.
**Präsentator** 437
**Präsenzlehre** 170
**Präventives Störungsmanagement** 463
**Praxisbeispiele** 83
**Praxisbezug** 32, 54, 83, 102, 178, 206
– juristische Weiterbildung 516
**Praxisfälle** 83
**Presenter** s. Präsentator
**Prezi** 266
**Primäreffekt** 153 f.
**Prinzip der räumlichen Nähe** 174
**Problem-Based Learning** s. problembasiertes Lernen
**Problembasiertes Lernen** 226 f.
**Provokation** 410
**Prüfungsschema** 247, 271, 298
**Prüfungsvorbereitung** 271
**Pufferzeit** 140, 282

**Qualifikationsrahmen** 15
**Qualifizierungsziel** 18
**Qualitätsmanagement** 485
– Nachbereitung der Lehrveranstaltung 476
**Quintessenz** 277

**Rahmung des Fachvortrages** s. »Sandwich-Vortrag«
**Ratio der Norm** 244
**Rätsel** 102
**Räumliche Voraussetzungen**
– Vorbereitung einer juristischen Lehrveranstaltung 107
**Rechtsanwälte**
– juristische Weiterbildung 515
**Rechtsfortbildung** 248
**Rechtshemisphäriker** 349
**Rechtspfleger**
– juristische Weiterbildung 515
**Rednerpult** 393 f.
**Reduktion der Komplexität**
– Lineare Strukturen 264
**Redundanz-Effekt** 435
**»Reduzierungs-Regel«**
– Präsentationssoftware 342

Referat 217
Referentenansicht 292 ff., 338
Reflexion 230
Regel-Reaktions-Mechanismus 64
Regelklarheit 50
Regelspeicher
- Langzeitgedächtnis 69
»Regieanweisungen«
- juristische Fachvorträge 505
- Stichwortzettel 291
Register
- sensorisches 64
Reime 406
Reiz-Reaktions-Prozess/Kette 15
Rekonsilidierungsprozess 70
»Rekonstruktion der Wissenskondensierung«
s. Stoffreduktion
Rezenzeffekt 153
Rezeptive Phase des Lernens 88, 188, 205
Rhetorik 398 ff.
Rhetorische Fragen 408
Rhythmisierung s. Methodenwechsel
Richter
- juristische Weiterbildung 515
Rollenkonflikt 470
Rollenspiel 228, 231
Roter Faden 99, 147, 298
- juristische Fachvorträge 491, 496
Rückfragen 93

Salami-Taktik 407
»Sandwich-Vortrag« 201
Sandwichprinzip s. Methodenmix
SAPUZ 406
Schachtelsätze 402
Schätz- und Zuruffragen 195
Schaubild
- Präsentationssoftware 351
Schema 68
Schlagwort 350
Schlichtung 229
Schlüsselbegriff 54, 91
Schlüsselfragen-Methode 237
Schlüsselwort 453
- Mindmap 115
Schriftart
- Präsentationssoftware 354
Schriftgröße
- Präsentationssoftware 353
»Schwarztaste«
- Präsentationssoftware 440
Schwierige Situationen 452 ff.
Seductive Details Effect 87
Selbst organisiertes Lernen 37
»Selbsthypothese« 444
Selbstironie 411
Selbstkompetenz 15
Selbstständiges Lernen 12

Selbststudium 168
Selbstwahrnehmung 488
Selbstwirksamkeitsprüfung 478
»Self-Empowerment« 444
Seminar 107, 184, 216
Seminarplan 171, 197, 284 f.
- juristische Fachvorträge 501
- juristische Weiterbildung 519
Sensorisches Gedächtnis 64
Serifenlose Schrift
- Präsentationssoftware 354
»Seziertechnik«
- Subsumtionstechnik 254
Shift from Teaching to Learning 13, 453, 485
Situiertes Lernen 168
Situierungsfunktion von Bildern 78
Skript 296 ff.
- juristische Weiterbildung 519
- Präsentationssoftware 337 f.
»Slogan« s. Kernbotschaft
SMART-Formel 122
Smartphone 112, 214, 326, 426, 462
- Classroom Response System 112
- Steuerung Präsentation 437
Social Loafing
- Gruppenarbeit 224
Soft Skills 217
Sozialkompetenz 15
Speichermodell
- neuronal 64
Spielregel 223 ff., 230, 463
Split Attention Effekt 73, 87, 339
»Sprachaufwärmübungen« 431
Sprachrhythmus 428
Sprechgeschwindigkeit 428
Staatsanwälte
- juristische Weiterbildung 515
Statistiken 130
Stichwortmanuskript
- juristische Fachvorträge 504
Stichwortzettel 291 ff.
Stimmarbeit s. Einzelarbeit
Stimme 428 ff.
Stimmtraining s. Stimme
Stimulus-Respons 22
Stoffreduktion 133 ff.
- juristische Fachvorträge 496
Stoffsammlung 128 ff.
- juristische Fachvorträge 496
Störung 462 ff.
»Störungen haben Vorrang« 464
Störungspostulat 464
Straftatbestände
- des besonderen Teils des StGB 90
Streitgespräch 360
»Streublick« s. Blickkontakt
Structure Mapping Prinzip 78, 364

## Stichwortverzeichnis

**Struktur** 91, 98 ff., 102, 138, 146 ff.
- Detailstruktur 153 ff.
- Grobstruktur 146 ff.
- juristische Fachvorträge 497

**Strukturbild** 262 ff.
**Strukturplan** s. Seminarplan
**Studierendenzentrierte Lehre** 52
**Stumm-schriftlicher Dialog**
- Methode 237

**»Substantivitis«** 401
**Subsumtionstechnik** 252
**Sucker Effekt**
- Gruppenarbeit 224

**Supervision** 482 ff.
**Syndikusanwälte**
- juristische Weiterbildung 515

**Systematik**
- der Norm 243

**Tabelle**
- Präsentationssoftware 371, 374

**Tafel** 161, 312, 323 ff., 388 f., 396
**Tageslichtprojektor** s. Overhead-Projektor
**Take Home Message** 144, 279
- juristische Fachvorträge 496

**Tandem** s. Gruppenarbeit
**Tautologie** 408
**Teamarbeit** s. Gruppenarbeit
**Technikpannen** 458 ff.
**TED-Talk** 445
**Tee** s. Getränke
**Teilnehmerliste**
- juristische Weiterbildung 516

**Teleologische Reduktion** 248
**Testierfreiheit** 77
**»Textfriedhof«**
- Präsentationssoftware 337

**Textuelle Kompetenz** 86
**Thesenpapier**
- juristische Fachvorträge 502

**Tiefenstruktur** 55
**Tischset**
- Methode 237

**Tonfall** 428
**Tonhöhe** 428
**Tonlage** 430
**Tortendiagramm**
- Visualisierung 374

**Totschlag** 208
**Träges Wissen** 205
**Transparenz**
- Lernziele 123

**Trennungsprinzip** 77
**»Türöffnerfunktion«**
- Einstieg in die Lehrveranstaltung 154

**Tutorium** 107
**Typische Fehler**
- Prüfung 272

**ÜBAI** 406
**Übergänge**
- Beginn – Mittelteil – Schluss 280

**Überraschungsmoment**
- innovativer Einstieg 174

**Übersichten** 313
**Übung** 107, 184, 207, 216
**Ultrakurzzeitgedächtnis** 64
**Unangenehme Frage** 453 ff.
**Unechte Frage** s. Monolog
**Universitäre Vorgaben** 105
**Unpünktlichkeit** 462 ff.
**Unsachliche Zwischenrufer** 456
**Unterhaltungsfunktion**
- von Bildern 77

**Unternehmensjuristen**
- juristische Weiterbildung 515

**Veranschaulichung** s. Visualisierung
**Veranstaltungsbeschreibung** s. Seminarplan
**Veranstaltungsziele**
- juristische Fachvorträge 496

**Verbaler Lerntyp** 76
**Verdeckte Sacheinlage** 401
**Vergessenskurve** 84
**Vergleichstechnik** 407
**Verhaltenstraining** 22
**Verhaltensziele des affektiven Bereichs**
- Lernziele 122

**Verlaufsdiagramm**
- Präsentationssoftware 351

**Vernissage**
- Methode 237

**Versprecher** 471 ff.
**Vertikale Strukturierung** 99
**»Vertrag« zwischen Lehrenden und Studierenden** 161
**Vertragsverhandlung** 229
**Video**
- als Analysetool 480
- Aufzeichnung der Lehrveranstaltung 392
- juristische Weiterbildung 520
- Präsentationssoftware 359

**Visualisierung**
- Flipchart 314
- Grundprinzipien 311
- juristische Fachvorträge 491, 497
- Juristisches Storytelling 255 ff.
- Medienkomposition 302 ff.
- Präsentationssoftware 334 ff.

**Visualizer** 71, 77, 85 ff., 102, 130, 326
**Visueller Lerntyp** 76
**Vollständigkeitsfalle** 133
- juristische Fachvorträge 496

**Vorkenntnisse** s. Vorwissen
**Vorlagen**
- Präsentationssoftware 344

**Vorlesung** 107, 184

**Vorstellung**
- des Lehrenden 158

**Vorwegnahmetechnik** 407
**Vorwissen** 29, 33, 69, 89, 92, 102, 108 ff., 120, 163, 265, 410
**Vorwissen**
- bei der Lehre in großen Gruppen 203
- juristische Fachvorträge 491

**W-Besoldung** 485
**Wachsmalstifte**
- Flipchart 317

**Wasser** s. Getränke
**Wertend-induktiver Bereich** 248
**»Whataboutismus«-Technik** 407
**Whiteboard** 161, 246, 323 ff., 388 f.
**Wiedererkennungseffekt** 89
**Wiederholung** 33, 67, 70, 84, 140, 179, 206, 279, 282, 408
- bei der Lehre in großen Gruppen 203
- juristische Fachvorträge 491
**Wissensvermittlung**
- Input 15

- instruktiv 12
**Worked Example Effekt** 73, 208, 272
**Workload** 284 f.

**Zahlen**
- Visualisierung 373 ff.

**Zeigestab** 440
**Zeitleiste** 372
**Zeittabelle** 372
**Zielgruppenanalyse** 108
**Zielorientierung** s. Lernziel
**Zitat** 102, 130
- innovativer Einstieg 174

**Zitatbilder** 367
**Zueignungsabsicht** 77
**Zusammenfassung** 33, 280
- bei der Lehre in großen Gruppen 203
- Ende der Lehrveranstaltung 276
- juristische Fachvorträge 513

**Zusatzliteratur** 136
**Zweck-Mittel-Prozess** 22
**Zwei-Speicher-Modell** 63 ff.
**Zwerchfellatmen** 446